U0960816

# 2015 年世界发展指标

世界银行　著
姜睿　等译

中国财政经济出版社

**World Development Indicators 2015**
Copyright © 2015 by the International Bank
for Reconstruction and Development/The World Bank
1818 H Street NW, Washington, D. C. 20433 USA

This Work was originally published by the World Bank in English as *World Development Indicators 2015* in 2015. This Chinese translation was arranged by China Financial & Economic Publishing House (CFEPH). CFEPH is responsible for the accuracy of the translation. In case of any discrepancies, the original language will govern.

**2015 年世界发展指标**
© 2015 年，版权所有
国际复兴开发银行/世界银行

本书原版由世界银行于 2015 年以英文出版，书名为《2015 年世界发展指标》。本书中文版由中国财政经济出版社组织翻译。中国财政经济出版社负责译文的准确性。如出现理解歧义，以英文原版为准。

本书为世界银行工作人员的成果。本书的发现、阐释和结论未必反映世界银行执行董事或他们所代表的国家的观点。

世界银行不保证本书引用数据的准确性。书中所附地图的疆界、颜色、名称和其他资料并不表示世界银行的任何部门对任何地区的法律地位的看法，也不意味着对这些疆界的认可或接受。

**图书在版编目（CIP）数据**

2015 年世界发展指标 / 世界银行著；姜睿等译. —北京：中国财政经济出版社，2015. 10
ISBN 978 - 7 - 5095 - 6407 - 3

Ⅰ. ① 2… Ⅱ. ①世… ②姜… Ⅲ. ①世界经济 - 经济发展 - 综合指标 - 2015 Ⅳ. ①F112

中国版本图书馆 CIP 数据核字(2015)第 232738 号

中国财政经济出版社出版
URL：http://www.cfeph.cn
E-mail：cfeph@cfeph.cn
**（版权所有 翻印必究）**
社址：北京市海淀区阜成路甲 28 号 邮政编码：100142
营销中心电话：010 - 88190406 北京财经书店电话：64033436 84041336
北京中兴印刷有限公司印刷 各地新华书店经销
889 × 1194 毫米 16 开 10. 25 印张 320 000 字
2015 年 10 月第 1 版 2015 年 10 月北京第 1 次印刷
定价：60. 00 元
ISBN 978 - 7 - 5095 - 6407 - 3/F · 5162
图字：01 - 2015 - 3892
**打击盗版举报热线：010 - 88190492、QQ：634579818**

# 前　言

2015 年是为了实现“千年发展目标”所制定的诸多目标的一年。其中一些目标已经达成。比如，极端贫困率以及无法持续获得安全饮用水的人口比例在 1990 年至 2010 年间均已减半，比预期提前五年完成。但是也有一些目标尚未达成。而且用于衡量全球趋势的总额掩盖了一些地区和国家发展不平衡的情况。该版《世界发展指标》利用最新的数据及预测显示了目标的完成情况，同时也强调了构成这些趋势的国家与地区间的差异。有关数据可查看 http：//data. worldbank. org/mdgs。

不过这将是《世界发展指标》最后一次以此方式报告“千年发展目标”的完成情况。联合国大会将在 2015 年 9 月通过新的更具抱负的发展目标——“可持续发展目标”。与之前的“千年发展目标”一样，“可持续发展目标”将需要更多、更精确的数据来帮助监督进行情况，以及设计和调整为了实现这些目标所需要的政策和项目。决策者及普通公民均需要利用这些数据及相应的能力对其进行分析并了解其所代表的含义。

在联合国秘书长 2015 年后发展议程高级别小组制定可持续发展目标过程中，已经认识到有必要进行数据革命。为此，成立了一支独立顾问小组（我也有幸成为其中一员）并在众多领域开展了相关工作。我们需要在全球范围内就交互操作性数据的原则及标准达成一致。我们需要进行新技术创新共享，尤其是与能力较低的国家及机构分享这些新技术。需要利用更多的稳定投资以提高数据生产者和使用者的国家能力。而且也需要创立新的公共—私人合作关系来促进创新、知识与数据的分享和倡导以及技术转让等。世界银行正致力于解决以上四个领域的问题，尤其是为了创新及能力发展开发新的资金流，并打造公共—私人合作关系。今年的世界银行发展指标保留了以往的结构，包括：世界概览、人口、环境、经济、国家与市场以及全球联系。新数据包括最底层 40% 人口收入的平均增长情况，“世界概览”中的共同富裕指标以及“国家与市场”中的统计能力指标。“世界概览”中还包括“千年发展目标”实现情况一瞥。其他每章节均包括突出显示了特殊利益指标的地图。世界发展指标是包括联合国大家庭、国际货币基金组织、世界电信联盟、经济合作发展组织、两百多个经济体的统计部门以及大量其他组织通力合作的结果。谨此表示感谢。大家的努力是实现发展、消除贫困、促进共同富裕的核心所在。

Haishan Fu
发展经济学数据组组长

# 致　谢

本书撰写小组由 Masako Hiraga 领导，受 Neil Fantom 管理。成员包括：Azita Amjadi，Majo Bresslauer，Tamirat Chulta，Liu Cui，Federico Escaler，Mahyar Eshragh - Tabary Juan Feng，Saulo Teodoro Ferreira，Wendy Huang，Bala Bhaskar Naidu Kalimili，Haruna Kashiwase，Buyant Erdene Khaltarkhuu，Tariq Khokhar，Elysee Kiti，Hiroko Maeda，Malvina Pollock，William Prince，Leila Rafei，Evis Rucaj，Umar Serajuddin，Rubena Sukaj，Emi Suzuki，Jomo Tariku 以及 Dereje Wolde。并与副行长级发展经济学局的发展数据团队中的工作小组通力合作。

世界发展指标电子产品开发小组由 Soong Sup Lee 领导，成员包括：Ying Chi，Jean - Pierre Djomalieu，Ramgopal Erabelly，Shelley Fu，Omar Hadi，Gytis Kanchas，Siddhesh Kaushik，Ugendran Machakkalai，Nacer Megherbi，Parastoo Oloumi，Atsushi Shimo 及 Malarvizhi Veerappan。

所有工作都是在 Haishan Fu 的指导下进行的。Poonam Gupta，Zia M. Qureshi 及 David Rosenblatt 也提供了非常宝贵的意见。

经过与世界银行全球发展实践局和跨领域局的同仁以及国际金融公司和多边投资担保机构工作人员的密切协商与合作，本书确定了其中所选择的指标及内容。更重要的是，我们还获得了外部合作伙伴的大量帮助、指导以及所提供的数据。对向本书作出贡献的个人的致谢，请参见“贡献名单”。合作者名单详见“合作者”。

由 Bruce Ross - Larson 和 Cristoper Trott 领导的通信发展公司为本书提供了总体设计、编辑及版式设计等方面的指导。Elaine Wilson 负责本书的封面设计、图表安排及排版。Peter Grundy Art & Design 公司的 Peter Grundy 及 Broadley Design 公司的 Diane Broadley 对报告进行了设计。世界银行出版与知识部负责对此书的印刷及发行进行监督。

# 目　录

# 合作伙伴

本书中世界各地数据的确定、收集及公布是各界人士和组织集体努力的结果。《世界发展指标》中提供的各种指标是各级人员数十年工作的结晶。包括进行普查和家庭调查的现场工作人员以及各国和国际统计机构的委员会和工作部门。这些委员会和部门所确定的术语、分类及标准为国际统计体系奠定了基础。非政府组织和私人部门也做出了重要贡献，包括收集原始数据以及组织和出版其成果。此外，学术研究人员在开发统计方法和就统计指标的质量和释义所开展的长期讨论中发挥了重要作用。以上所有人员都秉承着强烈的信念，即精确的数据将有助于提高公共和私人决策质量。

正是由于下列各组织将其数据与经验与我们进行分享，才令此书得以成形。更重要的是，他们的合作为世界银行所作的努力贡献了力量。同时也为其他组织和个人以及改善世界人民生活作出了贡献。我们特此感谢所有帮助我们建立有关世界及世界人民翔实综合信息基础的组织及个人。

为方便查询，特此列出各机构网址。网址在 2015 年 3 月 1 号前都有效。

## 国际和政府机构

二氧化碳信息分析中心

http://cdiac.ornl.gov

国际流离失所监测中心

www.internal-displacement.org

灾害流行病研究中心

www.emdat.be

国际民用航空组织

www.icao.int

德国技术合作公司

www.giz.de

国际糖尿病联盟

www.idf.org

联合国粮食与农业组织

www.fao.org

国际能源署

www.iea.org

国际健康标准和评估研究所

www.healthdata.org

国际劳工组织

www.ilo.org

# 合作者

国际货币基金组织

www.imf.org

经济合作和发展组织

www.oecd.org

国际电信联盟

www.itu.int

斯德哥尔摩国际和平研究所

www.sipri.org

联合国艾滋病规划署

www.unaids.org

理解儿童工作项目规划小组

www.ucw-project.org

国家自然基金

www.nsf.gov

联合国

www.un.org

美国外国灾害援助办公室

www.usaid.gov

联合国人居署

www.unhabitat.org

联合国儿童基金会

www.unicef.org

联合国环境规划署

www.unep.org

联合国贸易与发展会议

www.unctad.org

联合国工业发展组织

www.unido.org

联合国经济与社会事务署
人口司

www.un.org/esa/population

联合国国际减灾战略组织

www.unisdr.org

联合国维持和平行动部

www.un.org/en/peacekeeping

联合国药物管制与预防犯罪办事厅

www.unodc.org

联合国教育、科学及文化组织、
统计研究所

www.uis.unesco.org

联合国难民署

www.unhcr.org

# 合作者

联合国人口基金

www.unfpa.org

世界知识产权组织

www.wipo.int

乌普萨拉大学冲突数据库

www.pcr.uu.se/research/UCDP

世界旅游组织

www.unwto.org

世界银行

http://data.worldbank.org

世界贸易组织

www.wto.org

世界卫生组织

www.who.int

## 私人机构与非政府组织

国际地球科学信息网络中心

www.ciesin.org

国际集装箱化组织

Lloyd's List CONTAINERISATION INTERNATIONAL

www.ci-online.co.uk

敦豪公司

DHL

www.dhl.com

国际战略研究所

IISS

www.iiss.org

国际道路协会

IRF

www.irfnet.ch

网络行会

http://news.netcraft.com

普华永道会计师事务所

pwc

www.pwc.com

标准普尔

STANDARD & POOR'S

www.standardandpoors.com

世界保护监测中心

www.unep-wcmc.org

世界经济论坛

WORLD ECONOMIC FORUM

www.weforum.org

世界资源研究所

www.wri.org

# 使用指南

《世界发展指标》是世界银行最重要的跨国可比较发展数据指标汇编。其数据库包括1300余个时间序列指标，涵盖214个经济体和30余个国家组。许多指标的数据积累已超过50年。

《2015年世界发展指标》按传统分类集中展示了各主要指标，并辅以重点关注的地区和话题及相关地图。

世界概览　人口　环境

经济　政府与市场　全球联系

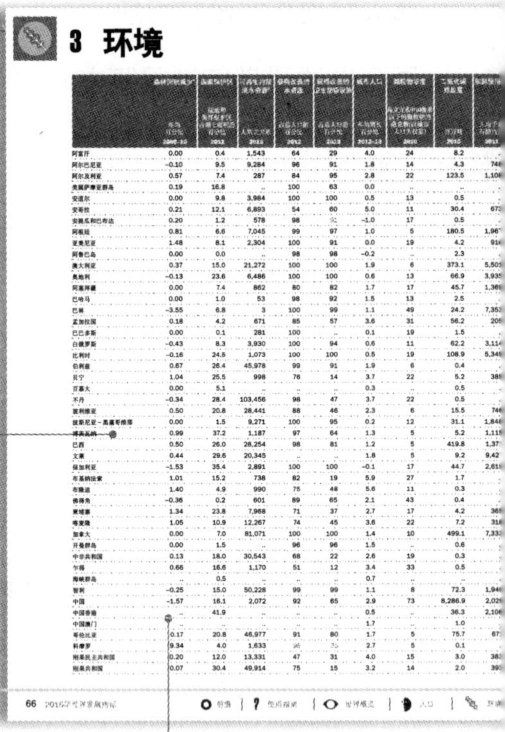
3 环境

### 表格

表格涵盖了所有188个世界银行成员国，以及人口超过三万人的其他经济体。共214个。国家及经济体按字母顺序排列（中国香港及澳门特别行政区除外，均列在中国之后）。

“国家”一词与“经济体”通用，并不意味政治上的独立，而是指任何单独报告社会或经济数据的地区。在具有相关数据的情况下，表末均列出了各收入组和地区组的加总值。

### 收入组的加总值

各收入组的加总值包括表中所列214个经济体。在具有相关数据情况下，也包括中国台湾。为了保持各时间以及各表格间加总值的一致性，在可能的情况下对缺失的数据进行了推算。

### 各地区的加总值

各地区的加总值仅包括中低收入经济体。

各地区的国家构成依据为世界银行所进行的分析性地区划分，与通用的地理划分有所不同。有关地区划分可参见封底的地图和封三的列表对加总方法的进一步讨论。可参见统计方法。

### 数据表示惯例

- 空格表示不适用，或对于加总而言，不具有分析意义。
- 十亿为1,000百万。
- 万亿为1,000十亿。
- 深色斜体字表示非特定年份或时期的数据，或非整个特定时期的增长率。
- 3年以上的数据在脚注中显示。
- 数据截止日期为2015年2月1日。

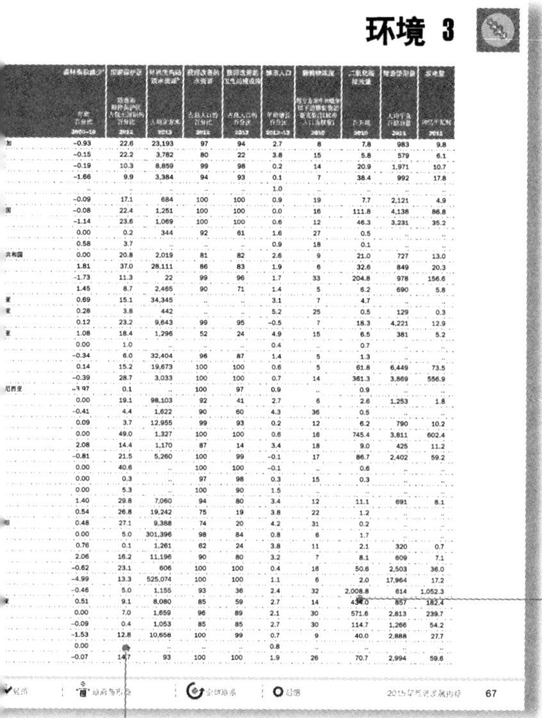


## 符号

| | |
|---|---|
| .. | 表示无法获得的数据，或由于当年数据缺失而无法计算加总值。 |
| 0 或 0.0 | 表示零或者数值非常小，小数位的值近似为零。 |
| / | 在日期中表示跨越两个日历年间的一段时间（通常为 12 个月），如 2012/13，也指一个农事年、调查年或财政年。 |
| $ | 为现值美元，特殊说明除外。 |
| < | 表示小于。 |

## 对各经济体的分类

为便于操作和分析，世界银行按人均国民收入（GNI，按世界银行图表集法计算）对经济体进行分类。由于人均 GNI 随时间不断变化，因此各版《世界发展指标》中各收入组国家构成会有所改变。一旦根据现有最近一年的人均 GNI 确定分类后（本版所用为 2013 年数据），所有历史数据均按所确定分类进行显示。

低收入经济体指 2013 年人均 GNI 在 1, 045 美元及以下的经济体。中等收入经济体指人均 GNI 在 1, 045 至12, 746 美元的经济体。中低收入和中高收入经济体的划分线为人均 GNI4, 125 美元。高收入经济体指人均 GNI 达到 12, 746 美元或以上的经济体。欧元区的 19 个成员国作为高收入经济体中的一个分组进行显示。

## 统计数据

有关各经济体的数据均为 2013 年数据，为了反映当前的政治情况，对历史数据进行了修正。特殊情况会在表中进行说明。

“原始数据文档”中提供了有关数据的额外信息。不仅总结了各国和国际社会为了改善基础数据收集工作所做的努力，也提供了各国有关原始来源、人口普查年份、财政年度、所使用的统计概念以及其他背景信息方面的内容。“统计方法”则提供了有关本书所使用的计算方法等技术信息。

## 国别说明

- 有关中国的数据不包括中国香港特别行政区、澳门特别行政区及中国台湾的数据。
- 塞尔维亚的数据不包括科索沃和黑山共和国的数据。
- 除非另有说明，苏丹的数据不包括南苏丹。

# WDI 在线表格的使用指南

以前在《世界发展指标》印刷版中公布的统计表格现在也可进行在线查询。通过自动查询程序，这些表格将以世界发展指标数据库为基础不断更新。

**如何访问 WDI 在线表格**

如需访问 WDI 在线表格，请登录 http：//wdi. worldbank. org/tables。如需直接访问特定的 WDI 在线表格，请使用如下 URL，http：//wdi. worldbank. org/tables/表格编号（如，http：//wdi. worldbank. org/tables/1. 1 可查看“世界概览”中的第一张表格）。本书各章节均按表格和代码对指标进行排列。如需在线查找特定指标，请使用如下 URL，http：//wdi. worldbank. org/indicator/指标代码（如，http：//wdi. worldbank. org/ubducatir/SP. POP. TOTAL 可查看总人口）。

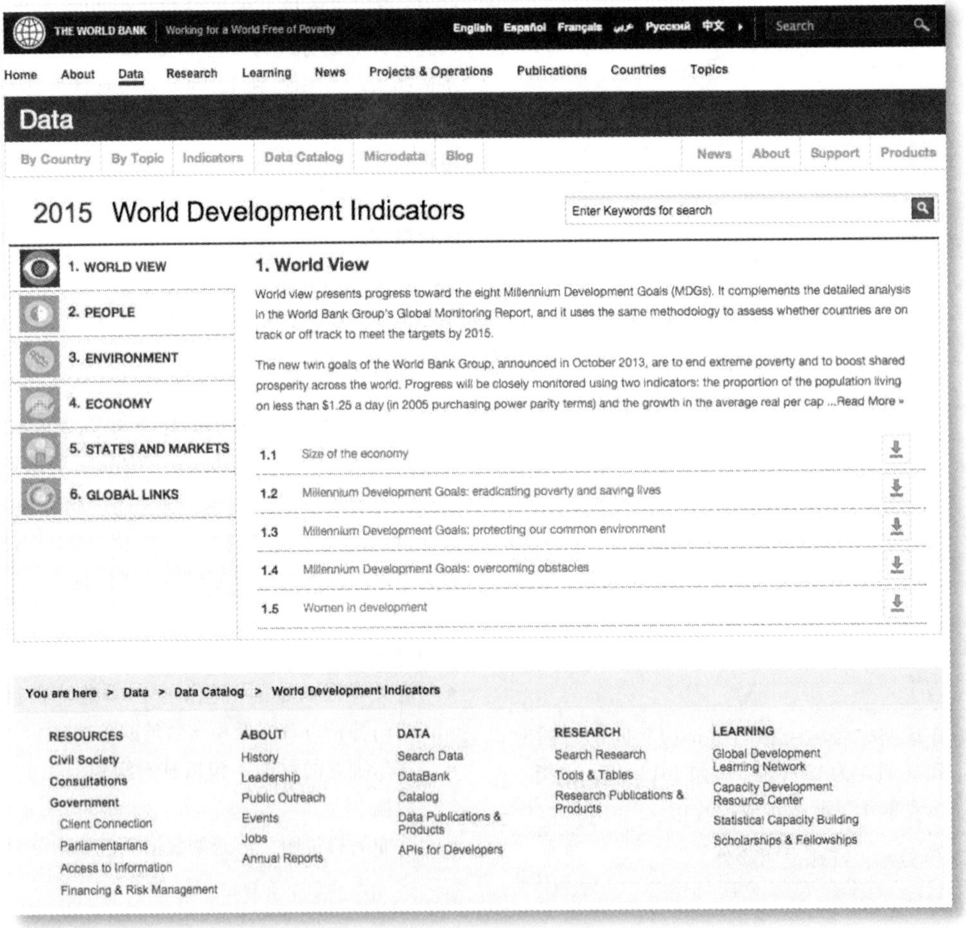

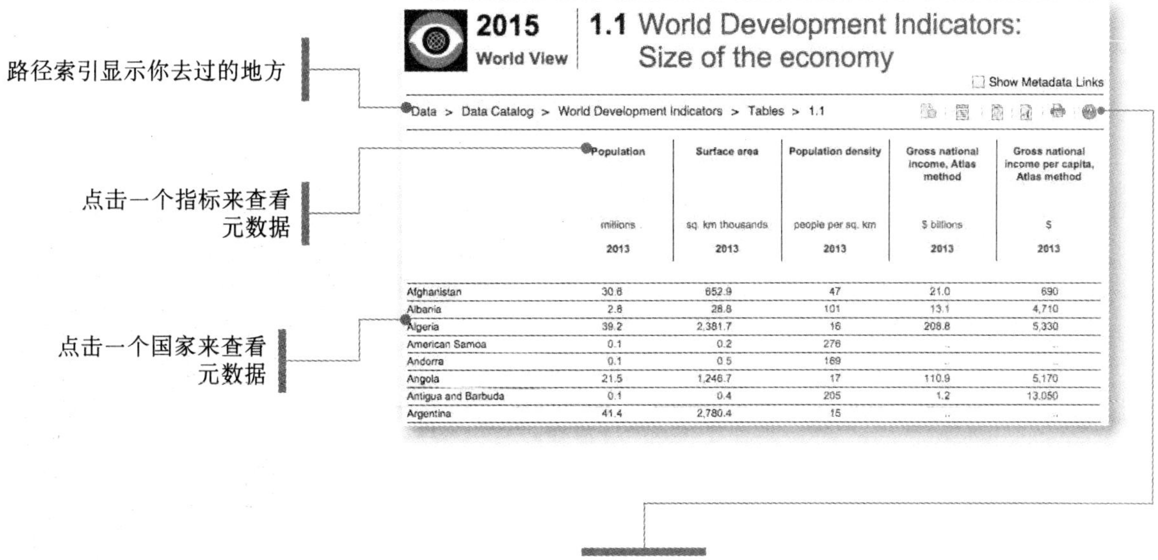


| | Population | Surface area | Population density | Gross national income, Atlas method | Gross national income per capita, Atlas method |
|---|---|---|---|---|---|
| | millions | sq. km thousands | people per sq. km | $ billions | $ |
| | 2013 | 2013 | 2013 | 2013 | 2013 |
| Afghanistan | 30.6 | 652.9 | 47 | 21.0 | 690 |
| Albania | 2.8 | 28.8 | 101 | 13.1 | 4,710 |
| Algeria | 39.2 | 2,381.7 | 16 | 208.8 | 5,330 |
| American Samoa | 0.1 | 0.2 | 276 | .. | .. |
| Andorra | 0.1 | 0.5 | 169 | .. | .. |
| Angola | 21.5 | 1,246.7 | 17 | 110.9 | 5,170 |
| Antigua and Barbuda | 0.1 | 0.4 | 205 | 1.2 | 13,050 |
| Argentina | 41.4 | 2,780.4 | 15 | .. | .. |

**如何使用数据库**

数据库（http：//databank. worldbank. org）为在线网络资源，能够通过其简单快捷地获得时序数据集。数据库可以提供选择和显示数据、执行定制查询、数据下载、创建图表和地图等强大功能。用户可以根据所选的国家、指标和年份创建动态自定义报表。并可轻松对这些报表进行编辑、储存、分享，或作为插件嵌入网站及在博客中发表。更多信息请查阅 http：//databank. worldbank. org/help。

**动作**

- 点击编辑和修改数据库表格
- 点击下载相应指标的元数据
- 点击导出表格到Excel
- 点击导出表格和相应指标的元数据到PDF
- 点击打印表格和相应指标的元数据
- 点击访问WDI表格在线帮助文档
- Show Metadata Links　点击复选框以突出显示单元格级别的元数据和特定年份以外的值，再次单击复选框重置为默认显示

# DataFinder 使用指南

DataFinder 是一款免费手机应用软件，能够访问世界发展指标数据库中的所有数据。数据可以以表格、图表或地图的形式显示和保存。还可以通过电子邮件、Facebook 和 Twitter 进行分享。DataFinder 可以以离线（无网络连接）或在线（Wi－Fi，或 3G/4G）方式在移动设备（智能手机或平板电脑）上使用。

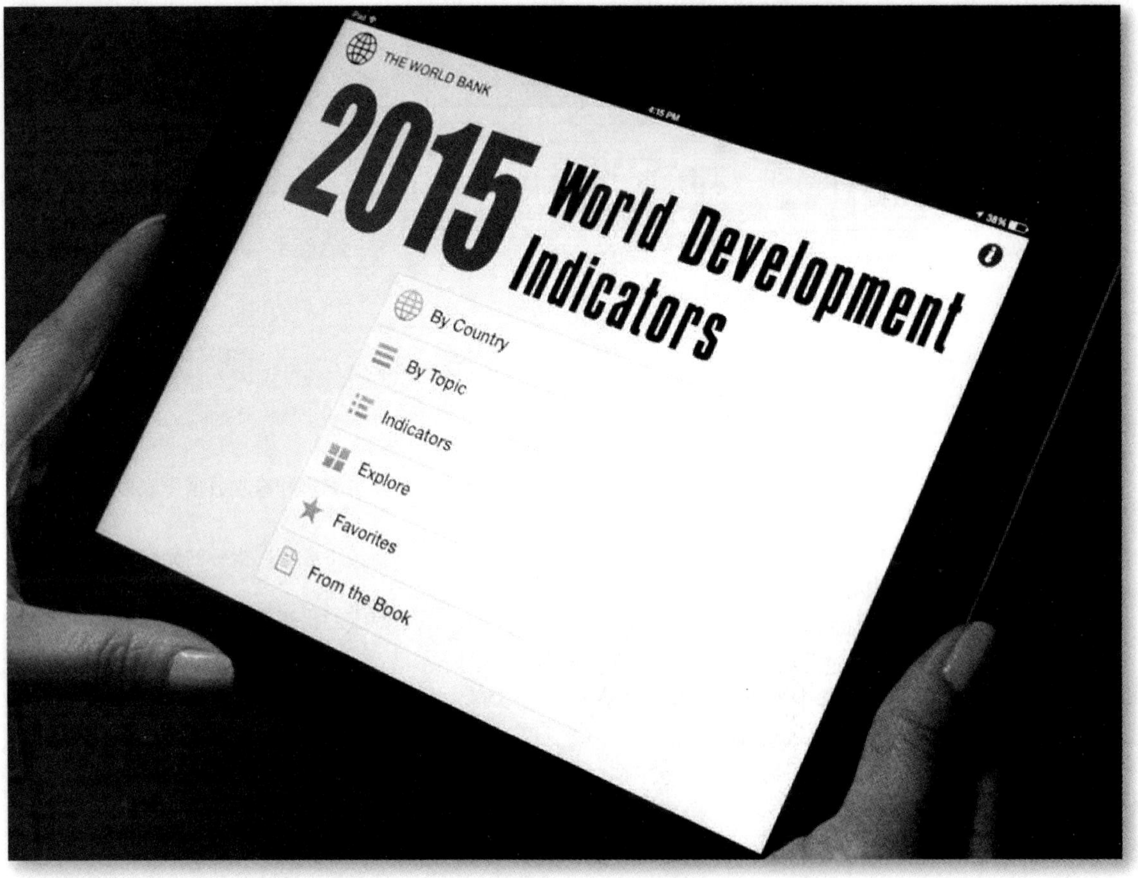


- 选择一个主题，显示所有相关指标
- 比较多国数据
- 选择预定义查询
- 创建可以保存和编辑的新查询
- 以表格、图表和地图方式查看报告
- 以 CSV 文件作为电子邮件附件发送数据
- 通过 Facebook、Twitter 或电子邮件分享评论或截图

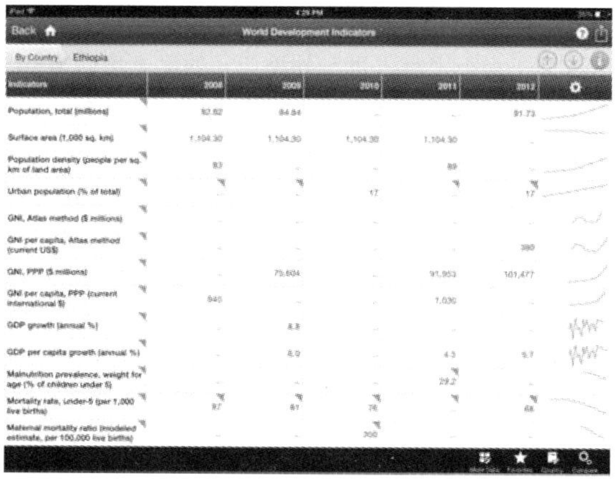


**表格视图，**提供按国家或主题分列的核心发展指标的时序数据。比较选项，显示选定国家与另一国家最近一年的数据。

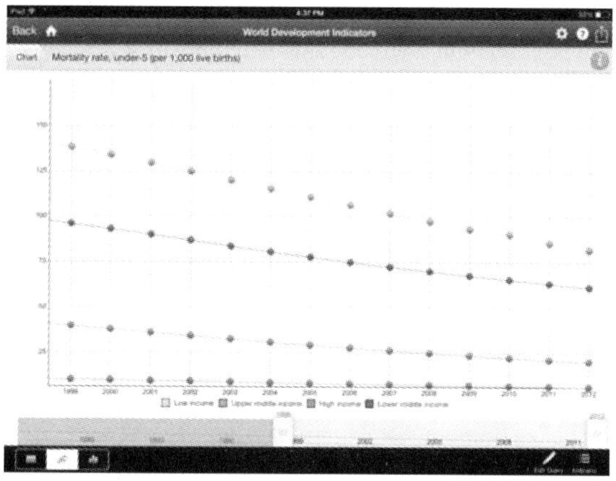


**图表视图，**说明数据变化趋势，以及跨国比较的线状或柱状图。

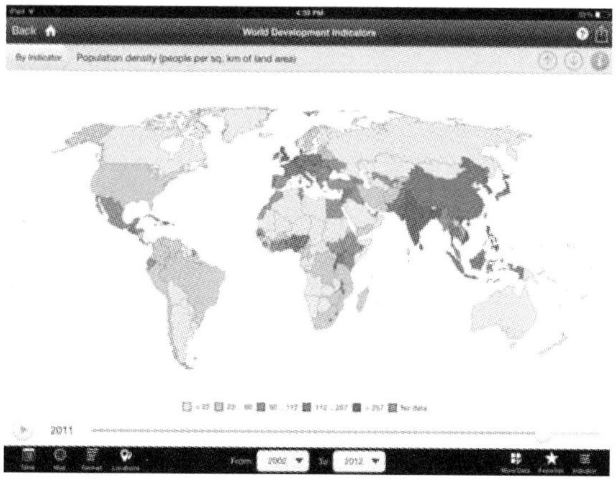


**地图视图，**在世界或区域地图上以颜色标注选定指标。运动选项，显示数据同比变化。

# MDG 数据面板使用指南

世界发展指标数据库为各发展中国家或国家组的“千年发展计划”（MDG）指标的发展趋势提供数据。每年世界银行的《全球监测报告》利用这些数据对“千年发展计划”的进展情况进行评估。http：//data. worldbank. org/mdgs 上提供 6 个 MDG 数据在线交互数据面板，以提供了解更多评估情况的信息。

本书“世界概览”一章所列图表与《世界监测报告》中的评估相一致（不包括目标6）。利用上一个可观察的五年（目标 1 和目标 5 为 3 年）的增长率对上一个观察点进行外推后，如果进展显著，表明“千年发展计划”将在 2015 年完成。如果进展不显著，则表明“千年发展计划”将于 2016 年至 2020 年完成。略微偏离目标表示“千年计划”将于 2020 年至 2030 年间完成。严重偏离目标则表示 2030 年也无法完成“千年计划”。数据不充分说明没有充分的数据点供推测进展使用或者“千年计划”起始值缺失。

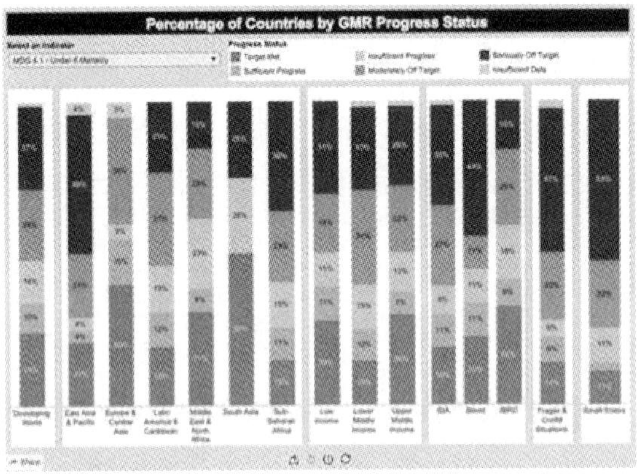


查看地区、收入组别以及按国家比例或者数量分组的其他群组的进展情况。

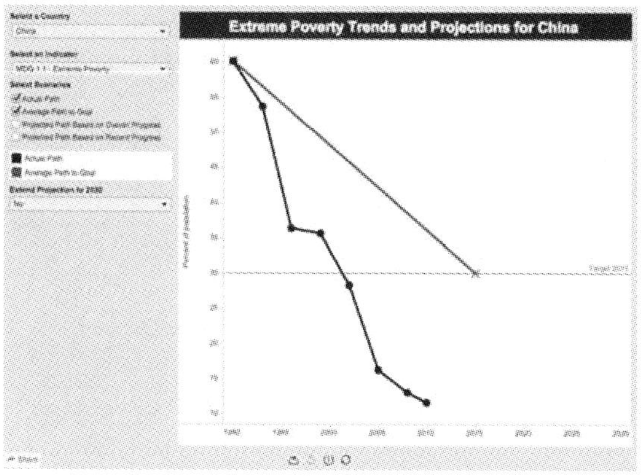


查看一个国家每个“千年计划”目标的进展情况，包括1990年至现有数据最近一年的数据趋势，以及到2015年和2030年的预测趋势。

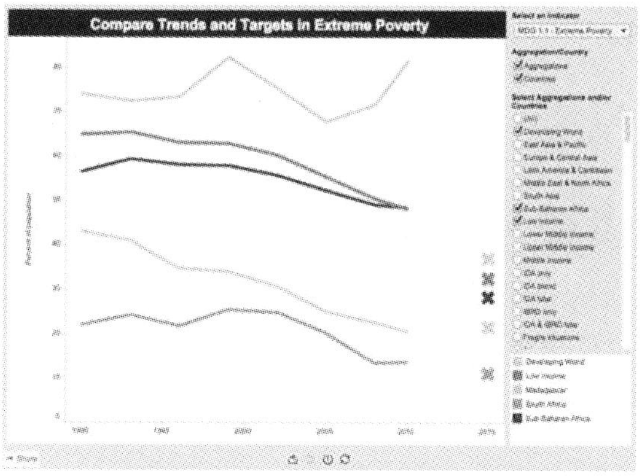


比较选定国家或组别的每个“千年计划”指标的趋势和目标。

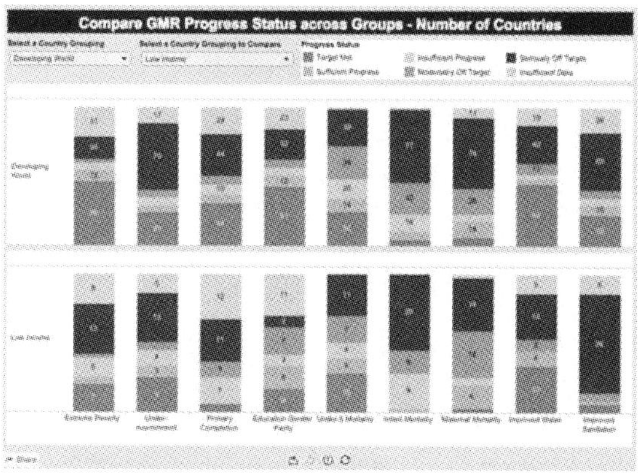


比较所有选定组别的所有“千年计划”指标的进展情况。

# 世界概览

# 1

联合国将2015年定为实现八个千年发展目标中的多个子目标的一年。“世界概览”一章中将介绍实现这些目标的进展情况。同时也对世界银行《全球监测报告》中详细分析以及在线进展情况图表（http：//data. worldbank. org/mdgs）进行了补充。本章同时包括了世界银行的两项新目标——到2030年底消除极端贫困，增强所有国家的共同富裕程度。基于最底层的40%人口的平均收入增长率所确定的共同富裕指标，是本版《世界发展指标》中新增的一项指标。共对72个国家的情况进行了计算。

“千年发展目标”已接近尾声，但国际社会将继续努力实现这些目标，尤其是在一些落后领域。同时，重心将转向下一代的新的可持续发展议程，以助于应对21世纪的全球性挑战。在这方面，2014年9月8日迈出了重要的一步。联合国大会确定将联合国开放工作组提出的17个待选目标和169个子目标作为将可持续发展目标纳入2015年后发展议程的依据。将在2015年9月召开的联合国第69次大会上进行最后的讨论，并将于2016年1月开始执行。因此，这将是最后一次以《世界发展指标》的方式对“千年发展目标”的进展进行汇报。

“千年发展目标”一个重要的方面是这些目标重在考量和监督进展情况。因此也对提高相关统计数据的质量、频率和可用性提出了明确的要求。在过去几年中，各国及国际合作者向主要数据来源国家的统计体系进行了大量的投入。但是最贫困国家很多指标的覆盖面及质量仍很薄弱。这些国家数据来源很少，因此更要认真对实现目标进展情况进行仔细认真的衡量。

有了新的更广的目标和指标，对数据也提出了更高的要求。在最近的《一个有意义的世界》（联合国，2014）中，讨论了为了可持续发展而推动数据革命需要采取的行动和措施——开发先进知识和技术，利用能力发展资源，加强主要参与主体间的协作。各国政府及发展合作者仍需对将继续产生数据的国家统计体系和其他相关公共机构进行投入。与此同时，也应认真对待以更好利用私人部门提供的数据和技术，特别是“大数据”和其他新型资源。

# 千年发展目标一瞥

## 目标 1：消除极端贫困

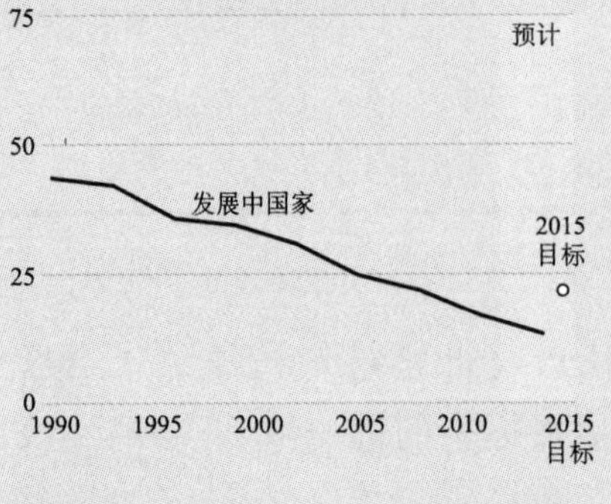


发展中国家就整体而言，比 2015 年的预定期限提前五年完成了消除极端贫困这一千年发展目标计划。预计到 2015 年，极端贫困率将降低至 13.4%，比 1990 年预计的 43.6% 降低了三分之二以上。东亚及亚太地区在缓解贫困方面的成绩最令人瞩目。但与此同时，撒哈拉以南非洲地区仍落后于其他地区，预计到 2015 年也无法实现目标。

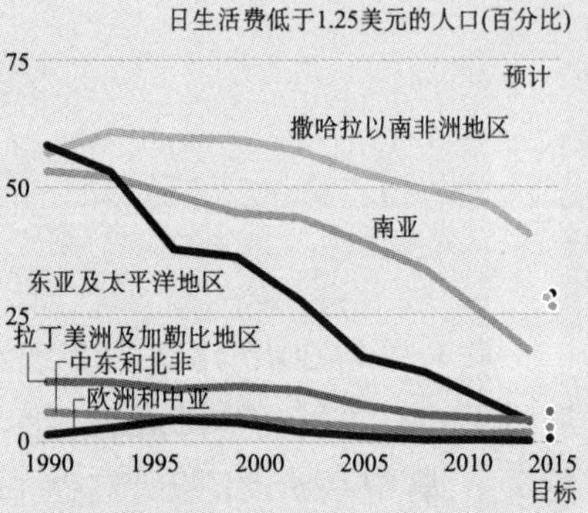


资料来源：世界银行 PovcalNet 数据库（http：//iresearch. worldbank. org/PovcalNet）。

## 目标 2：实现普及初等教育

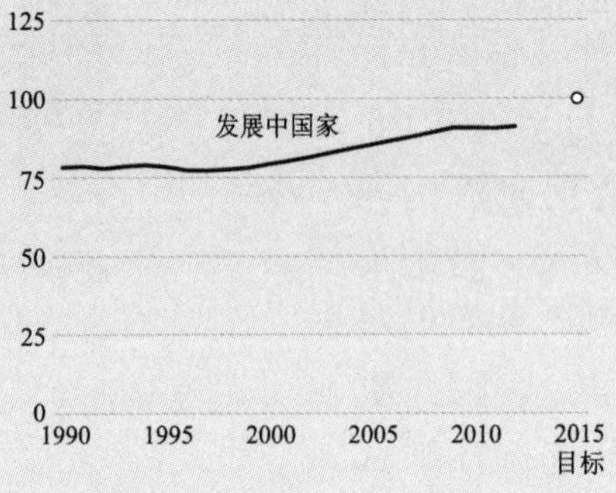


2012 年发展中国家初等教育完成率已达到 91%，但仍低于目标 2 的计划。但是 21 世纪的前十年已经取得了实质性的进展，尤其是在撒哈拉以南非洲和南亚地区。不过只有东亚及太平洋地区、欧洲和中亚实现或近乎实现普及初等教育这一目标。

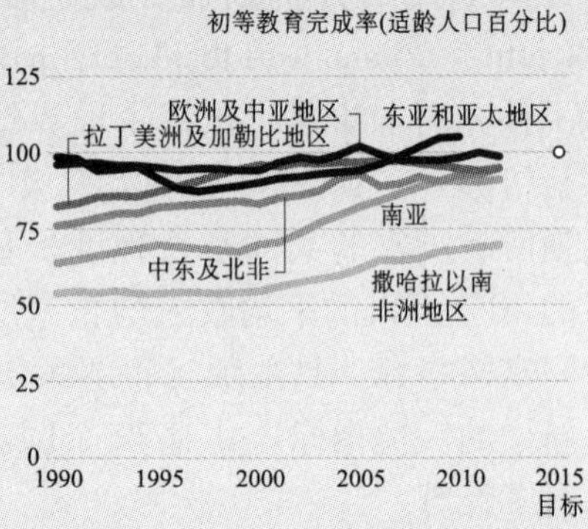


资料来源：联合国教科文组织统计研究所。

## 目标 3：促进性别平等并赋予女性权力

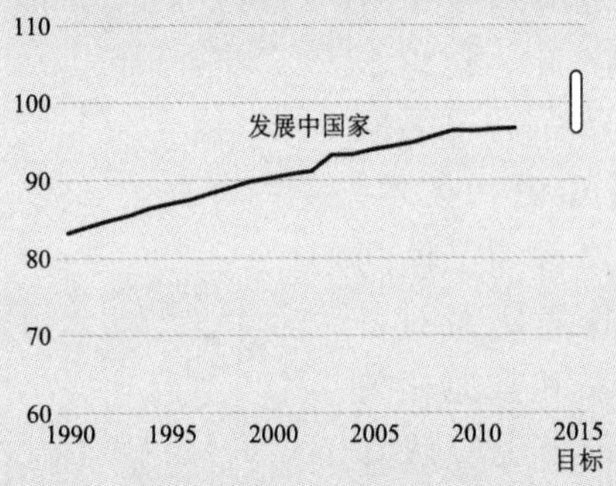


发展中国家在缩小教育方面的性别差异取得了实质性的成绩，并有希望在初等及中等教育中实现性别平等。尤其值得一提的是，南非初等和中等教育净入学率中女生对男生的比例在 1990 年处于当地最低水平，仅为 68%。但是该国进展惊人，在 2012 年已经实现性别平等，超过了其他发展较缓的国家。

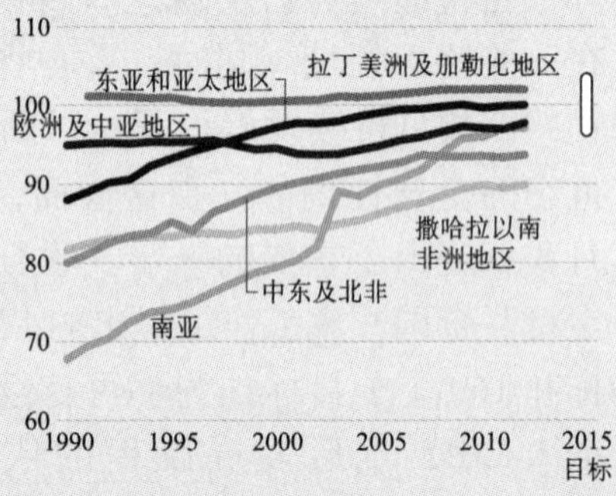


数据来源：联合国教科文组织统计研究所。

## 目标 4：降低儿童死亡率

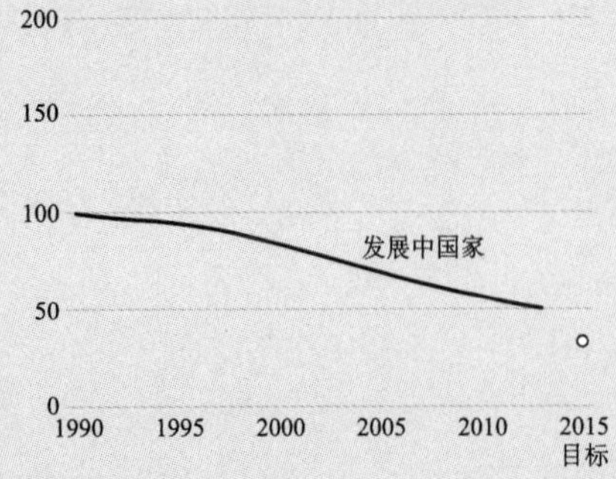


从 1990 年到 2013 年，发展中国家 5 岁以下儿童死亡率下降了一半，从每 1,000 名儿童中有 99 例死亡，下降到 50 例。虽然取得了巨大的进步，但发展中国家整体可能将无法实现从 1990 年到 2015 年将五岁以下儿童死亡率减少三分之二的目标。不过东亚及太平洋地区，以及拉美和加勒比地区已经实现了该目标。

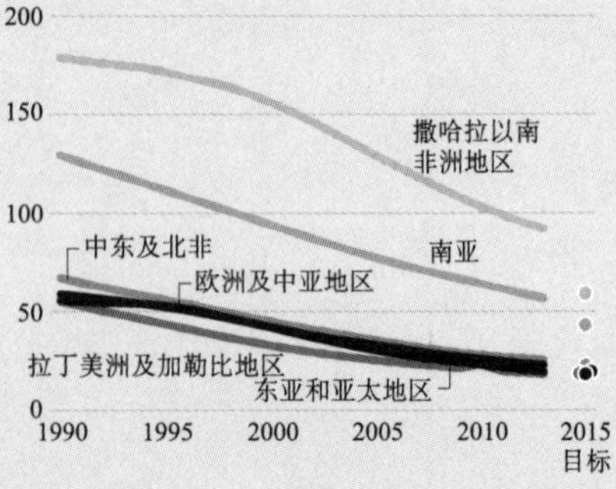


数据来源：联合国儿童死亡率估算机构间小组。

## 目标 5：提高孕产妇健康水平

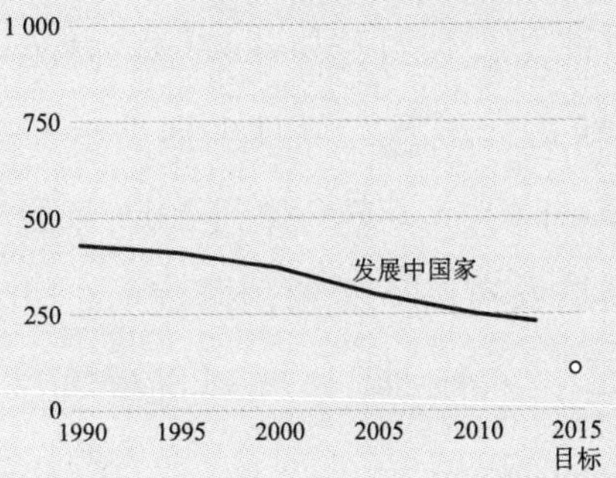


发展中国家总体产妇死亡率稳步下降。从1990 年的 430 下降到 2013 的 230。虽然取得了实质性进步，但下降速度仍无法实现从 1990 年到 2015 年将产妇死亡率下降 75% 的目标。地区性数据也表明有大幅下降，但是各地区都无法按时实现目标。虽然有大幅降低，但撒哈拉以南非洲及南亚地区的产妇死亡率仍相当高。

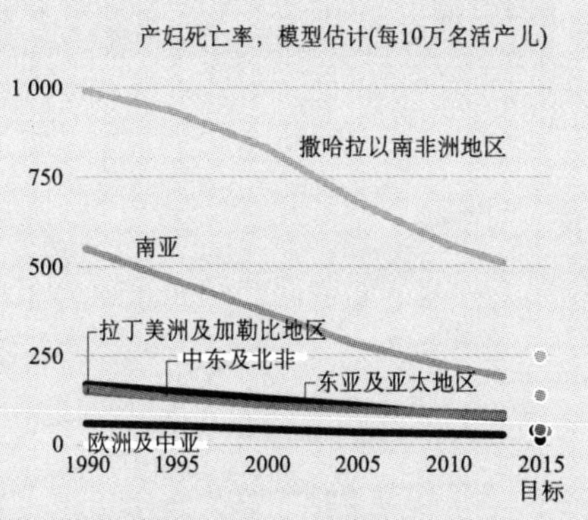


数据来源：联合国儿童死亡率估算机构间小组。

## 目标 6：防治艾滋病、疟疾和其他疾病

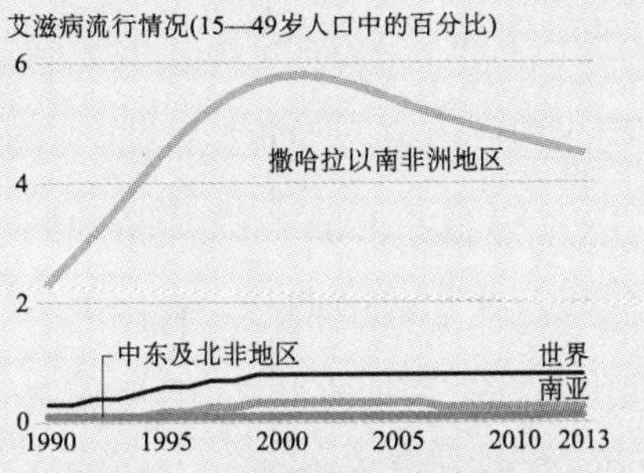


资料来源：联合国艾滋病联合规划署。

撒哈拉以南地区艾滋病病毒流行情况是最严重的。艾滋病传播速度降低，携带艾滋病病毒的成年人比例也开始降低，同时服用抗逆转录病毒药物患者的存活率也在上升。2000 年以来，全球艾滋病流行情况平稳。自 1990 年后，肺结核的流行、发病以及死亡率都在下降。在全球范围内，到 2015 年实现抑制并扭转肺结核发病率趋势的目标业已实现。

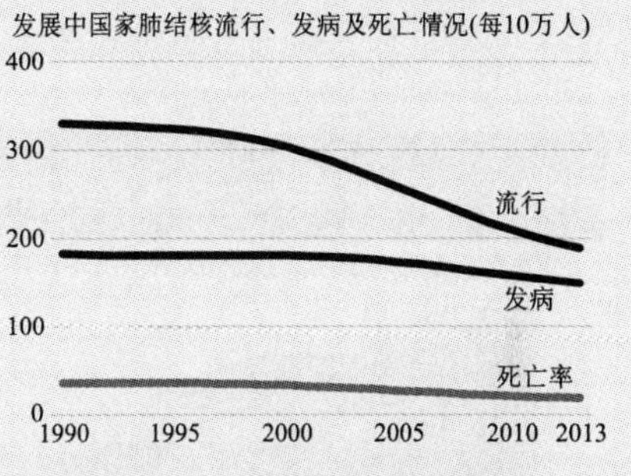


数据来源：世界卫生组织。

## 目标 7：确保环境的可持续发展

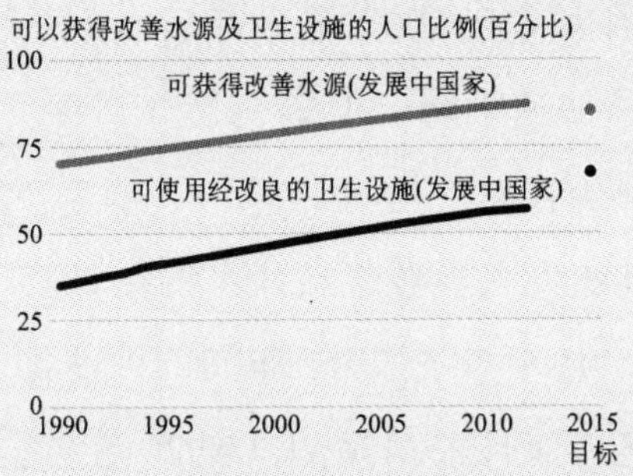


发展中国家可以使用改善水源的人口比例从 1990 年的 70% 上升到 2012 年的 87%，业已实现目标。可以使用经改良的卫生设施人口比例从 35% 上升到 57%。但是仍有 25 亿人口不能享受到相应的设施。巨大的城乡差异，尤其是在南亚和撒哈拉以南非洲地区的情况是无法按期实现卫生目标的首要原因。

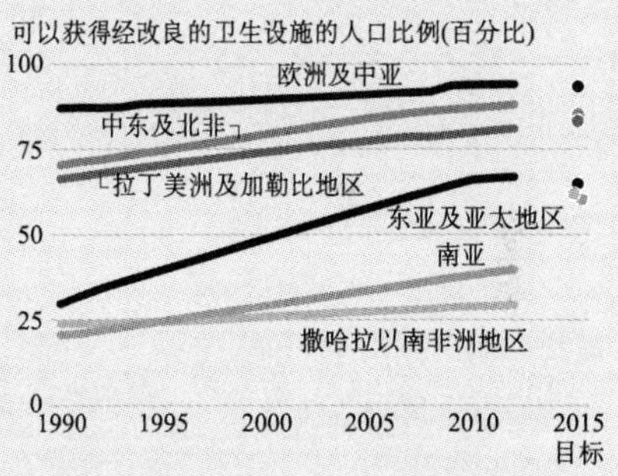


数据来源：世界卫生组织，联合国儿童基金会供水和卫生联合监测项目。

## 目标 8：为发展而建立全球伙伴关系

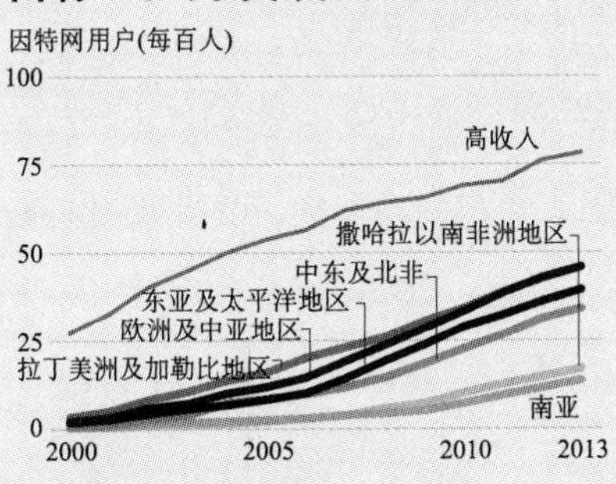


资料来源：国际电信联盟。

2000 年高收入经济体因特网使用快速增加，但是在发展中国家则进展缓慢。现在发展中国家也在迎头赶上。自 2000 年后，每百人因特网用户以每年增加 27% 的速度上升。2013 年发展中国家偿债额—出口比率为平均 11%，是 2000 年的一半。但各地区差异较大。由于自 2010 年起发展中国家组合外债存量上升了 33%，因此该比率将有可能上升。

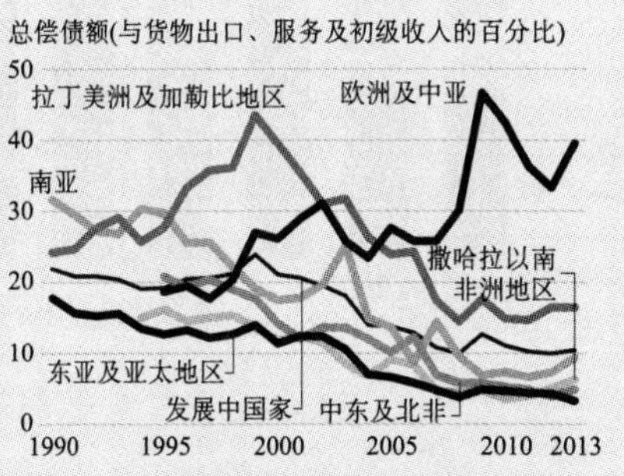


数据来源：世界发展指标数据库。

**有关各目标详细评估情况，请见后页。**

# 目标1 消除极端贫困

发展中国家地区已基本全部实现贫困目标 1a

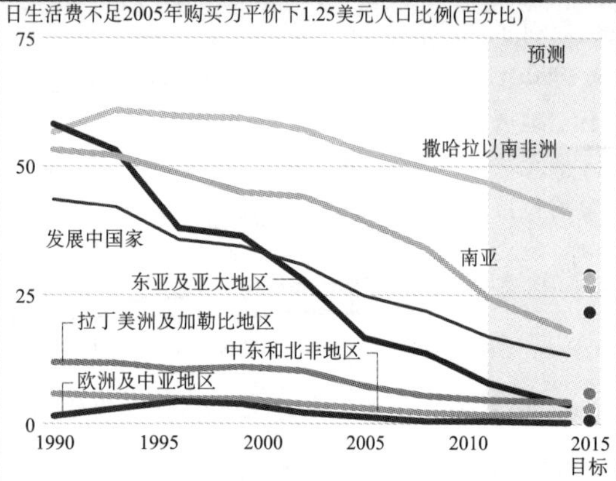


资料来源：世界银行 PovcalNet 数据库（http://iresearch.worldbank.org/PovcalNet）。

1990 年至 2015 年有一亿人脱离极端贫困 1b

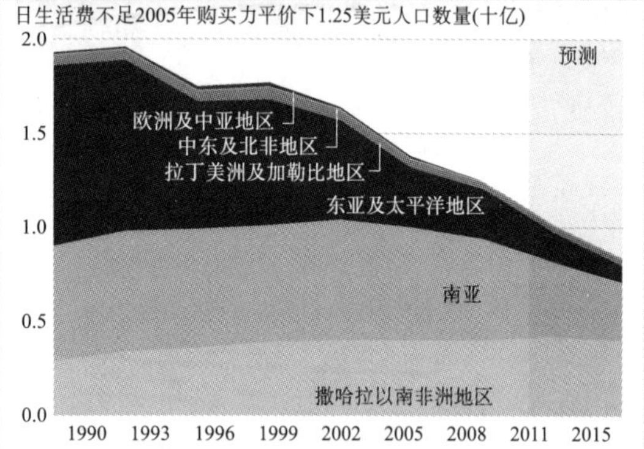


资料来源：世界银行 ProvaclNet（http://iresearch.worldbank.org/PovcalNet/）。

各地区实现目标进展情况 1c

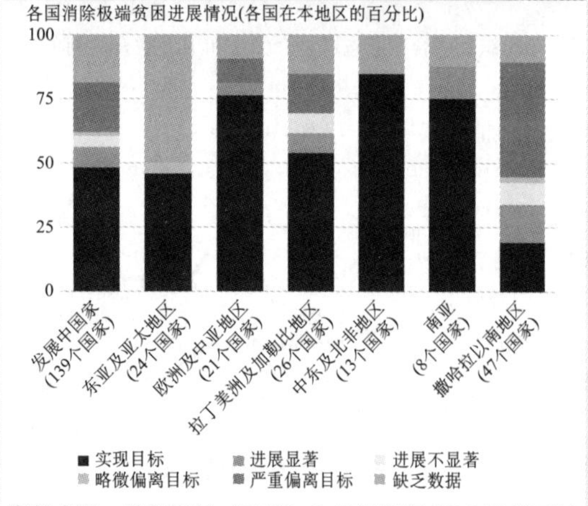


资料来源：世界银行（2015）和世界银行 MDG 数据面板（http://data.worldbank.org/mdgs）。

发展中国家整体（根据 1990 年分类）已经在 2015 年最后期限之前五年完成了“千年发展目标”中将极端贫困人口减少一半的目标。最新估计显示，每日生活费低于 1.25 美元的人口比例从 1990 年的 43.6% 下降到 2011 年的 17.0%。根据过去十年各国增长速度所做的预测表明，极端贫困率在 2015 年将下降至 13.4%（图 1a），比基准线下降了三分之二还多。

虽然发展中国家整体取得了令人瞩目的成绩，但是各地区间减少贫困的进度很不平衡。东亚和亚太地区在缓解长期贫困方面成绩惊人，每日生活费低于 1.25 美元的人口比例从 1990 年的 58.2% 下降到 2011 年的 7.9%。欧洲、中亚、拉丁美洲及加勒比地区以及中东和北非等较富裕地区极端贫困率较低，而且自 20 世纪 90 年代中期后，贫困人口不断下降，已在 2010 年实现了目标。南非在过去 25 年中贫困率也在稳步下降，并在 2008 年后实现强力加速，从而令该地区在 2011 年提前完成“千年发展目标”。与此相比，撒哈拉以南地区的极端贫困率直到 2002 年才开始有所下降。虽然在过去十年实现了加速下降，但仍落后于计划，而且预计将无法于 2015 年实现目标（见图 1a）。

全球日生活费低于 1.25 美元人口数量预计也将在 2015 年比 1990 年水平下降一半。1990 年至 2011 年间，极端贫困人口从 19 亿减少至 10 亿。而且根据预测，到 2015 年，还将有 1.75 亿人摆脱极端贫困。与 1990 年相比，极端贫困人口在全球除了撒哈拉以南地区外都在下降。该地区由于人口增长数量超过了贫困降低率，因此极端贫困人口反而从 1990 年的 2.9 亿上升至 2011 年的 4.15 亿。南非是世界上极端贫困人口数量第二多的国家：2011 年还有 4 亿人日生活费不足 1.25 美元（表 1b）。

根据目前趋势，将近一半的发达国家已经实现了“千年发展目标1”的有关消除贫困的目标。但是，20%的国家严重偏离了轨道，即按现有发展速度，即使到2030年也无法将其1990年的极端贫困率减少一半（世界银行2015）。撒哈拉以南非洲地区国家进展也非常缓慢，其中大约45%的国家严重偏离了轨道（见图1c）。由世界银行认定的国际开发协会的大部分成员国由于身处脆弱环境和争端之中，也属于严重偏离目标国家（图1d）。

“千年发展目标1”还致力于解决饥饿及营养不良问题。平均来说，发展中国家营养不良比例从1990年至1992年的24%下降到2012年至2014年的13%。在过去十年中，大部分发展中地区的营养不良比例均稳步下降，但是中东及北非地区尽管基数很低，却出现了恶化。2013年估计显示，东亚及太平洋地区以及拉丁美洲和加勒比地区已经在2012年至2014年实现了将营养不良比例从1990年的水平下降一半的目标。根据原始线性增长预测，发展中国家整体将在2015年实现目标，但是中东及北非地区、南亚以及撒哈拉以南非洲地区很难实现这一目标（图1e）。

另一项测量饥饿的指标是儿童体重不足（儿童营养不良）情况。发展中国家营养不良比例大幅下降，五岁以下儿童的比例从1990年的28%下降到2013年的17%。虽然成绩可观，但2013年南非的营养不良比例仍居高不下，为32%。到2013年，东亚及太平洋地区、欧洲和中亚地区以及拉丁美洲和加勒比地区实现了将五岁以下儿童体重不足比例降至1990年的一半。中东及北非地区预计到2015年可以完成目标。但是发展中国家整体将无法于2015年实现目标，南亚及撒哈拉以南非洲地区亦是如此（图1f）。

**不同收入和贷款分组减贫进程 1d**

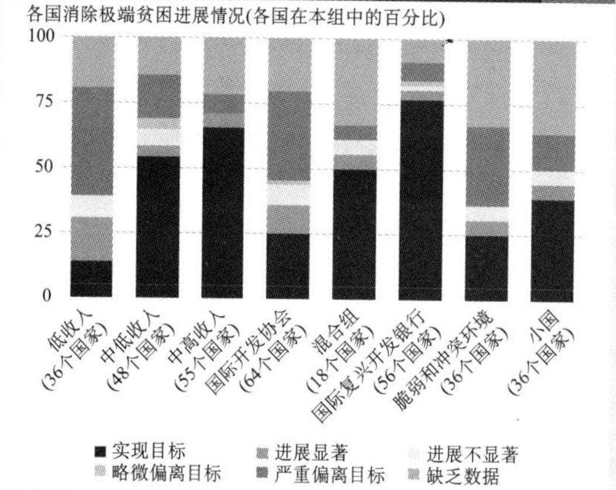


资料来源：世界银行（2015）和世界银行MDG数据面板（http://data.worldbank.org/mdgs）。

**大部分地区营养不良情况得到缓解 1e**

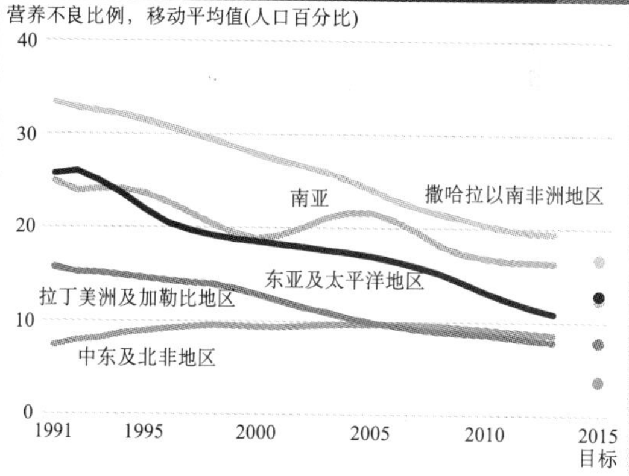


注：不足国家数据为欧洲和中亚地区。

资料来源：联合国粮食与农业组织，国际农业发展基金会及联合国粮食计划署（2014）。

**各地区儿童营养不良状况得到缓解 1f**

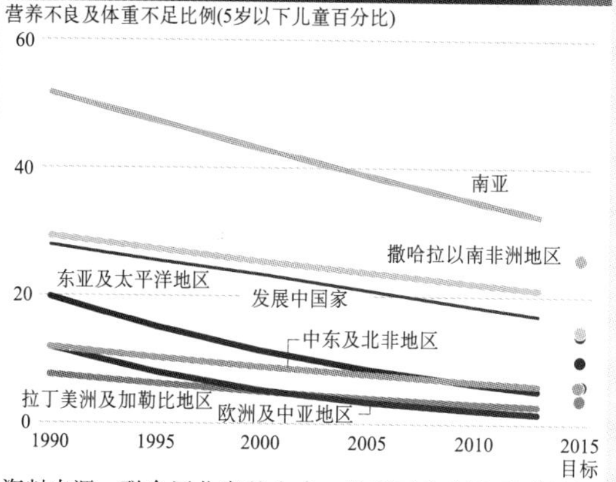


资料来源：联合国儿童基金会，世界卫生组织及世界银行2014。

# 目标 2 实现普及初等教育

**更多的儿童完成初等教育 2a**

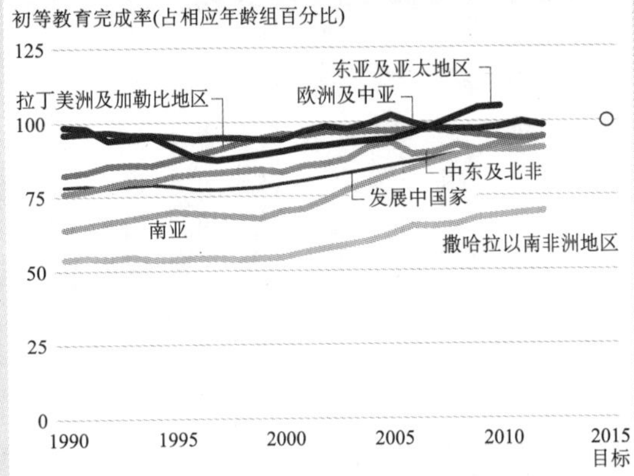


资料来源：联合国教科文组织统计研究所。

**在很多国家普及初等教育仍很艰难 2b**

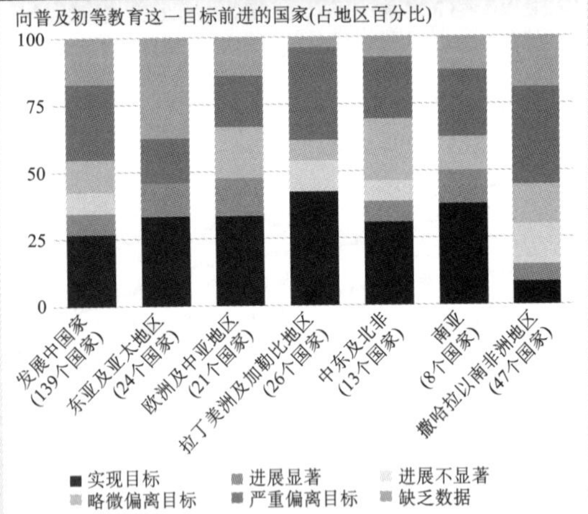


资料来源：世界银行（2015）和世界银行 MDG 数据面板（http：//data. worldbank. org/mdgs）。

**仍有 5500 万儿童不能入学 2c**

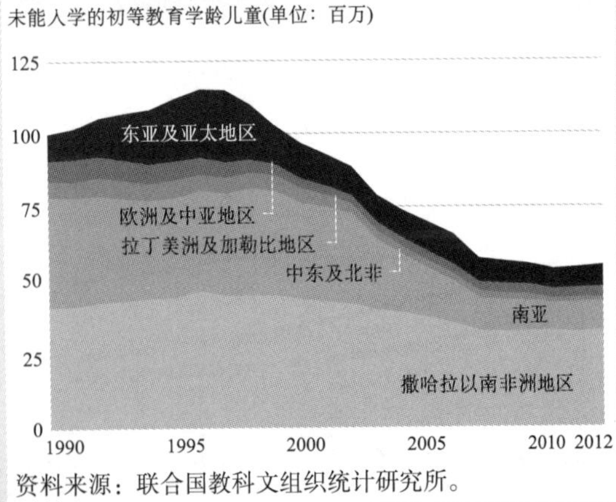


资料来源：联合国教科文组织统计研究所。

经过 20 世纪 90 年代在最贫困国家所进行的进度一般的普及初等教育运动后，自 21 世纪后取得了加速进步，尤其是在南亚和撒哈拉以南非洲地区成效显著。但是实现全面普及仍较为艰难。此外，入学率本身也仍然不能令人满意。很多儿童虽然能够入学，但是会因为费用、距离、人身问题及成绩不佳等原因在毕业前辍学。此外，另一项挑战是，即使各国在努力实现这一目标，而现代经济发展也对教育提出了更多的要求，初等教育的价值所在仍仅仅被视作是进入中等和高等教育的踏脚石。

几年前看起来就可以在 2015 年实现包括男孩女孩在内的所有人都能完成初等教育全过程。但实际上初等教育完成率——初等教育最后一年入学人数与初等教育最后一年入学年龄人口比，从 2009 年开始就一直停滞在 91%。只有东亚及亚太地区和欧洲及中亚地区这两个地区已经实现或接近实现普及初等教育的目标。中东和北非地区以及拉丁美洲及加勒比地区稳步提高，在 2012 年初等教育完成率达到 95%。虽然南亚地区的初等教育完成率也在 2009 年也达到了 91%，但此后进展缓慢。挑战最大的是撒哈拉以南地区，在 2012 年初等教育完成率远远落后于其他地区，只有 70%（图 2a）。

如果具体到各国的表现，则情况更为微妙：35% 的发展中国家已经或即将实现“千年发展目标”，但是 28% 的国家则完全脱离轨道，甚至到 2030 年都无实现目标（图 2b）。数据空缺也阻碍了监管工作的进行：有 24 个，即 17% 的发展中国家数据不足，无法对其进展进行评估。

在发展中国家，未能入学的初等教育学龄儿童自1996年后几乎减少了一半。21世纪前十年初期，由于印度的发展，南亚未能入学的初等教育学龄儿童人数也大幅减少。但是仍然有很多孩子无法入学，或入学后不能持续就读，甚至完全辍学。2012年，仍有5500万儿童无法入校学习。其中80%的失学儿童在南亚以及撒哈拉以南非洲地区（图2c）。阻碍儿童入学的原因包括，需要他们参加种植和收获农作物、缺乏合适的学校设施及师资以及因学费原因而导致家长不能把他们的孩子送到学校上学等。

并不是所有的儿童都有机会入学或留在学校里，来自贫困家庭的儿童尤其如此。以尼日尔为例，在不能入学的儿童中，有三分之二来自于20%最贫困的家庭。在完成初等教育的儿童中，来自较富裕家庭的儿童人数是来自贫困家庭儿童人数的三倍还多（图2d）。该国还面临城乡差异问题：2012年，城市中有90%的儿童完成了初等教育，但是农村地区完成初等教育比例仅为51%。另外，与女童相比，男童的入学及持续就读人数也更多。来自贫困农村家庭的女童最具劣势，而且也最不可能获得人力资本从而转化为他们最有力的资产，以帮助她们逃离贫困。很多国家在教育方面都面临贫富差异、城乡差异以及性别差异的问题。

一个积极的发展方向是对于教育质量以及学习成绩的测评和监测的需求日益增长。而且目前对学习成果进行的评估的工具也尚不成熟，无法在各国广泛使用。实现基本识字率是测评教育成果的指标之一。但是对该指标的评估方法也不完善。尽管目前有充分的数据显示发展中国家90%的青年在2012年已基本实现识字，但是该指标的完成水平和速度因地区和性别有所差异（图2e）。

**接受教育情况的收入、地区和性别差异** **2d**

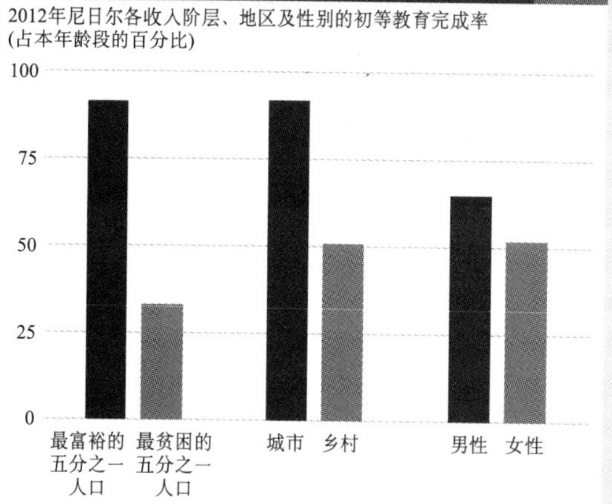


资料来源：联合国教科文组织统计研究所及世界银行教育统计数据库。

**青年识字率进程的地区及性别差异** **2e**

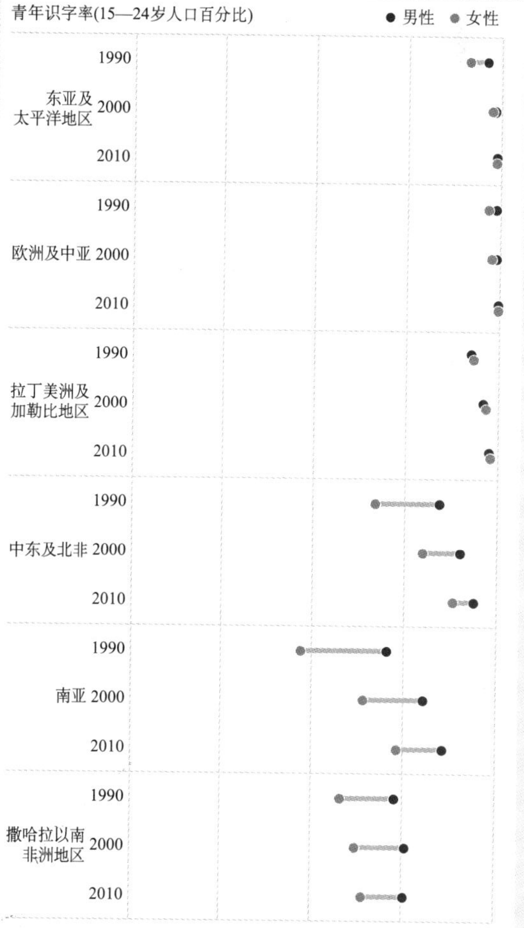


资料来源：联合国教科文组织统计研究所。

# 目标 3　促进性别平等并赋予女性权力

**接受教育的性别差异已经缩小　3a**

初等教育中女童和男童净入学比率(百分比)

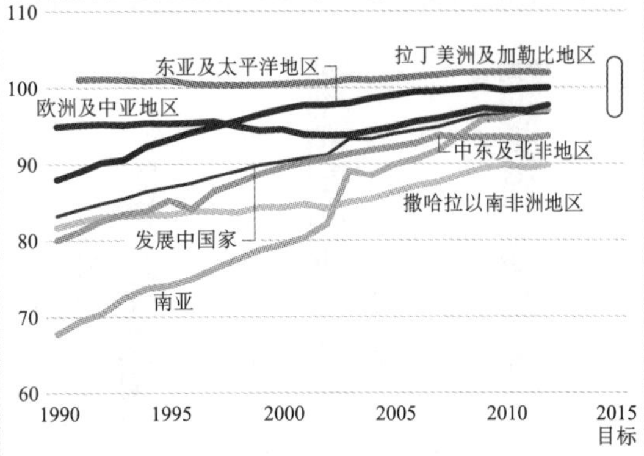


资料来源：联合国教科文组织统计研究所。

**各地区初等教育及中等教育性别差距间的差异　3b**

各国实现教育性别平等目标的进展情况(各国在本地区的百分比)

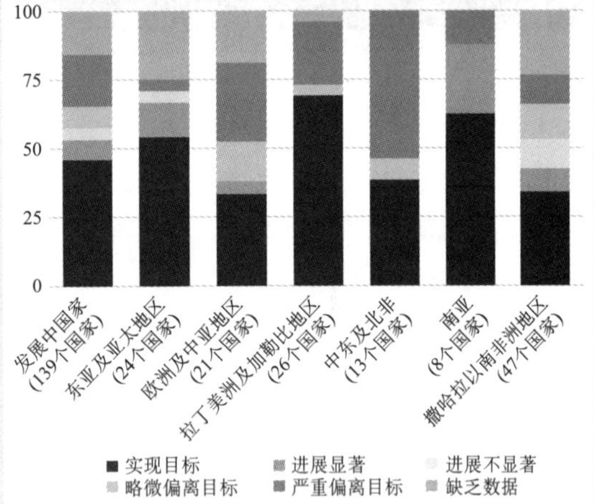


资料来源：世界银行（2015）和世界银行 MDG 数据面板（http：//data. worldbank. org/mdgs）。

**尼日利亚贫困女童通常完成教育率最低　3c**

2013年尼日利亚贫富人口完成教育情况(占15—19岁人口百分比)

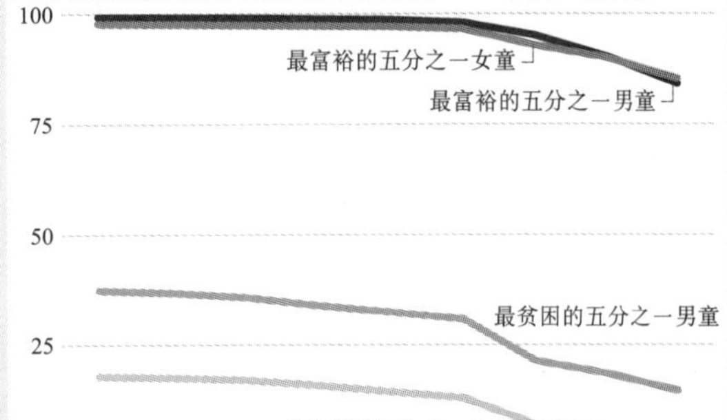


资料来源：人口与健康调查及世界银行教育统计数据库。

千年发展目标之三涉及加强女性参与社会、经济及政治活动以建立性别平等的社会。增加女性在公共和私人行业的机会是发展战略的核心所在。这不仅有利于女童和妇女的发展，而且也可以使社会更加开放包容。

通过入学和就读，女童可以获得进入劳动力市场、照顾家庭以及根据情况为自己和他人做决策所需要的技能。千年发展目标之三的目的就是在 2015 年消除所有等级教育中的性别差异。在过去 25 年中，所有发展中国家的女童都从入学中得到了极大的收获。1990 年发展中国家女童初等和中等教育的平均入学率是男童的 83%。到 2012 年，该比例升至 97%（图 3a）。高级教育中女性与男性的比例也大幅增长，从 74% 增至 101%。发展中国家整体可以在初等及中等教育入学率上实现性别平等（根据联合国教科文组织 2004 年制定的标准，目标比例为 97%—103%）。

但是，该平均值掩盖了不同地区和国家之间的巨大差异。南亚进展明显。在 1990 年至 2012 年间将初等教育和中等教育的性别差距缩小了 40% 以上。撒哈拉以南非洲地区和中东及北非地区也进步很快，但是在发展中国家地区中，这两个地区在初等及中等教育入学率方面的性别差距仍是最大的。根据过去的变化率情况，这两个地区将无法在 2015 年实现消除教育性别差距的目标。此外，中东及北非地区中大约一半国家也严重偏离了实现目标的轨道（图 3b）。高等教育方面个地区差距越来越大：撒哈拉以南非洲地区女性和男性入学比例为 64%，而拉丁美洲及加勒比地区则为 128%。这些较高的估计致使对所有发展中国家的总估算也较高，掩盖了其中一些国家和地区与其他国家和地区之间的巨大差异。

各国国内也存在很大差异。与富裕家庭相比，贫困家庭通常较难让孩子入学并持续就读。而来自贫困家庭的女童情况最为严重。在尼日利亚，来自最贫困的五分之一家庭中只有4%的女童能够一直就读到9年级。而对于最富裕的五分之一家庭中的女童，该比例则高达85%。在最贫困的五分之一家庭中，有15%的男童可以完成九年教育，但女童比例只有4%（图3c）。

女性长时间工作，并为家庭的经济状况作出了巨大的贡献。但是很多人并未因为所做的劳动或在非正式领域的工作而得到报酬。这些形式不确定的工作通常不被算作经济活动，因此没有正式的工作合同，也缺乏相应的社会保护和保障，工人们通常会陷入贫困之中。在很多国家，与男性相比，通常有更多的女性在家庭经营的场所免费工作（根据第八版国际劳工组织劳动力市场指标数据，见图3d）。在南亚和中东以及北非地区，在非农业部门从事带薪工作的女性比例低于20%。在过去几年中，该比例上升微乎其微。在欧洲及中亚地区，女性在非农业部门工作的比例最高，几乎与男性相同（图3e）。

根据女性在议会中的席位比例来看，与1990年相比，越来越多的女性参与到公共生活和最高决策中。在该方面，2014年，拉丁美洲及加勒比地区领先于其他发展中国家地区，达到了27%。紧随其后的是撒哈拉以南非洲地区，为23%。变化最大的是中东及北非地区。在1990年至2014年，该地区女性在议会中的席位比例翻了两番（图3f）。就具体国家而言，卢旺达在2014年以64%的比例领先于其他国家。远远高于高收入国家26%的比例。

**在很多国家，女性从事无酬家族工作的人数高于男性** 3d

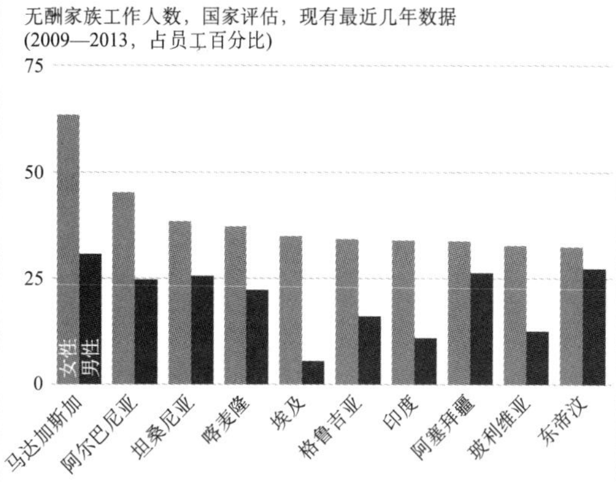


资料来源：第八版国际劳工组织劳动力市场指标数据。

**女性从事有偿非农业部门工作人数少于男性** 3e

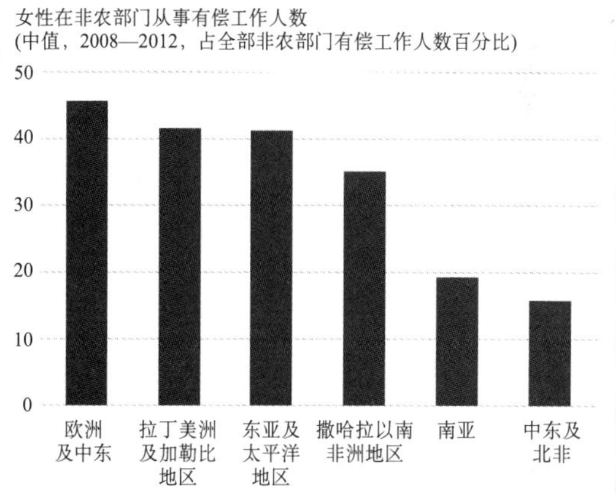


资料来源：第八版国际劳工组织劳动力市场指标数据。

**更多女性获得决策地位** 3f

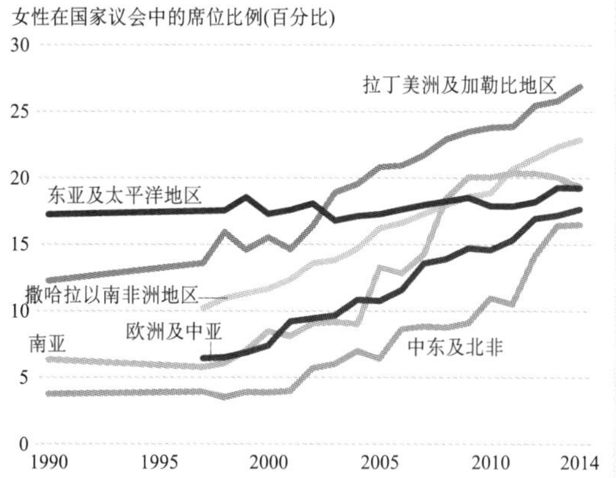


资料来源：各国议会联盟。

# 目标 4　降低儿童死亡率

五岁以下儿童死亡率持续下降　4a

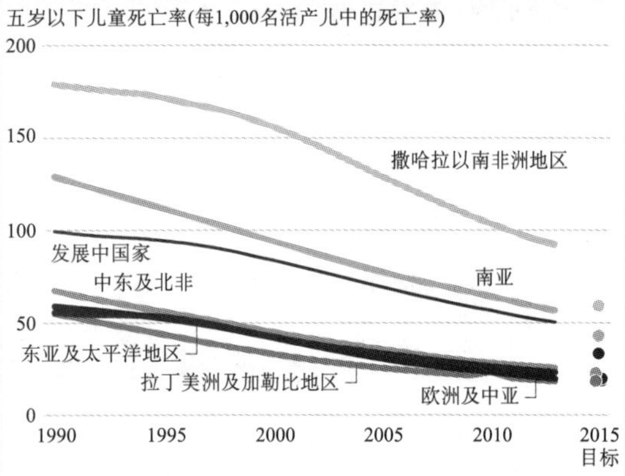


资料来源：联合国儿童死亡率估算机构间小组。

千年发展目标之四进展情况　4b

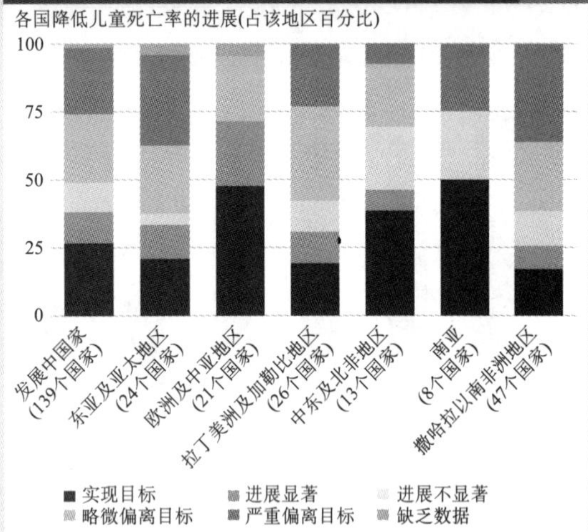


资料来源：世界银行（2015）和世界银行 MDG 数据面板（http：//data. worldbank. org/mdgs）。

大部分死亡都发生在出生第一年　4c

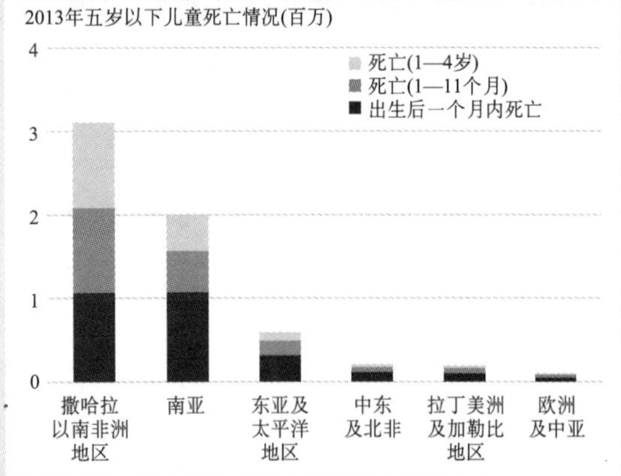


资料来源：联合国儿童死亡率估算机构间小组。

过去二十年实现了儿童死亡率的大幅下降，每年 15 岁以下儿童死亡人数将近减少了一半。1990 年 15 岁以下儿童死亡人数为 1300 万，到 1999 年降低到不到 1000 万，到 2013 年则仅为 600 多万。这表示与 1990 年相比，每天少死亡 1.7 万名儿童。

千年发展目标之四是在 1990 年至 2015 年将五岁以下儿童死亡率减少三分之二。1990 年发展中国家的平均死亡率是每 1000 个活产儿死亡 99 例。到 2013 年已经下降到 50 例——也就是 1990 年死亡率的一半。这个进步是巨大的。但是根据目前的趋势，发展中国家整体将无法达到千年发展目标的计划。虽然自 2000 年后有了较快改善，但是撒哈拉以南非洲地区及南亚的儿童死亡率仍远远高于世界上其他地区（图 4a）。

有 53 个发展中国家（38%）已经完成或将要完成目标，但根据最近的趋势，仍有 84 个国家（61%）无法实现目标（图 4b）。全球五岁以下儿童死亡率年均下降率从 1990—1995 年的 1.2% 增加到 2005—2013 年的 4%。如果能从 1990 年开始以此速度下降，那么将可以在 2015 年完成千年发展目标之四的计划。若能保持此下降速度，将可以在 2016 年实现目标（联合国教科文组织 2014）。

虽然死亡人数有大幅下降，但是大部分儿童的死亡原因用现有手段是可以得到预防或治疗的。肺炎、痢疾和疟疾是最常见的原因。因这三种疾病死亡的儿童大约占五岁以下儿童死亡人数的 30%。在五岁以下死亡的儿童中，大约有 74% 发生在出生后第一年。其中有 60% 发生在新生儿时期（出生后第一个月，图 4c）。早产（孕周 37 周前）并发症占新生儿死亡的 35%，出生时因并发症死亡的占 24%（联合国教科文组织，2014）。由于新生儿死亡率的下降低于新生期后死亡率的下降，新生儿死亡人数占五岁以下死亡人数的比例从 1990 年的 37% 上升到 2013 年的 44%。因此解决新生儿死亡率问题会对降低五岁以下儿童死亡率产生主要影响。

2013年，20个发展中国家五岁以下儿童死亡人数约为460万，占全球的73%。这些国家通常较大，出生率很高，不过其中很多国家在过去二十年已经将儿童死亡率大幅减少。在这20个国家中，孟加拉、巴西、中国、埃及、埃塞俄比亚、印度尼西亚、马拉维、尼日尔以及坦桑尼亚已经或有望在2015年实现将五岁以下儿童死亡率降低三分之二的目标。假设2013年仍保持1990年的死亡率水平，以上9个国家会增加250万死亡儿童，其他11个国家儿童死亡人数也会增加360万（图4d）。

麻疹疫苗注射率是监控千年发展目标之四实现情况的一个指标。2013年，发展中国家一岁儿童麻疹疫苗注射率已经达到83%。自1990年后，撒哈拉以南非洲地区及南亚的麻疹疫苗注射率均在上升，但最近却有所减缓。该情况令人担心，因为可能会给进一步降低五岁以下儿童死亡率带来挑战（图4e）。

**20个国家中减少了600多万死亡案例** **4d**

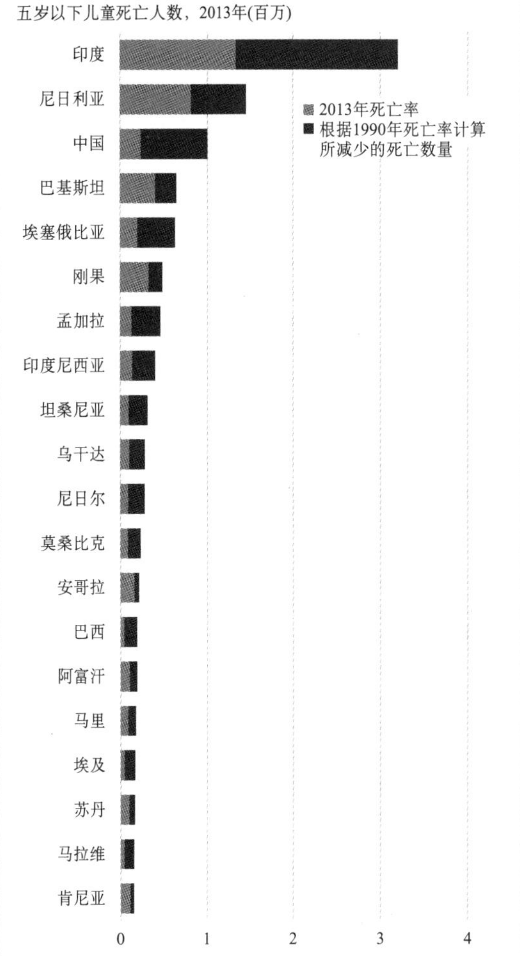


资料来源：世界银行计算。

**麻疹疫苗接种率停滞不前** **4e**

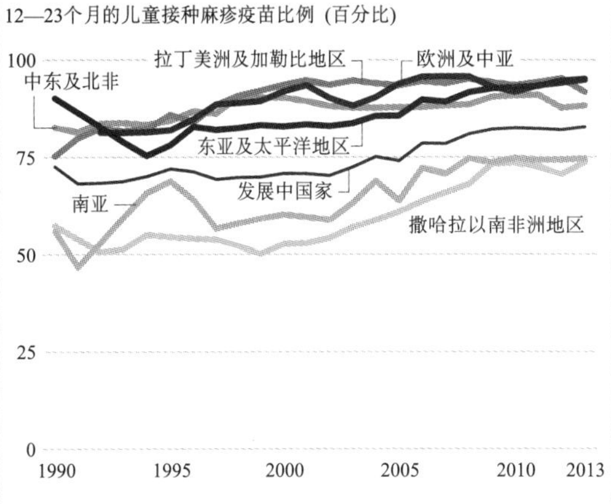


资料来源：世界银行计算。

# 目标 5　提高孕产妇健康水平

**南亚和撒哈拉以南非洲地区的孕产妇死亡人数更多　5a**

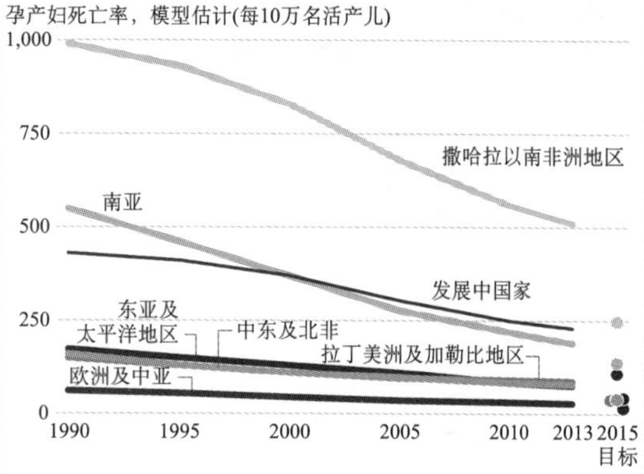


资料来源：联合国跨机构孕产妇死亡率评估小组。

**降低孕产妇死亡率进展　5b**

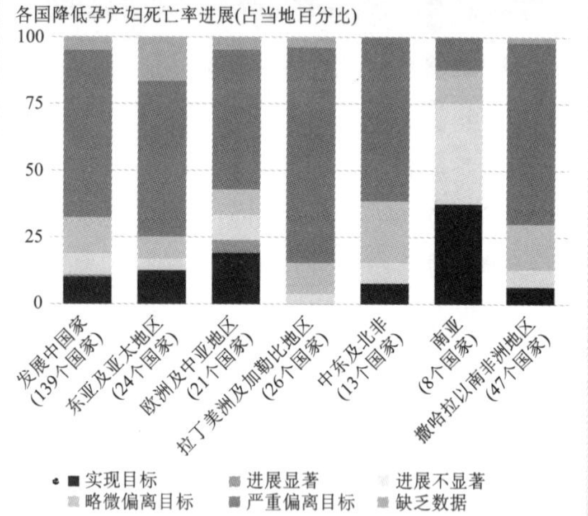


资料来源：世界银行（2015）和世界银行 MDG 数据面板（http：//data. worldbank. org/mdgs）。

**降低母亲的风险　5c**

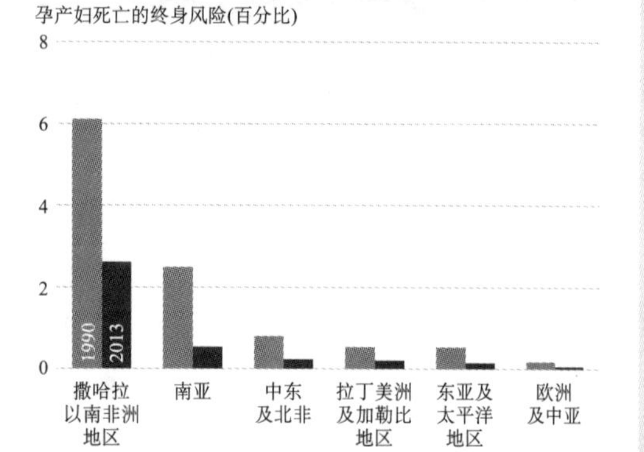


资料来源：联合国跨机构孕产妇死亡率评估小组。

虽然很多产妇的死亡都可以避免，但怀孕和分娩并不是完全没有风险的。每天，大约有 800 名妇女在分娩之前、分娩时，或分娩后死亡（世界卫生组织，2014b）。据估计，2013 年全球大约有 28. 9 万孕产妇死亡，其中 99% 发生在发展中国家。一半以上的孕产妇死亡发生在撒哈拉以南非洲；四分之一发生在南亚地区。

不过，南亚和撒哈拉以南非洲地区在减少孕产妇死亡率方面取得了巨大的进步。南亚将孕产妇死亡率从 1990 年的每 10 万活产儿中 550 例减少到 2013 年的 190 例，下降了 65%。在撒哈拉以南非洲地区，孕产死亡数量是南亚的两倍还多，但是也将死亡率减少了将近 50%。中亚及太平洋地区、欧洲及中亚以及中东及北非都将孕产妇死亡率减少了 50% 以上（图 5a）。

虽然取得了令人瞩目的成绩，但是孕产妇死亡率的减少速度仍低于“千年发展目标”预定的在 1990 年至 2015 将孕产妇死亡率减少 75% 的目标。平均而言，没有任何一个发展中地区可以实现这一目标。但是平均年降低率从 1990—1995 年的 1. 1% 增加到 2005—2013 年的 3. 1%。最近的减少率已经越来越接近 5. 5%。如果能从 1990 年起以此减少率发展，将可以实现千年发展目标之五的计划。最新数据表明，一些发展中国家（15 个，占全部的 11%）已经或即将实现该目标（图 5b）。

孕产妇死亡率可以用于估计孕产妇在每次生产时的风险。这一风险是和每次怀孕密切相关的。由于贫穷国家的女性子女较多，条件也更为危险，因此她们一生中因孕产而死亡的风险百倍甚至更多地大于高收入国家的女性。改善卫生保健并降低生育率减少了所有地区在这方面的终身风险。但是在 2013 年，撒哈拉以南非洲地区的年龄在 15—49 的女性在生产时仍面临 2. 6% 的死亡率。不过已经比 1990 年下降了 6% 还多。在乍得和索马里这两个更为脆弱的国家，终身风险超过 5%，也就是平均每 20 个女性中就有一人在生产时死亡。

降低孕产妇死亡率应从计划生育和避孕入手，采取综合措施来提高女性的生殖健康。在提供数据的国家中，结婚或与他人结合的女性中，有一半以上会采取避孕措施。但是仍有2.25亿女性虽然想推迟或停止分娩却没有使用有效的计划生育方法（联合国人口活动基金会和古特马赫研究所，2014）。各地区育龄妇女中需要但是没有避孕的比例差异很大（图5d）。在撒哈拉以南非洲地区展开的调查多于其他地区。而其中大部分均显示有大量计划生育的需求没有得到满足。

较早生育的女性生育多个孩子的可能性更大，其所面临的生产死亡风险或患上严重妊娠综合症的风险也更大。撒哈拉以南非洲地区的青春期生育率居世界首位，虽然已经开始下降，但速度非常缓慢（图5e）。与此相比，南亚的下降速度非常快。

孕妇的很多健康问题都可以在生产前通过拜访经训练的卫生人员得到预防或治疗。降低孕产妇死亡率的关键之一是在生产时提供熟练的陪同人员，并在出现大出血和高血压等威胁生命的紧急情况下提供住院治疗。在南亚以及撒哈拉以南非洲地区，只有一半的生产有医生、护士或经过培训的助产士的陪同（图5f）。

**广泛的避孕需求** **5d**

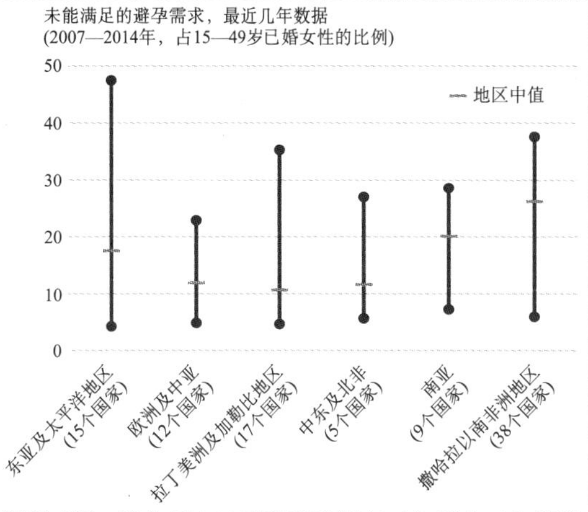


资料来源：联合国人口司及家庭调查（包括人口和健康调查和多指标类集调查）。

**青年女性生育率越来越低** **5e**

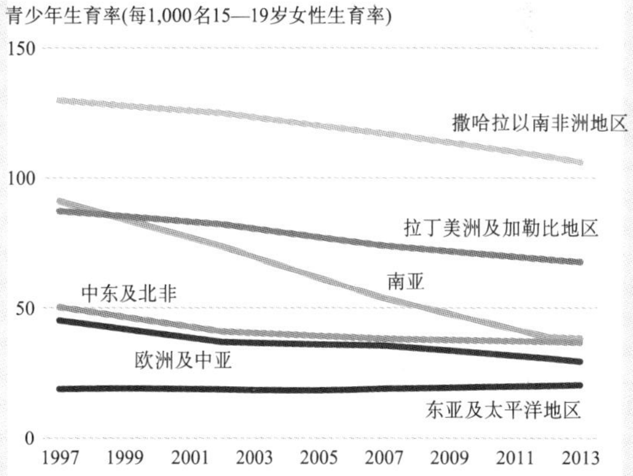


资料来源：联合国人口司。

**每个妈妈都需要照顾** **5f**

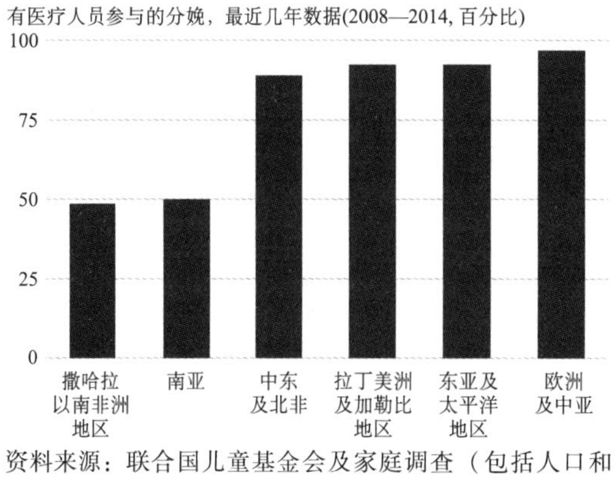


资料来源：联合国儿童基金会及家庭调查（包括人口和健康调查和多指标类集调查）。

# 目标6　防治艾滋病、疟疾及其他疾病

**撒哈拉以南非洲地区的 HIV 感染率持续下降　6a**

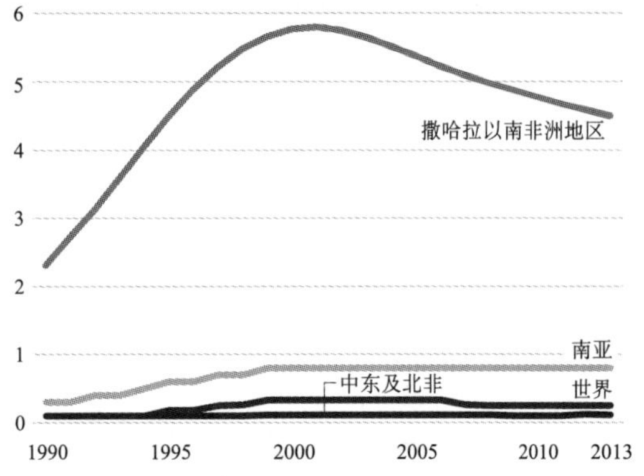


资料来源：联合国艾滋病规划署。

**防治 HIV 蔓延取得的进步　6b**

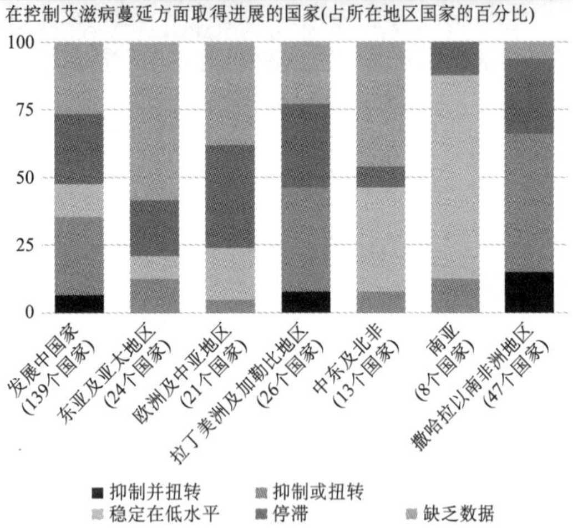


资料来源：世界银行工作人员计算。

**知识有助于控制 HIV/AIDS 的传播　6c**

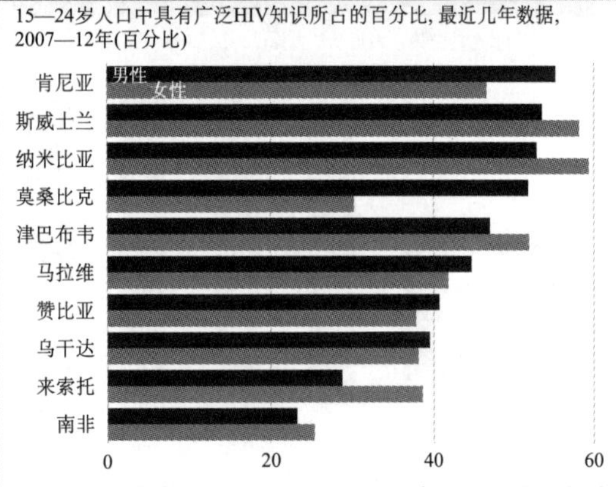


资料来源：家庭调查（包括人口和健康调查和多指标类集调查）。

艾滋病、疟疾及肺结核属于世界上死亡率最高的传染病。在非洲，艾滋病导致已经有所提高的平均寿命水平倒退了数十年，令数百万儿童沦为孤儿。疟疾吞噬了大量幼小儿童的生命，并严重削弱了成年人的生产能力。肺结核在2013年夺取了110万人的生命，其中大部分人的年龄在15—45岁之间，更侵蚀了数百万人的身体。千年发展目标之六旨在于2015年抑制并开始扭转这些疾病传播和发生的势头。

2013年约有3,500万名艾滋病患者或病毒携带者。世界上大部分地区新感染艾滋病病毒的人数在持续下降：2013年仅有210万人感染上艾滋病，比2001年下降了38%；比2011年下降了13%。虽然新增艾滋病感染人数在逐渐减少，符合到2015年抑制并开始扭转艾滋病传播的目标，但是全球感染艾滋病病毒的成年人比例并未降低，自2000年后一直持续在0.8%左右。撒哈拉以南非洲地区仍是艾滋病流行的中心。不过，随着接受抗逆转录病毒药物治疗患者的存活率逐渐增加，艾滋病患者的比例已经开始下降（图6a和图6b）。2013年底，全球有1.29亿人接受了抗逆转录病毒药物的治疗。艾滋病病毒感染者中未接受抗逆转录病毒药物治疗的比例已经从2006年的90%减少到2013年的63%（UNAIDS，2014）。

扭转艾滋病病毒的流行，需要已经感染病毒的人以及有可能被感染的人改变自己的行为方式。了解有关致病原因、疾病传播以及如何避免感染的知识是行动的起点。分辨虚假信息的能力也是获取知识的一个重要方面。但是知识层面上仍存在巨大的差距。很多年轻人对艾滋病病毒知之甚少，仍在继续着危险的行为。2013年，在艾滋病病毒感染率最高的10个国家中，只有两个国家（纳米比亚和斯威士兰）中15—24岁的男性和女性中有一半在接受测试时表明知道两种预防艾滋病病毒的方法，和拒绝三种有关艾滋病病毒的错误观念（图6c）。在肯尼亚和莫桑比克，男性的调查得分超过了50%，但是女性差距很大。这与津巴布韦的情况完全相反。

2013 年新增 900 万例肺结核病例，有 150 万人因肺结核而死亡。但是肺结核的发病率、患病率以及死亡率都在下降（图 6d）。肺结核发病率从 2000 年到 2013 年平均每年下降 1.5%。到 2013 年，肺结核患病率已经从 1990 年起下降了 41%，死亡率下降了 45%（WHO，2014a）。就全球而言，到 2015 年抑制并扭转肺结核发病率的目标业已实现。

根据估计，2013 年全球大约有 2 亿人患有疟疾，并导致 60 万人死亡。估计有 32 亿人面临被疟疾感染以及发病的风险，其中 12 亿人处于高危状态。但是还是取得了一定的进步。2013 年，有两个国家第一次本土病例报告为零（阿塞拜疆和斯里兰卡）；有 11 个国家一直保持零发病（阿根廷、亚美尼亚、埃及、伊拉克、格鲁吉亚、吉尔吉斯坦、摩洛哥、阿曼、巴拉圭、土库曼斯坦及乌兹别克斯坦；WHO，2014c）。虽然所有地区均有疟疾发病，但是致死性疟原虫在撒哈拉以南非洲地区为最多。经杀虫剂处理的蚊帐已经被证实能够有效防止疟疾的传播，这种蚊帐在该地区儿童中的使用也越来越广泛（图 6e）。更好的检查以及结合青蒿素药物的综合治疗方法能够有效改善对高危人群的治疗效果。但是疟疾很难控制。有证据表明，已经出现了对青蒿素以及处理蚊帐用的拟除虫菊酯类杀虫剂的抗药性。

**越来越少的人感染、携带或死于肺结核　6d**

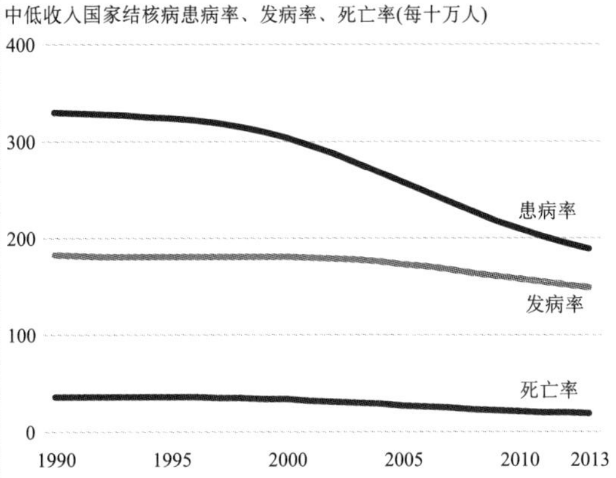


资料来源：世界卫生组织。

**经杀虫剂处理的蚊帐在撒哈拉以南非洲地区使用率越来越高　6e**

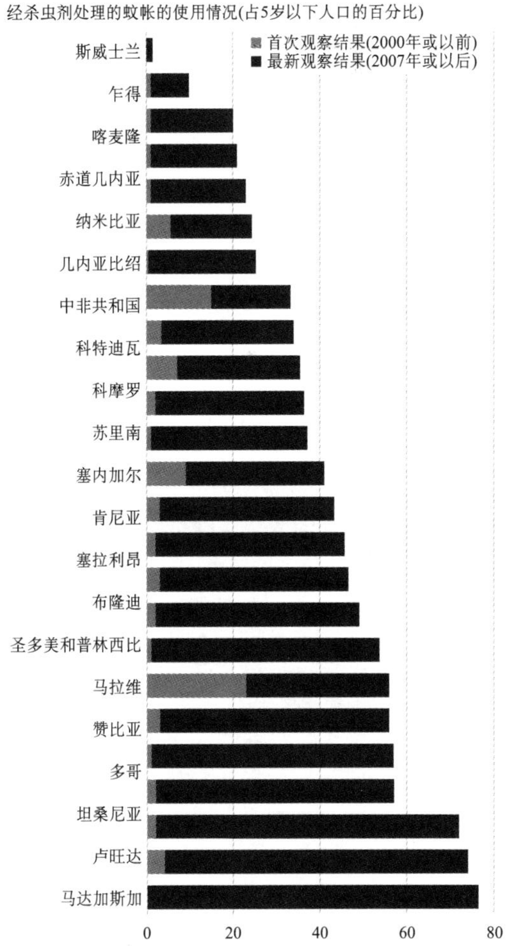


资料来源：家庭调查（包括人口和健康调查和多指标类集调查，疟疾指标调查及多指标类集调查）。

# 目标 7　确保环境的可持续发展

**二氧化碳排放量达到前所未有的水平　7a**

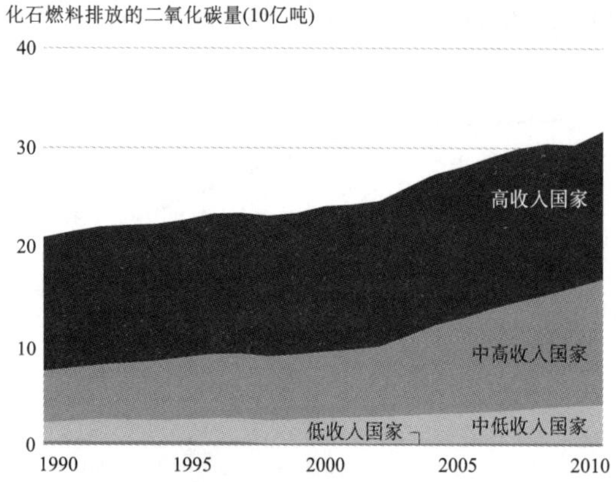


资料来源：二氧化碳信息分析中心。

**使用安全饮用水方面已取得进展　7b**

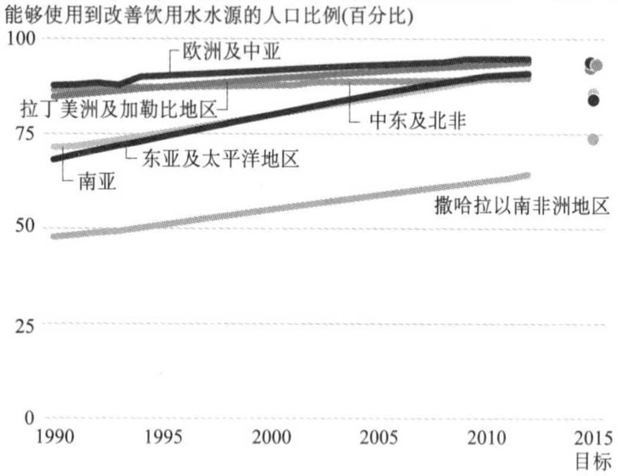


资料来源：世界卫生组织/联合国儿童基金会供水和卫生联合监测项目。

**南亚和撒哈拉以南非洲地区在使用基本卫生设施方面落后于其他地区　7c**

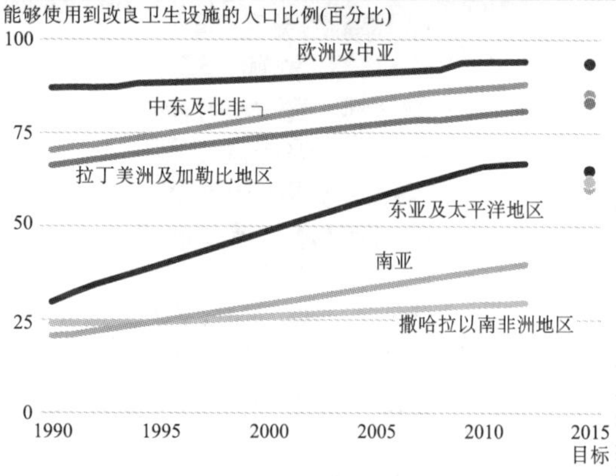


资料来源：世界卫生组织/联合国儿童基金会供水和卫生联合监测项目。

千年发展目标之七对于这个星球目前和今后的居民来说都有着非常长远的意义。该目标旨在解决自然和人工环境方面的问题：扭转对自然资源造成的损失，包括生物多样性，提高安全用水和卫生设施的使用率，以及改善贫民窟居民的生活条件。这一目标的主题是可持续发展，即达到既不损耗自然和人工资本储蓄又能改善人类生活这一平衡。

温室效应气体排放的持续增加，让数十亿人遭受到气候变暖的影响，其中发展中国家尤为严重。温度升高，降水模式改变，海平面上升以及气候带来的灾害频发都给农业及食物和水的供应带来危险。2010 年，二氧化碳排放量达到了 336 亿吨，比 1990 年《京都议定书》规定的基准量增加了 51% 之多（图 7a）。估计 2013 年的二氧化碳排放量达到了前所未有的 360 亿吨。不过 2% 的年增长率略低于 2000 年以来 3% 的年均增长率。

千年发展目标之七要求到 2015 年将无法获得改善水源和卫生设施的人数减少一半。1990 年，全球有近 13 亿人无法从方便、受保护的水源获得饮用水。截至 2012 年，这一数字下降到 7.52 亿人，减少了 41%。发展中国家中能够使用到改善水源的人口比例从 1990 年的 70% 上升到 2012 年的 87%，已经达到了到 2015 年有 85% 的人能使用到改善水源的目标。虽然取得了明显的成绩，但仍有 28% 的国家严重偏离轨道，无法完成饮用水方面的目标。有 52 个国家没有取得能够实现该目标的进展；有 18 个国家没有足够的数据显示它们是否能够在 2015 年达到目标。撒哈拉以南非洲地区滞后最为严重，有 36% 的人口无法使用到改善后的水源（图 7b）。东亚及太平洋地区成效显著，从 1990 只有 68% 的人能获得改善后的水源，发展到 2012 年的 91%。而其他地区均为 89% 多。

1990 年，发展中国家中只有 35% 的人可以使用到抽水马桶等改良的卫生设施。到 2012 年，该数字上升到 57%。但是仍有 25 亿生活在发展中国家的人缺乏改良卫生设施。这种情况在农村地区更为严重，只有 43% 的农村人口能够使用到改良卫生设施，但在城市地区使用改良卫生设施的人口比例则为 73%。这种巨大的差距在南亚和撒哈拉以南非洲地区尤为严重。这也是千年发展目标中有关卫生设施的目标很难按时实现的主要原因（图 7c）。

森林减少威胁着贫困人口的生计，破坏了生物多样性的栖息地，也破坏了有助于缓和气候的重要碳汇。自 1990 年后森林净损失巨大，尤其是拉丁美洲及加勒比地区和撒哈拉以南非洲地区。而且其他地方森林数量的增加也只能进行部分补偿（图 7d）。2002—2012 年森林减少面积有所放缓，但是目前趋势下，零净损失的目标在未来 20 年仍无法达到。

保护森林和其他陆地及海洋地区有助于保护植物和动物栖息地以及物种多样性。到 2012 年，全世界 14% 的陆地面积和 12% 的海洋面积已经得到了保护，自 1990 年后提高了 6%（图 7e）。

森林面积减少是生物多样性降低的主要原因。因此保护栖息地对于阻止生物多样性降低至关重要。由于气候变化、过度捕捞、污染以及栖息地退化导致很多物种都面临威胁。保护工作的重点是保护那些生物多样性高的地区。濒危物种的数量是衡量该地区是否急需保护的标准。在所评估的物种中，濒危植物物种数量最多的地区是拉丁美洲及加勒比地区，濒危鱼类物种数量最多的地区是撒哈拉以南非洲地区，而濒危哺乳动物和鸟类物种最多的地区是东亚及太平洋地区（图 7f）。

**各地区森林减少和增加面积** **7d**

年平均森林面积变化，1990—2012(百万公顷)

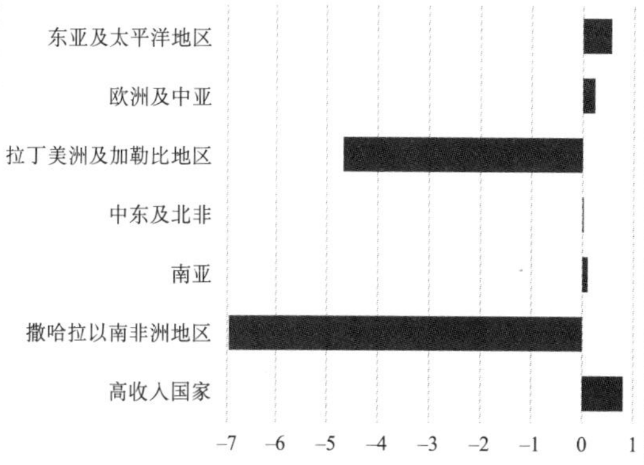


资料来源：粮食和农业组织。

**世界各国保护区域面积大幅增长** **7e**

土地和海洋保护区域(占土地和海洋面积百分比)

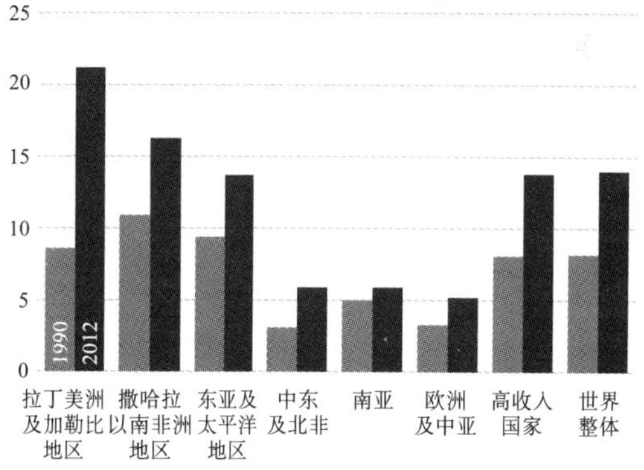


资料来源：联合国环境署 – 世界保护监测中心。

**濒危物种数量是衡量生物多样性减少的重要标准** **7f**

濒危物种，按分类学分组，2014

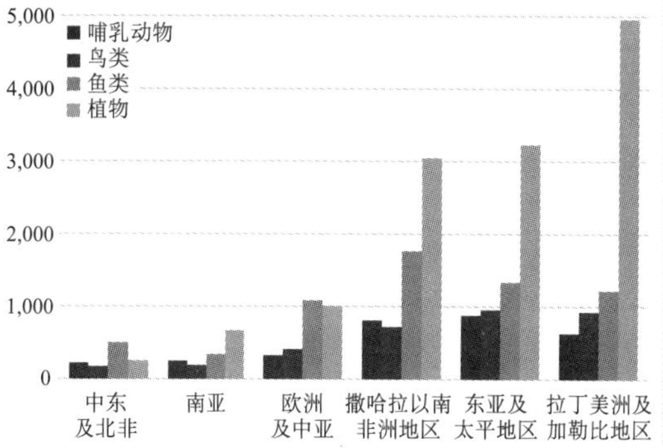


资料来源：国际自然保护联盟濒危物种红色名单。

# 目标 8　为发展而建立全球伙伴关系

**资助已然增加　8a**

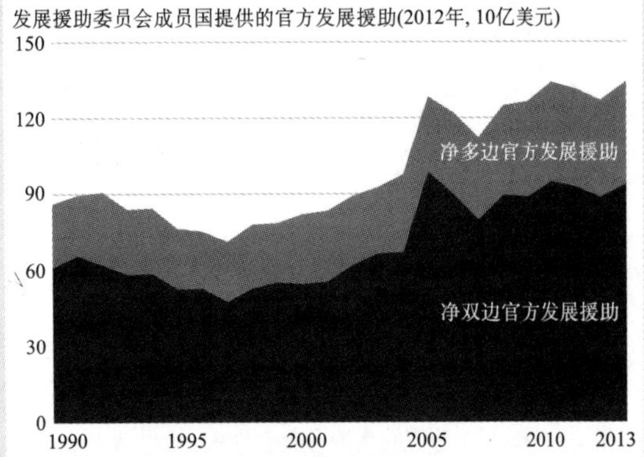


资料来源：经济合作与发展组织数据库。

**国内对农业的补贴超过外来援助　8b**

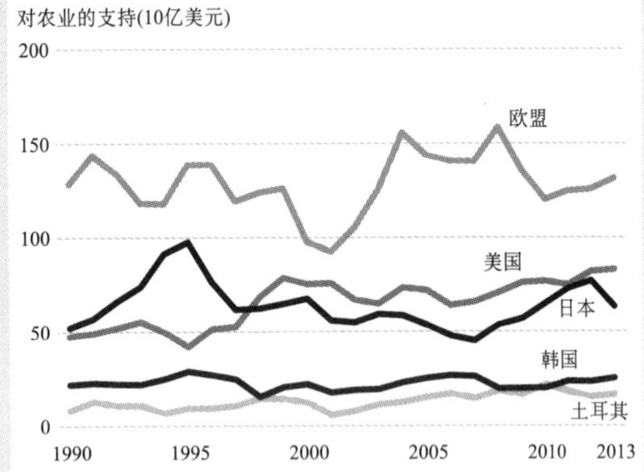


资料来源：经济合作与发展组织数据库。

**发展中国家出口商机会增加　8c**

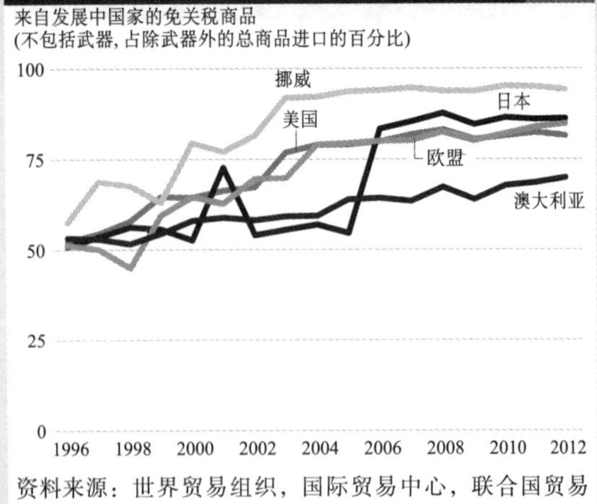


资料来源：世界贸易组织，国际贸易中心，联合国贸易发展会议。

千年发展目标之八聚焦发展的多维特性，以及富裕国家和发展中国家共同努力建立一个有利于快速、可持续发展的环境的需求。该目标认识到，对于大国和小国来说，对于内陆国家和被大面积海洋包围隔绝的国家来说，所面临的发展挑战是不一样的。该目标还认识到，建立并维护合作伙伴关系是一个不断发展的过程，不会止于某一个数据，或停留在某一个阶段。增加对最贫困国家和高债务国家的援助以及债务减免只是所要求采取的一部分措施。同时，千年发展目标之八还强调需要减少贸易壁垒，支持基础设施建设，并分享新通讯技术带来的益处。

2013 年，经济合作与发展组织（OECD）发展援助委员会（DAC）提供了 1350 亿的官方发展援助（ODA），比 2012 年的实际数字增加了 6.1%。在经历了 20 世纪 90 年代大部分时间的下降后，官方发展援助从 1997 年 710 亿美元稳步增加到 2010 年的 1340 亿美元。2008 年爆发的经济危机迫使很多政府采取审慎措施并削减援助预算，因此官方发展援助在 2011 年和 2012 年也有所下降。2013 年的反弹源于很多成员国在持续预算压力的情况下，仍然增加了对外援助。而且发展援助委员会增加了 5 个新成员国：捷克、冰岛、波兰、斯洛伐克和斯洛文尼亚（图 8a）。

总的来说，经合发展组织中的大部分国家为高收入经济体，但是也有中高收入经济体，如墨西哥和土耳其。这些经济体对国内农产品生产的支持是官方发展援助的 2.5 倍。2013 年，对农业的总官方发展援助约为 3440 亿美元，其中 62% 提供给了欧洲和美国的农产品生产商（图 8b）。

很多富裕国家都承诺向发展中国家的出口产品开放市场，协助开展贸易，并开展在 2013 年 12 月在巴厘岛举行的世界贸易组织部长级会议上重申的出入境手续改革。虽然速度较为缓和，但经合组织经济体承诺免关税的商品比例（不包括武器）持续增加。不过，复杂的原产地规则及动植物检疫标准让很多发展中国家无法获得免税准入，从而阻碍了以出口为导向的产业发展（图 8c）。

自2000年后，由于出口收益的增加、债务管理的改善、债务结构重组以及最近几年国际资本市场更具吸引力的借贷条件，发展中国家的外债偿付能力明显改善。最贫困国家以及债务最多的国家也从大范围的债务减免中获益：39个符合“重债穷国动议”和多边债务减免项目国家中的35个国家已经完成了程序。2013年的偿债出口比平均为11%，是2000年水平的一半。但是各地区差异很大（图8d）。考虑到全球前景不明朗、软商品价格以及预计在未来两到三年中发展中国家外债偿付将增加20%（自2010年后发展中国家综合外债存量增加了33%），该比率可能会继续上升。

电信行业是促进发展的重要工具，新技术在各个领域创造了新的机会。固定电话系统在高收入国家已经达到顶峰，而且永远不会达到发展中国家的使用水平。2013年，全球移动电话用户数量达到67亿；2014年预计将接近70亿用户。在高收入经济体中，每100人就有121个使用量，超过每人一部。在中低收入经集体中，为85，在低收入国家为55（图8e）。

移动电话是接入因特网的途径之一。2000年，因特网使用在高收入经济体迅速增加，但是在发展中国家地区仍鲜有发展。现在，发展中国家开始迎头赶上。从2000年以后，发展中国家每百人中的因特网用户数量以每年27%的速度增加。比如，从2010年后，东亚人口中使用因特网的人口比例已经翻番，达到了2013年的14%。和电话一样，因特网的使用也与收入水平密切挂钩。南亚及撒哈拉以南非洲地区的低收入经济体明显落后。现在40亿人口中的一半还没有使用因特网（图8f）。

**偿债负担开始加重** **8d**

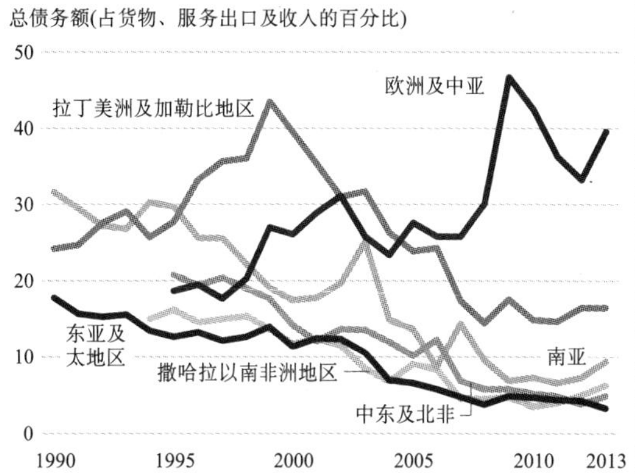


资料来源：世界发展指标数据库。

**移动电话使用量快速增加** **8e**

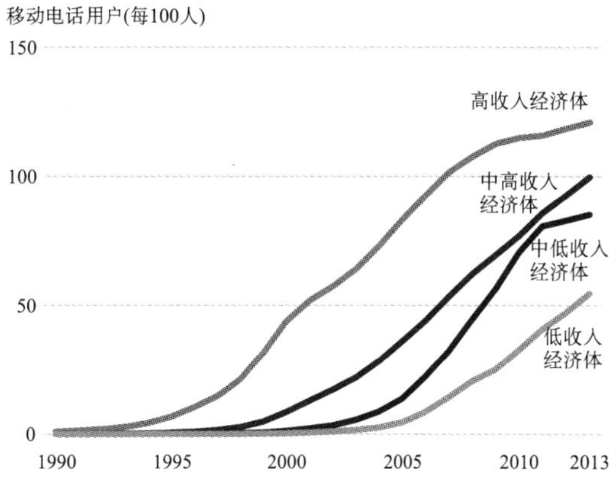


资料来源：国际电信联盟。

**因特网使用方面的差距仍然很大** **8f**

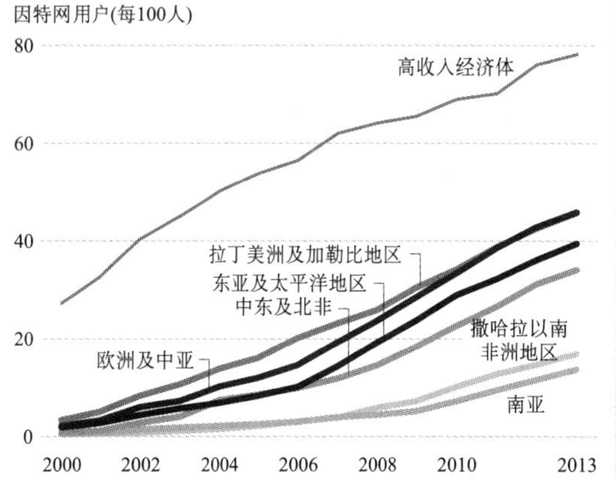


资料来源：国际电信联盟。

# 千年发展目标

| 千年宣言的目标和具体目标 | | 监测进展的指标 |
| --- | --- | --- |
| **目标 1　消除极端贫困** | | |
| 具体目标 1. A | 1990—2015 年间，将每日收入低于 1 美元的人口比例减少一半 | 1.1　每日生活费低于 1 美元（购买力平价）的人口所占比重[a]<br>1.2　贫困差距率（发生率×贫困程度）<br>1.3　最贫困的 1/5 人口在国民消费中所占比重 |
| 具体目标 1. B | 实现充分的生产性就业，并为所有人提供体面的工作，其中包括妇女和青年 | 1.4　就业人口的人均 GDP 增长率<br>1.5　人口就业率<br>1.6　就业人口每天生活费低于 1 美元（购买力平价）的比例<br>1.7　自营工作者和无报酬家庭劳动者占总就业的比例 |
| 具体目标 1. C | 1990—2015 年间，将遭受饥饿的人口比例减少一半 | 1.8　5 岁以下儿童体重不足的发生率<br>1.9　饮食中摄入能量少于最低标准的人口所占比重 |
| **目标 2　实现普及初等教育** | | |
| 具体目标 2. A | 到 2015 年，确保全球儿童（不论男女）都能完成小学全部课程 | 2.1　初等教育的净入学率<br>2.2　入学儿童中小学毕业的儿童所占的比重<br>2.3　15—24 岁年龄组人口的识字率 |
| **目标 3　促进性别平等并赋予女性权力** | | |
| 具体目标 3. A | 最好在 2005 年前消除初等教育和中等教育中的性别不平等，最迟于 2015 年前消除各级别教育中的性别不平等 | 3.1　接受初等、中等和高等教育的女性与男性人数比例<br>3.2　女性在非农业部门有工资收入的就业人员中所占比重<br>3.3　女性在国家议会中所占席位的比重 |
| **目标 4　降低儿童死亡率** | | |
| 具体目标 4. A | 1990—2015 年间，将 5 岁以下儿童死亡率减少 2/3 | 4.1　5 岁以下儿童死亡率<br>4.2　婴儿死亡率<br>4.3　1 岁儿童接种麻疹疫苗的比例 |
| **目标 5　提高孕产妇健康水平** | | |
| 具体目标 5. A | 1990—2015 年间，将孕产妇死亡率减少 3/4 | 5.1　孕产妇死亡率<br>5.2　在熟练医护人员护理下的分娩比率 |
| 具体目标 5. B | 到 2015 年，实现生殖健康服务的普及 | 5.3　避孕普及率<br>5.4　青少年生育率<br>5.5　产前护理覆盖率（接受至少 1 次和至少 4 次产前检查）<br>5.6　家庭意外怀孕率 |
| **目标 6　防治艾滋病、疟疾和其他疾病** | | |
| 具体目标 6. A | 到 2015 年，遏制并开始逆转 HIV/AIDS 的蔓延趋势 | 6.1　HIV 在 15—24 岁人口中的传播情况<br>6.2　上一次高风险性行为中避孕套的使用情况<br>6.3　全面、正确了解 HIV/AIDS 知识的 15—24 岁年龄段人口的比例<br>6.4　10—14 岁年龄段的孤儿与非孤儿入学人数的比例 |
| 具体目标 6. B | 到 2010 年，针对所有需要 HIV/AIDS 治疗的病人实现治疗的普及 | 6.5　可获得抗逆转录（酶）病毒药物的 HIV 重度感染者的比例 |
| 具体目标 6. C | 到 2015 年，遏制并开始逆转疟疾和其他主要疾病的发生 | 6.6　疟疾的发病率和死亡率<br>6.7　5 岁以下儿童睡在经过处理的蚊帐中的比例<br>6.8　5 岁以下儿童发烧后服用适当的抗疟疾药物的比例<br>6.9　肺结核的感染率、传播率和死亡率<br>6.10　在短期直接观察治疗方案下查出和治愈的肺结核病例所占的比重 |

**千年发展目标来自于千年宣言**，由 189 个国家在 2000 年 9 月签订，其中包括 147 个国家政府首脑（www.un.org/millennium/declaration/ares552e.htm），2005 年 9 月的第 60 届联合国大会对此进行了更新。修订过的千年发展目标主要监测以上给出的框架，其中包括新的目标和指标，并提交给了第 62 届联合国大会，2007 年 11 月 14 日第 12 次会议上相关机构和专家组提供了有关千年发展目标指标的新数据。目标都是相关的，应当看做一个整体。它们体现了发达国家和发展中国家之间的伙伴关系，"为创造一个环境——国家和全球层次的——以促进发展和消除贫困"。所有指标尽可能地都按性别和城市—农村区位划分。

| 千年宣言的目标和具体目标 | | 监测进展的指标 |
| --- | --- | --- |
| **目标7　确保环境的可持续发展** | | |
| 具体目标7.A | 将可持续发展原则融入国家政策和规划中，逆转环境资源的丧失趋势 | 7.1　土地森林覆盖率<br>7.2　（按购买力平价计算的）总的、人均以及1美元GDP的二氧化碳排放量<br>7.3　消耗臭氧物质的消费量<br>7.4　安全生态限制区内鱼类存量的比例<br>7.5　所使用的水资源总量比例<br>7.6　陆地保护区和海洋保护区比例<br>7.7　濒危物种的比例 |
| 具体目标7.B | 减少生物多样性损失，到2010年实现损失率的大幅度降低 | |
| 具体目标7.C | 到2015年，将无法持续获得安全饮用水和基本卫生设施的人口比例减半 | 7.8　使用改善的水资源的人口比重<br>7.9　使用改善的环卫设施的人口比重 |
| 具体目标7.D | 到2020年，使至少1亿贫民窟居民的生活得到显著改善 | 7.10　生活在贫民窟的城市人口比重[b] |
| **目标8　为发展而建立全球伙伴关系** | | |
| 具体目标8.A | 进一步建立一个开放、遵循规则、可预测、非歧视性的贸易和金融体系<br><br>（包括在单个国家内和国际层面上致力于改善治理、发展和减少贫困） | 以下指标中有些是分别用来监测最不发达国家、非洲国家、内陆发展中国家和小岛屿发展中国家的。<br><br>**官方发展援助**<br>8.1　官方发展援助净额占OECD/DAC捐助国国民总收入的比重<br>8.2　OECD/DAC捐助国为社会基础服务（基础教育、初级医疗卫生、营养、安全饮用水和卫生设施）提供的双边、可在部门间分配的官方发展援助所占的比重<br>8.3　OECD/DAC捐助国提供的无附加条件的双边官方发展援助所占比重<br>8.4　内陆国家接受到的官方发展援助占其国民总收入的百分比<br>8.5　小岛屿发展中国家接受到的官方发展援助占其国民总收入的百分比<br><br>**市场准入**<br>8.6　发达国家从发展中国家和最不发达国家进口的免征关税货物总额（按价值计，武器除外）所占比重<br>8.7　发达国家对来自发展中国家的农产品、纺织品和服装征收的平均关税<br>8.8　经济合作与发展组织成员国的农产品补贴的估计值占GDP的百分比<br>8.9　用于帮助建设贸易能力的官方发展援助所占比重<br><br>**债务的可维持性**<br>8.10　达到重债穷国决定点的国家总数和完成点（累计）的国家总数<br>8.11　在重债穷国倡议和多边债务减免倡议下承诺的债务减免额<br>8.12　还本付息额占货物和服务出口额的比重 |
| 具体目标8.B | 关注最不发达国家的特殊需求<br><br>（包括对最不发达国家的出口产品免除关税和配额；加强对重债穷国的债务减免计划并取消官方双边债务；对承诺减少贫困的国家提供更多的官方发展援助） | |
| 具体目标8.C | 关注内陆发展中国家和小岛屿发展中国家的特殊需求（通过《小岛屿发展中国家可持续发展行动纲领》和联合国大会第22届特别会议的成果来实现） | |
| 具体目标8.D | 通过国内和国际措施全面解决发展中国家的债务问题，以便使债务可长期承受 | |
| 具体目标8.E | 与制药公司合作，为发展中国家提供负担得起的必需药品 | 8.13　可持续获得支付得起的必需药品的人口所占比重 |
| 具体目标8.F | 与私营部门合作，使新技术特别是信息和通信技术惠及大众 | 8.14　每百人中的固定电话用户<br>8.15　每百人中的移动电话用户<br>8.16　每百人中的互联网用户 |

a. 为了监测国家贫困趋势，在可能的情况下应该使用以国家贫困线为基准的指标。

b. 生活在贫民窟的人口比例以替代指标来衡量，即具有以下至少一个特征的城市家庭人口：不能获取改善的水源供应、不能获取改善的卫生防疫设施、过度拥挤（每个房间居住3人或者以上），以及住所由非耐用材料建成。

**日生活费 1.25 美元的贫困人口率指按 2005 年购买力平价计算日生活费低于 1.25 美元的人口比重。**同时也指极端贫困。按 2005 年购买力平价计算的 1.25 美元的贫困线是全世界最贫困的 15 个国家的平均贫困线。根据国家统计部门或政府或国际机构监督下的私人机构所做的家庭调查数据进行估算。用于对贫困程度进行估算的收入和消费数据也来自家庭调查。最新的全面更新是 2011 年所做的估算。对 200 多万个随机抽取的家庭所做的调查，可以代表发展中国家 85% 的人口情况。该调查涵盖了 128 个发展中国家（1990 年所确定）。地图中显示的是为生成 2011 年地区和全球贫困数字所做的各国贫困估算。

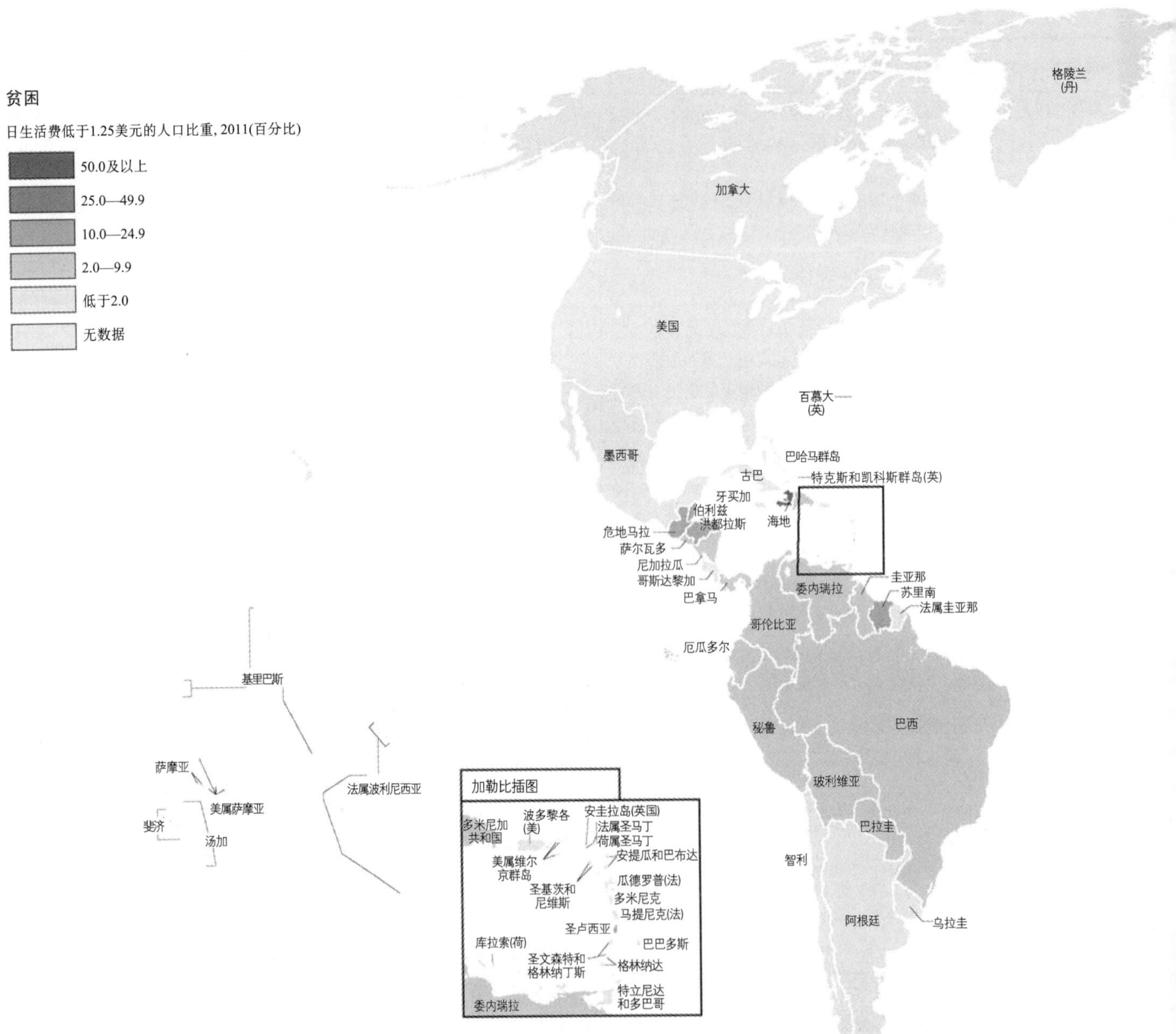

发展中国家整体比 2015 年最后期限提前 5 年完成了将极端贫困低降低一半的计划。

1990 年至 2011 年，全球日生活费低于 1.25 美元的人口数量从 19 亿减少到 10 亿。预计到 2015 年将比 1990 年的水平降低一半。

发展中国家日生活费低于 1.25 美元的人口比重从 1990 年的 43.6% 下降到 2011 年的 17.0%。

2011 年，全世界约 10 亿极端贫困人口中的近 60% 生活在以下五个国家：印度、尼日利亚、中国、孟加拉和刚果民主共和国。

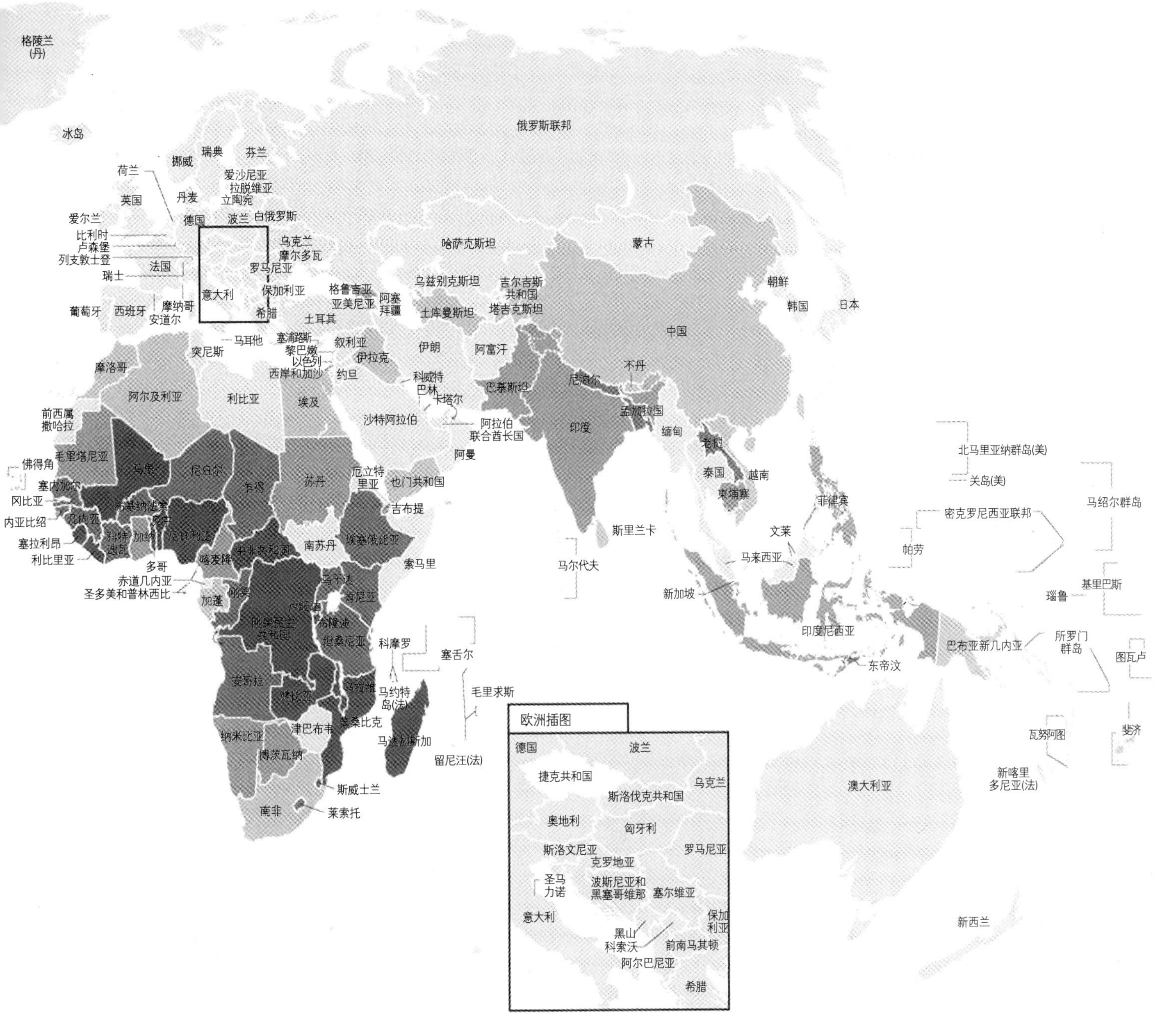

# 1 世界概览

| | 人口 | 地表面积 | 人口密度 | 城市人口 | 国民总收入 | | | | 国内生产总值 | |
|---|---|---|---|---|---|---|---|---|---|---|
| | | | | | 图表集法 | | 购买力平价 | | | |
| | 百万 | 千平方公里 | 人/平方公里 | 占总人口的百分比 | 10亿美元 | 人均，美元 | 10亿美元 | 人均，美元 | 增长百分比 | 人均增长百分比 |
| | 2013 | 2013 | 2013 | 2013 | 2013 | 2013 | 2013 | 2013 | 2012-13 | 2012-13 |
| 阿富汗 | 30.6 | 652.9 | 47 | 26 | 21.0 | 690 | 59.9[a] | 1,960[a] | 1.9 | –0.5 |
| 阿尔巴尼亚 | 2.9 | 28.8 | 106 | 55 | 13.1 | 4,510 | 28.8 | 9,950 | 1.4 | 1.5 |
| 阿尔及利亚 | 39.2 | 2,381.7 | 17 | 70 | 208.8 | 5,330 | 512.5 | 13,070 | 2.8 | 0.9 |
| 美属萨摩亚群岛 | 0.1 | 0.2 | 276 | 87 | .. | ..[b] | .. | .. | .. | .. |
| 安道尔 | 0.1 | 0.5 | 169 | 86 | .. | ..[c] | .. | .. | .. | .. |
| 安哥拉 | 21.5 | 1,246.7 | 17 | 42 | 110.9 | 5,170 | 150.2 | 7,000 | 6.8 | 3.6 |
| 安提瓜和巴布达 | 0.1 | 0.4 | 205 | 25 | 1.2 | 13,050 | 1.8 | 20,490 | –0.1 | –1.1 |
| 阿根廷 | 41.4 | 2,780.4 | 15 | 91 | ..[d] | ..[b,d] | ..[d] | ..[d] | 2.9[e] | ..[d] |
| 亚美尼亚 | 3.0 | 29.7 | 105 | 63 | 11.3 | 3,800 | 24.3 | 8,180 | 3.5 | 3.2 |
| 阿鲁巴岛 | 0.1 | 0.2 | 572 | 42 | .. | ..[c] | .. | .. | .. | .. |
| 澳大利亚 | 23.1 | 7,741.2 | 3 | 89 | 1,512.6 | 65,400 | 974.1 | 42,110 | 2.5 | 0.7 |
| 奥地利 | 8.5 | 83.9 | 103 | 66 | 427.3 | 50,390 | 381.9 | 45,040 | 0.2 | –0.4 |
| 阿塞拜疆 | 9.4 | 86.6 | 114 | 54 | 69.2 | 7,350 | 152.4 | 16,180 | 5.8 | 4.4 |
| 巴哈马 | 0.4 | 13.9 | 38 | 83 | 8.1 | 21,570 | 8.6 | 22,700 | 0.7 | –0.8 |
| 巴林 | 1.3 | 0.8 | 1,753 | 89 | *26.0* | *19,700* | 47.8 | 36,290 | 5.3 | 4.2 |
| 孟加拉国 | 156.6 | 148.5 | 1,203 | 33 | 158.8 | 1,010 | 498.8 | 3,190 | 6.0 | 4.7 |
| 巴巴多斯 | 0.3 | 0.4 | 662 | 32 | *4.3* | *15,080* | *4.3* | *15,090* | *0.0* | *–0.5* |
| 白俄罗斯 | 9.5 | 207.6 | 47 | 76 | 63.7 | 6,730 | 160.5 | 16,950 | 0.9 | 0.9 |
| 比利时 | 11.2 | 30.5 | 369 | 98 | 518.2 | 46,340 | 460.2 | 41,160 | 0.3 | –0.2 |
| 伯利兹 | 0.3 | 23.0 | 15 | 44 | 1.5 | 4,510 | 2.6 | 7,870 | 1.5 | –0.9 |
| 贝宁 | 10.3 | 114.8 | 92 | 43 | 8.2 | 790 | 18.4 | 1,780 | 5.6 | 2.8 |
| 百慕大 | 0.1 | 0.1 | 1,301 | 100 | *6.8* | *104,610* | *4.3* | *66,430* | *–4.9* | *–5.2* |
| 不丹 | 0.8 | 38.4 | 20 | 37 | 1.8 | 2,330 | 5.2 | 6,920 | 2.0 | 0.4 |
| 玻利维亚 | 10.7 | 1,098.6 | 10 | 68 | 27.2 | 2,550 | 61.3 | 5,750 | 6.8 | 5.0 |
| 波斯尼亚－黑塞哥维那 | 3.8 | 51.2 | 75 | 39 | 18.3 | 4,780 | 37.0 | 9,660 | 2.5 | 2.6 |
| 博茨瓦纳 | 2.0 | 581.7 | 4 | 57 | 15.7 | 7,770 | 31.6 | 15,640 | 5.8 | 4.9 |
| 巴西 | 200.4 | 8,515.8 | 24 | 85 | 2,342.6 | 11,690 | 2,956.0 | 14,750 | 2.5 | 1.6 |
| 文莱 | 0.4 | 5.8 | 79 | 77 | .. | ..[c] | .. | .. | –1.8 | –3.1 |
| 保加利亚 | 7.3 | 111.0 | 67 | 73 | 53.5 | 7,360 | 110.5 | 15,210 | 1.1 | 1.6 |
| 布基纳法索 | 16.9 | 274.2 | 62 | 28 | 12.7 | 750 | 28.5 | 1,680 | 6.6 | 3.7 |
| 布隆迪 | 10.2 | 27.8 | 396 | 11 | 2.6 | 260 | 7.8 | 770 | 4.6 | 1.4 |
| 佛得角 | 0.5 | 4.0 | 124 | 64 | 1.8 | 3,620 | 3.1 | 6,210 | 0.5 | –0.4 |
| 柬埔寨 | 15.1 | 181.0 | 86 | 20 | 14.4 | 950 | 43.8 | 2,890 | 7.4 | 5.5 |
| 喀麦隆 | 22.3 | 475.4 | 47 | 53 | 28.6 | 1,290 | 61.7 | 2,770 | 5.6 | 2.9 |
| 加拿大 | 35.2 | 9,984.7 | 4 | 81 | 1,835.4 | 52,210 | 1,480.8 | 42,120 | 2.0 | 0.9 |
| 开曼群岛 | 0.1 | 0.3 | 244 | 100 | .. | ..[c] | .. | .. | .. | .. |
| 中非共和国 | 4.6 | 623.0 | 7 | 40 | 1.5 | 320 | 2.8 | 600 | –36.0 | –37.3 |
| 乍得 | 12.8 | 1,284.0 | 10 | 22 | 13.2 | 1,030 | 25.7 | 2,010 | 4.0 | 0.9 |
| 海峡群岛 | 0.2 | 0.2 | 853 | 31 | .. | ..[c] | .. | .. | .. | .. |
| 智利 | 17.6 | 756.1 | 24 | 89 | 268.3 | 15,230 | 371.1 | 21,060 | 4.1 | 3.2 |
| 中国 | 1,357.4 | 9,562.9 | 145 | 53 | 8,905.3 | 6,560 | 16,084.5 | 11,850 | 7.7 | 7.1 |
| 中国香港 | 7.2 | 1.1 | 6,845 | 100 | 276.1 | 38,420 | 390.1 | 54,270 | 2.9 | 2.5 |
| 中国澳门 | 0.6 | 0.0[f] | 18,942 | 100 | *35.7* | *64,050* | *62.5* | *112,230* | 11.9 | 10.0 |
| 哥伦比亚 | 48.3 | 1,141.7 | 44 | 76 | 366.6 | 7,590 | 577.8 | 11,960 | 4.7 | 3.3 |
| 科摩罗 | 0.7 | 1.9 | 395 | 28 | 0.6 | 840 | 1.1 | 1,490 | 3.5 | 1.0 |
| 刚果民主共和国 | 67.5 | 2,344.9 | 30 | 41 | 29.1 | 430 | 49.9 | 740 | 8.5 | 5.6 |
| 刚果共和国 | 4.4 | 342.0 | 13 | 65 | 11.5 | 2,590 | 20.5 | 4,600 | 3.4 | 0.9 |

| | 人口 | 地表面积 | 人口密度 | 城市人口 | 国民总收入 | | | | 国内生产总值 | |
|---|---|---|---|---|---|---|---|---|---|---|
| | | | | | 图表集法 | | 购买力平价 | | | |
| | 百万 | 千平方公里 | 人/平方公里 | 占总人口的百分比 | 10亿美元 | 人均，美元 | 10亿美元 | 人均，美元 | 增长百分比 | 人均增长百分比 |
| | 2013 | 2013 | 2013 | 2013 | 2013 | 2013 | 2013 | 2013 | 2012–13 | 2012–13 |
| 哥斯达黎加 | 4.9 | 51.1 | 95 | 75 | 46.5 | 9,550 | 66.1 | 13,570 | 3.5 | 2.1 |
| 科特迪瓦 | 20.3 | 322.5 | 64 | 53 | 29.5 | 1,450 | 62.7 | 3,090 | 8.7 | 6.2 |
| 克罗地亚 | 4.3 | 56.6 | 76 | 58 | 57.1 | 13,420 | 88.6 | 20,810 | –0.9 | –0.7 |
| 古巴 | 11.3 | 109.9 | 106 | 77 | *66.4* | *5,890* | *208.9* | *18,520* | *2.7* | *2.8* |
| 库拉索岛 | 0.2 | 0.4 | 346 | 90 | .. | ..[c] | .. | .. | .. | .. |
| 塞浦路斯 | 1.1 | 9.3 | 124 | 67 | 21.9[g] | 25,210[g] | 24.0[g] | 27,630[g] | –5.4[g] | –5.8[g] |
| 捷克共和国 | 10.5 | 78.9 | 136 | 73 | 199.4 | 18,970 | 283.6 | 26,970 | –0.7 | –0.7 |
| 丹麦 | 5.6 | 43.1 | 132 | 87 | 346.3 | 61,670 | 254.3 | 45,300 | –0.5 | –0.9 |
| 吉布提 | 0.9 | 23.2 | 38 | 77 | .. | ..[h] | .. | .. | 5.0 | 3.4 |
| 多米尼克 | 0.1 | 0.8 | 96 | 69 | 0.5 | 6,930 | 0.7 | 10,060 | –0.9 | –1.4 |
| 多米尼加共和国 | 10.4 | 48.7 | 215 | 77 | 60.0 | 5,770 | 121.0 | 11,630 | 4.6 | 3.3 |
| 厄瓜多尔 | 15.7 | 256.4 | 63 | 63 | 90.6 | 5,760 | 168.8 | 10,720 | 4.6 | 3.0 |
| 埃及 | 82.1 | 1,001.5 | 82 | 43 | 257.4 | 3,140 | 885.1 | 10,790 | 2.1 | 0.4 |
| 萨尔瓦多 | 6.3 | 21.0 | 306 | 66 | 23.6 | 3,720 | 47.5 | 7,490 | 1.7 | 1.0 |
| 赤道几内亚 | 0.8 | 28.1 | 27 | 40 | 10.8 | 14,320 | 17.6 | 23,270 | –4.8 | –7.4 |
| 厄立特里亚 | 6.3 | 117.6 | 63 | 22 | 3.1 | 490 | 7.5[a] | 1,180[a] | 1.3 | –1.9 |
| 爱沙尼亚 | 1.3 | 45.2 | 31 | 68 | 23.4 | 17,780 | 32.8 | 24,920 | 1.6 | 2.0 |
| 埃塞俄比亚 | 94.1 | 1,104.3 | 94 | 19 | 44.5 | 470 | 129.6 | 1,380 | 10.5 | 7.7 |
| 法罗群岛 | 0.0[i] | 1.4 | 35 | 42 | .. | ..[c] | .. | .. | .. | .. |
| 斐济 | 0.9 | 18.3 | 48 | 53 | 3.9 | 4,370 | 6.7 | 7,590 | 3.5 | 2.7 |
| 芬兰 | 5.4 | 338.4 | 18 | 84 | 265.5 | 48,820 | 216.8 | 39,860 | –1.2 | –1.7 |
| 法国 | 65.9 | 549.1 | 120 | 79 | 2,869.8 | 43,520 | 2,517.8 | 38,180 | 0.3 | –0.2 |
| 法属玻利尼西亚 | 0.3 | 4.0 | 76 | 56 | .. | ..[c] | .. | .. | .. | .. |
| 加蓬 | 1.7 | 267.7 | 7 | 87 | 17.8 | 10,650 | 28.8 | 17,230 | 5.9 | 3.4 |
| 冈比亚 | 1.8 | 11.3 | 183 | 58 | 0.9 | 500 | 3.0 | 1,610 | 4.8 | 1.5 |
| 格鲁吉亚 | 4.5[j] | 69.7 | 78[j] | 53 | 16.0[j] | 3,560[j] | 31.5[j] | 7,020[j] | 3.3[j] | 3.4[j] |
| 德国 | 80.7 | 357.2 | 231 | 75 | 3,810.6 | 47,250 | 3,630.5 | 45,010 | 0.1 | –0.2 |
| 加纳 | 25.9 | 238.5 | 114 | 53 | 45.8 | 1,770 | 101.0 | 3,900 | 7.6 | 5.4 |
| 希腊 | 11.0 | 132.0 | 86 | 77 | 250.3 | 22,690 | 283.0 | 25,660 | –3.3 | –2.7 |
| 格陵兰 | 0.1 | 410.5[k] | 0[l] | 86 | .. | ..[c] | .. | .. | .. | .. |
| 格林纳达 | 0.1 | 0.3 | 311 | 36 | 0.8 | 7,490 | 1.2 | 11,230 | 2.4 | 2.0 |
| 关岛 | 0.2 | 0.5 | 306 | 94 | .. | ..[c] | .. | .. | .. | .. |
| 危地马拉 | 15.5 | 108.9 | 144 | 51 | 51.6 | 3,340 | 110.3 | 7,130 | 3.7 | 1.1 |
| 几内亚 | 11.7 | 245.9 | 48 | 36 | 5.4 | 460 | 13.6 | 1,160 | 2.3 | –0.3 |
| 几内亚比绍 | 1.7 | 36.1 | 61 | 48 | 1.0 | 590 | 2.4 | 1,410 | 0.3 | –2.1 |
| 圭亚那 | 0.8 | 215.0 | 4 | 28 | 3.0 | 3,750 | 5.3[a] | 6,610[a] | 5.2 | 4.7 |
| 海地 | 10.3 | 27.8 | 374 | 56 | 8.4 | 810 | 17.7 | 1,720 | 4.3 | 2.8 |
| 洪都拉斯 | 8.1 | 112.5 | 72 | 54 | 17.7 | 2,180 | 34.6 | 4,270 | 2.6 | 0.5 |
| 匈牙利 | 9.9 | 93.0 | 109 | 70 | 131.2 | 13,260[m] | 224.2 | 22,660 | 1.5 | 1.8 |
| 冰岛 | 0.3 | 103.0 | 3 | 94 | 15.0 | 46,290 | 13.3 | 41,090 | 3.5 | 2.5 |
| 印度 | 1,252.1 | 3,287.3 | 421 | 32 | 1,961.6 | 1,570 | 6,700.1 | 5,350 | 6.9 | 5.6 |
| 印度尼西亚 | 249.9 | 1,910.9 | 138 | 52 | 895.0 | 3,580 | 2,315.1 | 9,270 | 5.8 | 4.5 |
| 伊朗 | 77.4 | 1,745.2 | 48 | 72 | 447.5 | 5,780 | 1,208.6 | 15,610 | –5.8 | –7.0 |
| 伊拉克 | 33.4 | 435.2 | 77 | 69 | 224.6 | 6,720 | 499.0 | 14,930 | 4.2 | 1.6 |
| 爱尔兰 | 4.6 | 70.3 | 67 | 63 | 198.1 | 43,090 | 178.7 | 38,870 | 0.2 | –0.1 |
| 马恩岛 | 0.1 | 0.6 | 151 | 52 | .. | ..[c] | .. | .. | .. | .. |
| 以色列 | 8.1 | 22.1 | 372 | 92 | 273.5 | 33,930 | 256.2 | 31,780 | 3.2 | 1.3 |

| | 人口 | 地表面积 | 人口密度 | 城市人口 | 国民总收入 | | | | 国内生产总值 | |
|---|---|---|---|---|---|---|---|---|---|---|
| | | | | | 图表集法 | | 购买力平价 | | | |
| | 百万 | 千平方公里 | 人/平方公里 | 占总人口的百分比 | 10亿美元 | 人均，美元 | 10亿美元 | 人均，美元 | 增长百分比 | 人均增长百分比 |
| | 2013 | 2013 | 2013 | 2013 | 2013 | 2013 | 2013 | 2013 | 2012–13 | 2012–13 |
| 意大利 | 60.2 | 301.3 | 205 | 69 | 2,145.3 | 35,620 | 2,121.5 | 35,220 | –1.9 | –3.1 |
| 牙买加 | 2.7 | 11.0 | 251 | 54 | 14.2 | 5,220 | 23.0 | 8,490 | 1.3 | 1.0 |
| 日本 | 127.3 | 378.0 | 349 | 92 | 5,899.9 | 46,330 | 4,782.2 | 37,550 | 1.6 | 1.8 |
| 约旦 | 6.5 | 89.3 | 73 | 83 | 32.0 | 4,950 | 75.3 | 11,660 | 2.8 | 0.6 |
| 哈萨克斯坦 | 17.0 | 2,724.9 | 6 | 53 | 196.8 | 11,550 | 352.3 | 20,680 | 6.0 | 4.5 |
| 肯尼亚 | 44.4 | 580.4 | 78 | 25 | 51.6 | 1,160[n] | 123.3 | 2,780 | 5.7 | 2.9 |
| 基里巴斯 | 0.1 | 0.8 | 126 | 44 | 0.3 | 2,620 | 0.3[a] | 2,780[a] | 3.0 | 1.4 |
| 朝鲜 | 24.9 | 120.5 | 207 | 61 | .. | ..[o] | .. | .. | .. | .. |
| 韩国 | 50.2 | 100.2 | 516 | 82 | 1,301.6 | 25,920 | 1,675.2 | 33,360 | 3.0 | 2.5 |
| 科索沃 | 1.8 | 10.9 | 168 | .. | 7.2 | 3,940 | 16.6[a] | 9,090[a] | 3.0 | 2.0 |
| 科威特 | 3.4 | 17.8 | 189 | 98 | *141.0* | *45,130* | 265.0 | 84,800 | *8.3* | *4.1* |
| 吉尔吉斯共和国 | 5.7 | 199.9 | 30 | 35 | 6.9 | 1,210 | 17.6 | 3,080 | 10.5 | 8.4 |
| 老挝 | 6.8 | 236.8 | 29 | 36 | 9.8 | 1,450 | 30.8 | 4,550 | 8.5 | 6.5 |
| 拉脱维亚 | 2.0 | 64.5 | 32 | 67 | 30.8 | 15,290 | 45.3 | 22,510 | 4.1 | 5.2 |
| 黎巴嫩 | 4.5 | 10.5 | 437 | 88 | 44.1 | 9,870 | 77.7[a] | 17,400[a] | 0.9 | –0.1 |
| 莱索托 | 2.1 | 30.4 | 68 | 26 | 3.1 | 1,500 | 6.5 | 3,160 | 5.5 | 4.3 |
| 利比里亚 | 4.3 | 111.4 | 45 | 49 | 1.7 | 410 | 3.4 | 790 | 11.3 | 8.6 |
| 利比亚 | 6.2 | 1,759.5 | 4 | 78 | .. | ..[b] | .. | .. | –10.9 | –11.6 |
| 列支敦士登 | 0.0[i] | 0.2 | 231 | 14 | .. | ..[c] | .. | .. | .. | .. |
| 立陶宛 | 3.0 | 65.3 | 47 | 67 | 44.1 | 14,900 | 72.6 | 24,530 | 3.3 | 4.3 |
| 卢森堡 | 0.5 | 2.6 | 210 | 90 | 38.0 | 69,880 | 31.4 | 57,830 | 2.0 | –0.3 |
| 前南斯拉夫马其顿共和国 | 2.1 | 25.7 | 84 | 57 | 10.3 | 4,870 | 24.3 | 11,520 | 3.1 | 3.0 |
| 马达加斯加 | 22.9 | 587.3 | 39 | 34 | 10.2 | 440 | 31.4 | 1,370 | 2.4 | –0.4 |
| 马拉维 | 16.4 | 118.5 | 174 | 16 | 4.4 | 270 | 12.3 | 750 | 5.0 | 2.0 |
| 马来西亚 | 29.7 | 330.8 | 90 | 73 | 309.9 | 10,430 | 669.5 | 22,530 | 4.7 | 3.1 |
| 马尔代夫 | 0.3 | 0.3 | 1,150 | 43 | 1.9 | 5,600 | 3.4 | 9,900 | 3.7 | 1.7 |
| 马里 | 15.3 | 1,240.2 | 13 | 38 | 10.2 | 670 | 23.6 | 1,540 | 2.1 | –0.8 |
| 马耳他 | 0.4 | 0.3 | 1,323 | 95 | 8.9 | 20,980 | 11.4 | 27,020 | 2.9 | 1.9 |
| 马绍尔群岛 | 0.1 | 0.2 | 292 | 72 | 0.2 | 4,310 | 0.2[a] | 4,630[a] | 3.0 | 2.8 |
| 毛里塔尼亚 | 3.9 | 1,030.7 | 4 | 59 | 4.1 | 1,060 | 11.1 | 2,850 | 6.7 | 4.1 |
| 毛里求斯 | 1.3 | 2.0 | 620 | 40 | 12.0 | 9,570 | 22.3 | 17,730 | 3.2 | 3.0 |
| 墨西哥 | 122.3 | 1,964.4 | 63 | 79 | 1,216.1 | 9,940 | 1,960.0 | 16,020 | 1.1 | –0.2 |
| 密克罗尼西亚联邦 | 0.1 | 0.7 | 148 | 22 | 0.3 | 3,280 | 0.4[a] | 3,680[a] | –4.0 | –4.1 |
| 摩尔多瓦 | 3.6[p] | 33.9 | 124[p] | 45 | 8.8[p] | 2,470[p] | 18.5[p] | 5,180[p] | 8.9[p] | 8.9[p] |
| 摩纳哥 | 0.0[i] | 0.0[f] | 18,916 | 100 | .. | ..[c] | .. | .. | .. | .. |
| 蒙古 | 2.8 | 1,564.1 | 2 | 70 | 10.7 | 3,770 | 25.0 | 8,810 | 11.7 | 10.1 |
| 黑山 | 0.6 | 13.8 | 46 | 64 | 4.5 | 7,250 | 9.0 | 14,410 | 3.3 | 3.3 |
| 摩洛哥 | 33.0 | 446.6 | 74 | 59 | 101.6[q] | 3,020[q] | 235.0[q] | 7,000[q] | 4.4[q] | 2.8[q] |
| 莫桑比克 | 25.8 | 799.4 | 33 | 32 | 15.8 | 610 | 28.5 | 1,100 | 7.4 | 4.8 |
| 缅甸 | 53.3 | 676.6 | 82 | 33 | .. | ..[o] | .. | .. | .. | .. |
| 纳米比亚 | 2.3 | 824.3 | 3 | 45 | 13.5 | 5,870 | 21.9 | 9,490 | 5.1 | 3.1 |
| 尼泊尔 | 27.8 | 147.2 | 194 | 18 | 20.3 | 730 | 62.9 | 2,260 | 3.8 | 2.6 |
| 荷兰 | 16.8 | 41.5 | 498 | 89 | 858.0 | 51,060 | 777.4 | 46,260 | –0.7 | –1.0 |
| 新喀里多尼亚 | 0.3 | 18.6 | 14 | 69 | .. | ..[c] | .. | .. | .. | .. |
| 新西兰 | 4.4 | 267.7 | 17 | 86 | *157.6* | *35,760* | *136.5* | *30,970* | 2.5 | 1.7 |
| 尼加拉瓜 | 6.1 | 130.4 | 51 | 58 | 10.9 | 1,790 | 27.4 | 4,510 | 4.6 | 3.1 |
| 尼日尔 | 17.8 | 1,267.0 | 14 | 18 | 7.1 | 400 | 15.9 | 890 | 4.1 | 0.2 |

| | 人口 | 地表面积 | 人口密度 | 城市人口 | 国民总收入 | | | | 国内生产总值 | |
|---|---|---|---|---|---|---|---|---|---|---|
| | | | | | 图表集法 | | 购买力平价 | | | |
| | 百万 | 千平方公里 | 人/平方公里 | 占总人口的百分比 | 10亿美元 | 人均，美元 | 10亿美元 | 人均，美元 | 增长百分比 | 人均增长百分比 |
| | 2013 | 2013 | 2013 | 2013 | 2013 | 2013 | 2013 | 2013 | 2012–13 | 2012–13 |
| 尼日利亚 | 173.6 | 923.8 | 191 | 46 | 469.7 | 2,710 | 930.2 | 5,360 | 5.4 | 2.5 |
| 北马里亚纳群岛 | 0.1 | 0.5 | 117 | 89 | .. | ..[c] | .. | .. | .. | .. |
| 挪威 | 5.1 | 385.2 | 14 | 80 | 521.7 | 102,700 | 332.5 | 65,450 | 0.6 | –0.6 |
| 阿曼 | 3.6 | 309.5 | 12 | 77 | *83.4* | *25,150* | *174.9* | *52,780* | *5.8* | *–3.5* |
| 巴基斯坦 | 182.1 | 796.1 | 236 | 38 | 247.0 | 1,360 | 881.4 | 4,840 | 4.4 | 2.7 |
| 帕劳 | 0.0[i] | 0.5 | 45 | 86 | 0.2 | 10,970 | 0.3[a] | 14,540[a] | –0.3 | –1.1 |
| 巴拿马 | 3.9 | 75.4 | 52 | 66 | 41.3 | 10,700 | 74.6 | 19,300 | 8.4 | 6.6 |
| 巴布亚新几内亚 | 7.3 | 462.8 | 16 | 13 | 14.8 | 2,020 | 18.4[a] | 2,510[a] | 5.5 | 3.3 |
| 巴拉圭 | 6.8 | 406.8 | 17 | 59 | 27.3 | 4,010 | 52.2 | 7,670 | 14.2 | 12.3 |
| 秘鲁 | 30.4 | 1,285.2 | 24 | 78 | 190.5 | 6,270 | 338.9 | 11,160 | 5.8 | 4.4 |
| 菲律宾 | 98.4 | 300.0 | 330 | 45 | 321.8 | 3,270 | 771.3 | 7,840 | 7.2 | 5.3 |
| 波兰 | 38.5 | 312.7 | 126 | 61 | 510.0 | 13,240 | 879.2 | 22,830 | 1.7 | 1.7 |
| 葡萄牙 | 10.5 | 92.2 | 114 | 62 | 222.4 | 21,270 | 284.4 | 27,190 | –1.4 | –0.8 |
| 波多黎各 | 3.6 | 8.9 | 408 | 94 | 69.4 | 19,210 | 86.2[a] | 23,840[a] | –0.6 | 0.4 |
| 卡塔尔 | 2.2 | 11.6 | 187 | 99 | 188.2 | 86,790 | 278.8 | 128,530 | 6.3 | –0.2 |
| 罗马尼亚 | 20.0 | 238.4 | 87 | 54 | 180.8 | 9,050 | 367.5 | 18,390 | 3.5 | 3.9 |
| 俄罗斯 | 143.5 | 17,098.2 | 9 | 74 | 1,987.7 | 13,850 | 3,484.5 | 24,280 | 1.3 | 1.1 |
| 卢旺达 | 11.8 | 26.3 | 477 | 27 | 7.4 | 630 | 17.1 | 1,450 | 4.7 | 1.9 |
| 萨摩亚 | 0.2 | 2.8 | 67 | 19 | 0.8 | 3,970 | 1.1[a] | 5,560[a] | –1.1 | –1.9 |
| 圣马力诺 | 0.0[i] | 0.1 | 524 | 94 | .. | ..[c] | .. | .. | .. | .. |
| 圣多美和普林西比 | 0.2 | 1.0 | 201 | 64 | 0.3 | 1,470 | 0.6 | 2,950 | 4.0 | 1.4 |
| 沙特阿拉伯 | 28.8 | 2,149.7[r] | 13 | 83 | 757.1 | 26,260 | 1,546.5 | 53,640 | 4.0 | 1.9 |
| 塞内加尔 | 14.1 | 196.7 | 73 | 43 | 14.8 | 1,050 | 31.3 | 2,210 | 2.8 | –0.2 |
| 塞尔维亚 | 7.2 | 88.4 | 82 | 55 | 43.3 | 6,050 | 89.4 | 12,480 | 2.6 | 3.1 |
| 塞舌尔 | 0.1 | 0.5 | 194 | 53 | 1.2 | 13,210[j] | 2.1 | 23,730 | 5.3 | 4.2 |
| 塞拉利昂 | 6.1 | 72.3 | 84 | 39 | 4.1 | 660 | 10.3 | 1,690 | 5.5 | 3.6 |
| 新加坡 | 5.4 | 0.7 | 7,713 | 100 | 291.8 | 54,040 | 415.0 | 76,860 | 3.9 | 2.2 |
| 圣马丁岛 | 0.0[i] | 0.0[f] | 1,167 | 100 | .. | ..[c] | .. | .. | .. | .. |
| 斯洛伐克 | 5.4 | 49.0 | 113 | 54 | 96.4 | 17,810 | 140.6 | 25,970 | 1.4 | 1.3 |
| 斯洛文尼亚 | 2.1 | 20.3 | 102 | 50 | 47.8 | 23,220 | 59.0 | 28,650 | –1.0 | –1.1 |
| 所罗门群岛 | 0.6 | 28.9 | 20 | 21 | 0.9 | 1,600 | 1.0[a] | 1,810[a] | 3.0 | 0.8 |
| 索马里 | 10.5 | 637.7 | 17 | 39 | .. | ..[o] | .. | .. | .. | .. |
| 南非 | 53.2 | 1,219.1 | 44 | 64 | 393.8 | 7,410 | 666.0 | 12,530 | 2.2 | 0.6 |
| 南苏丹 | 11.3 | 644.3 | .. | 18 | 10.8 | 950[s] | 21.0[a] | 1,860[a] | 13.1 | 8.5 |
| 西班牙 | 46.6 | 505.6 | 93 | 79 | 1,395.9 | 29,940 | 1,532.1 | 32,870 | –1.2 | –0.9 |
| 斯里兰卡 | 20.5 | 65.6 | 327 | 18 | 65.0 | 3,170 | 194.1 | 9,470 | 7.3 | 6.4 |
| 圣基茨和尼维斯 | 0.1 | 0.3 | 208 | 32 | 0.8 | 13,890 | 1.1 | 20,990 | 4.2 | 3.0 |
| 圣卢西亚 | 0.2 | 0.6 | 299 | 18 | 1.3 | 7,060 | 1.9 | 10,290 | –0.4 | –1.2 |
| 圣马丁 | 0.0[i] | 0.1 | 575 | .. | .. | ..[c] | .. | .. | .. | .. |
| 圣文森特和格林纳丁斯 | 0.1 | 0.4 | 280 | 50 | 0.7 | 6,460 | 1.1 | 10,440 | 1.7 | 1.7 |
| 苏丹 | 38.0 | 1,879.4 | 21[t] | 33 | 58.8 | 1,550 | 122.7 | 3,230 | –6.0 | –7.9 |
| 苏里南 | 0.5 | 163.8 | 3 | 66 | 5.1 | 9,370 | 8.6 | 15,960 | 2.9 | 2.0 |
| 斯威士兰 | 1.2 | 17.4 | 73 | 21 | 3.7 | 2,990 | 7.6 | 6,060 | 2.8 | 1.3 |
| 瑞典 | 9.6 | 447.4 | 24 | 86 | 592.4 | 61,710 | 443.3 | 46,170 | 1.5 | 0.6 |
| 瑞士 | 8.1 | 41.3 | 205 | 74 | 733.4 | 90,680 | 482.1 | 59,610 | 1.9 | 0.8 |
| 叙利亚 | 22.8 | 185.2 | 124 | 57 | .. | ..[h] | .. | .. | .. | .. |
| 塔吉克斯坦 | 8.2 | 142.6 | 59 | 27 | 8.1 | 990 | 20.5 | 2,500 | 7.4 | 4.8 |

# 1 世界概览

| | 人口 | 地表面积 | 人口密度 | 城市人口 | 国民总收入 | | | | 国内生产总值 | |
|---|---|---|---|---|---|---|---|---|---|---|
| | | | | | 图表集法 | | 购买力平价 | | | |
| | 百万 | 千平方公里 | 人/平方公里 | 占总人口的百分比 | 10亿美元 | 人均，美元 | 10亿美元 | 人均，美元 | 增长百分比 | 人均增长百分比 |
| | 2013 | 2013 | 2013 | 2013 | 2013 | 2013 | 2013 | 2013 | 2012–13 | 2012–13 |
| 坦桑尼亚 | 49.3 | 947.3 | 56 | 30 | 41.0[u] | 860[u] | 116.3[u] | 2,430[u] | 7.3[u] | 3.8[u] |
| 泰国 | 67.0 | 513.1 | 131 | 48 | 357.7 | 5,340 | 899.7 | 13,430 | 1.8 | 1.4 |
| 东帝汶 | 1.2 | 14.9 | 79 | 31 | 4.5 | 3,940 | 8.8[a] | 7,670[a] | 7.8 | 5.2 |
| 多哥 | 6.8 | 56.8 | 125 | 39 | 3.6 | 530 | 8.1 | 1,180 | 5.1 | 2.4 |
| 汤加 | 0.1 | 0.8 | 146 | 24 | 0.5 | 4,490 | 0.6[a] | 5,450[a] | 0.5 | 0.1 |
| 特立尼达和多巴哥 | 1.3 | 5.1 | 261 | 9 | 21.1 | 15,760 | 35.2 | 26,220 | 1.6 | 1.3 |
| 突尼斯 | 10.9 | 163.6 | 70 | 66 | 45.8 | 4,200 | 115.5 | 10,610 | 2.5 | 1.5 |
| 土耳其 | 74.9 | 783.6 | 97 | 72 | 821.7 | 10,970 | 1,391.4 | 18,570 | 4.1 | 2.8 |
| 土库曼斯坦 | 5.2 | 488.1 | 11 | 49 | 36.1 | 6,880 | 67.7[a] | 12,920[a] | 10.2 | 8.8 |
| 特克斯和凯科斯群岛 | 0.0[i] | 1.0 | 35 | 91 | .. | ..[c] | .. | .. | .. | .. |
| 图瓦卢 | 0.0[i] | 0.0[f] | 329 | 58 | 0.1 | 5,840 | 0.1[a] | 5,260[a] | 1.3 | 1.1 |
| 乌干达 | 37.6 | 241.6 | 188 | 15 | 22.5 | 600 | 61.2 | 1,630 | 3.3 | –0.1 |
| 乌克兰 | 45.5 | 603.6 | 79 | 69 | 179.9 | 3,960 | 407.8 | 8,970 | 1.9 | 2.1 |
| 阿拉伯联合酋长国 | 9.3 | 83.6 | 112 | 85 | 353.1 | 38,360 | 551.3 | 59,890 | 5.2 | 1.2 |
| 英国 | 64.1 | 243.6 | 265 | 82 | 2,671.7 | 41,680 | 2,433.9 | 37,970 | 1.7 | 1.1 |
| 美国 | 316.1 | 9,831.5 | 35 | 81 | 16,903.0 | 53,470 | 16,992.4 | 53,750 | 2.2 | 1.5 |
| 乌拉圭 | 3.4 | 176.2 | 19 | 95 | 51.7 | 15,180 | 64.5 | 18,940 | 4.4 | 4.0 |
| 乌兹别克斯坦 | 30.2 | 447.4 | 71 | 36 | 56.9 | 1,880 | 159.9[a] | 5,290[a] | 8.0 | 6.3 |
| 瓦努阿图 | 0.3 | 12.2 | 21 | 26 | 0.8 | 3,130 | 0.7[a] | 2,870[a] | 2.0 | –0.3 |
| 委内瑞拉 | 30.4 | 912.1 | 34 | 89 | 381.6 | 12,550 | 544.2 | 17,900 | 1.3 | –0.2 |
| 越南 | 89.7 | 331.0 | 289 | 32 | 156.4 | 1,740 | 455.0 | 5,070 | 5.4 | 4.3 |
| 美属维尔京群岛 | 0.1 | 0.4 | 299 | 95 | .. | ..[c] | .. | .. | .. | .. |
| 西岸和加沙 | 4.2 | 6.0 | 693 | 75 | 12.4 | 3,070 | 21.4 | 5,300 | –4.4 | –7.2 |
| 也门 | 24.4 | 528.0 | 46 | 33 | 32.6 | 1,330 | 93.3 | 3,820 | 4.2 | 1.8 |
| 赞比亚 | 14.5 | 752.6 | 20 | 40 | 26.3 | 1,810 | 55.4 | 3,810 | 6.7 | 3.3 |
| 津巴布韦 | 14.1 | 390.8 | 37 | 33 | 12.2 | 860 | 24.0 | 1,690 | 4.5 | 1.3 |
| **世界整体** | **7,125.1 s** | **134,324.7 s** | **55 w** | **53 w** | **76,119.3 t** | **10,683 w** | **102,197.6 t** | **14,343 w** | **2.3 w** | **1.1 w** |
| **低收入国家** | 848.7 | 15,359.5 | 57 | 30 | 617.7 | 728 | 1,662.6 | 1,959 | 5.6 | 3.3 |
| **中等收入国家** | 4,970.0 | 65,026.4 | 78 | 50 | 23,628.9 | 4,754 | 47,504.2 | 9,558 | 4.9 | 3.8 |
| 中低收入国家 | 2,561.1 | 21,590.5 | 123 | 39 | 5,312.2 | 2,074 | 15,280.5 | 5,966 | 5.8 | 4.3 |
| 中高收入国家 | 2,408.9 | 43,436.0 | 56 | 62 | 18,316.9 | 7,604 | 32,292.8 | 13,405 | 4.7 | 3.9 |
| **低收入和中等收入国家** | 5,818.7 | 80,385.9 | 74 | 47 | 24,252.8 | 4,168 | 49,134.9 | 8,444 | 5.0 | 3.6 |
| 东亚及太平洋地区 | 2,005.8 | 16,270.8 | 126 | 51 | 11,104.7 | 5,536 | 21,519.5 | 10,729 | 7.1 | 6.4 |
| 欧洲及中亚 | 272.4 | 6,478.6 | 43 | 60 | 1,937.5 | 7,114 | 3,711.8 | 13,628 | 3.7 | 3.0 |
| 拉丁美洲及加勒比地区 | 588.0 | 19,461.7 | 31 | 79 | 5,610.9 | 9,542 | 8,340.8 | 14,185 | 2.5 | 1.3 |
| 中东及北非 | 345.4 | 8,775.4 | 40 | 60 | .. | .. | .. | .. | –0.5 | –2.2 |
| 南亚 | 1,670.8 | 5,136.2 | 350 | 32 | 2,477.5 | 1,483 | 8,405.8 | 5,031 | 6.6 | 5.2 |
| 撒哈拉以南非洲地区 | 936.3 | 24,263.1 | 40 | 37 | 1,578.8 | 1,686 | 3,103.1 | 3,314 | 4.1 | 1.4 |
| **高收入国家** | 1,306.4 | 53,938.8 | 25 | 80 | 52,009.9 | 39,812 | 53,285.4 | 40,788 | 1.4 | 0.9 |
| 欧元区 | 337.3 | 2,758.5 | 126 | 75 | 13,272.8 | 39,350 | 12,801.4 | 37,953 | –0.5 | –0.8 |

a. 该估算以回归法为基础；其他按 2011 年国际比较项目的基准估计值推断。b. 估计为中高收入经济体（4, 126—12, 745 美元）。c. 估计为高收入经济体（12, 746 美元及以上）。d. 阿根廷国家统计与人口普查研究所完成修改其报告的官方统计数据后，将对该数据系列进行重新计算。e. 阿根廷的数据为阿根廷国家统计与人口普查研究官方报告数据。然而国际货币基金组织已经发表谴责声明，要求阿根廷采取补救措施解决官方 GDP 和消费者价格指数的数据质量问题。自 2008 年以来，阿根廷实际经济增长率的官方数据明显高于其他数据来源，而通胀率则明显偏低。为此，世界银行也使用其他数据来源对阿根廷的宏观经济发展进行监测。f. 大于 0，但小于 50。g. 塞浦路斯政府控制地区的数据。h. 估计为中低收入经济体（1, 046—4, 125 美元）。i. 大于 0 但小于 50, 000。j. 不包括阿布哈兹和南奥塞梯。k. 指无冰雪地区。l. 大于 0 但小于 0. 5。m. 包括在基于早期数据的中高收入经济体总和中。n. 包括在基于早期数据的低收入经济体总和中。o. 估计为低收入经济体（1, 045 美元及以下）。p. 不包括德涅斯特河沿岸地区。q. 包括前西属撒哈拉地区。r. 暂时估计。s. 包括在基于早期数据的中低收入经济体的总和中。t. 包括南苏丹。u. 仅为坦桑尼亚大陆的数据。

## 关于数据

人口、土地面积、收入（根据国民收入总值衡量，GNI）和产出（按国内生产总值衡量，GDP）是衡量一个经济体规模的基本指标。而且也表明了实际和潜在的资源大致情况。因此，它们在《世界发展指标》中常被用来规范其他指标。

### 人口

人口估算通常基于国家人口普查。人口普查前后年份的人口数据可根据人口统计学模型使用插入法或外推法进行估算。即使在高收入国家，误差和遗漏也在所难免。而在发展中国家，由于交通、通讯和其他赖以进行普查和分析所需的资源不足，其局限所导致的误差可能更加严重。

官方人口统计数据的质量和可靠性也受到公众对政府的信任度、政府统计的全面和准确程度、为防止滥用普查数据采取的保密及保护措施、普查机构不受政治干扰的独立性等因素的影响。此外，由于概念、定义、采集程序以及国家统计机构和其他组织使用的估计方法的差异，各国人口指标的可比性也收到了限制。

与前一轮相比，2010 年进行本轮（2005—2014）人口普查的国家更多。截至 2014 年 12 月（2010 轮人口普查结束时间），已经对世界估算人口中的 93% 进行了普查。人口普查的时效性以及调查或登记系统的补充数据的可用性是衡量人口统计数据质量的重要指标。有关最新人口普查或调查年份及登记完备性的信息，请参阅原始数据文档。

缺乏近期普查数据及其前后年份人口数据估计的发展中国家的估算数据，由联合国人口署和其他机构提供。队列要素法——估算和预计人口数据的标准方法——需要生育率、死亡率和净迁移数据。这些数据往往来自抽样调查，而样本的覆盖率通常较小或较为有限。人口估算来源于人口统计模型，因而容易受到模型缺陷和数据偏差及错误的影响。由于以 5 岁为一个年龄组，且使用的是 5 年间的数据，由插入法获得的年度数据或单一年龄结构可能无法反映实际情况或年龄组成。

### 地表面积

地表面积包括内陆地区的水域及某些沿海水域。因此，地表面积不同于土地面积（土地面积不包括水体），也区别于总面积（总面积可能包括近海海域）。土地面积对理解经济体的农业生产力和人类活动对环境的影响非常重要。卫星定位和计算机数据库的革新使得对土地和水域的测量更为精确。

### 城市人口

城市与农村的区分一直没有一致和公认的标准，其中部分原因是各国情况各异。大多数国家根据定居点的规模和特征来划分城市。一些国家是基于现有的特定基础设施及服务来定义城市地区。而其他国家的城市地区是根据行政安排指定的。因为表格中的估算值是基于各国对城市或大都市的定义而形成的，因此不同国家横向比较时应当谨慎。

### 经济规模

GNI 包含居民申报的国内和国外居民收入的增加值。GNI 由 GDP 加上来自于非居民的主要收入净值（员工薪资和财产收入）组成。GDP 是经济中全体居民生产出的总增加值加上未包含在产出估值中的全部产品税（减去补贴）的总量。GNI 的计算无需扣除生产性资产的折旧及天然资源的耗竭和退化。增加值是加总所有的产出再减去中间投入后的工业净产值。工业增加值的来源由国际标准产业分类修订 3 和修订 4 所决定。为方便分析，世界银行使用美元计价的 GNI 人均数据，以便将国家分类并确定借款资格。查询《世界发展指标》中对收入群体的定义，请参阅用户指南。

当将按各国货币计价的 GNI 数据换算为美元计价时，遵循世界银行图表集换算方法，使用三年平均汇率以消除短暂的汇率波动的影响（世界银行图表集法的进一步讨论，参见统计方法）。

因为汇率并不能完全反映不同国家之间价格水平的差异，该表也用购买力平价（PPP）方法将国民总收入（GNI）和人均国民收入（GNI）折合成国际美元计价的估计值。购买力平价提供了便于对不同国家之间实际开支水平相比较的测量标准，正如传统的价格指数允许随着时间的推移进行实际值的比较。

购买力平价是通过同时比较大量国家之间的相似商品和服务价格来进行计算的。在 2011 年的国际比较项目（ICP）中，共有 177 个国家和地区完全参加，另有 22 个国家部分参与了比较。表中 47 个高收入和中高收入国家的购买力平价值由欧盟统计局和经济合作与发展组织（OECD）提供。这些国家的购买力平价估算值包含了自 2011 年起收集的新价格数据。对于其他参与了 2011 年国际比较项目的经济体，根据 2011 年的 ICP 基准结果外推进行估算，表明了各经济体与美国之间的相对价格变化。对于没有参加 2011 年比较项目的国家，其购买力平价则使用统计模型进行估算。关于 2011 年国际比较项目结果的更多信息，可查询 http：//icp. worldbank. org。

GDP 增长率及人均 GDP 的计算使用了以本地货币计量的不变价格数据。地区间和不同收入群体的增长率则使用美元计量的不变价格数据进行核算。表中的增长率为年度平均值。增长率的计算方法参见统计方法。

## 定义

**人口**基于实际人口的实际定义，包括全部居民，无论其是否具有法律地位或公民身份，但不包括不会永久定居在避难国的难民，一般认为他们是其来源国的人口。表中显示的数值是年中估计值。**地表面积**是一个国家的总面积，包括内陆地区的水域和一些沿海水域。**人口密度**是年中的人口数除以土地面积。**城市人口**为各国认定并已向联合国报告为城市地区的年中人口。**国民总收入（图表集法）**指全部居民生产者生产的产品增加值加上未包含在产值中的全部产品税（减去补贴）加上境外所获得的净收入（雇员薪资和财产收入）的总额。数据以世界银行图表集法（见统计方法）折合为当前美元价值。**国民总收入（购买力平价）**是将 GNI 以购买力平价值折算为以国际美元计量的数额。一国际美元对国民总收入的购买力与一美元在美国的购买力相同。**人均国民总收入**是国民总收入除以年中人口。**国内生产总值**是所有居民生产者产生的产品增加值加上全部未包含在产值计算中的产品税（减去补贴）的总额。增长率用本国货币的不变价格计量的 GDP 数据进行计算。**人均国内生产总值**将国民生产总值（GDP）除以年中人口数。

## 数据资料来源

世界银行的人口估计由其发展数据组在人类发展网络、专业人员和国家办事处的帮助下进行汇编。联合国人口署（2013）是半数以上国家人口数据的来源，其中大多数为发展中国家。其他重要的来源包括人口普查报告和其他来自国家统计局的统计出版物；欧盟统计局的人口数据库；联合国人口署的《人口和人口动态统计报告》；以及美国人口普查局的国际数据库。

地表和土地面积的数据来自于粮食和农业组织，数据是通过向国家机构发放年度调查问卷并分析年度全国农业普查结果得到的。

城市人口占比数据来自于联合国人口署（2014）。

GNI、人均 GNI、GDP 增长及 GDP 人均增长率由世界银行工作人员根据国民经济核算数据估算而得。国民经济核算数据由世界银行工作人员在进行经济任务期间收集，或是由各国统计机构向其他国际组织（如 OECD）进行的报告。购买力平价值由欧盟统计局/OECD 和世界银行的工作人员根据 ICP 所收集数据估算而得。

## 参考文献


Eurostat. n.d. *Population database.* [http://ec.europa.eu/eurostat/]. Luxembourg.

FAO (Food and Agriculture Organization), IFAD (International Fund for Agricultural Development), and WFP (World Food Programme). 2014. *The State of Food Insecurity in the World 2014: Strengthening the Enabling Environment for Food Security and Nutrition.* Rome. [www.fao.org/3/a-i4030e.pdf].

OECD (Organisation for Economic Co-operation and Development). n.d. OECD.StatExtracts database. [http://stats.oecd.org/]. Paris.

UNAIDS (Joint United Nations Programme on HIV/AIDS). 2014. *The Gap Report.* [www.unaids.org/en/resources/campaigns/2014/2014gapreport/gapreport/]. Geneva.

UNESCO (United Nations Educational, Scientific and Cultural Organization). 2004. *Education for All Global Monitoring Report 2003/4: Gender and Education for All—The Leap to Equality.* Paris.

UNFPA (United Nations Population Fund) and Guttmacher Institute. 2014. *Adding It Up 2014: The Costs and Benefits of Investing in Sexual and Reproductive Health.* [www.unfpa.org/sites/default/files/pub-pdf/Adding%20It%20Up-Final-11.18.14.pdf]. New York.

UNICEF (United Nations Children's Fund). 2014. *Committing to Child Survival: A Promise Renewed—Progress Report 2014.* [http://files.unicef.org/publications/files/APR_2014_web_15Sept14.pdf]. New York.

UNICEF (United Nations Children's Fund), WHO (World Health Organization), and World Bank. 2014. *2013 Joint Child Malnutrition Estimates—Levels and Trends.* New York: UNICEF. [www.who.int/nutgrowthdb/estimates2013/].

United Nations. 2014. *A World That Counts: Mobilising the Data Revolution for Sustainable Development.* New York. [www.undatarevolution.org/wp-content/uploads/2014/12/A-World-That-Counts2.pdf].

United Nations Population Division. 2013. *World Population Prospects: The 2012 Revision.* [http://esa.un.org/unpd/wpp/Documentation/publications.htm]. New York.

United Nations Statistics Division. Various years. *Population and Vital Statistics Report.* New York.

———. 2014. *World Urbanization Prospects: The 2014 Revision.* [http://esa.un.org/unpd/wup/]. New York.

WHO (World Health Organization). 2014a. *Global Tuberculosis Report 2014.* [http://who.int/tb/publications/global_report/]. Geneva.

———. 2014b. "Maternal Mortality." Fact sheet 348. [www.who.int/mediacentre/factsheets/fs348/]. Geneva.

———. 2014c. *World Malaria Report 2014.* [www.who.int/malaria/publications/world_malaria_report_2014/]. Geneva.

World Bank. 2015. *Global Monitoring Report 2014/2015: Ending Poverty and Sharing Prosperity.* Washington, DC.

## 在线表格和指标

若要获取《世界发展指标》在线表格，请使用网址 http://wdi.worldbank.org/table/和数据表编号（例如，http://wdi.worldbank.org/table/1.1）。若要查看特定的在线指标，请使用网址 http：//data.worldbank.org/indicator/和指标编码（例如，http：//data.worldbank.org/Indicator/SP.POP.TOTL）。

**1.1 经济规模**

| | |
|---|---|
| 人口 ♀♂ | SP. POP. TOTL |
| 地表面积 | AG. SRF. TOTL. K2 |
| 人口密度 | EN. POP. DNST |
| 国民总收入，图表集法 | NY. GNP. ATLS. CD |
| 人均国民总收入，图表集法 | NY. GNP. PCAP. CD |
| 以购买力平价衡量的国民总收入 | NY. GNP. MKTP. PP. CD |
| 以购买力平价衡量的人均国民总收入 | NY. GNP. PCAP. PP. CD |
| 国内生产总值 | NY. GDP. MKTP. KD. ZG |
| 人均国内生产总值 | NY. GDP. PCAP. KD. ZG |

**1.2 千年发展目标：消除贫困和改善生活**

| | |
|---|---|
| 最贫困的1/5人口在国民消费或收入中所占份额 | SI. DST. FRST. 20 |
| 脆弱性就业 ♀♂ | SL. EMP. VULN. ZS |
| 营养不良和体重不足患病率 ♀♂ | SH. STA. MALN. ZS |
| 初等教育毕业率 ♀♂ | SE. PRM. CMPT. ZS |
| 小学和中学女生与男生入学比率 ♀♂ | SE. ENR. PRSC. FM. ZS |
| 5岁以下儿童死亡率 ♀♂ | SH. DYN. MORT |

**1.3 千年发展目标：保护我们共同的环境**

| | |
|---|---|
| 孕产妇死亡率，模型估计 | SH. STA. MMRT |
| 避孕普及率 | SP. DYN. CONU. ZS |
| 艾滋病患病率 | SH. DYN. AIDS. ZS |
| 肺结核患病数 | SH. TBS. INCD |
| 人均二氧化碳排放量 | EN. ATM. CO2E. PC |
| 国家陆地和海洋保护区 | ER. PTD. TOTL. ZS |
| 使用改善的卫生设施 | SH. STA. ACSN |
| 互联网用户数 | IT. NET. USER. PZ |

**1.4 千年发展目标：克服障碍**

本表提供了有关捐赠国提供的净官方发展援助、最不发达国家进入高收入国家市场和重债穷国的债务倡议方面的数据。

**1.5 发展进程中的女性状况**

| | |
|---|---|
| 女性人口 ♀♂ | SP. POP. TOTL. FE. ZS |
| 出生时预期寿命，男性 ♀♂ | SP. DYN. LE00. MA. IN |
| 出生时预期寿命，女性 ♀♂ | SP. DYN. LE00. FE. IN |
| 获得孕期保健的孕妇 | SH. STA. ANVC. ZS |
| 青少年母亲 | SP. MTR. 1519. ZS |
| 非农业部门中带薪就业的女性 | SL. EMP. INSV. FE. ZS |
| 无报酬家庭劳动者，男性 ♀♂ | SL. FAM. WORK. MA. ZS |
| 无报酬家庭劳动者，女性 ♀♂ | SL. FAM. WORK. FE. ZS |
| 女性非全日制工作者 ♀♂ | SL. TLF. PART. TL. FE. ZS |
| 女性法律工作者、高级官员和管理者 | SG. GEN. LSOM. ZS |
| 议会中的妇女 | SG. GEN. PARL. ZS |

♀♂在《世界发展指标》数据库中，可以获取按性别分类的数据。

a. 可以在线获得数据表的一部分，但不能获得单个指标。

# 贫困率

| | 以本地货币计算的国际贫困线 | | 低于国际贫困线的人口[a] | | | | | | | | | |
|---|---|---|---|---|---|---|---|---|---|---|---|---|
| | 1.25美元/天 2005 | 2美元/天 2005 | 调查年份[b] | 低于1.25美元/天的人口 % | 以1.25美元/天衡量的贫富差距 % | 低于2美元/天的人口 % | 以2美元/天衡量的贫富差距 % | 调查年份[b] | 低于1.25美元/天的人口 % | 以1.25美元/天衡量的贫富差距 % | 低于2美元/天的人口 % | 以2美元/天衡量的贫富差距 % |
| 阿尔巴尼亚 | 75.5 | 120.8 | 2008[c] | <2 | <0.5 | <2 | <0.5 | 2012[c] | <2 | <0.5 | 3.0 | 0.6 |
| 阿尔及利亚 | 48.4[d] | 77.5[d] | 1988 | 7.1 | 1.1 | 23.7 | 6.4 | 1995 | 6.4 | 1.3 | 22.8 | 6.2 |
| 安哥拉 | 88.1 | 141.0 | | .. | .. | .. | .. | 2009 | 43.4 | 16.5 | 67.4 | 31.5 |
| 阿根廷 | 1.7 | 2.7 | 2010[e,f] | <2 | 0.9 | 4.0 | 1.6 | 2011[e,f] | <2 | 0.8 | 2.9 | 1.3 |
| 亚美尼亚 | 245.2 | 392.4 | 2011[c] | 2.5 | <0.5 | 17.6 | 3.5 | 2012[c] | <2 | <0.5 | 15.5 | 3.1 |
| 阿塞拜疆 | 2,170.9 | 3,473.5 | 2005[c] | <2 | <0.5 | <2 | <0.5 | 2008[c] | <2 | <0.5 | 2.4 | 0.5 |
| 孟加拉国 | 31.9 | 51.0 | 2005 | 50.5 | 14.2 | 80.3 | 34.3 | 2010 | 43.3 | 11.2 | 76.5 | 30.4 |
| 白俄罗斯 | 949.5 | 1,519.2 | 2010[c] | <2 | <0.5 | <2 | <0.5 | 2011[c] | <2 | <0.5 | <2 | <0.5 |
| 伯利兹 | 1.8[d] | 2.9[d] | 1998[f] | 11.3 | 4.8 | 26.4 | 10.3 | 1999[f] | 12.2 | 5.5 | 22.0 | 9.9 |
| 贝宁 | 344.0 | 550.4 | 2003 | 47.3 | 15.7 | 75.3 | 33.5 | 2011 | 51.6 | 18.8 | 74.3 | 35.9 |
| 不丹 | 23.1 | 36.9 | 2007 | 10.2 | 1.8 | 29.8 | 8.5 | 2012 | 2.4 | <0.5 | 15.2 | 3.3 |
| 玻利维亚 | 3.2 | 5.1 | 2011[f] | 7.0 | 3.1 | 12.0 | 5.5 | 2012[f] | 8.0 | 4.2 | 12.7 | 6.5 |
| 波斯尼亚—黑塞哥维那 | 1.1 | 1.7 | 2004[c] | <2 | <0.5 | <2 | <0.5 | 2007[c] | <2 | <0.5 | <2 | <0.5 |
| 博茨瓦纳 | 4.2 | 6.8 | 2003[c] | 24.4 | 8.5 | 41.6 | 17.9 | 2009[c] | 13.4 | 4.0 | 27.8 | 10.2 |
| 巴西 | 2.0 | 3.1 | 2011[f] | 4.5 | 2.5 | 8.2 | 3.9 | 2012[f] | 3.8 | 2.1 | 6.8 | 3.3 |
| 保加利亚 | 0.9 | 1.5 | 2010[f] | <2 | 0.6 | 3.3 | 1.2 | 2011[f] | <2 | 0.8 | 3.9 | 1.6 |
| 布基纳法索 | 303.0 | 484.8 | 2003 | 48.9 | 18.3 | 72.5 | 34.7 | 2009 | 44.5 | 14.6 | 72.4 | 31.6 |
| 布隆迪 | 558.8 | 894.1 | 1998 | 86.4 | 47.3 | 95.4 | 64.1 | 2006 | 81.3 | 36.4 | 93.5 | 56.1 |
| 佛得角 | 97.7 | 156.3 | 2002 | 21.0 | 6.1 | 40.9 | 15.2 | 2007 | 13.7 | 3.2 | 34.7 | 11.1 |
| 柬埔寨 | 2,019.1 | 3,230.6 | 2010 | 11.3 | 1.7 | 40.9 | 10.6 | 2011 | 10.1 | 1.4 | 41.3 | 10.3 |
| 喀麦隆 | 368.1 | 589.0 | 2001 | 24.9 | 6.7 | 50.7 | 18.5 | 2007 | 27.6 | 7.2 | 53.2 | 20.0 |
| 中非共和国 | 384.3 | 614.9 | 2003 | 62.4 | 28.3 | 81.9 | 45.3 | 2008 | 62.8 | 31.3 | 80.1 | 46.8 |
| 乍得 | 409.5 | 655.1 | 2002 | 61.9 | 25.6 | 83.3 | 43.9 | 2011 | 36.5 | 14.2 | 60.5 | 27.3 |
| 智利 | 484.2 | 774.7 | 2009[f] | <2 | 0.7 | 2.6 | 1.1 | 2011[f] | <2 | <0.5 | <2 | 0.8 |
| 中国 | 5.1[g] | 8.2[g] | 2010[h] | 9.2 | 2.0 | 23.2 | 7.3 | 2011[h] | 6.3 | 1.3 | 18.6 | 5.5 |
| 哥伦比亚 | 1,489.7 | 2,383.5 | 2011[f] | 5.0 | 2.0 | 11.3 | 4.3 | 2012[f] | 5.6 | 2.3 | 12.0 | 4.7 |
| 科摩罗 | 368.0 | 588.8 | | .. | .. | .. | .. | 2004 | 46.1 | 20.8 | 65.0 | 34.2 |
| 刚果民主共和国 | 395.3 | 632.5 | | .. | .. | .. | .. | 2005 | 87.7 | 52.8 | 95.2 | 67.6 |
| 刚果共和国 | 469.5 | 751.1 | 2005 | 54.1 | 22.8 | 74.4 | 38.8 | 2011 | 32.8 | 11.5 | 57.3 | 24.2 |
| 哥斯达黎加 | 348.7[d] | 557.9[d] | 2011[f] | <2 | 0.6 | 3.2 | 1.2 | 2012[f] | <2 | 0.6 | 3.1 | 1.2 |
| 科特迪瓦 | 5.6 | 8.9 | 2004[c] | <2 | <0.5 | <2 | <0.5 | 2008[c] | <2 | <0.5 | <2 | <0.5 |
| 克罗地亚 | 19.0 | 30.4 | 2010[f] | <2 | <0.5 | <2 | <0.5 | 2011[f] | <2 | <0.5 | <2 | <0.5 |
| 捷克共和国 | 407.3 | 651.6 | 2002 | 29.7 | 9.1 | 56.9 | 22.0 | 2008 | 35.0 | 12.7 | 59.1 | 25.9 |
| 吉布提 | 134.8 | 215.6 | | .. | .. | .. | .. | 2002 | 18.8 | 5.3 | 41.2 | 14.6 |
| 多米尼加共和国 | 25.5[d] | 40.8[d] | 2011[f] | 2.5 | 0.6 | 8.5 | 2.4 | 2012[f] | 2.3 | 0.6 | 8.8 | 2.4 |
| 厄瓜多尔 | 0.6 | 1.0 | 2011[f] | 4.0 | 1.9 | 9.0 | 3.6 | 2012[f] | 4.0 | 1.8 | 8.4 | 3.4 |
| 埃及 | 2.5 | 4.0 | 2004 | 2.3 | <0.5 | 20.1 | 3.8 | 2008 | <2 | <0.5 | 15.4 | 2.8 |
| 萨尔瓦多 | 6.0[d] | 9.6[d] | 2011[f] | 2.8 | 0.6 | 10.3 | 2.7 | 2012[f] | 2.5 | 0.6 | 8.8 | 2.4 |
| 厄立特里亚 | 11.0 | 17.7 | 2010[f] | <2 | 1.0 | <2 | 1.0 | 2011[f] | <2 | 1.2 | <2 | 1.2 |
| 埃塞俄比亚 | 3.4 | 5.5 | 2005 | 39.0 | 9.6 | 77.6 | 28.9 | 2010 | 36.8 | 10.4 | 72.2 | 27.6 |
| 斐济 | 1.9 | 3.1 | 2002 | 29.2 | 11.3 | 48.7 | 21.8 | 2008 | 5.9 | 1.1 | 22.9 | 6.0 |
| 加蓬 | 554.7 | 887.5 | | .. | .. | .. | .. | 2005 | 6.1 | 1.3 | 20.9 | 5.8 |
| 冈比亚 | 12.9 | 20.7 | 1998 | 65.6 | 33.8 | 81.2 | 49.1 | 2003 | 33.6 | 11.7 | 55.9 | 24.4 |
| 格鲁吉亚 | 1.0 | 1.6 | 2011[c] | 16.1 | 5.6 | 33.5 | 12.8 | 2012[c] | 14.1 | 4.5 | 31.3 | 11.4 |
| 加纳 | 5,594.8 | 8,951.6 | 1998 | 39.1 | 14.4 | 63.3 | 28.5 | 2005 | 28.6 | 9.9 | 51.8 | 21.3 |
| 危地马拉 | 5.7[d] | 9.1[d] | 2006[f] | 13.5 | 4.7 | 26.0 | 10.4 | 2011[f] | 13.7 | 4.8 | 29.8 | 11.2 |
| 几内亚 | 1,849.5 | 2,959.1 | 2007 | 39.3 | 13.0 | 65.9 | 28.3 | 2012 | 40.9 | 12.7 | 72.7 | 29.8 |

| | 以本地货币计算的国际贫困线 | | 低于国际贫困线的人口[a] | | | | | | | | | |
|---|---|---|---|---|---|---|---|---|---|---|---|---|
| | 1.25美元/天 2005 | 2美元/天 2005 | 调查年份[b] | 低于1.25美元/天的人口 % | 以1.25美元/天衡量的贫富差距 % | 低于2美元/天的人口 % | 以2美元/天衡量的贫富差距 % | 调查年份[b] | 低于1.25美元/天的人口 % | 以1.25美元/天衡量的贫富差距 % | 低于2美元/天的人口 % | 以2美元/天衡量的贫富差距 % |
| 几内亚比绍 | 355.3 | 568.6 | 1993 | 65.3 | 29.0 | 84.6 | 46.8 | 2002 | 48.9 | 16.6 | 78.0 | 34.9 |
| 圭亚那 | 131.5[d] | 210.3[d] | 1992[i] | 6.9 | 1.5 | 17.1 | 5.4 | 1998[i] | 8.7 | 2.8 | 18.0 | 6.7 |
| 海地 | 24.2[d] | 38.7[d] | | .. | .. | .. | .. | 2001[f] | 61.7 | 32.3 | 77.5 | 46.7 |
| 洪都拉斯 | 12.1[d] | 19.3[d] | 2010[f] | 13.4 | 4.8 | 26.3 | 10.5 | 2011[f] | 16.5 | 7.2 | 29.2 | 13.2 |
| 匈牙利 | 171.9 | 275.0 | 2010[f] | <2 | <0.5 | <2 | <0.5 | 2011[f] | <2 | <0.5 | <2 | <0.5 |
| 印度 | 19.5[j] | 31.2[j] | 2009[h] | 32.7 | 7.5 | 68.8 | 24.5 | 2011[h] | 23.6 | 4.8 | 59.2 | 19.0 |
| 印度尼西亚 | 5,241.0[j] | 8,385.7[j] | 2010[h] | 18.0 | 3.3 | 46.3 | 14.3 | 2011[h] | 16.2 | 2.7 | 43.3 | 13.0 |
| 伊朗 | 3,393.5 | 5,429.6 | 1998 | <2 | <0.5 | 8.3 | 1.8 | 2005 | <2 | <0.5 | 8.0 | 1.8 |
| 伊拉克 | 799.8 | 1,279.7 | 2007[c] | 3.4 | 0.6 | 22.4 | 4.7 | 2012[c] | 3.9 | 0.6 | 21.2 | 4.7 |
| 牙买加 | 54.2[d] | 86.7[d] | 2002 | <2 | <0.5 | 8.5 | 1.5 | 2004 | <2 | <0.5 | 5.9 | 0.9 |
| 约旦 | 0.6 | 1.0 | 2008 | <2 | <0.5 | 2.0 | <0.5 | 2010 | <2 | <0.5 | <2 | <0.5 |
| 哈萨克斯坦 | 81.2 | 129.9 | 2008[c] | <2 | <0.5 | <2 | <0.5 | 2010[c] | <2 | <0.5 | <2 | <0.5 |
| 肯尼亚 | 40.9 | 65.4 | 1997 | 31.8 | 9.8 | 56.2 | 22.9 | 2005 | 43.4 | 16.9 | 67.2 | 31.8 |
| 吉尔吉斯共和国 | 16.2 | 26.0 | 2010[c] | 6.0 | 1.4 | 21.1 | 5.8 | 2011[c] | 5.1 | 1.2 | 21.1 | 5.3 |
| 老挝 | 4,677.0 | 7,483.2 | 2007 | 35.1 | 9.2 | 68.3 | 25.7 | 2012 | 30.3 | 7.7 | 62.0 | 22.4 |
| 拉脱维亚 | 0.4 | 0.7 | 2010[f] | <2 | 1.3 | 2.9 | 1.6 | 2011[f] | <2 | 1.0 | 2.0 | 1.2 |
| 莱索托 | 4.3 | 6.9 | 2002 | 55.2 | 28.0 | 73.7 | 42.0 | 2010 | 56.2 | 29.2 | 73.4 | 42.9 |
| 利比里亚 | 0.6 | 1.0 | | .. | .. | .. | .. | 2007 | 83.8 | 40.9 | 94.9 | 59.6 |
| 立陶宛 | 2.1 | 3.3 | 2010[f] | <2 | 1.3 | 2.5 | 1.5 | 2011[f] | <2 | 0.8 | <2 | 0.9 |
| 前南斯拉夫马其顿共和国 | 29.5 | 47.2 | 2006 | <2 | <0.5 | 4.6 | 1.1 | 2008 | <2 | <0.5 | 4.2 | 0.7 |
| 马达加斯加 | 945.5 | 1,512.8 | 2005 | 82.4 | 40.4 | 93.1 | 58.6 | 2010 | 87.7 | 48.6 | 95.1 | 64.9 |
| 马拉维 | 71.2 | 113.8 | 2004 | 75.0 | 33.2 | 90.8 | 52.6 | 2010 | 72.2 | 34.3 | 88.1 | 52.1 |
| 马来西亚 | 2.6 | 4.2 | 2007[i] | <2 | <0.5 | 2.9 | <0.5 | 2009[i] | <2 | <0.5 | 2.3 | <0.5 |
| 马尔代夫 | 12.2 | 19.5 | 1998 | 25.6 | 13.1 | 37.0 | 20.0 | 2004 | <2 | <0.5 | 12.2 | 2.5 |
| 马里 | 362.1 | 579.4 | 2006 | 51.4 | 18.8 | 77.1 | 36.5 | 2010 | 50.6 | 16.5 | 78.8 | 35.3 |
| 毛里塔尼亚 | 157.1 | 251.3 | 2004 | 25.4 | 7.0 | 52.6 | 19.2 | 2008 | 23.4 | 6.8 | 47.7 | 17.7 |
| 毛里求斯 | 22.2 | 35.5 | 2006 | <2 | <0.5 | <2 | <0.5 | 2012 | <2 | <0.5 | <2 | <0.5 |
| 墨西哥 | 9.6 | 15.3 | 2010[f] | 4.0 | 1.8 | 8.3 | 3.4 | 2012[f] | 3.3 | 1.4 | 7.5 | 2.9 |
| 密克罗尼西亚联邦 | 0.8[d] | 1.3[d] | | .. | .. | .. | .. | 2000[e] | 31.2 | 16.3 | 44.7 | 24.5 |
| 摩尔多瓦 | 6.0 | 9.7 | 2010[c] | <2 | <0.5 | 4.0 | 0.7 | 2011[c] | <2 | <0.5 | 2.8 | <0.5 |
| 门的内哥罗 | 0.6 | 1.0 | 2010[c] | <2 | <0.5 | <2 | <0.5 | 2011[c] | <2 | <0.5 | <2 | <0.5 |
| 摩洛哥 | 6.9 | 11.0 | 2001 | 6.3 | 0.9 | 24.4 | 6.3 | 2007 | 2.6 | 0.6 | 14.2 | 3.2 |
| 莫桑比克 | 14,532.1 | 23,251.4 | 2002 | 74.7 | 35.4 | 90.0 | 53.6 | 2009 | 60.7 | 25.8 | 82.5 | 43.7 |
| 纳米比亚 | 6.3 | 10.1 | 2004[i] | 31.9 | 9.5 | 51.1 | 21.8 | 2009[i] | 23.5 | 5.7 | 43.2 | 16.4 |
| 尼泊尔 | 33.1 | 52.9 | 2003 | 53.1 | 18.4 | 77.3 | 36.6 | 2010 | 23.7 | 5.2 | 56.0 | 18.4 |
| 尼加拉瓜 | 9.1[d] | 14.6[d] | 2005[f] | 12.1 | 4.2 | 28.3 | 10.2 | 2009[f] | 8.5 | 2.9 | 20.8 | 7.2 |
| 尼日尔 | 334.2 | 534.7 | 2007 | 42.1 | 11.8 | 74.1 | 29.9 | 2011 | 40.8 | 10.4 | 76.1 | 29.3 |
| 尼日利亚 | 98.2 | 157.2 | 2004 | 61.8 | 26.9 | 83.3 | 44.7 | 2010 | 62.0 | 27.5 | 82.2 | 44.8 |
| 巴基斯坦 | 25.9 | 41.4 | 2007 | 17.2 | 2.6 | 55.8 | 15.7 | 2010 | 12.7 | 1.9 | 50.7 | 13.3 |
| 巴拿马 | 0.8[d] | 1.2[d] | 2011[f] | 3.6 | 1.1 | 8.4 | 3.0 | 2012[f] | 4.0 | 1.3 | 8.9 | 3.2 |
| 巴布亚新几内亚 | 2.1[d] | 3.4[d] | | .. | .. | .. | .. | 1996 | 35.8 | 12.3 | 57.4 | 25.5 |
| 巴拉圭 | 2,659.7 | 4,255.6 | 2011[f] | 4.4 | 1.7 | 11.0 | 4.0 | 2012[f] | 3.0 | 1.0 | 7.7 | 2.6 |
| 秘鲁 | 2.1 | 3.3 | 2011[f] | 3.0 | 0.8 | 8.7 | 2.6 | 2012[f] | 2.9 | 0.8 | 8.0 | 2.5 |
| 菲律宾 | 30.2 | 48.4 | 2009 | 18.1 | 3.6 | 41.1 | 13.6 | 2012 | 19.0 | 4.0 | 41.7 | 14.1 |
| 波兰 | 2.7 | 4.3 | 2010[c] | <2 | <0.5 | <2 | <0.5 | 2011[c] | <2 | <0.5 | <2 | <0.5 |
| 罗马尼亚 | 2.1 | 3.4 | 2010[f] | 3.0 | 1.3 | 7.7 | 2.8 | 2011[f] | 4.0 | 1.8 | 8.8 | 3.5 |
| 俄罗斯 | 16.7 | 26.8 | 2008[c] | <2 | <0.5 | <2 | <0.5 | 2009[c] | <2 | <0.5 | <2 | <0.5 |

# 贫困率

| | 以本地货币计算的国际贫困线 | | 低于国际贫困线的人口[a] | | | | | | | | | |
|---|---|---|---|---|---|---|---|---|---|---|---|---|
| | 1.25美元/天 2005 | 2美元/天 2005 | 调查年份[b] | 低于1.25美元/天的人口 % | 以1.25美元/天衡量的贫富差距 % | 低于2美元/天的人口 % | 以2美元/天衡量的贫富差距 % | 调查年份[b] | 低于1.25美元/天的人口 % | 以1.25美元/天衡量的贫富差距 % | 低于2美元/天的人口 % | 以2美元/天衡量的贫富差距 % |
| 卢旺达 | 295.9 | 473.5 | 2006 | 72.0 | 34.7 | 87.4 | 52.1 | 2011 | 63.0 | 26.5 | 82.3 | 44.5 |
| 圣多美和普林西比 | 7,953.9 | 12,726.3 | 2000 | 28.2 | 7.9 | 54.2 | 20.6 | 2010 | 43.5 | 13.9 | 73.1 | 31.2 |
| 塞内加尔 | 372.8 | 596.5 | 2005 | 33.5 | 10.8 | 60.4 | 24.7 | 2011 | 34.1 | 11.1 | 60.3 | 25.0 |
| 塞尔维亚 | 42.9 | 68.6 | 2009[c] | <2 | <0.5 | <2 | <0.5 | 2010[c] | <2 | <0.5 | <2 | <0.5 |
| 塞舌尔 | 5.6[d] | 9.0[d] | 1999 | <2 | <0.5 | <2 | <0.5 | 2006 | <2 | <0.5 | <2 | <0.5 |
| 塞拉利昂 | 1,745.3 | 2,792.4 | 2003 | 59.4 | 22.7 | 82.0 | 41.4 | 2011 | 56.6 | 19.2 | 82.5 | 39.0 |
| 斯洛伐克 | 23.5 | 37.7 | 2010[f] | <2 | <0.5 | <2 | <0.5 | 2011[f] | <2 | <0.5 | <2 | <0.5 |
| 斯洛文尼亚 | 198.2 | 317.2 | 2010[f] | <2 | <0.5 | <2 | <0.5 | 2011[f] | <2 | <0.5 | <2 | <0.5 |
| 南非 | 5.7 | 9.1 | 2009 | 13.7 | 2.3 | 31.2 | 10.1 | 2011 | 9.4 | 1.2 | 26.2 | 7.7 |
| 斯里兰卡 | 50.0 | 80.1 | 2006 | 7.0 | 1.0 | 29.1 | 7.4 | 2009 | 4.1 | 0.7 | 23.9 | 5.4 |
| 圣卢西亚 | 2.4[d] | 3.8[d] | | .. | .. | .. | .. | 1995[i] | 21.0 | 7.2 | 40.6 | 15.6 |
| 苏丹 | 154.4 | 247.0 | | .. | .. | .. | .. | 2009 | 19.8 | 5.5 | 44.1 | 15.4 |
| 苏里南 | 2.3[d] | 3.7[d] | | .. | .. | .. | .. | 1999[i] | 15.5 | 5.9 | 27.2 | 11.7 |
| 斯威士兰 | 4.7 | 7.5 | 2000 | 43.0 | 14.9 | 64.1 | 29.8 | 2009 | 39.3 | 15.2 | 59.1 | 28.3 |
| 叙利亚 | 30.8 | 49.3 | | .. | .. | .. | .. | 2004 | <2 | <0.5 | 16.9 | 3.3 |
| 塔吉克斯坦 | 1.2 | 1.9 | 2007[c] | 12.2 | 4.4 | 36.9 | 11.5 | 2009[c] | 6.5 | 1.3 | 27.4 | 6.7 |
| 坦桑尼亚 | 603.1 | 964.9 | 2007 | 67.9 | 28.1 | 87.9 | 47.5 | 2012 | 43.5 | 13.0 | 73.0 | 30.6 |
| 泰国 | 21.8 | 34.9 | 2008[c] | <2 | <0.5 | 4.6 | 0.7 | 2010[c] | <2 | <0.5 | 3.5 | 0.6 |
| 东帝汶 | 0.6[d] | 1.0[d] | | .. | .. | .. | .. | 2007 | 34.9 | 8.1 | 71.1 | 25.7 |
| 多哥 | 352.8 | 564.5 | 2006 | 53.2 | 20.3 | 75.3 | 37.3 | 2011 | 52.5 | 22.5 | 72.8 | 38.0 |
| 特立尼达和多巴哥 | 5.8[d] | 9.2[d] | 1988[i] | <2 | <0.5 | 8.6 | 1.9 | 1992[i] | 4.2 | 1.1 | 13.5 | 3.9 |
| 突尼斯 | 0.9 | 1.4 | 2005 | <2 | <0.5 | 7.6 | 1.7 | 2010 | <2 | <0.5 | 4.5 | 1.0 |
| 土耳其 | 1.3 | 2.0 | 2010[c] | <2 | <0.5 | 3.1 | 0.7 | 2011[c] | <2 | <0.5 | 2.6 | <0.5 |
| 土库曼斯坦 | 5,961.1[d] | 9,537.7[d] | | .. | .. | .. | .. | 1998 | 24.8 | 7.0 | 49.7 | 18.4 |
| 乌干达 | 930.8 | 1,489.2 | 2009 | 37.9 | 12.2 | 64.7 | 27.3 | 2012 | 37.8 | 12.0 | 62.9 | 26.8 |
| 乌克兰 | 2.1 | 3.4 | 2009 | <2 | <0.5 | <2 | <0.5 | 2010[c] | <2 | <0.5 | <2 | <0.5 |
| 乌拉圭 | 19.1 | 30.6 | 2011[f] | <2 | <0.5 | <2 | <0.5 | 2012[f] | <2 | <0.5 | <2 | <0.5 |
| 委内瑞拉 | 1,563.9 | 2,502.2 | 2005[f] | 13.2 | 8.0 | 20.9 | 11.3 | 2006[f] | 6.6 | 3.7 | 12.9 | 5.9 |
| 越南 | 7,399.9 | 11,839.8 | 2010 | 3.9 | 0.8 | 16.8 | 4.2 | 2012 | 2.4 | 0.6 | 12.5 | 2.9 |
| 西岸和加沙 | 2.7[d] | 4.3[d] | 2007[c] | <2 | <0.5 | 3.5 | 0.7 | 2009[c] | <2 | <0.5 | <2 | <0.5 |
| 也门 | 113.8 | 182.1 | 1998 | 10.5 | 2.4 | 32.1 | 9.4 | 2005 | 9.8 | 1.9 | 37.3 | 9.9 |
| 赞比亚 | 3,537.9 | 5,660.7 | 2006 | 68.5 | 37.0 | 82.6 | 51.8 | 2010 | 74.3 | 41.8 | 86.6 | 56.6 |

a. 基于名义人均消费平均值和从家庭调查数据估计得出的分配数据，除非另有说明。b. 指调查的基准期。如果调查基准期涉及多个日历年份，将使用调查进行的主要年份。c. 利用以逐家记录的家庭调查数据为基础的人均名义消费分布进行的非参数估计。d. 基于回归估算的经购买力平价转换的美元。e. 只包括城市地区。f. 利用以逐家记录的家庭调查数据为基础的人均名义收入分布进行的非参数估计。g. 基于城市价格的购买力平价换算系数。h. 城市和农村地区人口加权平均估算值。i. 利用分组家庭调查数据为基础的人均消费和分布进行的参数估计。j. 基于基准国家购买力平价估算值进行调整，以说明城市和农村地区的生活成本差异。

各地区贫困指标走势，1990—2015

| 地区 | 1990 | 1993 | 1996 | 1999 | 2002 | 2005 | 2008 | 2011 | 2015 预测 | 趋势，1990–2011 |
|---|---|---|---|---|---|---|---|---|---|---|
| **日生活费低于1.25美元的人口比重(2005年购买力平价，百分比)** | | | | | | | | | | |
| 东亚及太平洋地区 | 57.0 | 51.7 | 38.3 | 35.9 | 27.3 | 16.7 | 13.7 | 7.9 | 4.1 | |
| 欧洲及中亚 | 1.5 | 2.9 | 4.3 | 3.8 | 2.1 | 1.3 | 0.5 | 0.5 | 0.3 | |
| 拉丁美洲及加勒比地区 | 12.2 | 11.9 | 10.5 | 11.0 | 10.2 | 7.3 | 5.4 | 4.6 | 4.3 | |
| 中东及北非 | 5.8 | 5.3 | 4.8 | 4.8 | 3.8 | 3.0 | 2.1 | 1.7 | 2.0 | |
| 南亚 | 54.1 | 52.1 | 48.6 | 45.0 | 44.1 | 39.3 | 34.1 | 24.5 | 18.1 | |
| 撒哈拉以南非洲地区 | 56.6 | 60.9 | 59.7 | 59.3 | 57.1 | 52.8 | 49.7 | 46.8 | 40.9 | |
| 发展中国家 | 43.4 | 41.6 | 35.9 | 34.2 | 30.6 | 24.8 | 21.9 | 17.0 | 13.4 | |
| 世界整体 | 36.4 | 35.1 | 30.4 | 29.1 | 26.1 | 21.1 | 18.6 | 14.5 | 11.5 | |
| **日生活费不足1.25美元的人口数量(2005年购买力平价，百万)** | | | | | | | | | | |
| 东亚及太平洋地区 | 939 | 887 | 682 | 661 | 518 | 324 | 272 | 161 | 86 | |
| 欧洲及中亚 | 7 | 13 | 20 | 18 | 10 | 6 | 2 | 2 | 1 | |
| 拉丁美洲及加勒比地区 | 53 | 55 | 51 | 55 | 54 | 40 | 31 | 28 | 27 | |
| 中东及北非 | 13 | 13 | 12 | 13 | 11 | 9 | 7 | 6 | 7 | |
| 南亚 | 620 | 636 | 630 | 617 | 638 | 596 | 540 | 399 | 311 | |
| 撒哈拉以南非洲地区 | 290 | 338 | 359 | 385 | 400 | 398 | 403 | 415 | 403 | |
| 发展中国家 | 1,923 | 1,942 | 1,754 | 1,751 | 1,631 | 1,374 | 1,255 | 1,011 | 836 | |
| 世界整体 | 1,923 | 1,942 | 1,754 | 1,751 | 1,631 | 1,374 | 1,255 | 1,011 | 836 | |
| **日生活费不足1.25美元的人口地区分布(占日生活费不足1.25美元的人口总数的百分比)** | | | | | | | | | | |
| 东亚及太平洋地区 | 48.8 | 45.7 | 38.9 | 37.7 | 31.8 | 23.6 | 21.7 | 15.9 | 10.3 | |
| 欧洲及中亚 | 0.4 | 0.7 | 1.1 | 1.0 | 0.6 | 0.4 | 0.2 | 0.2 | 0.2 | |
| 拉丁美洲及加勒比地区 | 2.8 | 2.8 | 2.9 | 3.1 | 3.3 | 2.9 | 2.5 | 2.8 | 3.2 | |
| 中东及北非 | 0.7 | 0.7 | 0.7 | 0.7 | 0.7 | 0.7 | 0.6 | 0.6 | 0.9 | |
| 南亚 | 32.2 | 32.7 | 35.9 | 35.2 | 39.1 | 43.4 | 43.0 | 39.5 | 37.2 | |
| 撒哈拉以南非洲地区 | 15.1 | 17.4 | 20.5 | 22.0 | 24.5 | 29.0 | 32.1 | 41.0 | 48.3 | |
| **调查范围(参考年份五年内进行的调查数据代表的人口数占总人口的百分比)** | | | | | | | | | | |
| 东亚及太平洋地区 | 92.4 | 93.3 | 93.7 | 93.4 | 93.5 | 93.2 | 93.6 | 92.9 | .. | |
| 欧洲及中亚 | 81.5 | 87.3 | 97.1 | 93.9 | 96.3 | 94.7 | 89.9 | 89.0 | .. | |
| 拉丁美洲及加勒比地区 | 94.9 | 91.8 | 95.9 | 97.7 | 97.5 | 95.9 | 94.5 | 99.1 | .. | |
| 中东和北非 | 76.8 | 65.3 | 81.7 | 70.0 | 21.5 | 85.7 | 46.7 | 15.7 | .. | |
| 南亚 | 96.5 | 98.2 | 98.1 | 20.1 | 98.0 | 98.0 | 97.9 | 98.2 | .. | |
| 撒哈拉以南非洲地区 | 46.0 | 68.8 | 68.0 | 53.1 | 65.7 | 82.7 | 81.7 | 67.5 | .. | |
| 发展中国家 | 86.4 | 89.4 | 91.6 | 68.2 | 87.8 | 93.0 | 90.2 | 86.5 | .. | |

资料来源：世界银行 PovcalNet 数据库（http：//iresearch. worldbank. org/PovcalNet/）。

## 关于数据

世界银行利用22国住户调查数据（Ravallion、Datt和van de Walle，1991）在《1990年世界发展报告：贫困》（世界银行，1990）中，首次对发展中国家的贫困情况作出了全球性估计。从那时起，开展家庭收入和支出调查的国家数量大幅增加。世界银行发展研究小组建立了数据库并定期更新，让新的调查数据可以得到使用（这样可以包含更多没有收录在表中的近期数据或对数据的修订），并大约每三年对消除贫困的进程进行一次重大评估。最新一次综合性重新评估与2014年10月完成。当时已公布了2011年对发展中国家地区、发展中国家整体（即1990年被定位低或中等收入的国家）及全世界极端贫困估算值。可以在“世界银行发展指标”在线表格和数据库中查到修改和更新过的贫困数据。

同以往一样，最新的贫困估算值也综合了来自2005年国际比较项目中的家庭消费购买力平价（PPP）汇率数据与来自原始家庭调查中的收入和消费数据。2015年的预测将使用最新发布的2011年估算值作为基线，并假设家庭平均收入或消费将随着《2014全球经济展望》（世界银行，2014）中总体经济预测的增长而增加，但国家内部不平衡的状况将维持不变。对生活在极端贫困中的人口的估计基于世界银行HealthStats数据库中的人口预测（http：//datatopics. worldbank. org/hnp）。

PovcalNet（http：//iresearch. worldbank. org/PovcalNet）是一种交互式计算工具，允许用户复制这些具有国际可比性的按日生活费1.25美元和2美元对各国、发展中国家地区以及所有发展中国家所作的贫困估计，并计算传统国家组别和不同贫困基准线下的贫困程度。贫困及公平数据门户网站（http：//povertydata. worldbank. org/poverty/home）提供了数据库访问链接，并配有易操作面板，附带图表以及直观反映不同地区和国家贫困及不平等程度的主要指标的交互式趋势图。各国的面板显示基于国家贫困线的贫困程度的趋势（在线表格2.7），并在表格中反映了具有国际可比性的估计值，这些均由PovalNet生成，并与之保持一致。

### 数据可用性

世界银行具有国际可比性的贫困监测数据库中收入或详细消费的数据来自128个发展中国家和21个高收入国家（按1990年分类）所进行的一千多个家庭调查。对于高收入国家来说，估计值仅包括不平等和收入分配情况。2011年的估算使用了一百多万个随机抽样家庭的数据，代表了发展中国家85%的人口情况。尽管监测贫困的工作在过去十年里取得了进展，但是挑战仍然存在。住户调查的及时性、频率、质量、和可比性仍需大幅提高，尤其在最贫困国家之中。一些小国、情况脆弱的国家以及低收入国家甚至中等收入国家贫困监测数据的获得仍面临困难，质量也很低。

一些国家提供数据的频率较低且缺乏可比性，导致无法确定减贫规模。贫困指标的趋势表对在基准年或在其之前或之后两年（换句话说，在一个以基准年为中心，为期五年的观测窗口）期间收集的，以家庭调查样本为代表的区域和全球人口的百分比作出了报告。在撒哈拉以南非洲地区、中东和北非地区，数据的覆盖面仍然较低且波动较大。贫困监测住户调查项目的进程显然亟需推进。但体制、政治及财政方面的障碍仍在限制着数据的采集、分析和查阅。

### 数据质量

除了调查数据的频率和及时性之外，衡量家庭生活标准时，数据的质量也存在着其他问题。调查对收入来源以及如何使用的问题进行了详细的询问，这些必须由受过培训的人员进行仔细记录。一般来说，收入比较难以精确测量，而消费则更接近生活标准的概念。尽管收入会随时间而变化，但生活水平则并不一定亦然。但有时并不一定能够获得有关消费的数据：本书报告的最新估计值中仅使用了约2/3国家的消费数据。

然而，即使是相似的调查，也会因为时间、抽样框架或统计员的水平及培训存在差异而不具有严格的可比性。对不同发展水平国家进行比较时，也会因为非市场商品消费的相对重要性存在差异而构成潜在的问题。以当地市场价值计算的全部实物消费（包括自产产品，在欠发达地区的农村经济中尤其重要）应包括在总消费支出中，但是在实际操作中可能并非如此。现在大多数的调查数据包括对自产产品的消费或收入估值，但估值方法却不尽相同。

本书的统计数字以消费数据为基础，当无法获得消费数据时则以收入数据为基础。对其中相同调查中两种数据均可获得的约20个国家进行分析，发现收入的均值比消费要高，但也存在着更高的不均等情况。对基于消费和收入的贫困程度进行比较时，这两种效应大致相互抵消：不存在显著的统计学差异。

总会有一些样本家庭没有参与调查，因为他们拒绝参与或者无人在家接受访问。这被称为“单位无应答”，以区别于“项目无应答”。项目无应答是指样本中有些受访者拒绝回答特定的问题，如有关收入或消费的问题。只要调查中的无应答是随机的，就无需考虑调查基础上推论的偏误，样本仍将是人口的代表。然而，不同收入的家庭不一定同样作出回应。富裕的家庭可能由于较高的时间机会成本或担心干扰其工作而不参加调查。同样，贫穷的家庭也很有可能未被充分代表；有一些无家可归或流浪者及普通家庭调查设计中难以接触到的人群，还有一些可能在物理上或社会上被隔离的家庭也不太可能接受采访。如果不进行校正，这些可能导致对贫困及不平等的调研均出现偏差（Korinek、Mistiaen 和 Ravallion，2007）。

### 国际贫困线

对贫困估计的国际性比较涉及概念和实践两方面的问题。各国对贫穷有不同的定义，因而很难跨国比较一致性。在富裕国家，当地的贫困线往往有较高的购买力，它们使用比贫困国家更慷慨的标准。基于国际贫困线的贫困估计试图保持各国间实际贫困线的一致，如同对时间序列进行比较时的做法。自《1990 年世界发展报告》以来，世界银行旨在使用一套通用的标准来衡量极端贫困，以世界上最贫困的国家中贫穷的含义作为基准锚。不同国家人民的福利可通过调整货币的购买力，在同一规模上进行衡量。通常使用的以 1985 年的国际价格计量并使用购买力平价调整为当地货币的每天 1 美元的标准，被《1990 年世界发展报告》选用，因为这是当时典型的低收入国家选择的贫困线。

早期版本的《世界发展指标》使用佩恩表中的购买力平价将以本地货币计量的价值换算为具有同等购买力的美元计量价值。后期的版本则使用世界银行开发的 1993 年消费购买力平价估算进行换算。在 2005 年轮次国际比较项目中编制的购买力平价发布后，国际贫困线作出了相应调整。此次编制还使用了扩展的家庭收入及支出的调查数据。新的极端贫穷线为每天 1.25 美元（以 2005 年购买力平价计算），代表了 15 个根据人均消费排名最贫困国家的贫困线均值（Ravallion，Chen，and Sangraula，2009）。新的贫困线沿用了极端贫困的标准：世界上最贫困国家的代表性贫困线，但使用发展中国家生活成本的最新信息对其进行了更新。今年还将根据 2011 年轮次的国际比较项目中的购买力平价估算值对国际贫困线进行更新。

由于购买力平价汇率包含了当地未参与国际贸易的商品和服务的价格，因此被用于进行全球贫困性估计。但购买力平价汇率是为比较国民经济核算总额而设计的，并非用于进行国际贫困比较。因而，还不能确定国际贫困线是否能衡量国家间相同程度的需求或损失。为比较世界上最贫困人群的消费而设计的所谓的贫困购买力平价，可能会为比较不同国家的贫困程度提供更好的基础。这些方面的工作正在进行之中。

### 定义

**以当地货币计算的国际贫困线**是指以 2005 年价格计算的每天 1.25 美元和 2.00 美元的标准，以国际比较项目估计的购买力平价换算系数换算成当地货币进行计量的国际贫困线。**基础年度**为进行调查的基础期，当调查基础期横跨多个日历年时，为主要调查所进行的年度。**日生活费不足 1.25 美元的人口和不足 2 美元的人口**是指以 2005 年国际价格计算，每天生活费不足 1.25 美元和 2 美元的人口百分比。由于购买力平价汇率的修订，居民消费价格指数、福利总量、各国的贫困率等均不能与早期版本中的贫困率进行比较。PovcalNet 的在线数据库和工具（http://iresearch.worldbank.org/PovcalNet）中包含了最新的全部时间序列的国家间可比数据。**贫富差距**是与贫困线间差额的均值（非贫困人口记为零），以占贫困线的百分比来表示。这一指标反映了贫困的程度及其发生率。

### 数据来源

贫困程度由世界银行发展研究组编写。国际贫困线基于由国家统计局或私人机构在政府或国际机构的监督下进行的全国性代表性家庭调查，并取自政府统计局和世界银行组织国家部门。世界银行最新估计的数据来源和方法的详细信息，请参阅 http://iresearch.worldbank.org/PovcalNet。

### 参考文献

Chen, Shaohua, and Martin Ravallion. 2011. "The Developing World Is Poorer Than We Thought, But No Less Successful in the Fight Against Poverty." *Quarterly Journal of Economics* 125(4): 1577–1625.

Korinek, Anton, Johan A. Mistiaen, and Martin Ravallion. 2007. "An Econometric Method of Correcting for Unit Nonresponse Bias in Surveys." *Journal of Econometrics* 136: 213–35.

Ravallion, Martin, Guarav Datt, and Dominique van de Walle. 1991. "Quantifying Absolute Poverty in the Developing World." *Review of Income and Wealth* 37(4): 345–61.

Ravallion, Martin, Shaohua Chen, and Prem Sangraula. 2009. "Dollar a Day Revisited." *World Bank Economic Review* 23(2): 163–84.

World Bank. 1990. *World Development Report 1990: Poverty.* Washington, DC.

———. 2014. *Global Economic Prospects: Coping with Policy Normalization in High-income Countries.* Volume 8, January 14. Washington, DC.

| | 时期 | | 人均收入或消费调查均值年增长率<br>百分比 | | 人均收入或消费调查均值<br>2005年购买力平价(美元/天) | | | |
|---|---|---|---|---|---|---|---|---|
| | | | | | 最底层的40%人口 | | 总人口 | |
| | 基准年 | 最近一年 | 最底层的40%人口 | 总人口 | 基线 | 最近 | 基线 | 最近 |
| 阿尔巴尼亚 | 2008 | 2012 | −1.2 | −1.3 | 3.5 | 3.3 | 6.3 | 6.0 |
| 阿根廷 | 2006 | 2011 | 6.5 | 3.4 | 4.0 | 5.4 | 13.0 | 15.3 |
| 亚美尼亚 | 2006 | 2011 | 0.5 | 0.0 | 2.0 | 2.0 | 3.8 | 3.8 |
| 孟加拉 | 2005 | 2010 | 1.8 | 1.4 | 0.8 | 0.9 | 1.6 | 1.7 |
| 白俄罗斯 | 2006 | 2011 | 9.1 | 8.1 | 6.3 | 9.8 | 11.3 | 16.7 |
| 不丹 | 2007 | 2012 | 6.5 | 6.4 | 1.6 | 2.2 | 3.7 | 5.1 |
| 玻利维亚 | 2006 | 2011 | 12.8 | 4.0 | 1.6 | 2.9 | 7.3 | 8.9 |
| 博茨瓦纳 | 2003 | 2009 | 5.3 | 2.1 | 1.1 | 1.6 | 6.4 | 7.4 |
| 巴西 | 2006 | 2011 | 5.8 | 3.6 | 2.6 | 3.5 | 10.7 | 12.7 |
| 保加利亚 | 2007 | 2011 | 1.4 | 0.5 | 4.9 | 5.2 | 10.7 | 10.8 |
| 柬埔寨 | 2007 | 2011 | 9.2 | 3.0 | 1.1 | 1.5 | 2.5 | 2.8 |
| 智利 | 2006 | 2011 | 3.9 | 2.8 | 4.4 | 5.4 | 14.7 | 16.9 |
| 中国 | 2005 | 2010 | 7.2 | 7.9 | 1.3 | 1.9 | 3.6 | 5.3 |
| 哥伦比亚 | 2008 | 2011 | 8.8 | 5.6 | 2.1 | 2.7 | 8.8 | 10.4 |
| 刚果共和国 | 2005 | 2011 | 7.3 | 4.3 | 0.6 | 0.9 | 1.8 | 2.3 |
| 哥斯达黎加 | 2004 | 2009 | 5.5 | 6.3 | 3.2 | 4.2 | 10.6 | 14.4 |
| 捷克共和国 | 2006 | 2011 | 1.8 | 1.8 | 12.2 | 13.4 | 20.5 | 22.4 |
| 多米尼加共和国 | 2006 | 2011 | 2.3 | −0.6 | 2.6 | 2.9 | 8.8 | 8.6 |
| 厄瓜多尔 | 2006 | 2011 | 4.4 | 0.5 | 2.5 | 3.1 | 8.8 | 9.0 |
| 萨尔瓦多 | 2006 | 2011 | 1.1 | −0.6 | 2.5 | 2.7 | 7.1 | 6.9 |
| 爱沙尼亚 | 2005 | 2010 | 4.1 | 3.7 | 7.1 | 8.7 | 14.3 | 17.1 |
| 埃塞俄比亚 | 2005 | 2010 | −0.4 | 1.4 | 1.0 | 0.9 | 1.7 | 1.8 |
| 格鲁吉亚 | 2007 | 2012 | 0.7 | 1.5 | 1.4 | 1.5 | 3.5 | 3.8 |
| 危地马拉 | 2006 | 2011 | −1.9 | −4.6 | 1.7 | 1.5 | 6.5 | 5.2 |
| 洪都拉斯 | 2006 | 2011 | 4.1 | 2.2 | 1.2 | 1.4 | 5.6 | 6.2 |
| 匈牙利 | 2006 | 2011 | −0.5 | −0.2 | 8.3 | 8.0 | 14.7 | 14.6 |
| 印度 | 2004 | 2011 | 3.3 | 3.8 | 0.9 | 1.2 | 1.8 | 2.3 |
| 伊拉克 | 2007 | 2012 | 0.3 | 1.0 | 1.9 | 1.9 | 3.3 | 3.5 |
| 约旦 | 2006 | 2010 | 2.8 | 2.6 | 3.2 | 3.6 | 6.4 | 7.1 |
| 哈萨克斯坦 | 2006 | 2010 | 6.2 | 5.4 | 3.2 | 4.0 | 5.7 | 7.1 |
| 吉尔吉斯共和国 | 2006 | 2011 | 5.8 | 2.5 | 1.4 | 1.9 | 3.4 | 3.8 |
| 老挝 | 2007 | 2012 | 1.4 | 2.0 | 1.0 | 1.0 | 2.0 | 2.2 |
| 拉脱维亚 | 2006 | 2011 | 0.4 | 0.4 | 6.3 | 6.4 | 13.7 | 14.0 |
| 立陶宛 | 2006 | 2011 | 1.1 | 0.7 | 6.9 | 7.3 | 14.2 | 14.7 |
| 马达加斯加 | 2005 | 2010 | −4.5 | −3.5 | 0.4 | 0.3 | 0.9 | 0.8 |
| 马拉维 | 2004 | 2010 | −1.5 | 1.8 | 0.5 | 0.5 | 1.1 | 1.2 |
| 马里 | 2006 | 2010 | 2.3 | −1.5 | 0.7 | 0.8 | 1.6 | 1.5 |
| 毛里求斯 | 2007 | 2012 | 0.0 | 0.0 | 3.9 | 3.9 | 8.1 | 8.2 |
| 墨西哥 | 2006 | 2010 | 0.4 | −0.3 | 3.6 | 3.6 | 10.8 | 10.6 |
| 摩尔多瓦 | 2006 | 2011 | 5.7 | 2.9 | 2.6 | 3.4 | 5.4 | 6.3 |
| 黑山 | 2006 | 2011 | 2.5 | 2.8 | 4.5 | 5.1 | 8.3 | 9.6 |
| 莫桑比克 | 2002 | 2009 | 3.8 | 3.7 | 0.4 | 0.6 | 1.2 | 1.5 |
| 纳米比亚 | 2004 | 2009 | 3.4 | 1.9 | 1.0 | 1.2 | 4.8 | 5.4 |
| 尼泊尔 | 2003 | 2010 | 7.3 | 3.7 | 0.7 | 1.2 | 1.8 | 2.3 |
| 尼加拉瓜 | 2005 | 2009 | 4.8 | 1.0 | 1.6 | 1.9 | 5.3 | 5.5 |
| 尼日尔 | 2004 | 2010 | −0.3 | 0.8 | 0.5 | 0.5 | 1.3 | 1.4 |
| 巴基斯坦 | 2005 | 2010 | 3.0 | 1.8 | 1.2 | 1.4 | 2.2 | 2.4 |

| | 时期 | | 人均收入或消费调查均值年增长率 百分比 | | 人均收入或消费调查均值 2005年购买力平价(美元/天) | | | |
|---|---|---|---|---|---|---|---|---|
| | | | | | 最底层的40%人口 | | 总人口 | |
| | 基准年 | 最近一年 | 最底层的40%人口 | 总人口 | 基线 | 最近 | 基线 | 最近 |
| 巴拿马 | 2008 | 2011 | 5.4 | 4.3 | 3.2 | 3.8 | 12.0 | 13.6 |
| 巴拉圭 | 2006 | 2011 | 7.5 | 7.3 | 2.1 | 3.0 | 7.8 | 11.1 |
| 秘鲁 | 2006 | 2011 | 8.0 | 6.1 | 2.3 | 3.3 | 7.4 | 10.0 |
| 菲律宾 | 2006 | 2012 | 1.4 | 0.7 | 1.2 | 1.3 | 3.3 | 3.4 |
| 波兰 | 2006 | 2011 | 3.3 | 2.8 | 5.3 | 6.2 | 10.7 | 12.3 |
| 罗马尼亚 | 2006 | 2011 | 5.8 | 4.3 | 3.0 | 4.0 | 5.6 | 7.0 |
| 俄罗斯 | 2004 | 2009 | 9.6 | 8.2 | 4.0 | 6.2 | 9.9 | 14.6 |
| 卢旺达 | 2006 | 2011 | 4.6 | 3.4 | 0.5 | 0.6 | 1.5 | 1.7 |
| 塞内加尔 | 2006 | 2011 | −0.2 | 0.3 | 0.9 | 0.9 | 2.2 | 2.2 |
| 塞尔维亚 | 2007 | 2010 | −1.7 | −1.3 | 5.7 | 5.4 | 10.4 | 10.0 |
| 斯洛伐克 | 2006 | 2011 | 8.4 | 9.3 | 8.9 | 13.4 | 14.8 | 23.1 |
| 斯洛文尼亚 | 2006 | 2011 | 1.5 | 1.6 | 17.1 | 18.4 | 27.9 | 30.2 |
| 南非 | 2006 | 2011 | 4.3 | 3.6 | 1.4 | 1.8 | 8.7 | 10.5 |
| 斯里兰卡 | 2006 | 2009 | 3.0 | −0.4 | 1.7 | 1.9 | 3.9 | 3.9 |
| 塔吉克斯坦 | 2004 | 2009 | 6.1 | 4.9 | 1.2 | 1.6 | 2.5 | 3.1 |
| 坦桑尼亚 | 2007 | 2012 | 9.8 | 9.1 | 0.5 | 0.9 | 1.2 | 1.8 |
| 泰国 | 2006 | 2010 | 4.3 | 2.2 | 2.7 | 3.2 | 6.9 | 7.5 |
| 多哥 | 2006 | 2011 | −2.1 | 1.0 | 0.7 | 0.6 | 1.7 | 1.8 |
| 突尼斯 | 2005 | 2010 | 3.5 | 2.6 | 2.9 | 3.4 | 6.6 | 7.5 |
| 土耳其 | 2006 | 2011 | 5.4 | 5.1 | 3.6 | 4.6 | 8.8 | 11.3 |
| 乌干达 | 2005 | 2012 | 3.5 | 4.4 | 0.7 | 0.9 | 1.7 | 2.3 |
| 乌克兰 | 2005 | 2010 | 5.2 | 3.1 | 5.0 | 6.5 | 9.0 | 10.5 |
| 乌拉圭 | 2006 | 2011 | 8.4 | 6.1 | 3.9 | 5.9 | 12.0 | 16.1 |
| 越南 | 2004 | 2010 | 6.2 | 7.8 | 1.4 | 2.0 | 3.3 | 5.1 |
| 西岸和加沙 | 2004 | 2009 | 2.3 | 2.3 | 4.4 | 4.9 | 9.0 | 10.0 |

## 关于数据

世界银行在宣布在世界范围内消除极端贫困、促进共同富裕的双目标后，于2014年10月发布了全球共同富裕数据库。该数据库包含了已经在“全球发展指标”在线表格和数据库以及本版《世界发展指标》中公布的有关监测全球促进共同富裕方面的数据。

促进共同富裕旨在增加处于各国财富分配最底层的40%的人口的收入增长速度。根据最底层的40%人口的人均实际收入或消费均值的年均增长率进行衡量。选择最底层的40%人口作为目标人口是根据实际情况作出的折衷方案。根据财富分配情况不同，各国最底层的40%人口也不尽相同，而且会随时间而发生变化。由于促进共同富裕是针对各国的具体目标，因此没有在全球范围内定义的量化目标。就国家层面而言，共同富裕没有止境。

共同富裕的提高需要经济增长和促进公平。共同富裕清楚地认识到，提高社会经济福利必须依靠发展，而进步是由最贫穷的成员能分享到多少经济增长来衡量的。同时也认识到，在一个真正达到共同富裕的社会，每个人都在绝对最低生活水平线以上是不够的。对于一个寻求更加包容的社会来说，其目标应该是确保经济进步能够不断提高最贫困成员的富裕程度。

根据收入或消费对共同富裕程度进行衡量并非要忽略富裕的很多其他方面。这样做是因为一个具体的指标需要易于理解、表达和衡量——虽然衡量方面的挑战仍旧存在。实际上，共同富裕也包含了不太富裕情况下的很多富裕维度，所以在分析一个国家的共同富裕情况时，必须考虑有关富裕的各个指标。

为了开发能在各国间进行合理比较的共同富裕衡量方法，世界银行采取标准化方法对时间段、数据来源和其他相关参数进行选择。共同富裕全球数据库就是这一努力的结果。其目标在于帮助进行跨国比较和确定基准，但是在跨国比较并非首选时，使用者应考虑选择其他调查方法和衡量期间。

本版《世界发展指标》数据库中的指标包括最底层40%人口的人均实际收入或消费均值的调查、总人口人均实际收入或消费均值的调查、最底层40%人口的人均实际收入或消费均值年增长速度的调查，以及总人口人均实际收入或消费均值年增长速度的调查。其他相关信息，如说明增长期的调查年份以及用于计算增长率的财富合计类型都在脚注中予以说明。

世界银行承诺将每年更新共同富裕指数。由于大多数国家不会每年进行新的家庭调查，因此每年只会对一些国家的估算进行更新。

### 计算增长率

增长率为大概每五年计算一次年均增长率。由于很多国家不是严格按照每五年进行一次调查，因此按下列指导原则选择调查年度：增长期的最后一年（T1）为最新的调查年，但不能早于2009年。而起始年（T0）应尽量接近T1－5年，浮动范围为两年。因此起始年和最后一年的间隔在3到7年之间。如果两次调查间隔都为T1－5年，其他情况也相等，那么最近的调查年份被选为T0。对每个国家所选T0年和T1年的财富合计（收入或消费）的可比性进行评估。如果两次调查的可比性令人堪忧，需根据选择标准重新选择下一个最佳调查年份。

一旦选定一个国家所进行的两次调查，在计算人平均实际收入或消费均值年增长时，首先估算财富分配最底层40%人口在T0年和T1年的人均实际收入或消费均值，然后利用复合增长公式计算这些年之间的年均增长。全部人口人均实际收入或消费均值增长按同样方法根据全部人口的数据进行计算。

### 数据可用性

本版《世界发展指标》包括对72个国家的共同富裕估算。虽然鼓励所有国家对最底层40%人口的人均实际收入或消费均值年均增长进行估算，但全球共同富裕数据库中仅包括符合特定标准的国家的数据。跨时间和跨国家的可比性是首先要考虑的问题。在大多数国家家庭调查并不频繁，而且各国在时间上也鲜能取得一致。由此在进行不同国家或不同时间的比较时，应保持高度谨慎的态度。

第二个需要考虑的问题是所覆盖国家的范围以及数据应尽可能是最新的。由于共同富裕只能在国家层面进行估算并使用，所以无论国家人口多少，都应该广泛覆盖各个国家。此外，出于政策目的，也应该尽可能使用各国最新的数据。对调查年份和国家所做的选择应该保持一贯性和透明性，从而确保所选各国时间段尽可能匹配（包括最新数据），并确保尽可能覆盖最多的国家、地区和收入水平。在实际操作中，这意味着各国的时间段不能完全匹配。这种方案是：如果有一定程度的不可比性，就要建立一个尽可能包括更多国家的数据库。

### 数据质量

与贫困率估算一样，最底层40%人口人均实际收入或消费均值的年均增长估算也是在通过家庭调查收集的收入或消费数据基础上进行的。因此也会有相同的质量问题。有关讨论见“贫困率”相关内容。

### 定义

时期指调查进行的时期。如果一个调查横跨多个年度，将使用调查主要进行的年度。对于一半在一年进行，另一半在另一年进行的调查，以第一年为准。人均实际收入或消费均值年均增长调查指用于计算财富增长率的来自家庭调查的人均收入或消费均值。用购买力评价（PPP）表示——按2005年价格调整为每天的美元值。用于计算一个国家最底层40%人口及总人口的情况。

**数据来源**

全球共同富裕数据库由全球贫困工作组负责。该工作组包括来自世界银行各个部门的贫困程度衡量专家。数据库原始数据来源为世界银行 PovcalNet 数据库。PovalNet 是一种交互式计算工具，允许用户复制这些具有国际可比性的按日生活费1.25美元和2美元对各国、发展中国家地区以及所有发展中国家所作的贫困估计。数据集包括在 PovcalNet 中，由全球贫困工作组成员提供并审核。所选择的用以衡量一个国家共同富裕程度的消费或收入与 PovcalNet 中用于估算极端贫困率的财富合计相一致，除非有很强的争议要求使用不同的财富合计。世界银行用于估算全球和地区贫困率的方法主要是使用现有人均消费支出衡量富裕程度；如果没有消费数据，则使用收入进行衡量。但是，在有些情况下，虽然有消费数据，但这些数据可能过时或并未与世界银行分享最近调查的数据。在这种情况下，如果有可用的收入数据，则利用收入数据对共同富裕程度进行估算。

**参考资料**

Ambar, Narayan, Jaime Saavedra-Chanduvi, and Sailesh Tiwari. 2013. "Shared Prosperity: Links to Growth, Inequality and Inequality of Opportunity." Policy Research Working Paper 6649. World Bank, Washington, DC.

World Bank. 2014a. "A Measured Approach to Ending Poverty and Boosting Shared Prosperity: Concepts, Data, and the Twin Goals." Washington, DC.

———. 2014b. Global Database of Shared Prosperity. [http://www.worldbank.org/en/topic/poverty/brief/global-database-of-shared-prosperity]. Washington, DC.

———. Various years. PovcalNet. [http://iresearch.worldbank.org/PovcalNet/]. Washington, DC.

# 人口

在本章"人口"中，讨论了有关教育、健康、工作、社会保障以及性别等各种指标，作为对"世界概览"中涉及人类发展的其他重要指标，如人口、贫穷、共同富裕等指标的补充。这些指标共同描绘了社会进步的方方面面。

其中很多指标也用来监测千年发展目标的实现情况。在过去15年中，通过各国政府机构及国际发展机构的努力，收集整理了用于估算上述指标的数据。其中也包括世界银行及联合国统计署组织的跨机构专家组和其他专题跨机构小组。

在这些工作组的努力下，国际发展统计数据在跨时间及跨国上的使用性更强，一致程度也更高。以儿童死亡率为例，以前由于数据来源和所使用方法的不同，很难将各国数据用于进行全球监测。2014年成立的联合国儿童死亡率估算机构间小组通过整理所有可得到的数据、评估数据质量和确定适当的统计模型，生成了平稳的趋势曲线。这一工作为我们提供了近50年中新生儿、婴儿及五岁以下儿童死亡率方面具有很强一致性的优质估算数据。其他跨机构工作则改善了孕产妇死亡率估算数据的质量。在性别统计中，世界银行也为获得有关女性资产所有权和女性企业家的估算数据做了大量工作。联合国统计委员会还提供了基本性别指标以帮助各国提供、整理和发布相关数据。

"人口"中包括被性别、年龄和财富等社会经济和人口统计变量分类的指标。今年，营养不良和贫困等指标可按各国具体地方进行分类查询：http://data.worldbank.org/data-catalog/sub-national-poverty-data。这些数据为了解各国国内差距提供了重要的视角。在数据允许的条件下，"世界发展指标"将向这一方向继续拓展。

今年又增添了一项非常重要的新指标，即用于监测世界银行促进共同富裕这一新目标的相关指标。该目标在"世界概览"中有详细说明，并可在以下网址查询：www.worldbank.org/en/topic/poverty/brief/global-database-of-shared-prosperity。其他新指标包括，未接受教育的青年人口比重、就业、或培训以及达到经合组织国际学生测评项目中数学、阅读和科学分数要求最低熟练程度的学生比重等。该项目旨在提高教育体系成果的覆盖面。

## 初等教育中师生比例改善缓慢

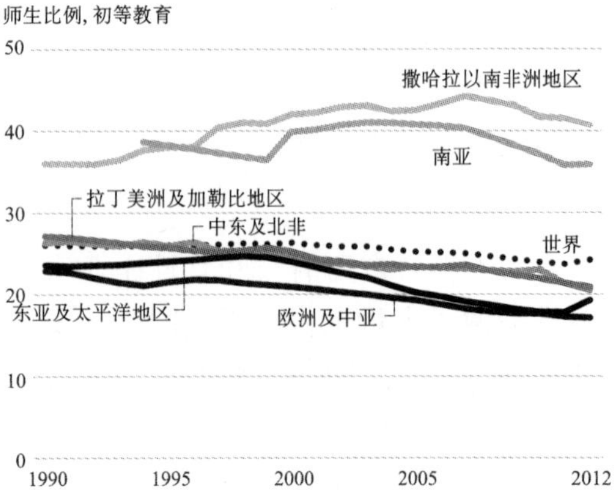


资料来源：联合国教科文组织统计研究所在线表格 2.10。

虽然在普及初等教育方面取得了显著进展，但作为衡量教育质量重要指标的师生比例却改善甚微。该比例从1990 年 26 的全球平均水平下降到 2012 年的 24。在撒哈拉以南非洲地区，平均师生比例从 1990 年的 36 增加到2012 年的 41，说明教师数量的增长并未与初等教育录取人数的增长相匹配。南亚平均师生比例（36）一直高于世界平均水平。不过上述地区在最近几年一直有稳步改善。虽然东亚及太平洋地区从 2000 年以后师生比例大幅减少。但是由于中国师生比例的上升，2012 年也出现了增加势头。

## 随着更多女性接受中等教育，青少年生育率开始下降

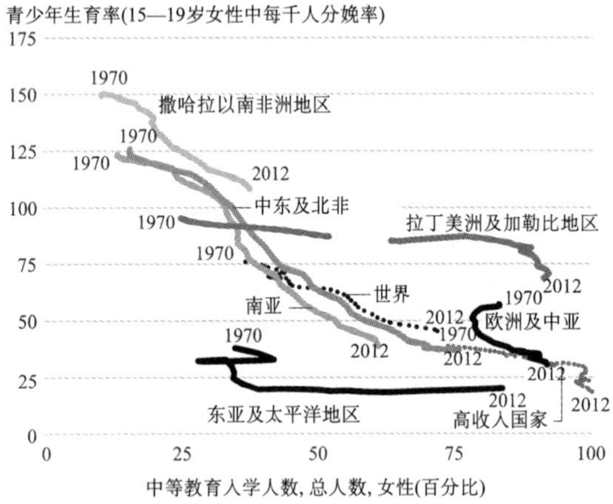


资料来源：联合国人口司，联合国教科文组织统计研究所，在线表格 2.11 和 2.17。

青少年女性接受中等教育后，生育可能性便会降低。就全球而言，青少年生育率从 1970 年每千名女性 77 例下降到 2012 年的 45 例。而女性中等教育入学率则从 35% 增加到 72%。各地区两者之间的关系都很类似。但拉丁美洲及加勒比地区和东亚及太平洋地区除外。在这两个地区，两者之间的关联性较弱。中东及北非和南亚地区的青少年生育率随着中等教育范围的扩大而大幅下降。中东和北非及南亚地区 2012 年的青少年生育率为高收入国家 1970 年的水平。撒哈拉以南非洲地区的青少年生育率是最高的，而女性的中等教育入学率则是最低的。

## 2006 年至 2011 年很多国家的增长都具有包容性

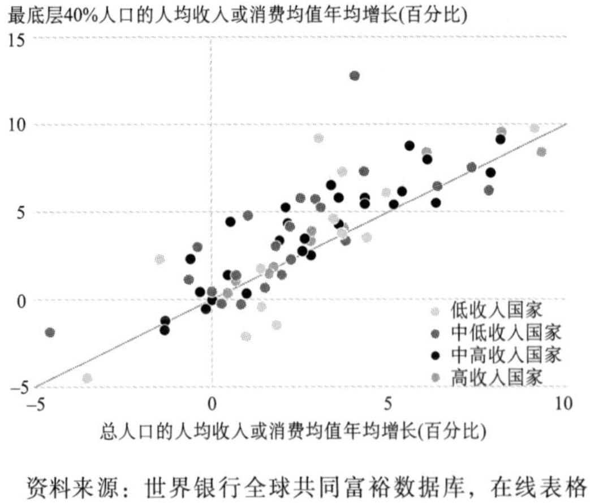


资料来源：世界银行全球共同富裕数据库，在线表格 2.9.2。

2006 年至 2011 年，很多国家中处于其财富分配最底层的 40% 的人口的收入和消费都有所增长。中等收入和高收入国家中最底层的 40% 人口比低收入国家的此类人口发展要好。在中等收入和高收入国家中，最底层 40% 人口的人均收入或消费均值年均增长中值为 3.9%，比低收入国家高 0.4 个百分点。此外，比较富裕的国家的增长也更具包容性。在 9 个高收入国家中的 7 个国家中（78%），最底层 40% 人口的人均收入或消费均值年均增长都高于总人口在此方面的增长。同样的情况出现在 26 个中高收入国家中的 20 个国家（77%），22 个中低收入国家中的 16 个（73），以及 13 个低收入国家中的 8 个国家中（62%）。

## 撒哈拉以南非洲地区使用避孕措施方面存在巨大的贫富差距

避孕率是衡量计划生育项目是否成功的重要指标。虽然大部分地区的避孕率都达到了 50% 以上（东亚及太平洋地区为 80%，中东及北非地区为 64%），但是撒哈拉以南非洲地区的避孕率仍低于 25%，且贫富差距巨大。撒哈拉以南非洲地区 10 个国家中的 9 个都是贫富差距最严重的国家。在喀麦隆和尼日利亚，最穷的五分之一人口中的女性避孕率仅为 3%，而最富裕的五分之一人口中女性的避孕率则超过了 36%。在撒哈拉以南非洲地区的几乎所有国家的贫困家庭中，女性避孕率都很低。

贫富差距最大的国家的避孕率，可获得的最新数据，2008—2014年（百分比）

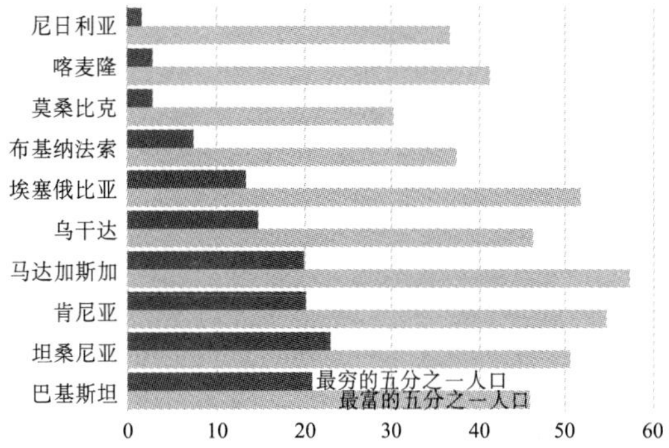


资料来源：联合国儿童基金会，家庭调查（包括人口学和健康调查及多指标集群调查），在线表格 2.22.3。

## 中东及北非地区劳动力参与率最低

东亚及太平洋地区和撒哈拉以南非洲地区劳动力参与率——积极参与劳动力市场的 15 岁及以上人口所占的比例（包括工作或找工作的人口）——比其他地区都高。相比之下，中东及北非地区的劳动年龄人口中只有 50% 为劳动力，低于其他国家。其主要原因是女性参与率较低。低劳动力参与率主要是因为面临很多阻止人们进入劳动力市场的因素。该地区有大量无业人员，高失业率可能也是另一个妨碍人们寻找工作的原因。中东及北非地区的劳动年龄人口中，只有 41% 得到雇佣。

劳动力现状，2013年(占15岁及以上人口百分比)

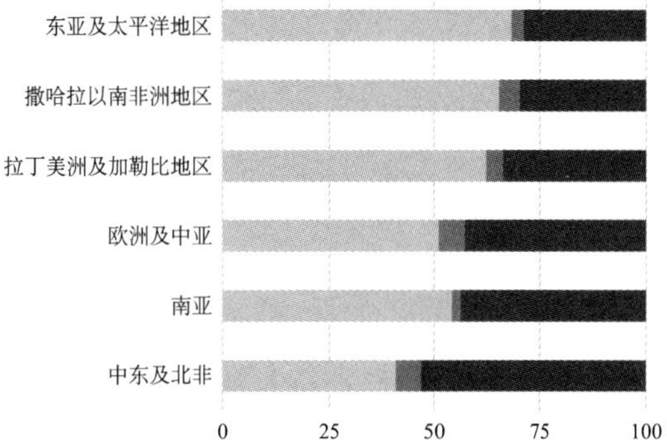


资料来源：国际劳工组织劳动力市场主要指标，第八版；在线表格 2.2，2.4 和 2.5。

## 在发展中国家，高级管理层中女性较少

女性参与经济活动，尤其是在公司高级管理层中担任商业领导人的职位凸显了她们所获得的经济能力和进步。在全球范围内，拥有女性高层管理者的公司比例仍很低，约为 20%。比例最高的地区是东亚及太平洋地区（约为 30%）。最低的是中东及北非（低于 5%）和南亚（约为 9%）。这些统计不能完全体现女性领导的公司的情况。这些公司的规模通常小于男性领导的公司，而且集中在零售业（Amin and Islam, 2014）。这些统计来自于世界银行企业调查。该调查主要从雇员人数为 5 人及以上的注册公司中收集数据，因此不包括规模较小的非正式公司。但这些小公司对于女性而言非常重要。

女性担任高级管理者的公司比例(百分比)

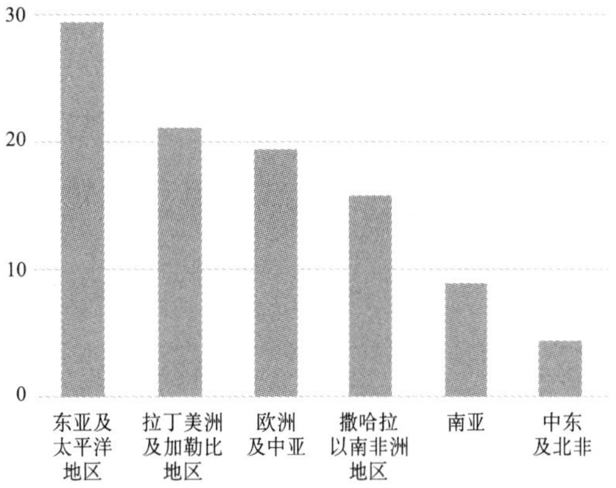


资料来源：世界银行企业调查，在线表格 5.2。

# 重点关注

**五岁以下死亡率是指从出生到实足年龄五岁间死亡的概率，以每千名活产儿表示。**这是衡量儿童生活水平，包括健康和营养状况的主要指标。而且也是最常用于比较各国社会经济发展水平的指标之一。世界各国各地区在此方面取得了长足的进步。五岁以下死亡率从1960年的每千名活产儿183例减少到1990年的90例，更进一步降低到2013年的46例。虽然如此，2013年仍有630万儿童在他们五岁生日前死去——约每天17000人。其中大部分都死于可以预防的原因或可以治疗的疾病。各地区儿童死亡人数都有所下降，但是撒哈拉以南地区的下降速度最慢。2013年，有44%的五岁以下死亡情况发生在生命诞生后28天内——新生儿时期——孩子出生后最脆弱的时期。

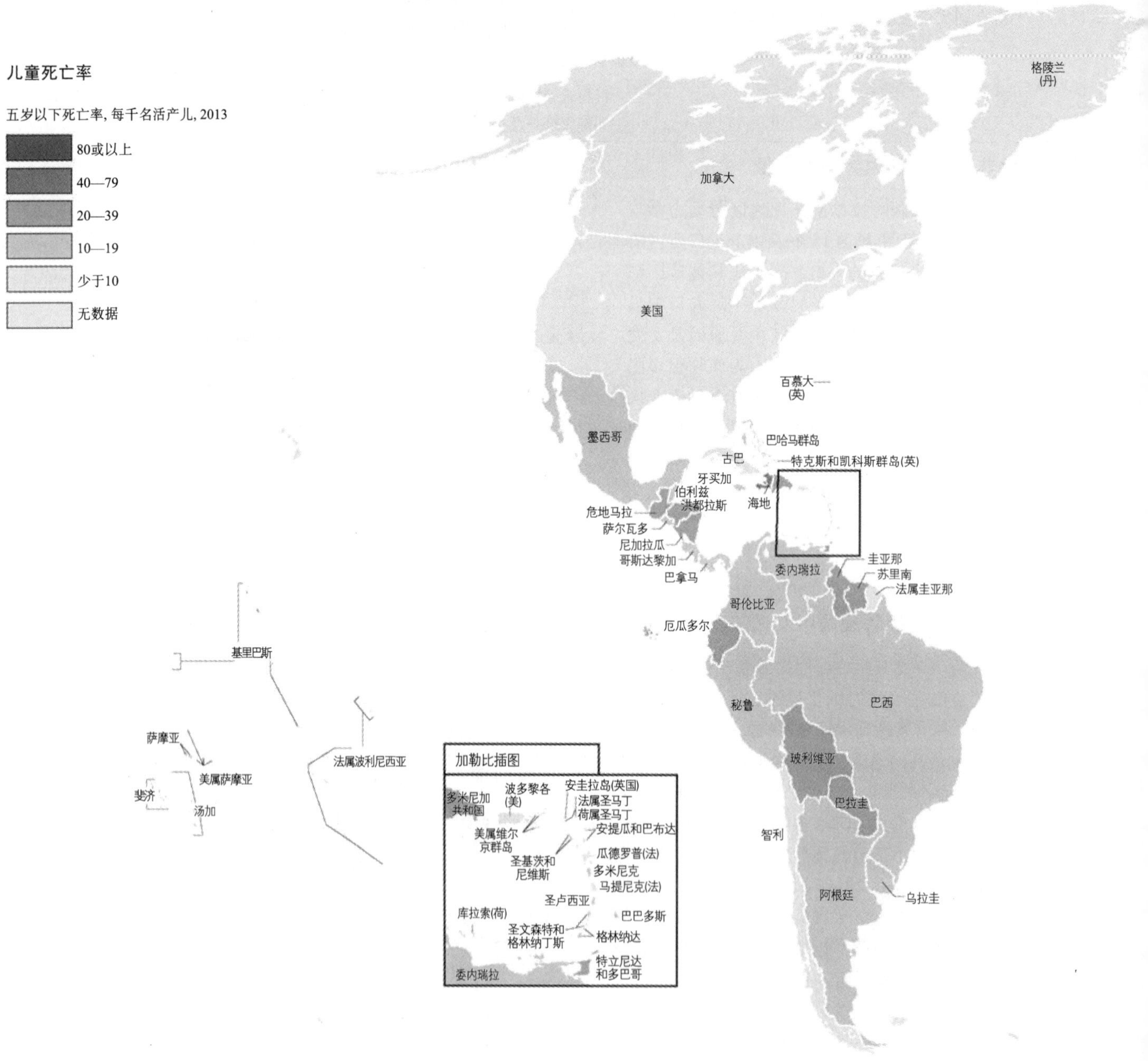

十二个国家五岁以下死亡率在每千名活产儿 100 例以上：安哥拉、塞拉利昂、乍得、索马里、中非共和国、吉纳亚比绍、马里、刚果民主共和国、尼日利亚、几内亚和科特迪瓦。

五岁以下死亡率最高的地区是撒哈拉以南非洲地区（每千名活产儿 92 例）和南亚（57）。相比之下，东亚及太平洋地区为 20，欧洲及中亚为 23，拉丁美洲及加勒比地区为 18，中东及北非为 26。高收入国家为 6。

全球约一半五岁以下死亡情况集中发生在五个国家：印度、尼日利亚、巴基斯坦、刚果民主共和国和中国。

平均而言，在撒哈拉以南非洲地区，每 11 名出生儿童中，就有 1 人在五岁前死去。

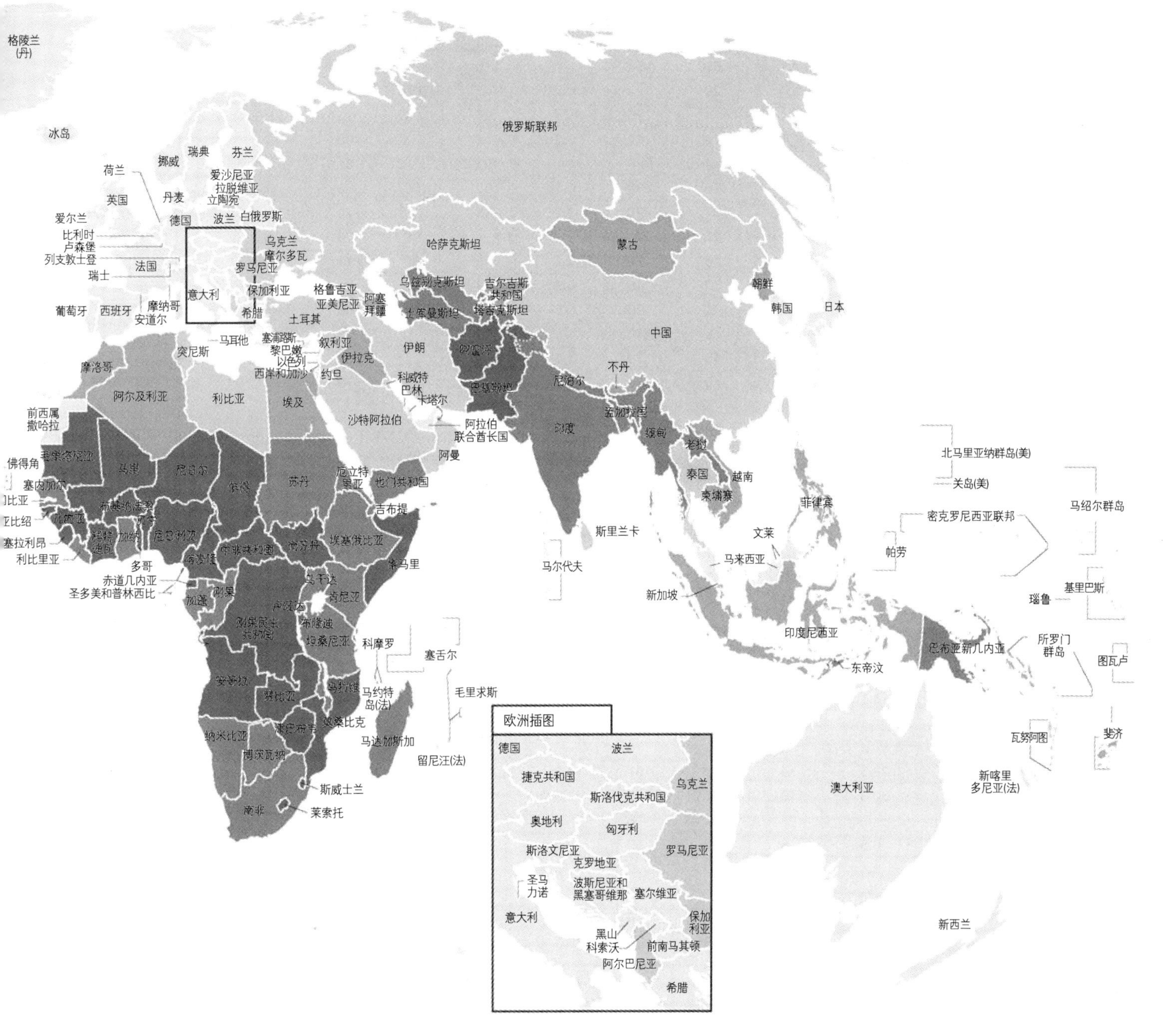

# 2 人 口

| | 儿童营养不良、体重不足患病率 占5岁以下儿童百分比 2007–13[a] | 5岁以下儿童死亡率 每千名活产儿 2013 | 孕产妇死亡率 每10万名活产儿（模型估计） 2013 | 青春期女性生育率 每千名15—19岁少女生育数 2013 | 艾滋病患病率 占15—49岁人口的百分比 2013 | 初等教育完成率 占相应年龄组百分比 2009–13[a] | 青年识字率 占15—24岁人口的百分比 2005–13[a] | 劳动力参与率 占15岁及其以上人口百分比 2013 | 弱势群体就业率 无报酬家庭劳动者和自营工作者占总就业百分比 2009–13[a] | 失业率 占总劳动力百分比 2013 | 女性议员、高级官员和管理者 占总数百分比 2009–13[a] |
|---|---|---|---|---|---|---|---|---|---|---|---|
| 阿富汗 | .. | 97 | 400 | 83 | <0.1 | .. | 47 | 48 | .. | 8 | .. |
| 阿尔巴尼亚 | 6.3 | 15 | 21 | 14 | <0.1 | .. | 99 | 55 | 58 | 16 | 22 |
| 阿尔及利亚 | .. | 25 | 89 | 10 | 0.1 | 100 | 92 | 44 | 27 | 10 | 11 |
| 美属萨摩亚群岛 | .. | .. | .. | .. | .. | .. | .. | .. | .. | .. | .. |
| 安道尔 | .. | 3 | .. | .. | .. | .. | .. | .. | .. | .. | .. |
| 安哥拉 | 15.6 | 167 | 460 | 167 | 2.4 | 54 | 73 | 70 | .. | 7 | .. |
| 安提瓜和巴布达 | .. | 9 | .. | 48 | .. | 100 | .. | .. | .. | .. | .. |
| 阿根廷 | .. | 13 | 69 | 54 | .. | 110 | 99 | 61 | 19 | 8 | .. |
| 亚美尼亚 | 5.3 | 16 | 29 | 27 | 0.2 | .. | 100 | 63 | 30 | 16 | .. |
| 阿鲁巴岛 | .. | .. | .. | 25 | .. | 95 | 99 | .. | .. | .. | 43 |
| 澳大利亚 | 0.2 | 4 | 6 | 11 | 0.2 | .. | .. | 65 | .. | 6 | .. |
| 奥地利 | .. | 4 | 4 | 3 | .. | 97 | .. | 61 | 9 | 5 | 27 |
| 阿塞拜疆 | .. | 34 | 26 | 39 | 0.2 | 92 | 100 | 66 | 56 | 6 | .. |
| 巴哈马 | .. | 13 | 37 | 28 | 3.2 | 93 | .. | 74 | .. | 14 | 52 |
| 巴林 | .. | 6 | 22 | 14 | .. | .. | 98 | 70 | 2 | 7 | .. |
| 孟加拉 | 31.9 | 41 | 170 | 79 | <0.1 | 75 | 80 | 71 | .. | 4 | 5 |
| 巴巴多斯 | 3.5 | 14 | 52 | 48 | 0.9 | 104 | .. | 71 | .. | 12 | 48 |
| 白俄罗斯 | .. | 5 | 1 | 20 | 0.5 | 100 | 100 | 56 | 2 | 6 | 46 |
| 比利时 | .. | 4 | 6 | 6 | .. | 90 | .. | 53 | 11 | 8 | 30 |
| 伯利兹 | 6.2 | 17 | 45 | 70 | 1.5 | 109 | .. | 66 | .. | 15 | .. |
| 贝宁 | .. | 85 | 340 | 88 | 1.1 | 76 | 42 | 73 | .. | 1 | .. |
| 百慕大 | .. | .. | .. | .. | .. | 88 | .. | .. | .. | .. | 44 |
| 不丹 | 12.8 | 36 | 120 | 40 | 0.1 | 98 | 74 | 73 | 53 | 2 | 17 |
| 玻利维亚 | 4.5 | 39 | 200 | 71 | 0.3 | 89 | 99 | 73 | 55 | 3 | 35 |
| 波斯尼亚－黑塞哥维那 | 1.5 | 7 | 8 | 15 | .. | .. | 100 | 45 | 25 | 28 | .. |
| 博茨瓦纳 | 11.2 | 47 | 170 | 43 | 21.9 | 95 | 96 | 77 | 13 | 18 | 39 |
| 巴西 | 2.2 | 14 | 69 | 70 | 0.6 | .. | 99 | 70 | 25 | 6 | .. |
| 文莱 | .. | 10 | 27 | 23 | .. | 98 | 100 | 64 | .. | 4 | .. |
| 保加利亚 | .. | 12 | 5 | 34 | .. | 98 | 98 | 53 | 8 | 13 | 37 |
| 布基纳法索 | 26.2 | 98 | 400 | 112 | 0.9 | 63 | 39 | 83 | .. | 3 | .. |
| 布隆迪 | 29.1 | 83 | 740 | 30 | 1.0 | 70 | 89 | 83 | .. | 7 | .. |
| 佛得角 | .. | 26 | 53 | 69 | 0.5 | 95 | 98 | 68 | .. | 7 | .. |
| 柬埔寨 | 29.0 | 38 | 170 | 44 | 0.7 | 97 | 87 | 83 | 64 | 0 | .. |
| 喀麦隆 | 15.1 | 95 | 590 | 113 | 4.3 | 73 | 81 | 70 | 76 | 4 | .. |
| 加拿大 | .. | 5 | 11 | 14 | .. | .. | .. | 66 | .. | 7 | .. |
| 开曼群岛 | .. | .. | .. | .. | .. | .. | 99 | .. | .. | .. | .. |
| 中非共和国 | 23.5 | 139 | 880 | 97 | 3.8 | 45 | 36 | 79 | .. | 8 | .. |
| 乍得 | 30.3 | 148 | 980 | 147 | 2.5 | 39 | 49 | 72 | .. | 7 | .. |
| 海峡群岛 | .. | .. | .. | 8 | .. | .. | .. | .. | .. | .. | .. |
| 智利 | 0.5 | 8 | 22 | 55 | 0.3 | 97 | 99 | 62 | .. | 6 | .. |
| 中国 | 3.4 | 13 | 32 | 9 | .. | .. | 100 | 71 | .. | 5 | .. |
| 中国香港 | .. | .. | .. | 3 | .. | 96 | .. | 59 | 7 | 3 | 32 |
| 中国澳门 | .. | .. | .. | 4 | .. | .. | 100 | 72 | 4 | 2 | 32 |
| 哥伦比亚 | 3.4 | 17 | 83 | 68 | 0.5 | 113 | 98 | 67 | 49 | 11 | 53 |
| 科摩罗 | 16.9 | 78 | 350 | 50 | .. | 74 | 86 | 58 | .. | 7 | .. |
| 刚果民主共和国 | 23.4 | 119 | 730 | 134 | 1.1 | 73 | 66 | 72 | .. | 8 | .. |
| 刚果共和国 | 11.8 | 49 | 410 | 125 | 2.5 | 73 | 81 | 71 | .. | 7 | .. |

| | 儿童营养不良、体重不足患病率<br>占5岁以下儿童百分比<br>2007–13[a] | 5岁以下儿童死亡率<br>每千名活产儿<br>2013 | 孕产妇死亡率<br>每10万名活产儿（模型估计）<br>2013 | 青春期女性生育率<br>每千名15—19岁少女生育数<br>2013 | 艾滋病患病率<br>占15—49岁人口的百分比<br>2013 | 初等教育完成率<br>占相应年龄组百分比<br>2009–13[a] | 青年识字率<br>占15—24岁人口的百分比<br>2005–13[a] | 劳动力参与率<br>占15岁及其以上人口百分比<br>2013 | 弱势群体就业率<br>无报酬家庭劳动者和自营工作者占总就业百分比<br>2009–13[a] | 失业率<br>占总劳动力百分比<br>2013 | 女性议员、高级官员和管理者<br>占总数百分比<br>2009–13[a] |
|---|---|---|---|---|---|---|---|---|---|---|---|
| 哥斯达黎加 | 1.1 | 10 | 38 | 60 | 0.2 | 90 | 99 | 63 | 20 | 8 | 35 |
| 科特迪瓦 | 15.7 | 100 | 720 | 126 | 2.7 | 60 | 48 | 67 | .. | 4 | .. |
| 克罗地亚 | .. | 5 | 13 | 13 | .. | 93 | 100 | 51 | 14 | 18 | 25 |
| 古巴 | .. | 6 | 80 | 43 | 0.2 | 93 | 100 | 57 | .. | 3 | .. |
| 库拉索岛 | .. | .. | .. | 27 | .. | .. | .. | .. | .. | .. | .. |
| 塞浦路斯 | .. | 4 | 10 | 5 | <0.1 | 100 | 100 | 64 | 14 | 16 | 14 |
| 捷克共和国 | .. | 4 | 5 | 5 | <0.1 | 102 | .. | 60 | 15 | 7 | 26 |
| 丹麦 | .. | 4 | 5 | 5 | 0.2 | 99 | .. | 63 | 6 | 7 | 28 |
| 吉布提 | 29.8 | 70 | 230 | 18 | 0.9 | 61[b] | .. | 52 | .. | .. | .. |
| 多米尼克 | .. | 11 | .. | .. | .. | 103 | .. | .. | .. | .. | .. |
| 多米尼加共和国 | 4.0 | 28 | 100 | 98 | 0.7 | 90 | 97 | 65 | 37 | 15 | 37 |
| 厄瓜多尔 | 6.4 | 23 | 87 | 76 | 0.4 | 111 | 99 | 69 | 51 | 4 | 40 |
| 埃及 | 6.8 | 22 | 45 | 42 | <0.1 | 107 | 89 | 49 | 26 | 13 | 7 |
| 萨尔瓦多 | 6.6 | 16 | 69 | 75 | 0.5 | 101 | 97 | 62 | 38 | 6 | 37 |
| 赤道几内亚 | 5.6 | 96 | 290 | 111 | .. | 55 | 98 | 87 | .. | 8 | .. |
| 厄立特里亚 | 38.8 | 50 | 380 | 63 | 0.6 | .. | 91 | 85 | .. | 7 | .. |
| 爱沙尼亚 | .. | 3 | 11 | 16 | 1.3 | 96 | 100 | 62 | 5 | 9 | 36 |
| 埃塞俄比亚 | 25.2[b] | 64 | 420 | 76 | 1.2 | .. | 55 | 84 | .. | 6 | 22 |
| 法罗群岛 | .. | .. | .. | .. | .. | .. | .. | .. | .. | .. | .. |
| 斐济 | .. | 24 | 59 | 42 | 0.1 | 104 | .. | 55 | .. | 8 | .. |
| 芬兰 | .. | 3 | 4 | 9 | .. | 99 | .. | 60 | 9 | 8 | 32 |
| 法国 | .. | 4 | 12 | 6 | .. | .. | .. | 56 | 7 | 10 | 39 |
| 法属玻利尼西亚 | .. | .. | .. | 38 | .. | .. | .. | 56 | .. | .. | .. |
| 加蓬 | 6.5 | 56 | 240 | 99 | 3.9 | .. | 89 | 61 | .. | 20 | .. |
| 冈比亚 | 17.4 | 74 | 430 | 114 | 1.2 | 71 | 69 | 77 | .. | 7 | .. |
| 格鲁吉亚 | 1.1 | 13 | 41 | 46 | 0.3 | 109 | 100 | 65 | 61 | 14 | .. |
| 德国 | .. | 4 | 7 | 3 | 0.2 | 98 | .. | 60 | 7 | 5 | 30 |
| 加纳 | 13.4 | 78 | 380 | 57 | 1.3 | 97[b] | 86 | 69 | 77 | 5 | .. |
| 希腊 | .. | 4 | 5 | 11 | .. | 101 | 99 | 53 | 30 | 27 | 23 |
| 格陵兰 | .. | .. | .. | .. | .. | .. | .. | .. | .. | .. | .. |
| 格林纳达 | .. | 12 | 23 | 34 | .. | 112 | .. | .. | .. | .. | .. |
| 关岛 | .. | .. | .. | 50 | .. | .. | .. | 63 | .. | .. | .. |
| 危地马拉 | 13.0 | 31 | 140 | 95 | 0.6 | 86 | 94 | 68 | .. | 3 | .. |
| 几内亚 | 16.3 | 101 | 650 | 127 | 1.7 | 61 | 31 | 72 | .. | 2 | .. |
| 几内亚比绍 | 18.1 | 124 | 560 | 97 | 3.7 | 64 | 74 | 73 | .. | 7 | .. |
| 圭亚那 | 11.1 | 37 | 250 | 87 | 1.4 | 85 | 93 | 61 | .. | 11 | .. |
| 海地 | 11.6 | 73 | 380 | 41 | 2.0 | .. | 72 | 66 | .. | 7 | .. |
| 洪都拉斯 | 7.1 | 22 | 120 | 82 | 0.5 | 93 | 95 | 63 | 53 | 4 | .. |
| 匈牙利 | .. | 6 | 14 | 12 | .. | 99 | 99 | 52 | 6 | 10 | 40 |
| 冰岛 | .. | 2 | 4 | 11 | .. | 97 | .. | 74 | 8 | 6 | 40 |
| 印度 | .. | 53 | 190 | 32 | 0.3 | 96 | 81 | 54 | 81 | 4 | 14 |
| 印度尼西亚 | 19.9 | 29 | 190 | 48 | 0.5 | 105 | 99 | 68 | 33 | 6 | 23 |
| 伊朗 | .. | 17 | 23 | 31 | 0.1 | 104 | 98 | 45 | .. | 13 | .. |
| 伊拉克 | 8.5 | 34 | 67 | 68 | .. | .. | 82 | 42 | .. | 16 | .. |
| 爱尔兰 | .. | 4 | 9 | 8 | .. | .. | .. | 61 | 13 | 13 | 33 |
| 马恩岛 | .. | .. | .. | .. | .. | .. | .. | .. | .. | .. | .. |
| 以色列 | .. | 4 | 2 | 7 | .. | 106 | 100 | 63 | .. | 6 | .. |

# 2 人 口

| | 儿童营养不良、体重不足患病率<br>占5岁以下儿童百分比<br>2007–13[a] | 5岁以下儿童死亡率<br>每千名活产儿<br>2013 | 孕产妇死亡率<br>每10万名活产儿(模型估计)<br>2013 | 青春期女性生育率<br>每千名15—19岁少女生育数<br>2013 | 艾滋病患病率<br>占15—49岁人口的百分比<br>2013 | 初等教育完成率<br>占相应年龄组百分比<br>2009–13[a] | 青年识字率<br>占15—24岁人口的百分比<br>2005–13[a] | 劳动力参与率<br>占15岁及其以上人口百分比<br>2013 | 弱势群体就业率<br>无报酬家庭劳动者和自营工作者占总就业百分比<br>2009–13[a] | 失业率<br>占总劳动力百分比<br>2013 | 女性议员、高级官员和管理者<br>占总数百分比<br>2009–13[a] |
|---|---|---|---|---|---|---|---|---|---|---|---|
| 意大利 | .. | 4 | 4 | 4 | 0.3 | 99 | 100 | 49 | 18 | 12 | 25 |
| 牙买加 | 3.2 | 17 | 80 | 69 | 1.8 | 86 | 96 | 63 | 38 | 15 | .. |
| 日本 | .. | 3 | 6 | 5 | .. | 102 | .. | 59 | .. | 4 | .. |
| 约旦 | 3.0 | 19 | 50 | 26 | .. | 93 | 99 | 42 | 10 | 13 | .. |
| 哈萨克斯坦 | 3.7 | 16 | 26 | 29 | .. | 102 | 100 | 73 | 29 | 5 | .. |
| 肯尼亚 | 16.4 | 71 | 400 | 92 | 6.0 | .. | 82 | 67 | .. | 9 | .. |
| 基里巴斯 | 14.9 | 58 | 130 | 16 | .. | .. | .. | .. | .. | .. | 36 |
| 朝鲜 | 15.2 | 27 | 87 | 1 | .. | .. | 100 | 78 | .. | 5 | .. |
| 韩国 | 0.6 | 4 | 27 | 2 | .. | 111 | .. | 61 | .. | 3 | .. |
| 科索沃 | .. | .. | .. | .. | .. | .. | .. | .. | 17 | .. | 15 |
| 科威特 | 2.2 | 10 | 14 | 14 | .. | .. | 99 | 68 | 2 | 3 | .. |
| 吉尔吉斯共和国 | 2.8[b] | 24 | 75 | 28 | 0.2 | 98 | 100 | 68 | .. | 8 | .. |
| 老挝 | 26.5 | 71 | 220 | 64 | 0.2 | 101 | 84 | 78 | .. | 1 | .. |
| 拉脱维亚 | .. | 8 | 13 | 13 | .. | 103 | 100 | 61 | 7 | 11 | 45 |
| 黎巴嫩 | .. | 9 | 16 | 12 | .. | 89 | 99 | 48 | .. | 7 | .. |
| 莱索托 | 13.5 | 98 | 490 | 86 | 22.9 | 74 | 83 | 66 | .. | 25 | .. |
| 利比里亚 | 15.3 | 71 | 640 | 114 | 1.1 | 59[b] | 49 | 62 | 79 | 4 | .. |
| 利比亚 | 5.6 | 15 | 15 | 2 | .. | .. | 100 | 53 | .. | 20 | .. |
| 列支敦士登 | .. | .. | .. | .. | .. | 102 | .. | .. | .. | .. | .. |
| 立陶宛 | .. | 5 | 11 | 10 | .. | 98 | 100 | 61 | 10 | 12 | 38 |
| 卢森堡 | .. | 2 | 11 | 8 | .. | 85 | .. | 58 | 6 | 6 | 24 |
| 前南斯拉夫马其顿共和国 | 1.3 | 7 | 7 | 18 | <0.1 | 94 | 99 | 55 | 23 | 29 | 28 |
| 马达加斯加 | .. | 56 | 440 | 121 | 0.4 | 68 | 65 | 89 | 88 | 4 | 25 |
| 马拉维 | 16.7[b] | 68 | 510 | 143 | 10.3 | 75 | 72 | 83 | .. | 8 | .. |
| 马来西亚 | .. | 9 | 29 | 6 | 0.4 | .. | 98 | 59 | 22 | 3 | 25 |
| 马尔代夫 | 17.8 | 10 | 31 | 4 | <0.1 | 110 | 99 | 67 | .. | 12 | .. |
| 马里 | .. | 123 | 550 | 174 | 0.9 | 59 | 47 | 66 | .. | 8 | .. |
| 马耳他 | .. | 6 | 9 | 18 | .. | 88 | 98 | 52 | 9 | 7 | 23 |
| 马绍尔群岛 | .. | 38 | .. | .. | .. | 100 | .. | .. | .. | .. | .. |
| 毛里塔尼亚 | 19.5 | 90 | 320 | 72 | .. | 71 | 56 | 54 | .. | 31 | .. |
| 毛里求斯 | .. | 14 | 73 | 31 | 1.1 | 102 | 98 | 59 | 17 | 8 | .. |
| 墨西哥 | 2.8 | 15 | 49 | 62 | 0.2 | 99 | 99 | 62 | .. | 5 | .. |
| 密克罗尼西亚联邦 | .. | 36 | 96 | 17 | .. | .. | .. | .. | .. | .. | .. |
| 摩尔多瓦 | 2.2 | 15 | 21 | 29 | 0.6 | 93 | 100 | 41 | 31 | 5 | 44 |
| 摩纳哥 | .. | 4 | .. | .. | .. | .. | .. | .. | .. | .. | .. |
| 蒙古 | 1.6 | 32 | 68 | 18 | <0.1 | .. | 98 | 63 | 51 | 5 | .. |
| 黑山 | 1.0 | 5 | 7 | 15 | .. | 101 | 99 | 50 | .. | 20 | 30 |
| 摩洛哥 | 3.1 | 30 | 120 | 35 | 0.2 | 101[b] | 82 | 51 | 51 | 9 | .. |
| 莫桑比克 | 15.6 | 87 | 480 | 133 | 10.8 | 49 | 67 | 84 | .. | 8 | .. |
| 缅甸 | 22.6 | 51 | 200 | 11 | 0.6 | 95 | 96 | 79 | .. | 3 | .. |
| 纳米比亚 | 13.2 | 50 | 130 | 52 | 14.3 | 85 | 87 | 59 | 8 | 17 | 43 |
| 尼泊尔 | 29.1 | 40 | 190 | 72 | 0.2 | 102[b] | 82 | 83 | .. | 3 | .. |
| 荷兰 | .. | 4 | 6 | 6 | .. | .. | .. | 64 | 12 | 7 | 30 |
| 新喀里多尼亚 | .. | .. | .. | 21 | .. | .. | 100 | 57 | .. | .. | .. |
| 新西兰 | .. | 6 | 8 | 24 | .. | .. | .. | 68 | .. | 6 | .. |
| 尼加拉瓜 | .. | 24 | 100 | 99 | 0.2 | 80 | 87 | 63 | 47 | 7 | .. |
| 尼日尔 | 37.9 | 104 | 630 | 205 | 0.4 | 49 | 24 | 65 | .. | 5 | .. |

| | 儿童营养不良、体重不足患病率 | 5岁以下儿童死亡率 | 孕产妇死亡率 | 青春期女性生育率 | 艾滋病患病率 | 初等教育完成率 | 青年识字率 | 劳动力参与率 | 弱势群体就业率 | 失业率 | 女性议员、高级官员和管理者 |
|---|---|---|---|---|---|---|---|---|---|---|---|
| | 占5岁以下儿童百分比 | 每千名活产儿 | 每10万名活产儿(模型估计) | 每千名15—19岁少女生育数 | 占15—49岁人口的百分比 | 占相应年龄组百分比 | 占15—24岁人口的百分比 | 占15岁及其以上人口百分比 | 无报酬家庭劳动者和自营工作者占总就业百分比 | 占总劳动力百分比 | 占总数百分比 |
| | 2007–13[a] | 2013 | 2013 | 2013 | 2013 | 2009–13[a] | 2005–13[a] | 2013 | 2009–13[a] | 2013 | 2009–13[a] |
| 尼日利亚 | 31.0 | 117 | 560 | 118 | 3.2 | 76 | 66 | 56 | .. | 8 | .. |
| 北马里亚纳群岛 | .. | .. | .. | .. | .. | .. | .. | .. | .. | .. | .. |
| 挪威 | .. | 3 | 4 | 7 | .. | 99 | .. | 65 | 5 | 4 | 31 |
| 阿曼 | 8.6 | 11 | 11 | 10 | .. | 104 | 98 | 65 | .. | 8 | .. |
| 巴基斯坦 | 31.6 | 86 | 170 | 27 | <0.1 | 73 | 71 | 54 | .. | 5 | .. |
| 帕劳 | .. | 18 | .. | .. | .. | 83[b] | 100 | .. | .. | .. | .. |
| 巴拿马 | 3.9 | 18 | 85 | 77 | 0.7 | 96[b] | 98 | 66 | 29 | 4 | 46 |
| 巴布亚新几内亚 | 27.9 | 61 | 220 | 61 | 0.7 | 78 | 71 | 72 | .. | 2 | .. |
| 巴拉圭 | .. | 22 | 110 | 66 | 0.4 | 86 | 99 | 70 | 43 | 5 | 32 |
| 秘鲁 | 3.5 | 17 | 89 | 50 | 0.4 | 93 | 99 | 76 | 46 | 4 | 30 |
| 菲律宾 | 20.2 | 30 | 120 | 46 | .. | 91 | 98 | 65 | 40 | 7 | .. |
| 波兰 | .. | 5 | 3 | 12 | .. | 95 | 100 | 57 | 18 | 10 | 38 |
| 葡萄牙 | .. | 4 | 8 | 12 | .. | .. | 99 | 60 | 17 | 17 | 33 |
| 波多黎各 | .. | .. | 20 | 47 | .. | .. | 99 | 43 | .. | 14 | .. |
| 卡塔尔 | .. | 8 | 6 | 9 | .. | .. | 99 | 87 | 0 | 1 | 12 |
| 罗马尼亚 | .. | 12 | 33 | 31 | 0.1 | 94 | 99 | 57 | 31 | 7 | 31 |
| 俄罗斯 | .. | 10 | 24 | 26 | .. | 97 | 100 | 64 | .. | 6 | .. |
| 卢旺达 | 11.7 | 52 | 320 | 32 | 2.9 | 59 | 77 | 86 | .. | 1 | .. |
| 萨摩亚 | .. | 18 | 58 | 28 | .. | 102 | 100 | 42 | 38 | .. | 36 |
| 圣马力诺 | .. | 3 | .. | .. | .. | 93 | .. | .. | .. | .. | .. |
| 圣多美和普林西比 | 14.4 | 51 | 210 | 63 | 0.6 | 104 | 80 | 61 | .. | .. | 24 |
| 沙特阿拉伯 | .. | 16 | 16 | 10 | .. | 108 | 99 | 55 | .. | 6 | 7 |
| 塞内加尔 | 16.8 | 55 | 320 | 92 | 0.5 | 61[b] | 66 | 77 | 58 | 10 | .. |
| 塞尔维亚 | 1.8[b] | 7 | 16 | 17 | <0.1 | 99 | 99 | 52 | 29 | 22 | 33 |
| 塞舌尔 | .. | 14 | .. | 56 | .. | .. | 99 | .. | .. | .. | .. |
| 塞拉利昂 | 18.1 | 161 | 1,100 | 98 | 1.6 | 71 | 63 | 67 | .. | 3 | .. |
| 新加坡 | .. | 3 | 6 | 6 | .. | .. | 100 | 68 | 9 | 3 | 34 |
| 圣马丁岛 | .. | .. | .. | .. | .. | .. | .. | .. | .. | .. | .. |
| 斯洛伐克 | .. | 7 | 7 | 15 | .. | 95 | .. | 60 | 12 | 14 | 31 |
| 斯洛文尼亚 | .. | 3 | 7 | 1 | .. | 101 | 100 | 58 | 14 | 10 | 38 |
| 所罗门群岛 | 11.5 | 30 | 130 | 64 | .. | 86 | .. | 66 | .. | 4 | .. |
| 索马里 | .. | 146 | 850 | 107 | 0.5 | .. | .. | 56 | .. | 7 | .. |
| 南非 | 8.7 | 44 | 140 | 49 | 19.1 | .. | 99 | 52 | 10 | 25 | 31 |
| 南苏丹 | 27.6 | 99 | 730 | 72 | 2.2 | 37 | .. | .. | .. | .. | .. |
| 西班牙 | .. | 4 | 4 | 10 | 0.4 | 102 | 100 | 59 | 13 | 27 | 30 |
| 斯里兰卡 | 26.3 | 10 | 29 | 17 | <0.1 | 97 | 98 | 55 | 43 | 4 | 28 |
| 圣基茨和尼维斯 | .. | 10 | .. | .. | .. | 90 | .. | .. | .. | .. | .. |
| 圣卢西亚 | 2.8 | 15 | 34 | 55 | .. | .. | .. | 69 | .. | .. | .. |
| 圣马丁 | .. | .. | .. | .. | .. | .. | .. | .. | .. | .. | .. |
| 圣文森特和格林纳丁斯 | .. | 19 | 45 | 54 | .. | 107 | .. | 67 | .. | .. | .. |
| 苏丹 | .. | 77 | 360 | 80 | 0.2 | 57 | 88 | 54 | .. | 15 | .. |
| 苏里南 | 5.8 | 23 | 130 | 34 | 0.9 | 85 | 98 | 55 | .. | 8 | 36 |
| 斯威士兰 | 5.8 | 80 | 310 | 69 | 27.4 | 78 | 94 | 57 | .. | 23 | .. |
| 瑞典 | .. | 3 | 4 | 6 | .. | 102 | .. | 64 | 7 | 8 | 35 |
| 瑞士 | .. | 4 | 6 | 2 | 0.4 | 97 | .. | 68 | 9 | 4 | 33 |
| 叙利亚 | 10.1 | 15 | 49 | 41 | .. | 64 | 96 | 44 | 33 | 11 | 9 |
| 塔吉克斯坦 | 13.3 | 48 | 44 | 41 | 0.3 | 98[b] | 100 | 68 | 47 | 11 | .. |

| | 儿童营养不良、体重不足患病率<br>占5岁以下儿童百分比<br>2007–13[a] | 5岁以下儿童死亡率<br>每千名活产儿<br>2013 | 孕产妇死亡率<br>每10万名活产儿(模型估计)<br>2013 | 青春期女性生育率<br>每千名15—19岁少女生育数<br>2013 | 艾滋病患病率<br>占15—49岁人口的百分比<br>2013 | 初等教育完成率<br>占相应年龄组百分比<br>2009–13[a] | 青年识字率<br>占15—24岁人口的百分比<br>2005–13[a] | 劳动力参与率<br>占15岁及其以上人口百分比<br>2013 | 弱势群体就业率<br>无报酬家庭劳动者和自营工作者占总就业百分比<br>2009–13[a] | 失业率<br>占总劳动力百分比<br>2013 | 女性议员、高级官员和管理者<br>占总数百分比<br>2009–13[a] |
|---|---|---|---|---|---|---|---|---|---|---|---|
| 坦桑尼亚 | 13.6 | 52 | 410 | 121 | 5.0 | 76 | 75 | 89 | 74 | 4 | .. |
| 泰国 | 9.2 | 13 | 26 | 40 | 1.1 | .. | 97 | 72 | 56 | 1 | 25 |
| 东帝汶 | 45.3 | 55 | 270 | 50 | .. | 71 | 80 | 38 | 70 | 4 | 10 |
| 多哥 | 16.5 | 85 | 450 | 89 | 2.3 | 81 | 80 | 81 | .. | 7 | .. |
| 汤加 | .. | 12 | 120 | 17 | .. | 100 | 99 | 64 | .. | .. | .. |
| 特立尼达和多巴哥 | .. | 21 | 84 | 34 | 1.7 | 95 | 100 | 64 | .. | 6 | .. |
| 突尼斯 | 2.3 | 15 | 46 | 4 | <0.1 | 98 | 97 | 48 | 29 | 13 | .. |
| 土耳其 | 1.9 | 19 | 20 | 29 | .. | 101 | 99 | 49 | 31 | 10 | 10 |
| 土库曼斯坦 | .. | 55 | 61 | 17 | .. | .. | 100 | 62 | .. | 11 | .. |
| 特克斯和凯科斯群岛 | .. | .. | .. | .. | .. | .. | .. | .. | .. | .. | .. |
| 图瓦卢 | 1.6 | 29 | .. | .. | .. | 80 | .. | .. | .. | .. | .. |
| 乌干达 | 14.1 | 66 | 360 | 122 | 7.4 | 54 | 87 | 78 | .. | 4 | .. |
| 乌克兰 | .. | 10 | 23 | 25 | 0.8 | 110 | 100 | 59 | 18 | 8 | 38 |
| 阿拉伯联合酋长国 | .. | 8 | 8 | 27 | .. | 111 | 95 | 80 | 1 | 4 | .. |
| 英国 | .. | 5 | 8 | 26 | 0.3 | .. | .. | 62 | 12 | 8 | 34 |
| 美国 | 0.5 | 7 | 28 | 30 | .. | .. | .. | 63 | .. | 7 | .. |
| 乌拉圭 | 4.5 | 11 | 14 | 58 | 0.7 | 104 | 99 | 66 | 22 | 7 | 44 |
| 乌兹别克斯坦 | .. | 43 | 36 | 37 | 0.2 | 92 | 100 | 62 | .. | 11 | .. |
| 瓦努阿图 | 11.7 | 17 | 86 | 44 | .. | 84 | 95 | 71 | 70 | .. | 29 |
| 委内瑞拉 | 2.9 | 15 | 110 | 82 | 0.6 | 96 | 99 | 65 | 30 | 8 | .. |
| 越南 | 12.0 | 24 | 49 | 29 | 0.4 | 97 | 97 | 78 | 63 | 2 | .. |
| 美属维尔京群岛 | .. | .. | .. | 48 | .. | .. | .. | 63 | .. | .. | .. |
| 西岸和加沙 | 1.4[b] | 22 | 47 | 45 | .. | 93 | 99 | 41 | 26 | 23 | .. |
| 也门 | 35.5 | 51 | 270 | 46 | <0.1 | 70 | 87 | 49 | 30 | 17 | 5 |
| 赞比亚 | 14.9 | 87 | 280 | 122 | 12.5 | 84 | 64 | 79 | .. | 13 | .. |
| 津巴布韦 | 11.2[b] | 89 | 470 | 58 | 15.0 | 92 | 91 | 87 | .. | 5 | .. |
| **世界整体** | **15.0 w** | **46 w** | **210 w** | **45 w** | **0.8 w** | **92 w** | **89 w** | **63 w** | **.. w** | **6 w** | |
| 低收入国家 | 21.4 | 76 | 440 | 92 | 2.3 | 71 | 72 | 76 | .. | 5 | |
| 中等收入国家 | 15.8 | 43 | 170 | 40 | .. | 96 | 91 | 63 | .. | 6 | |
| 中低收入国家 | 24.4 | 59 | 240 | 46 | 0.7 | 92 | 83 | 58 | 68 | 5 | |
| 中高收入国家 | 2.7 | 20 | 57 | 32 | .. | 102 | 99 | 67 | .. | 6 | |
| 低收入和中等收入国家 | 17.0 | 50 | 230 | 49 | 1.2 | 91 | 88 | 64 | .. | 6 | |
| 东亚及太平洋地区 | 5.2 | 20 | 75 | 20 | .. | 105 | 99 | 71 | .. | 5 | |
| 欧洲及中亚 | 1.6 | 23 | 28 | 29 | .. | 99 | 99 | 57 | 28 | 10 | |
| 拉丁美洲及加勒比地区 | 2.8 | 18 | 87 | 68 | 0.5 | 95 | 98 | 67 | 32 | 6 | |
| 中东及北非 | 6.0 | 26 | 78 | 37 | 0.1 | 95 | 91 | 47 | .. | 13 | |
| 南亚 | 32.5 | 57 | 190 | 38 | 0.3 | 91 | 79 | 56 | 80 | 4 | |
| 撒哈拉以南非洲地区 | 21.0 | 92 | 510 | 106 | 4.5 | 70 | 70 | 70 | .. | 8 | |
| 高收入国家 | 0.9 | 6 | 17 | 18 | .. | 99 | .. | 61 | .. | 8 | |
| 欧元区 | .. | 4 | 7 | 6 | .. | 98 | 100 | 57 | 11 | 12 | |

a. 现有最近年份数据。b. 2014 年数据。

## 关于数据

本章的许多指标在世界发展指标数据库中可按性别、居住地、财富及年龄分类查找，但由于篇幅有限，未能在表中一一列出。

### 儿童营养不良

良好的营养是生存、健康和发展的基石。营养好的儿童在学校表现更好，成年后更健康，也能给他们自己的孩子一个更好的人生开端。营养好的妇女在怀孕和分娩中面对的风险更小，她们的孩子也能开启更坚实的身心发展之路。营养不良的孩子对传染病的抵抗力较弱，更可能死于常见的儿童疾病，如腹泻和呼吸系统感染等。经常生病的人，身体的营养状况会越来越差，从而进入反复患病、成长缓慢的恶性循环。

体重不足儿童的比例是最常用于衡量儿童营养不良的指标。即使是轻度的体重不足也会增加死亡风险，抑制儿童的认知发展。而且，该问题会通过代际遗传。例如，营养不良的女性更有可能生出出生体重较低的婴儿。对儿童体重不足患病率的估值来自于世界卫生组织（WHO）关于儿童成长和营养不良的国际数据库。该数据库是各国营养普查所获得的儿童成长及营养不良数据的标准化汇编。为了更好地监测全球儿童的营养不良状况，联合国儿童基金会（UNICEF）、世界卫生组织和世界银行共同运用统一的数据库和加总算法，得出不同地区、不同收入群体和全世界的 2011 年的估值及自 1990 年以来的发展趋势。

### 5 岁以下儿童死亡率

儿童和其他人群的死亡率是衡量健康状况的重要指标。当无法获得疾病发病率和患病率数据时，死亡率可以用于识别弱势群体，而且也是用来比较各国社会经济发展情况的最常用指标之一。

死亡率的主要来源是人口动态登记系统和基于抽样调查或普查的直接或间接估算。一个完整的人口动态登记系统至少覆盖 90% 有关人口的重要事件，是特定年龄死亡率最好的数据来源。但是，完整的人口动态登记系统在发展中国家并不常见。因此，必须根据抽样调查进行估算，或把间接估值技术运用到登记、普查或调查数据上（参见“原始数据文档”）。调查数据可能会有记忆性偏差。

为了使估算具有可比性，并确保不同机构估算的一致性，由联合国儿童基金会、世界卫生组织、联合国人口司、世界银行、高校和科研机构组成的联合国儿童死亡率估算机构间小组，开发使用了一种利用所有可用信息来调和分歧的统计方法。运用参考数据，拟合一个国家特定的死亡率回归模型，可以获得趋势线（关于儿童死亡率估算的进一步讨论，请参阅联合国机构间儿童死亡率估算（2014）；更多详细背景数据和图形演示，请登录 www. childmortality. org）。

### 孕产妇死亡率

孕产妇死亡率的测定会受到各类错误的影响。在没有完整人口动态登记系统的国家，可能不会报告育龄妇女的死亡或者怀孕状况，或无法知道其死亡原因。即使在具有可靠人口动态登记系统的高收入国家，对产妇死亡情况的误判，也已致使严重低估了孕产妇死亡率。通过询问受访者其姐妹存活状况的调查和普查，可以估计孕妇的死亡率。但这是回顾性的，指向调查前大约五年的时期，可能会受到记忆偏差的影响。此外，它们还反映与妊娠有关的死亡（怀孕期间或者 42 天之内终止妊娠的死亡，不论死亡的原因），需要进行调整以符合孕产妇死亡的严格定义。

表中的孕产妇死亡率是以世界卫生组织、联合国儿童基金会、联合国人口基金会（UNFPA）和世界银行的估算结果以及国家级的时间序列数据为基础进行的建模估算。对于没有完整登记数据但是有其他类型数据的国家以及没有数据的国家，孕产妇死亡率是通过多元回归模型，运用现有的孕产妇死亡率数据，以及包括生育、接生人员和国内生产总值在内的社会经济信息来估算的。这种方法与先前估算所用的方法不同，因此这里给出的数据不能进行跨版本比较。

### 青春期生育率

生殖健康是指与生殖系统及其功能和过程有关的一种身体和精神健康状态。实现生殖健康的方法包括怀孕和分娩过程中的教育和服务、安全有效的避孕以及预防和治疗性传播疾病。怀孕和分娩过程中的并发症是导致发展中国家育龄妇女死亡和残疾的首要原因。

青春期女性怀孕对母亲和孩子来说都风险都很高，更有可能导致早产、出生体重偏低、分娩并发症和死亡等。许多少女因意外怀孕，但这些年轻的女孩可能会放弃教育和工作机会继续怀孕，或者进行并不安全的堕胎。青少年生育率估算是在人口动态登记系统基础上进行的。在缺乏该系统时，普查或者抽样调查一般被认为是可靠的测定方法。如果没有关于特定年龄生育率的实证信息，我们用模型来对青少年生育率进行估算。对于没有人口动态登记系统的国家，一般根据早年的普查或调查中观察到的趋势来推算生育率。

### 艾滋病患病率

艾滋病患病率反映了各国人口的艾滋病感染率。但是低患病率可能会产生误导。因为它们往往掩饰了那种最初集中于某些地区或人群，然后可能威胁到更广泛人群的流行情况。在许多发展中国家，大多数新的感染往往发生在青年人群身上，其中年轻女性更易患病。

艾滋病患病率的数据来自关于艾滋病的联合国联合计划。对数据估算程序及假设的修改以及更好的国际合作均改进了估值结果。定期更新的模型充分利用了关于艾滋病患病趋势的调查和监测数据信息，对艾滋病病毒流行的过程及其影响进行了跟踪。模型考虑到接受抗逆转录病毒治疗人群传染性的降低（对艾滋病的流行有很大影响，可以使艾滋病病毒呈阳性人群存活的时间更长），也考虑到城市化广义传染病的影响（这一点非常重要，因为城市地区患病率较高，而且很多国家过去二十年中城市化进程都在加快）。估算也包括合理的界限，参见 http://data.worldbank.org，反映出了每项估算的必然性。

### 初等教育完成率

许多国家的政府都会发布关于其教育系统如何运行和发展的统计信息。包括录取人数、毕业人数、财力和人力资源，以及复读率、师生比例和群体进步等效率指标在内的统计数据。初等教育完成率根据初等教育最后一年的总招生率来计算，是衡量教育体系表现的核心指标。它反映了教育体系的覆盖率和学生的受教育程度。是实现千年发展目标和全民教育的关键。

该指标反映了各国按照《国际教育标准分类》（ISCED2001）界定的初等教育周期，通常为六年（范围为四到七年）。其应被视为实际初等教育完成率的估算上限。这是因为数据存在局限性，没有根据最后一学年退学的学生人数进行调整。

有很多原因导致初等教育完成率超过100%。分子可能包括推迟入学者、在初等教育阶段重复上了一个或多个年级的超龄儿童以及提早入学的儿童；而分母则是初等教育最后一年级的适龄儿童。

### 青年识字率

15—24岁的青年识字率是衡量学生受教育情况的标准指标。它通过在过去十年左右获得基本识字和算数能力的人口比重，来反映初等教育的累积成果。

常用识字率统计将人口分为两类——识字的人和文盲。大量这方面的数据有助于监测全球实现普及识字的发展进程。但是，在实践中，识字率很难衡量。对识字率进行估算，需要在可控的环境下进行普查或调查。许多国家通过人们自己报告的情况来估算识字率。一些国家用教育完成情况作为替代变量，但会考虑受教育年限的不同或完成程度的不同。由于不同国家数据收集的定义和方法有差别，应谨慎使用各类数据。一般来说，识字率也包含计算能力，即进行简单的算术运算。

青年识字率的数据由联合国教科文组织统计研究所整理，这些数据基于1975—2012年间各国所进行的普查或家庭调查；对于那些没有近期识字率数据的国家，则采用全球特定年龄段识字率预测模型。详情可登录 www.uis.unesco.org。

### 劳动参与率

劳动力是指经济体中可以生产产品和提供服务的劳工。包括目前被雇佣、没有被雇佣但正在寻找工作以及首次寻找工作的人。但并不包括所有参加工作的人，通常不包括无薪酬的工人、家庭劳动者和学生。一些国家也不将军队人数计算在内。劳动力的规模随季节性工人的加入和离开而变化。

国际劳工组织通过劳动力调查、普查，企业进行的普查和调查，以及国家政府的记录（例如职业介绍所登记和失业保险计划）进行劳动力数据汇编。劳动力调查是国际上可比劳动力数据最全面的来源；来自人口普查的劳动力数据通常基于个人经济状况相关的几个有限问题，因而可研究的余地很小；企业的普查和调查仅限于就业人口，而不考虑失业工人、小企业工人以及非正式部门的工人（国际劳工组织，《劳动力市场关键指标2001—2002》）。

除了数据来源，还有其他重要因素会影响数据的可比性，例如普查和调查的基础时间段、工作年龄的定义和地理覆盖面等。关于国家层面的数据来源、基础时间段或定义，见世界发展指标数据库的脚注或第八版世界劳工组织劳动力市场关键指标数据库。

表格中劳动参与率的估值来自第八版世界劳工组织劳动力市场关键指标数据库。这些调和估值采用严格的数据选择标准和强化方法，以保证跨国、跨时间的可比性，从而避免以上提到的不一致。估值主要基于劳动力调查，只有在没有可获得的调查数据的情况下才使用其他数据来源（人口普查和国家记录）。由于其他就业数据主要由国家来估计，在比较劳动参与率和别的就业数据时需要注意。

### 弱势群体就业率

无报酬的家庭劳动者和自佣工在总就业人数中的比例来自于就业状态信息。每一个群体都面临着不同的经济风险，但无报酬家庭劳动者和自佣工最为危险，即最可能陷入贫穷。他们几乎不可能有正式的工作协议、没有能抵御经济冲击的社会保护和保障、通常也没有足够的储蓄来抵消这些冲击。如果一个国家无报酬家庭劳动者比例较高，则意味着发展缓慢、就业增长很少，而且一般农村经济占比较大。

弱势群体就业率的数据来自劳动力和一般家庭样本调查、普查和官方估计。除了在计算劳动参与率提及的局限性之外，还有其他原因限制了数据的可比性。例如经济合作与发展组织提供的信息只与国民就业相关，这可能低估了“雇员”和“不按身份分类的工人”，尤其是在那些拥有庞大军队的国家。虽然无报酬家庭劳动者和自佣工的分类不受影响，但他们的相对份额会受到影响。

**失业率**

国际劳工组织将失业定义为失业人口占经济活动人口的比重。经济活动人口包括当前没有工作但仍能工作且正在寻找工作的人，包括已经失去工作和自己辞职的人。一些失业是不可避免的。在任何时候，总有一些人会暂时失去工作——雇主在寻找更适合的工人，工人也在寻找更好的工作。这些失业通常被称为摩擦性失业，是劳动力市场正常运行的结果。

失业随时间的变化可以反映劳动力供需情况的变化，它们也可能反映实际报告的变化。在没有失业救济或福利救济的国家，人们在脆弱的就业环境中勉强维持生活；而在安全保障网高度发达的国家，工人可以等待更有吸引力、更令人满意的岗位。但是，持续的高失业率也反映出资源配置的严重失效。

如何界定正在寻找工作的人，对待暂时被解雇或第一次寻找工作的人，不同国家的处理方法不同。在许多发展中国家，很难衡量农业中的失业和就业人口。调查的时间可能将农业中季节性失业的影响最大化。由于难以追踪非正式部门的活动，也很难量化他们的就业情况。

失业数据来自于劳动力样本调查、一般家庭样本调查、普查和官方估计。政府的记录，例如社会保险统计和就业办公室的统计并不包含在内，因为它们的覆盖面存在局限性。

由于一系列原因，女性可能被排除在失业统计之外。女性遭受到更多歧视，以及更多来自结构性、社会性和文化上的壁垒，从而阻碍了她们寻找工作。同时，女性负责照顾孩子、老人和家庭事务，她们在较短的基础时间内可能无法进行工作。女性进行兼职或短暂工作也可能被认为是就业，尽管这些工作并不稳定，或者她们正在积极寻找更有保障的工作。

**女性议员、高级官员和管理人员**

尽管近几十年来取得了许多进展，性别不平等现象在生活中的许多领域仍然存在，且在发展中国家最为普遍。教育、医疗、营养和政治权利方面的不平等与福利、生产力和经济增长息息相关，因而影响很大。不平等现象在儿童时期就已经显现，例如男孩通常比女孩享有更好的教育和医疗条件。女性在议员、高级官员和管理人员等高级岗位中的比重，大体表明了女性在劳动力和社会中的地位和角色。虽然近期有改善的迹象，但女性仍然很难获得政府中具有决策权的岗位。

关于女性议员、高级官员和管理人员的数据是基于不同职业就业率的估计。职业是根据1988年国际标准职业分类进行划分的。数据主要来自于从劳动力调查，以其他家庭调查、人口普查以及官方估算作为部分补充。将武装部队包含在内时国家应采取不同的方法。武装部队是一个非常大的独立群体，但在一些国家他们被划分在近似的平民职业或未分类工人中。国家层面上关于分类、来源、基准期及定义的信息，请参阅世界发展指标数据库的脚注或第八版国际劳工组织劳动力市场关键指标数据库。

**定义**

**儿童营养不良、体重不足患病率**是指5岁以下儿童中体重低于0—59个月国际参考体重中位数超过两个标准差的儿童所占的百分比。数据基于世界卫生组织（WHO）在2006年发布的儿童成长标准。**5岁以下儿童死亡率**是指规定年份出生的儿童，在年满5岁前死亡的概率。但应以当年死亡率为准。这一概率表示为每千名活产儿的比率。**孕产妇死亡率，模型估计**是指每10万例活产儿中从妊娠开始到产后42天内因与妊娠有关的各种原因而导致的孕产妇死亡人数。**青少年生育率**是指每千名15—19岁女性的生育数量。**艾滋病患病率**是指相应年龄组中感染艾滋病毒人口的百分比。**初等教育完成率**，即初等教育最后一年总招生率，是指在初等教育最后一年级新入学的人数（注册人数减去重修人数）除以人口中法定入学年龄儿童人数。数据的局限性在于未根据最后一年中辍学的学生人数进行调整。**青年识字率**是指15—24岁人口中能够在日常生活中理解和读写简单论述的人口占比。**劳动力参与率**是指在特定基础时间段因为工作或找工作而活跃在劳动力市场的15岁及以上人口的比重。**弱势群体就业率**是指就业人口中未被支付报酬的家庭劳动者和自佣工的比重。**失业率**是指劳动力中没有工作但可以获得工作并且正在寻找工作的人口比重。劳动力和失业的定义在不同国家可能有所不同。**女性议员、高级官员和管理人员**是指议员、高级官员和管理人员中女性的比重（国际职业分类-88类1）。

**数据来源**

有关儿童营养不良的数据来自于世界卫生组织关于儿童成长和营养不良的全球数据库（www. who. int/nutgrowthdb）。5岁以下儿童死亡率来自联合国儿童死亡率估算机构间小组（www. childmortality. org），主要基于家庭调查、普查和生命登记数据。孕产妇死亡率的模型估计来自于联合国孕产妇死亡率估计跨机构工作组（www. who. int/reproductivehealth/publications/monitoring/maternal - mortality - 2013）。青少年生育率的数据来自于联合国人口司（2013），年度数据用世界银行发展数据组的插值替换得出。艾滋病患病率数据来自联合国艾滋病规划署（2014）。初等教育完成率和识字率数据来自联合国教科文组织统计机构（www. uis. unesco. org）。劳动参与率，弱势群体就业率，失业率以及女性立法者、高级官员和管理人员的数据来自于第 8 版国际劳工组织劳动力市场关键指标数据库。

**参考文献**


Amin, Mohammad, and Asif Islam. 2014. "Are There More Female Managers in the Retail Sector? Evidence from Survey Data in Developing Countries." Policy Research Working Paper 6843. World Bank, Washington, DC.

ILO (International Labour Organization).Various years. *Key Indicators of the Labour Market.* Geneva: International Labour Office.

UNAIDS (Joint United Nations Programme on HIV/AIDS). 2014. *The Gap Report.* [www.unaids.org/en/resources/campaigns/2014/2014gapreport/gapreport/]. Geneva.

UNICEF (United Nations Children's Fund), WHO (World Health Organization), and the World Bank. 2014. *2013 Joint Child Malnutrition Estimates - Levels and Trends.* New York: UNICEF. [www.who.int/nutgrowthdb/estimates2013/].

UN Inter-agency Group for Child Mortality Estimation. 2014. *Levels and Trends in Child Mortality: Report 2014.* [www.unicef.org/media/files/Levels_and_Trends_in_Child_Mortality_2014.pdf]. New York.

United Nations Population Division. 2013. *World Population Prospects: The 2012 Revision.* [http://esa.un.org/unpd/wpp/Documentation/publications.htm]. New York: United Nations, Department of Economic and Social Affairs.

WHO (World Health Organization), UNICEF (United Nations Children's Fund), UNFPA (United Nations Population Fund), World Bank, and United Nations Population Division. 2014. *Trends in Maternal Mortality: 1990 to 2013.* [www.who.int/reproductivehealth/publications/monitoring/maternal-mortality-2013/]. Geneva: WHO.

World Bank. 2014. Global Database of Shared Prosperity. [http://www.worldbank.org/en/topic/poverty/brief/global-database-of-shared-prosperity]. Washington, DC.

## 在线表格和指标

若要获取《世界发展指标》在线表格，请使用网址 http://wdi.worldbank.org/table/和表格编号（例如，http://wdi.worldbank.org/table/2.1）。若要查看特定在线指标，请使用网址 http://data.worldbank.org/indicator/和指标编码（例如，http://data.worldbank.org/Indicator/SP.POP.TOTL）。

### 2.1 人口动态

| | |
|---|---|
| 人口 ♀♂ | SP.POP.TOTL |
| 人口增长率 | SP.POP.GROW |
| 0—14 岁的人口 ♀♂ | SP.POP.0014.TO.ZS |
| 15—64 岁的人口 ♀♂ | SP.POP.1564.TO.ZS |
| 65 岁之上的人口 ♀♂ | SP.POP.65UP.TO.ZS |
| 抚养比率，青年 | SP.POP.DPND.YG |
| 抚养比率，老年 | SP.POP.DPND.OL |
| 原始死亡率 | SP.DYN.CDRT.IN |
| 原始出生率 | SP.DYN.CBRT.IN |

### 2.2 劳动率结构

| | |
|---|---|
| 劳动力参与率，男性 ♀♂ | SL.TLF.CACT.MA.ZS |
| 劳动力参与率，女性 ♀♂ | SL.TLF.CACT.FE.ZS |
| 劳动力，总数 ♀♂ | SL.TLF.TOTL.IN |
| 劳动力，年均增长率 | ..[a,b] |
| 劳动力，女性 ♀♂ | SL.TLF.TOTL.FE.ZS |

### 2.3 各部门就业情况

| | |
|---|---|
| 农业，男性 ♀♂ | SL.AGR.EMPL.MA.ZS |
| 农业，女性 ♀♂ | SL.AGR.EMPL.FE.ZS |
| 工业，男性 ♀♂ | SL.IND.EMPL.MA.ZS |
| 工业，女性 ♀♂ | SL.IND.EMPL.FE.ZS |
| 服务业，男性 ♀♂ | SL.SRV.EMPL.MA.ZS |
| 服务业，女性 ♀♂ | SL.SRV.EMPL.FE.ZS |

### 2.4 体面工作与生产性就业

| | |
|---|---|
| 就业率，总数 ♀♂ | SL.EMP.TOTL.SP.ZS |
| 就业率，青年♀♂ | SL.EMP.1524.SP.ZS |
| 弱势群体就业率，男性 ♀♂ | SL.EMP.VULN.MA.ZS |
| 弱势群体就业率，女性 ♀♂ | SL.EMP.VULN.FE.ZS |
| 就业人口人均 GDP | SL.GDP.PCAP.EM.KD |

### 2.5 失业率

| | |
|---|---|
| 失业率，男性 ♀♂ | SL.UEM.TOTL.MA.ZS |
| 失业率，女性 ♀♂ | SL.UEM.TOTL.FE.ZS |
| 青年失业率，男性 ♀♂ | SL.UEM.1524.MA.ZS |
| 青年失业率，女性 ♀♂ | SL.UEM.1524.FE.ZS |
| 长期失业率，总数 ♀♂ | SL.UEM.LTRM.ZS |
| 长期失业率，男性 ♀♂ | SL.UEM.LTRM.MA.ZS |
| 长期失业率，女性 ♀♂ | SL.UEM.LTRM.FE.ZS |
| 根据受教育程度划分的失业率，小学 ♀♂ | SL.UEM.PRIM.ZS |
| 根据受教育程度划分的失业率，中学 ♀♂ | SL.UEM.SECO.ZS |
| 根据受教育程度划分的失业率，大学 ♀♂ | SL.UEM.TERT.ZS |

### 2.6 童工

| | |
|---|---|
| 就业儿童，总数 ♀♂ | SL.TLF.0714.ZS |
| 就业儿童，男性 ♀♂ | SL.TLF.0714.MA.ZS |
| 就业儿童，女性 ♀♂ | SL.TLF.0714.FE.ZS |
| 只从事工作 ♀♂ | SL.TLF.0714.WK.ZS |
| 学习兼工作 ♀♂ | SL.TLF.0714.SW.ZS |
| 农业就业情况♀♂ | SL.AGR.0714.ZS |
| 制造业就业情况♀♂ | SL.MNF.0714.ZS |
| 服务业就业情况♀♂ | SL.SRV.0714.ZS |
| 自我雇佣者 ♀♂ | SL.SLF.0714.ZS |
| 带薪工作者 ♀♂ | SL.WAG.0714.ZS |
| 无报酬家庭劳动者 ♀♂ | SL.FAM.0714.ZS |

### 2.7 以国家贫困线衡量的贫困率

| | |
|---|---|
| 贫困率，农村 | SI.POV.RUHC |
| 贫困率，城市 | SI.POV.URHC |
| 贫困率，国家 | SI.POV.NAHC |
| 贫困差距，农村 | SI.POV.RUGP |
| 贫困差距，城市 | SI.POV.URGP |
| 贫困差距，国家 | SI.POV.NAGP |

### 2.8 以国际贫困线衡量的贫困率

| | |
|---|---|
| 每天生活费用不足 1.25 美元的人口（经购买力平价换算的 2005 年美元） | SI.POV.DDAY |

| | |
|---|---|
| 在 1.25 美元/天的贫困线上的贫富差距（按 2005 年购买力平价） | SI. POV. 2DAY |
| 日生活费不足 2 美元的人口（按 2005 年购买力平价） | SI. POV. GAPS |
| 在 2 美元/天的贫困线上的贫困差距（按 2005 年购买力平价） | SI. POV. GAP2 |

**2.9 收入分配或消费分布**

| | |
|---|---|
| 基尼系数 | SI. POV. GINI |
| 收入或消费的份额，最低的 10% 人口 | SI. DST. FRST. 10 |
| 收入或消费的份额，最低的 20% 人口 | SI. DST. FRST. 20 |
| 收入或消费的份额，第二个 20% 人口 | SI. DST. 02ND. 20 |
| 收入或消费的份额，第三个 20% 人口 | SI. DST. 03RD. 20 |
| 收入或消费的份额，第四个 20% 人口 | SI. DST. 04TH. 20 |
| 收入或消费的份额，最高的 20% 人口 | SI. DST. 05TH. 20 |
| 收入或消费的份额，最高的 10% 人口 | SI. DST. 10TH. 10 |

**2.9.2 共同富裕**

| | |
|---|---|
| 人均平均消费或收入年增长情况，最低的 40% 人口 | SI. SPR. PC40. ZG |
| 人均平均消费或收入年增长情况，总人口 | SI. SPR. PCAP. ZG |
| 人均平均消费或收入，最低的 40% 人口 | SI. SPR. PC40 |
| 人均平均消费或收入，总人口 | SI. SPR. PCAP |

**2.10 教育投入**

| | |
|---|---|
| 学生人均公共支出，小学 | SE. XPD. PRIM. PC. ZS |
| 学生人均公共支出，中学 | SE. XPD. SECO. PC. ZS |
| 学生人均公共支出，大学 | SE. XPD. TERT. PC. ZS |
| 教育公共支出，占 GDP 的百分比 | SE. XPD. TOTL. GD. ZS |
| 教育公共支出，占政府总支出的百分比 | SE. XPD. TOTL. GB. ZS |
| 经培训的小学教师♀♂ | SE. PRM. TCAQ. ZS |
| 小学师生比率 | SE. PRM. ENRL. TC. ZS |

**2.11 受教育情况**

| | |
|---|---|
| 学前教育总入学率 ♀♂ | SE. PRE. ENRR |
| 小学总入学率 ♀♂ | SE. PRM. ENRR |
| 中学总入学率 ♀♂ | SE. SEC. ENRR |
| 大学总入学率 ♀♂ | SE. TER. ENRR |
| 小学净入学率 ♀♂ | SE. PRM. NENR |
| 中学净入学率 ♀♂ | SE. SEC. NENR |
| 调整后的小学净入学率，男性 ♀♂ | SE. PRM. TENR. MA |
| 调整后的小学净入学率，女性 ♀♂ | SE. PRM. TENR. FE |
| 小学适龄儿童失学，男性 ♀♂ | SE. PRM. UNER. MA |
| 小学适龄儿童失学，女性 ♀♂ | SE. PRM. UNER. FE |

**2.12 教育效率**

| | |
|---|---|
| 小学一年级总入学率，男性 ♀♂ | SE. PRM. GINT. MA. ZS |
| 小学一年级总入学率，女性 ♀♂ | SE. PRM. GINT. FE. ZS |
| 留存率，读到 5 年级，男性 ♀♂ | SE. PRM. PRS5. MA. ZS |
| 留存率，读到 5 年级，女性 ♀♂ | SE. PRM. PRS5. FE. ZS |
| 留存率，读到小学最后一年级，男性 ♀♂ | SE. PRM. PRSL. MA. ZS |
| 留存率，读到小学最后一年级，女性 ♀♂ | SE. PRM. PRSL. FE. ZS |
| 小学复读人数，男性 ♀♂ | SE. PRM. REPT. MA. ZS |
| 小学复读人数，女性 ♀♂ | SE. PRM. REPT. FE. ZS |
| 中学升学率，男性 ♀♂ | SE. SEC. PROG. MA. ZS |
| 中学升学率，女性 ♀♂ | SE. SEC. PROG. FE. ZS |

**2.13 毕业率及教育成果**

| | |
|---|---|
| 小学毕业率，总数 ♀♂ | SE. PRM. CMPT. ZS |
| 小学毕业率，男性 ♀♂ | SE. PRM. CMPT. MA. ZS |
| 小学毕业率，女性 ♀♂ | SE. PRM. CMPT. FE. ZS |
| 青年识字率，男性 ♀♂ | SE. ADT. 1524. LT. MA. ZS |
| 青年识字率，女性 ♀♂ | SE. ADT. 1524. LT. FE. ZS |
| 成年人识字率，男性 ♀♂ | SE. ADT. LITR. MA. ZS |
| 成年人识字率，女性 ♀♂ | SE. ADT. LITR. FE. ZS |

**2.14 收入和性别引起的教育差距**

| | |
|---|---|
| 本表提供了最贫困的 1/5 人口、最富裕的 1/5 人口的教育调查数据。 | . . b |

**2.15　医疗卫生体系**

| | |
|---|---|
| 医疗卫生总支出 | SH. XPD. TOTL. ZS |
| 公共医疗卫生支出 | SH. XPD. PUBL |
| 自付医疗卫生支出 | SH. XPD. OOPC. TO. ZS |
| 用于医疗卫生的外部资源 | SH. XPD. EXTR. ZS |
| 人均医疗卫生支出，美元 | SH. XPD. PCAP |
| 人均医疗卫生支出，PPP 换算的美元 | SH. XPD. PCAP. PP. KD |
| 医生数 | SH. MED. PHYS. ZS |
| 护士和接生员数 | SH. MED. NUMW. P3 |
| 社区医疗卫生工作者数 | SH. MED. CMHW. P3 |
| 病床数 | SH. MED. BEDS. ZS |
| 出生登记的完整性 | SP. REG. BRTH. ZS |

**2.16　疾病防治的范围和质量**

| | |
|---|---|
| 改善的水源可获得性 | SH. H2O. SAFE. ZS |
| 改善的医疗卫生设施可获得性 | SH. STA. ACSN |
| 儿童免疫接种率，麻疹 | SH. IMM. MEAS |
| 儿童免疫接种率，白喉、百日咳、破伤风 | SH. IMM. IDPT |
| 得到医疗保健服务的患急性呼吸道感染儿童 | SH. STA. ARIC. ZS |
| 得到连续口服补液盐的患痢疾儿童 | SH. STA. ORCF. ZS |
| 在经处理过的蚊帐内睡眠的儿童 | SH. MLR. NETS. ZS |
| 服用疟疾药物的发烧儿童 | SH. MLR. TRET. ZS |
| 肺结核治愈率 | SH. TBS. CURE. ZS |
| 肺结核诊断率 | SH. TBS. DTEC. ZS |

**2.17　生殖健康**

| | |
|---|---|
| 总生育率 | SP. DYN. TFRT. IN |
| 青春期女性生育率 | SP. ADO. TFRT |
| 意外怀孕的女性 | SP. UWT. TFRT |
| 避孕普及率 | SP. DYN. CONU. ZS |
| 接受产前护理的孕妇 | SH. STA. ANVC. ZS |
| 在熟练医护人员护理下的分娩 | SH. STA. BRTC. ZS |
| 孕产妇死亡率，国家估计数 | SH. STA. MMRT. NE |
| 孕产妇死亡率，模型估计数 | SH. STA. MMRT |
| 孕产妇死亡的终身风险 | SH. MMR. RISK |

**2.18　营养与成长**

| | |
|---|---|
| 营养不良患病率 | SN. ITK. DEFC. ZS |
| 体重不足患病率，男性 ♀♂ | SH. STA. MALN. MA. ZS |
| 体重不足患病率，女性 ♀♂ | SH. STA. MALN. FE. ZS |
| 发育迟缓患病率，男性 ♀♂ | SH. STA. STNT. MA. ZS |
| 发育迟缓患病率，女性 ♀♂ | SH. STA. STNT. FE. ZS |
| 瘦弱患病率，男性 ♀♂ | SH. STA. WAST. MA. ZS |
| 瘦弱患病率，女性 ♀♂ | SH. STA. WAST. FE. ZS |
| 严重消瘦患病率，男性 ♀♂ | SH. SVR. WAST. MA. ZS |
| 严重消瘦患病率，女性 ♀♂ | SH. SVR. WAST. FE. ZS |
| 儿童超重患病率，男性 ♀♂ | SH. STA. OWGH. MA. ZS |
| 儿童超重患病率，女性 ♀♂ | SH. STA. OWGH. FE. ZS |

**2.19　营养摄取和补给**

| | |
|---|---|
| 出生时体重不足的婴儿 | SH. STA. BRTW. ZS |
| 完全母乳喂养 | SH. STA. BFED. ZS |
| 食用加碘盐的比例 | SN. ITK. SALT. ZS |
| 维生素 A 补充率 | SN. ITK. VITA. ZS |
| 5 岁以下儿童贫血患病率 | SH. ANM. CHLD. ZS |
| 孕妇贫血患病率 | SH. PRG. ANEM |

**2.20　健康风险因素与未来挑战**

| | |
|---|---|
| 吸烟率，男性 ♀♂ | SH. PRV. SMOK. MA |
| 吸烟率，女性 ♀♂ | SH. PRV. SMOK. FE |
| 肺结核患病率 | SH. TBS. INCD |
| 糖尿病患病率 | SH. STA. DIAB. ZS |
| 艾滋病患病率，总计 | SH. DYN. AIDS. ZS |
| 女性占 15 岁以上感染人数的百分比 ♀♂ | SH. DYN. AIDS. FE. ZS |
| 艾滋病患病率，青年男性 ♀♂ | SH. HIV. 1524. MA. ZS |
| 艾滋病患病率，青年女性 ♀♂ | SH. HIV. 1524. FE. ZS |
| 抗逆转录病毒治疗范围 | SH. HIV. ARTC. ZS |
| 传染性疾病、孕育期疾病、围产期疾病和营养状况导致的死亡 | SH. DTH. COMM. ZS |
| 非传染性疾病导致的死亡 | SH. DTH. NCOM. ZS |
| 伤害导致的死亡 | SH. DTH. INJR. ZS |

**2.21　死亡率**

| | |
|---|---|
| 出生时的预期寿命 ♀♂ | SP. DYN. LE00. IN |
| 新生儿死亡率 | SH. DYN. NMRT |
| 婴儿死亡率 | SP. DYN. IMRT. IN |
| 5 岁以下儿童死亡率，总数 ♀♂ | SH. DYN. MORT |
| 5 岁以下儿童死亡率，男性 ♀♂ | SH. DYN. MORT. MA |
| 5 岁以下儿童死亡率，女性 ♀♂ | SH. DYN. MORT. FE |
| 成人死亡率，男性 ♀♂ | SP. DYN. AMRT. MA |
| 成人死亡率，女性 ♀♂ | SP. DYN. AMRT. FE |

**2.22　收入带来的健康差距**

| | |
|---|---|
| 本表提供了最贫困的 1/5 人口、最富裕的 1/5 人口的健康调查数据。 | .. b |

♀♂ 在《世界发展指标》数据库中，可以获取按性别分类的数据。

a. 取自《世界发展指标》数据库外的数据。

b. 可以在线获得数据表的一部分，但不能获得单个指标。

# 环境

3

世界银行旨在促进可持续发展所制订的消除极端贫困以及促进共同富裕的目标都要求有效使用环境资源。世界能否维持自身的发展，很大程度上取决于能否合理管理其自然资源。“环境”一章中的各个指标用来衡量资源的使用情况以及人类活动对自然环境及建成环境的影响。其中包括对环境产品（森林、水及耕地）及环境恶化（污染、森林砍伐、栖息地缩小和丧失生物多样性）的衡量。这些指标显示出日益增长的人口和经济扩张已越来越依赖于对土地、水、森林、矿产和能源的需求。

经济的增长与能源的大量应用呈正相关系——电力和能源对提高人民生活水平至关重要。但是经济增长经常给环境带来负面影响，对穷人的冲击也更为明显。认识到这一点，世界银行加入了联合国的“人人享有可持续能源”行动，呼吁政府、企业及社会团体到2030年实现以下三个目标。首先，向大众普遍提供电力和清洁烹饪燃料。其次，将世界能源供给中来自可再生资源的比例翻倍。第三，将能源利用效率翻倍。本章提供了很多与能源及排放相关的指标，其中的数据涵盖了电力普及率、能源使用及效率、电力生产及使用以及温室气体排放等方面。这些数据来自于世界不同的来源。

家庭及周围环境的空气污染给人们的健康带来了巨大的压力。全世界大约有40%的人还在依靠粪便、木材、农作物废料、煤及其他固体燃料来满足基本能源需求。以前对全球由空气污染造成的疾病负担评估仅局限于城市地区，或是采用粗略的浓度空间分辨率来估算的。近几年由于遥感技术以及全球化学传输模式的发展，以及表面测量范围的增加，促使实现了几乎完善的全球空气污染浓度空间分辨率估算。今年在“环境”一章中将介绍有关最新的全球对暴露在周围污染空气中的估算情况。包括人口加权暴露在年均细颗粒物（PM2.5）浓度中的情况以及暴露在周围PM2.5浓度超过世界卫生组织参考浓度环境中的人口比例。这些估算由健康指标与评估研究所全球疾病负担研究小组提供，取代了有关城市地区PM10污染的数据。

本章中其他指标还涵盖了土地利用、农业和粮食生产、森林和生物多样性、濒危物种、水资源、气候变化、冲击敞口、弹性、城市化、交通拥堵、空气污染、自然资源租金等方面。这些指标来自于国际来源并经过标准化处理，以便进行国家间的比较。但生态系统跨越国界，不同国家获得的自然资源可能会有所不同。例如，水资源在一个国家的某些地区可能很丰富，但在其他地区则很稀缺，而且国家之间经常共享相同的水资源。温室气体排放和气候变化是在全球范围内进行测量的，但其影响则仅仅由当地人民承担。

## 自1990年后，农业产出增长高于人口增长

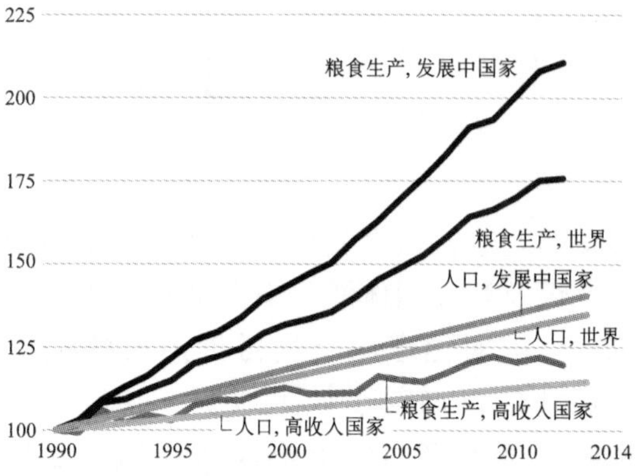


资料来源：在线表格3.3。

自1990年后，所有地区及国别收入组的粮食生产都超过了人口增长速度。发展中经济体的超出速度尤其可观，特别是位于撒哈拉以南非洲地区和中亚及太平洋地区的发展中经济体，都高于高收入经济体。同期，发展中国家的谷物种植面积达到了21%。撒哈拉以南非洲地区的国家将谷物种植面积增加了49%，到2013年达到了1亿公顷。根据世界银行的预测，2050年地球人口将达到95亿左右，比今天的人口数量多20亿。其中大部分人将居住在城市，而绝大多数要以来农村面积来供养。满足日益增长的粮食需求需要更有效地使用农业投入以及将更多土地用于粮食生产。但是土地的密集使用及耕种可能会导致环境进一步恶化。

## 拉丁美洲及加勒比地区和撒哈拉以南非洲地区的濒危物种数量最多

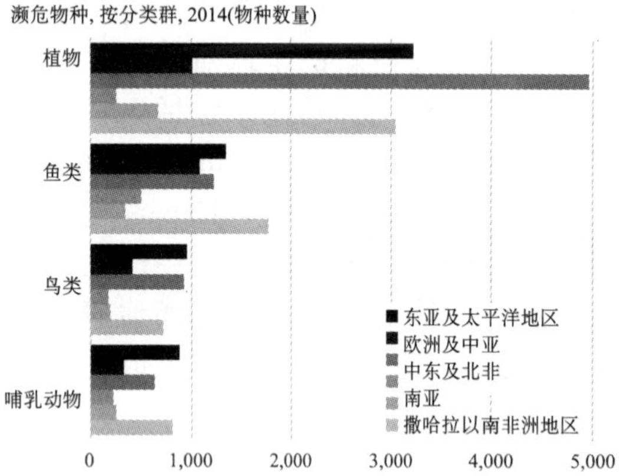


资料来源：国际自然保护联盟濒危物种红色名录及在线表格3.4。

随着对生物多样性的威胁不断升级，国际社会越来越关注对多样性的保护。濒危物种的数量成为衡量该地区迫切保护需求的重要指标。国际自然保护联盟濒危物种红色名录中大约有7.4万个濒危物种，但是全球已展开的对濒危物种现状的分析仅针对了以下几个生物群：对众所周知的物种的现状评估仅研究了哺乳动物（不包括鲸鱼和海豚）、鸟类（仅列出了生产和过冬所在地区的情况）及两栖动物。东亚及太平洋地区已经成为哺乳动物和鸟类濒危物种最多的地区；撒哈拉以南非洲地区濒危鱼类物种的数量最多；拉丁美洲及加勒比地区植物濒危物种的数量最多。

## 在低收入国家，农业用水占总数的90%

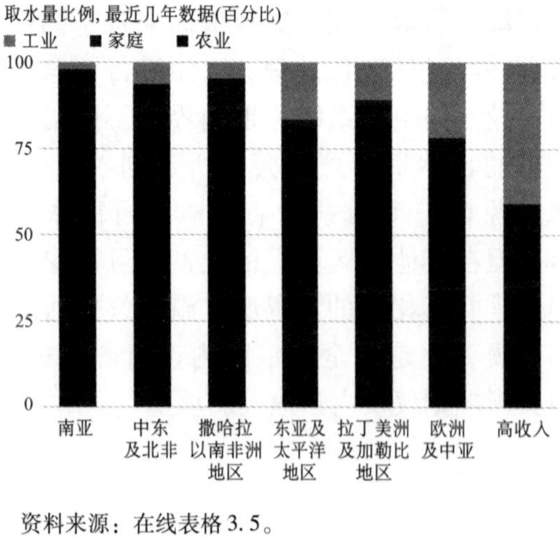


资料来源：在线表格3.5。

水对经济增长和发展至关重要，对陆地及水系的存在也至关重要。农业使用了70%多取自湖泊、河流、以及地下的水资源。低收入国家中90%的水都用于灌溉。地球水量约为14亿立方千米，只有3.1%，也就是4,300万为新鲜水。由于不断增加的需求，全球人均新鲜水供应量在过去的45年中已经减少了近一半。随着水需求的不断增加，越来越多的人面临水带来的压力（每年每人不足1,700立方米）。发展中国家地区中，大部分国家的人都面临长期广泛的水资源匮乏问题。

## 84%的人口遭受的空气污染超出世界卫生组织指导值

在世界上很多地区遭受的空气污染都在以令人担忧的速度不断加重，而且空气污染也成为对健康的主要环境威胁。2010 年，全世界人口中有 84% 的人所生活的地区周围直径小于 2.5 微米的细颗粒物（PM2.5）浓度超过世界卫生组织公布的空气质量指导值——每立方米 10 微克（年平均值，WHO2006）。根据《2010 年全球疾病负担报告》，2010 年 PM2.5 环境污染导致 320 万例早产儿死亡。空气污染同样会导致付出可观的经济代价和拖发展的后腿。对于发展中国家尤其如此。自 1990 年后，发展中国家面临的污染日益严重。东亚及太平洋地区以及南亚地区污染增长最大。就全球而言，人口加权 PM2.5 接触浓度从 1990 年到 2010 年增加了 10%。

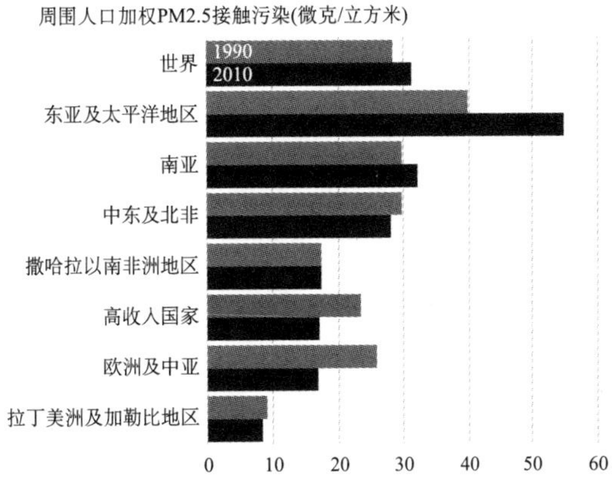


资料来源：在线表格 3. 13。

## 仍有 25 亿人口无法使用到改良后的卫生设施

在过去二十年中，发展中国家的卫生服务得到了改善。1990 年，在发展中国家仅有 35% 的人能使用抽水马桶或其他改良后的卫生设施。到 2012 年，这一数字上升到 57%。但是仍有 25 亿人不能使用到改良后的卫生设施，农村的情况尤其糟糕。在发展中国家，仅有 43% 的农村人口能够使用到改良后的卫生设施。东亚及太平洋地区进展最为显著，从 1990 年后，能够使用到改良后的卫生设施人数几乎翻了一番，为 8.5 亿多人口提供了基本的卫生设施，其中大部分是在中国。这一成绩非常令人瞩目。但是在该地区仍有 42% 的农村人口缺乏能令人接受的卫生设施，而且本国内各地区以及国家间的差异也很大。

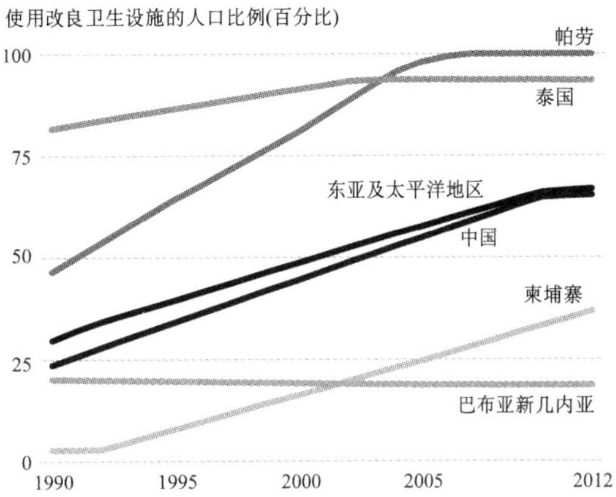


资料来源：在线表格 3. 12。

## 自然资源租金占撒哈拉以南非洲地区 GDP 的 17%

在很多国家，来自于自然资源，尤其是化石燃料和矿藏的收入占当地 GDP 的比例非常可观。其中大部分的形式为经济租金——高于提取自然资源成本的收入。自然资源提高了经济租金，因为它什么也不生产。对来自不可再生资源的租金以及来自过度采伐森林产生的租金表明了一个国家资金储备的流动情况。如果一个国家用这些租金支持当前的消费，而不是用对新资本的投资来代替已经使用过的，那么实际上他们在向未来借贷。中东及北非（占 GDP 的 27% 多）和撒哈拉以南非洲地区（占近 17%）最依赖这些收入的。

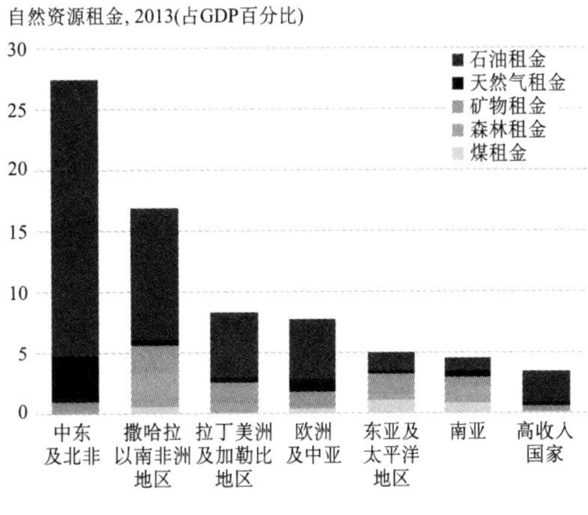


资料来源：在线表格 3. 15。

# 重点关注

**生物多样性是指地球上生命的多样性，**包括植物和动物物种多样性，每种物种的遗传变异型以及不同生态系统的多样性。地球的生物多样性是这个星球上的生命经过几百万年进化的结果。两个物种最丰富的生态系统是热带雨林和珊瑚礁。热带雨林面临的主要威胁来自于将土地转作他用。而珊瑚礁则正在遭受日益严重的过度开采和污染。生物多样性的压力主要来自经济发展和相关的需求。目前已制订了很多国际公约来保护濒危物种。保护栖息地最常用的方法是建立保护区，如国家公园等。在过去三十年中，保护区的总面积获得了稳定提高。

保护区

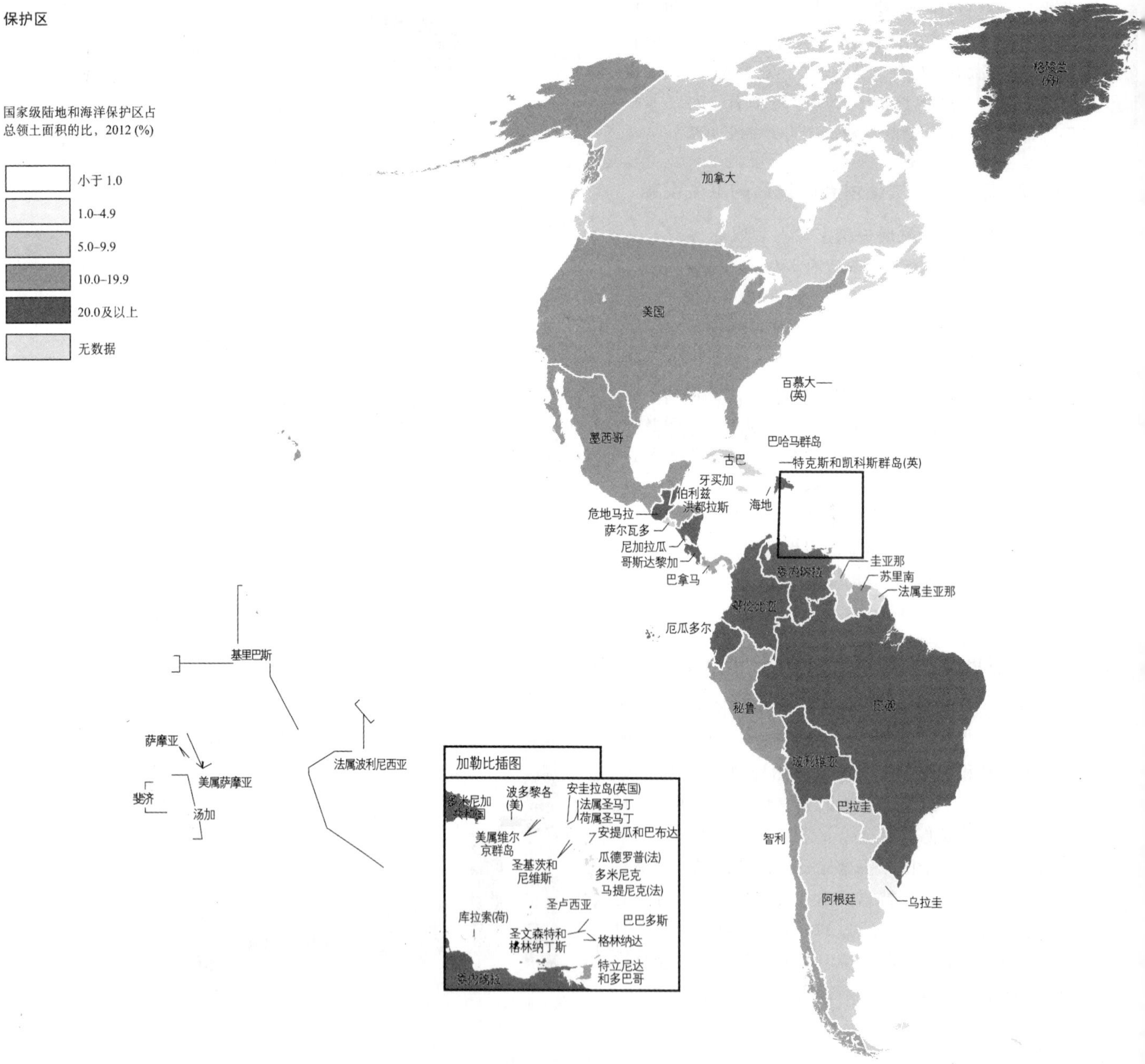

过去二十年里，世界森林面积减少了 1.42 亿公顷——相当于 1.72 亿个足球场。

保护森林和其他陆地及海洋面积有助于保护植物和动物栖息地及物种的多样性。

截至 2012 年，超过世界陆地面积的 14% 及海洋面积的 12% 已经受到保护。均比 1990 年提高了近 6 个百分点。

拉丁美洲及加勒比地区和撒哈拉以南非洲地区是所有发展中国家地区里保护区面积比例最大的。

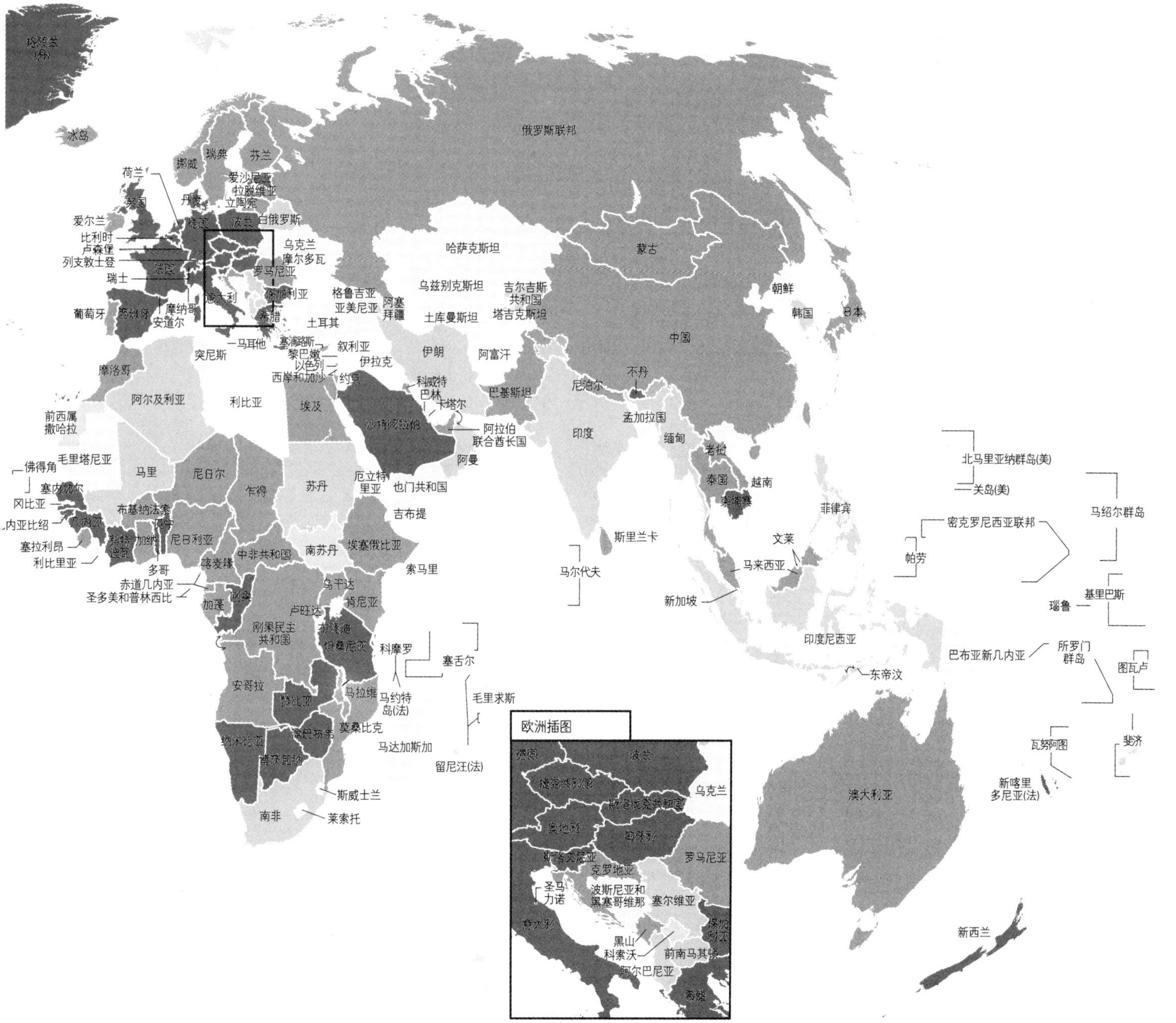

# 3 环 境

| | 森林面积减少[a] | 国家保护区 | 可再生内陆淡水资源[b] | 获得改善的水资源 | 获得改善的卫生防疫设施 | 城市人口 | 颗粒物浓度 | 二氧化碳排放量 | 能源使用量 | 发电量 |
|---|---|---|---|---|---|---|---|---|---|---|
| | 年均百分比 | 陆地和海洋保护区占领土面积的百分比 | 人均立方米 | 占总人口的百分比 | 占总人口的百分比 | 年均增长百分比 | 每立方米中10微米以下的颗粒物的毫克数(以城市人口为权重) | 百万吨 | 人均千克石油当量 | 10亿千瓦时 |
| | 2000-10 | 2012 | 2013 | 2012 | 2012 | 2012-13 | 2010 | 2010 | 2011 | 2011 |
| 阿富汗 | 0.00 | 0.4 | 1,543 | 64 | 29 | 4.0 | 24 | 8.2 | .. | .. |
| 阿尔巴尼亚 | -0.10 | 9.5 | 9,284 | 96 | 91 | 1.8 | 14 | 4.3 | 748 | 4.2 |
| 阿尔及利亚 | 0.57 | 7.4 | 287 | 84 | 95 | 2.8 | 22 | 123.5 | 1,108 | 51.2 |
| 美属萨摩亚群岛 | 0.19 | 16.8 | .. | 100 | 63 | 0.0 | .. | .. | .. | .. |
| 安道尔 | 0.00 | 9.8 | 3,984 | 100 | 100 | 0.5 | 13 | 0.5 | .. | .. |
| 安哥拉 | 0.21 | 12.1 | 6,893 | 54 | 60 | 5.0 | 11 | 30.4 | 673 | 5.7 |
| 安提瓜和巴布达 | 0.20 | 1.2 | 578 | 98 | *91* | -1.0 | 17 | 0.5 | .. | .. |
| 阿根廷 | 0.81 | 6.6 | 7,045 | 99 | 97 | 1.0 | 5 | 180.5 | 1,967 | 129.6 |
| 亚美尼亚 | 1.48 | 8.1 | 2,304 | 100 | 91 | 0.0 | 19 | 4.2 | 916 | 7.4 |
| 阿鲁巴岛 | 0.00 | 0.0 | .. | 98 | 98 | -0.2 | .. | 2.3 | .. | .. |
| 澳大利亚 | 0.37 | 15.0 | 21,272 | 100 | 100 | 1.9 | 6 | 373.1 | 5,501 | 252.6 |
| 奥地利 | -0.13 | 23.6 | 6,486 | 100 | 100 | 0.6 | 13 | 66.9 | 3,935 | 62.2 |
| 阿塞拜疆 | 0.00 | 7.4 | 862 | 80 | 82 | 1.7 | 17 | 45.7 | 1,369 | 20.3 |
| 巴哈马 | 0.00 | 1.0 | 53 | 98 | 92 | 1.5 | 13 | 2.5 | .. | .. |
| 巴林 | -3.55 | 6.8 | 3 | 100 | 99 | 1.1 | 49 | 24.2 | 7,353 | 13.8 |
| 孟加拉国 | 0.18 | 4.2 | 671 | 85 | 57 | 3.6 | 31 | 56.2 | 205 | 44.1 |
| 巴巴多斯 | 0.00 | 0.1 | 281 | 100 | .. | 0.1 | 19 | 1.5 | .. | .. |
| 白俄罗斯 | -0.43 | 8.3 | 3,930 | 100 | 94 | 0.6 | 11 | 62.2 | 3,114 | 32.2 |
| 比利时 | -0.16 | 24.5 | 1,073 | 100 | 100 | 0.5 | 19 | 108.9 | 5,349 | 89.0 |
| 伯利兹 | 0.67 | 26.4 | 45,978 | 99 | 91 | 1.9 | 6 | 0.4 | .. | .. |
| 贝宁 | 1.04 | 25.5 | 998 | 76 | 14 | 3.7 | 22 | 5.2 | 385 | 0.2 |
| 百慕大 | 0.00 | 5.1 | .. | .. | .. | 0.3 | .. | 0.5 | .. | .. |
| 不丹 | -0.34 | 28.4 | 103,456 | 98 | 47 | 3.7 | 22 | 0.5 | .. | .. |
| 玻利维亚 | 0.50 | 20.8 | 28,441 | 88 | 46 | 2.3 | 6 | 15.5 | 746 | 7.2 |
| 波斯尼亚-黑塞哥维那 | 0.00 | 1.5 | 9,271 | 100 | 95 | 0.2 | 12 | 31.1 | 1,848 | 15.3 |
| 博茨瓦纳 | 0.99 | 37.2 | 1,187 | 97 | 64 | 1.3 | 5 | 5.2 | 1,115 | 0.4 |
| 巴西 | 0.50 | 26.0 | 28,254 | 98 | 81 | 1.2 | 5 | 419.8 | 1,371 | 531.8 |
| 文莱 | 0.44 | 29.6 | 20,345 | .. | .. | 1.8 | 5 | 9.2 | 9,427 | 3.7 |
| 保加利亚 | -1.53 | 35.4 | 2,891 | 100 | 100 | -0.1 | 17 | 44.7 | 2,615 | 50.0 |
| 布基纳法索 | 1.01 | 15.2 | 738 | 82 | 19 | 5.9 | 27 | 1.7 | .. | .. |
| 布隆迪 | 1.40 | 4.9 | 990 | 75 | 48 | 5.6 | 11 | 0.3 | .. | .. |
| 佛得角 | -0.36 | 0.2 | 601 | 89 | 65 | 2.1 | 43 | 0.4 | .. | .. |
| 柬埔寨 | 1.34 | 23.8 | 7,968 | 71 | 37 | 2.7 | 17 | 4.2 | 365 | 1.1 |
| 喀麦隆 | 1.05 | 10.9 | 12,267 | 74 | 45 | 3.6 | 22 | 7.2 | 318 | 6.0 |
| 加拿大 | 0.00 | 7.0 | 81,071 | 100 | 100 | 1.4 | 10 | 499.1 | 7,333 | 636.9 |
| 开曼群岛 | 0.00 | 1.5 | .. | 96 | 96 | 1.5 | .. | 0.6 | .. | .. |
| 中非共和国 | 0.13 | 18.0 | 30,543 | 68 | 22 | 2.6 | 19 | 0.3 | .. | .. |
| 乍得 | 0.66 | 16.6 | 1,170 | 51 | 12 | 3.4 | 33 | 0.5 | .. | .. |
| 海峡群岛 | .. | 0.5 | .. | .. | .. | 0.7 | .. | .. | .. | .. |
| 智利 | -0.25 | 15.0 | 50,228 | 99 | 99 | 1.1 | 8 | 72.3 | 1,940 | 65.7 |
| 中国 | -1.57 | 16.1 | 2,072 | 92 | 65 | 2.9 | 73 | 8,286.9 | 2,029 | 4,715.7 |
| 中国香港 | .. | 41.9 | .. | .. | .. | 0.5 | .. | 36.3 | 2,106 | 39.0 |
| 中国澳门 | .. | .. | .. | .. | .. | 1.7 | .. | 1.0 | .. | .. |
| 哥伦比亚 | 0.17 | 20.8 | 46,977 | 91 | 80 | 1.7 | 5 | 75.7 | 671 | 61.8 |
| 科摩罗 | 9.34 | 4.0 | 1,633 | *95* | *35* | 2.7 | 5 | 0.1 | .. | .. |
| 刚果民主共和国 | 0.20 | 12.0 | 13,331 | 47 | 31 | 4.0 | 15 | 3.0 | 383 | 7.9 |
| 刚果共和国 | 0.07 | 30.4 | 49,914 | 75 | 15 | 3.2 | 14 | 2.0 | 393 | 1.3 |

| | 森林面积减少[a] | 国家保护区 | 可再生内陆淡水资源[b] | 获得改善的水资源 | 获得改善的卫生防疫设施 | 城市人口 | 颗粒物浓度 | 二氧化碳排放量 | 能源使用量 | 发电量 |
|---|---|---|---|---|---|---|---|---|---|---|
| | 年均百分比 | 陆地和海洋保护区占领土面积的百分比 | 人均立方米 | 占总人口的百分比 | 占总人口的百分比 | 年均增长百分比 | 每立方米中10微米以下的颗粒物的毫克数(以城市人口为权重) | 百万吨 | 人均千克石油当量 | 10亿千瓦时 |
| | 2000-10 | 2012 | 2013 | 2012 | 2012 | 2012-13 | 2010 | 2010 | 2011 | 2011 |
| 哥斯达黎加 | −0.93 | 22.6 | 23,193 | 97 | 94 | 2.7 | 8 | 7.8 | 983 | 9.8 |
| 科特迪瓦 | −0.15 | 22.2 | 3,782 | 80 | 22 | 3.8 | 15 | 5.8 | 579 | 6.1 |
| 克罗地亚 | −0.19 | 10.3 | 8,859 | 99 | 98 | 0.2 | 14 | 20.9 | 1,971 | 10.7 |
| 古巴 | −1.66 | 9.9 | 3,384 | 94 | 93 | 0.1 | 7 | 38.4 | 992 | 17.8 |
| 库拉索岛 | .. | .. | .. | .. | .. | 1.0 | .. | .. | .. | .. |
| 塞浦路斯 | −0.09 | 17.1 | 684 | 100 | 100 | 0.9 | 19 | 7.7 | 2,121 | 4.9 |
| 捷克共和国 | −0.08 | 22.4 | 1,251 | 100 | 100 | 0.0 | 16 | 111.8 | 4,138 | 86.8 |
| 丹麦 | −1.14 | 23.6 | 1,069 | 100 | 100 | 0.6 | 12 | 46.3 | 3,231 | 35.2 |
| 吉布提 | 0.00 | 0.2 | 344 | 92 | 61 | 1.6 | 27 | 0.5 | .. | .. |
| 多米尼克 | 0.58 | 3.7 | .. | .. | .. | 0.9 | 18 | 0.1 | .. | .. |
| 多米尼加共和国 | 0.00 | 20.8 | 2,019 | 81 | 82 | 2.6 | 9 | 21.0 | 727 | 13.0 |
| 厄瓜多尔 | 1.81 | 37.0 | 28,111 | 86 | 83 | 1.9 | 6 | 32.6 | 849 | 20.3 |
| 埃及 | −1.73 | 11.3 | 22 | 99 | 96 | 1.7 | 33 | 204.8 | 978 | 156.6 |
| 萨尔瓦多 | 1.45 | 8.7 | 2,465 | 90 | 71 | 1.4 | 5 | 6.2 | 690 | 5.8 |
| 赤道几内亚 | 0.69 | 15.1 | 34,345 | .. | .. | 3.1 | 7 | 4.7 | .. | .. |
| 厄立特里亚 | 0.28 | 3.8 | 442 | .. | .. | 5.2 | 25 | 0.5 | 129 | 0.3 |
| 爱沙尼亚 | 0.12 | 23.2 | 9,643 | 99 | 95 | −0.5 | 7 | 18.3 | 4,221 | 12.9 |
| 埃塞俄比亚 | 1.08 | 18.4 | 1,296 | 52 | 24 | 4.9 | 15 | 6.5 | 381 | 5.2 |
| 法罗群岛 | 0.00 | 1.0 | .. | .. | .. | 0.4 | .. | 0.7 | .. | .. |
| 斐济 | −0.34 | 6.0 | 32,404 | 96 | 87 | 1.4 | 5 | 1.3 | .. | .. |
| 芬兰 | 0.14 | 15.2 | 19,673 | 100 | 100 | 0.6 | 5 | 61.8 | 6,449 | 73.5 |
| 法国 | −0.39 | 28.7 | 3,033 | 100 | 100 | 0.7 | 14 | 361.3 | 3,869 | 556.9 |
| 法属玻利尼西亚 | −3.97 | 0.1 | .. | 100 | 97 | 0.9 | .. | 0.9 | .. | .. |
| 加蓬 | 0.00 | 19.1 | 98,103 | 92 | 41 | 2.7 | 6 | 2.6 | 1,253 | 1.8 |
| 冈比亚 | −0.41 | 4.4 | 1,622 | 90 | 60 | 4.3 | 36 | 0.5 | .. | .. |
| 格鲁吉亚 | 0.09 | 3.7 | 12,955 | 99 | 93 | 0.2 | 12 | 6.2 | 790 | 10.2 |
| 德国 | 0.00 | 49.0 | 1,327 | 100 | 100 | 0.6 | 16 | 745.4 | 3,811 | 602.4 |
| 加纳 | 2.08 | 14.4 | 1,170 | 87 | 14 | 3.4 | 18 | 9.0 | 425 | 11.2 |
| 希腊 | −0.81 | 21.5 | 5,260 | 100 | 99 | −0.1 | 17 | 86.7 | 2,402 | 59.2 |
| 格陵兰 | 0.00 | 40.6 | .. | 100 | 100 | −0.1 | .. | 0.6 | .. | .. |
| 格林纳达 | 0.00 | 0.3 | .. | 97 | 98 | 0.3 | 15 | 0.3 | .. | .. |
| 关岛 | 0.00 | 5.3 | .. | 100 | 90 | 1.5 | .. | .. | .. | .. |
| 危地马拉 | 1.40 | 29.8 | 7,060 | 94 | 80 | 3.4 | 12 | 11.1 | 691 | 8.1 |
| 几内亚 | 0.54 | 26.8 | 19,242 | 75 | 19 | 3.8 | 22 | 1.2 | .. | .. |
| 几内亚比绍 | 0.48 | 27.1 | 9,388 | 74 | 20 | 4.2 | 31 | 0.2 | .. | .. |
| 圭亚那 | 0.00 | 5.0 | 301,396 | 98 | 84 | 0.8 | 6 | 1.7 | .. | .. |
| 海地 | 0.76 | 0.1 | 1,261 | 62 | 24 | 3.8 | 11 | 2.1 | 320 | 0.7 |
| 洪都拉斯 | 2.06 | 16.2 | 11,196 | 90 | 80 | 3.2 | 7 | 8.1 | 609 | 7.1 |
| 匈牙利 | −0.62 | 23.1 | 606 | 100 | 100 | 0.4 | 16 | 50.6 | 2,503 | 36.0 |
| 冰岛 | −4.99 | 13.3 | 525,074 | 100 | 100 | 1.1 | 6 | 2.0 | 17,964 | 17.2 |
| 印度 | −0.46 | 5.0 | 1,155 | 93 | 36 | 2.4 | 32 | 2,008.8 | 614 | 1,052.3 |
| 印度尼西亚 | 0.51 | 9.1 | 8,080 | 85 | 59 | 2.7 | 14 | 434.0 | 857 | 182.4 |
| 伊朗 | 0.00 | 7.0 | 1,659 | 96 | 89 | 2.1 | 30 | 571.6 | 2,813 | 239.7 |
| 伊拉克 | −0.09 | 0.4 | 1,053 | 85 | 85 | 2.7 | 30 | 114.7 | 1,266 | 54.2 |
| 爱尔兰 | −1.53 | 12.8 | 10,658 | 100 | 99 | 0.7 | 9 | 40.0 | 2,888 | 27.7 |
| 马恩岛 | 0.00 | .. | .. | .. | .. | 0.8 | .. | .. | .. | .. |
| 以色列 | −0.07 | 14.7 | 93 | 100 | 100 | 1.9 | 26 | 70.7 | 2,994 | 59.6 |

| | 森林面积减少[a] 年均百分比 2000–10 | 国家保护区 陆地和海洋保护区占领土面积的百分比 2012 | 可再生内陆淡水资源[b] 人均立方米 2013 | 获得改善的水资源 占总人口的百分比 2012 | 获得改善的卫生防疫设施 占总人口的百分比 2012 | 城市人口 年均增长百分比 2012–13 | 颗粒物浓度 每立方米中10微米以下的颗粒物的毫克数(以城市人口为权重) 2010 | 二氧化碳排放量 百万吨 2010 | 能源使用量 人均千克石油当量 2011 | 发电量 10亿千瓦时 2011 |
|---|---|---|---|---|---|---|---|---|---|---|
| 意大利 | –0.90 | 21.0 | 3,030 | 100 | .. | 1.3 | 19 | 406.3 | 2,819 | 300.6 |
| 牙买加 | 0.11 | 7.1 | 3,464 | 93 | 80 | 0.6 | 12 | 7.2 | 1,135 | 5.1 |
| 日本 | –0.05 | 11.0 | 3,377 | 100 | 100 | 0.5 | 22 | 1,170.7 | 3,610 | 1,042.7 |
| 约旦 | 0.00 | 0.0 | 106 | 96 | 98 | 2.5 | 29 | 20.8 | 1,143 | 14.6 |
| 哈萨克斯坦 | 0.17 | 3.3 | 3,777 | 93 | 98 | 1.3 | 13 | 248.7 | 4,717 | 86.6 |
| 肯尼亚 | 0.33 | 11.6 | 467 | 62 | 30 | 4.4 | 6 | 12.4 | 480 | 7.8 |
| 基里巴斯 | 0.00 | 20.2 | .. | 67 | 40 | 1.8 | 6 | 0.1 | .. | .. |
| 朝鲜 | 2.00 | 1.7 | 2,691 | 98 | 82 | 0.8 | 32 | 71.6 | 773 | 21.6 |
| 韩国 | 0.11 | 5.3 | 1,291 | 98 | 100 | 0.6 | 38 | 567.6 | 5,232 | 520.1 |
| 科索沃 | .. | .. | .. | .. | .. | .. | .. | .. | 1,411 | 5.8 |
| 科威特 | –2.57 | 12.9 | 0 | 99 | 100 | 3.6 | 50 | 93.7 | 10,408 | 57.5 |
| 吉尔吉斯共和国 | –1.07 | 6.3 | 8,555 | 88 | 92 | 2.2 | 16 | 6.4 | 562 | 15.2 |
| 老挝 | 0.49 | 16.7 | 28,125 | 72 | 65 | 4.9 | 22 | 1.9 | .. | .. |
| 拉脱维亚 | –0.34 | 17.6 | 8,317 | 98 | 79 | –1.2 | 9 | 7.6 | 2,122 | 6.1 |
| 黎巴嫩 | –0.45 | 0.5 | 1,074 | 100 | .. | 1.1 | 24 | 20.4 | 1,449 | 16.4 |
| 莱索托 | –0.47 | 0.5 | 2,521 | 81 | 30 | 3.1 | 6 | 0.0 | .. | .. |
| 利比里亚 | 0.67 | 2.4 | 46,576 | 75 | 17 | 3.2 | 9 | 0.8 | .. | .. |
| 利比亚 | 0.00 | 0.1 | 113 | .. | 97 | 1.0 | 37 | 59.0 | 2,186 | 27.6 |
| 列支敦士登 | 0.00 | 43.1 | .. | .. | .. | 0.5 | .. | .. | .. | .. |
| 立陶宛 | –0.68 | 17.2 | 5,261 | 96 | 94 | –1.1 | 10 | 13.6 | 2,406 | 4.2 |
| 卢森堡 | 0.00 | 39.7 | 1,840 | 100 | 100 | 2.7 | 13 | 10.8 | 8,046 | 2.6 |
| 前南斯拉夫马其顿共和国 | –0.41 | 7.3 | 2,563 | 99 | 91 | 0.1 | 17 | 10.9 | 1,484 | 6.9 |
| 马达加斯加 | 0.45 | 4.7 | 14,700 | 50 | 14 | 4.7 | 5 | 2.0 | .. | .. |
| 马拉维 | 0.97 | 18.3 | 986 | 85 | 10 | 3.7 | 5 | 1.2 | .. | .. |
| 马来西亚 | 0.54 | 13.9 | 19,517 | 100 | 96 | 2.7 | 13 | 216.8 | 2,639 | 130.1 |
| 马尔代夫 | 0.00 | .. | 87 | 99 | 99 | 4.5 | 16 | 1.1 | .. | .. |
| 马里 | 0.61 | 6.0 | 3,921 | 67 | 22 | 5.0 | 34 | 0.6 | .. | .. |
| 马耳他 | 0.00 | 2.2 | 119 | 100 | 100 | 1.1 | 21 | 2.6 | 2,060 | 2.2 |
| 马绍尔群岛 | 0.00 | 0.7 | .. | 95 | 76 | 0.5 | 8 | 0.1 | .. | .. |
| 毛里塔尼亚 | 2.66 | 1.2 | 103 | 50 | 27 | 3.5 | 65 | 2.2 | .. | .. |
| 毛里求斯 | 1.00 | 0.7 | 2,186 | 100 | 91 | –0.2 | 5 | 4.1 | .. | .. |
| 墨西哥 | 0.30 | 13.7 | 3,343 | 95 | 85 | 1.6 | 17 | 443.7 | 1,560 | 295.8 |
| 密克罗尼西亚联邦 | –0.04 | 0.1 | .. | 89 | 57 | 0.3 | 5 | 0.1 | .. | .. |
| 摩尔多瓦 | –1.77 | 3.8 | 281 | 97 | 87 | 0.0 | 14 | 4.9 | 936 | 5.8 |
| 摩纳哥 | 0.00 | 98.4 | .. | 100 | 100 | 0.7 | .. | .. | .. | .. |
| 蒙古 | 0.73 | 13.8 | 12,258 | 85 | 56 | 2.8 | 9 | 11.5 | 1,310 | 4.8 |
| 黑山 | 0.00 | 12.8 | .. | 98 | 90 | 0.3 | 16 | 2.6 | 1,900 | 2.7 |
| 摩洛哥 | –0.23 | 19.9 | 879 | 84 | 75 | 2.3 | 20 | 50.6 | 539 | 24.9 |
| 莫桑比克 | 0.54 | 16.4 | 3,883 | 49 | 21 | 3.3 | 5 | 2.9 | 415 | 16.8 |
| 缅甸 | 0.93 | 6.0 | 18,832 | 86 | 77 | 2.5 | 22 | 9.0 | 268 | 7.3 |
| 纳米比亚 | 0.97 | 42.6 | 2,674 | 92 | 32 | 4.2 | 4 | 3.2 | 717 | 1.4 |
| 尼泊尔 | 0.70 | 16.4 | 7,130 | 88 | 37 | 3.2 | 33 | 3.8 | 383 | 3.3 |
| 荷兰 | –0.14 | 31.5 | 655 | 100 | 100 | 1.1 | 19 | 182.1 | 4,638 | 113.0 |
| 新喀里多尼亚 | 0.00 | 30.5 | .. | 99 | 100 | 2.4 | .. | 3.9 | .. | .. |
| 新西兰 | –0.01 | 21.3 | 73,614 | 100 | .. | 0.8 | 6 | 31.6 | 4,144 | 44.5 |
| 尼加拉瓜 | 2.01 | 32.5 | 25,689 | 85 | 52 | 2.0 | 5 | 4.5 | 515 | 3.8 |
| 尼日尔 | 0.98 | 16.7 | 196 | 52 | 9 | 5.1 | 37 | 1.4 | .. | .. |

| | 森林面积减少[a]<br>年均百分比<br>2000–10 | 国家保护区<br>陆地和海洋保护区占领土面积的百分比<br>2012 | 可再生内陆淡水资源[b]<br>人均立方米<br>2013 | 获得改善的水资源<br>占总人口的百分比<br>2012 | 获得改善的卫生防疫设施<br>占总人口的百分比<br>2012 | 城市人口<br>年均增长百分比<br>2012–13 | 颗粒物浓度<br>每立方米中10微米以下的颗粒物的毫克数(以城市人口为权重)<br>2010 | 二氧化碳排放量<br>百万吨<br>2010 | 能源使用量<br>人均千克石油当量<br>2011 | 发电量<br>10亿千瓦时<br>2011 |
|---|---|---|---|---|---|---|---|---|---|---|
| 尼日利亚 | 3.67 | 13.8 | 1,273 | 64 | 28 | 4.7 | 27 | 78.9 | 721 | 27.0 |
| 北马里亚纳群岛 | 0.53 | 19.9 | .. | 98 | 80 | 1.0 | .. | .. | .. | .. |
| 挪威 | –0.80 | 12.2 | 75,194 | 100 | 100 | 1.6 | 4 | 57.2 | 5,681 | 126.9 |
| 阿曼 | 0.00 | 9.3 | 385 | 93 | 97 | 9.8 | 35 | 57.2 | 8,356 | 21.9 |
| 巴基斯坦 | 2.24 | 10.6 | 302 | 91 | 48 | 2.8 | 38 | 161.4 | 482 | 95.3 |
| 帕劳 | –0.18 | 28.2 | .. | 95 | 100 | 1.7 | .. | 0.2 | .. | .. |
| 巴拿马 | 0.36 | 14.1 | 35,350 | 94 | 73 | 2.1 | 5 | 9.6 | 1,085 | 7.9 |
| 巴布亚新几内亚 | 0.48 | 1.4 | 109,407 | 40 | 19 | 2.1 | 5 | 3.1 | .. | .. |
| 巴拉圭 | 0.97 | 6.4 | 17,200 | 94 | 80 | 2.1 | 4 | 5.1 | 739 | 57.6 |
| 秘鲁 | 0.18 | 18.3 | 54,024 | 87 | 73 | 1.7 | 10 | 57.6 | 695 | 39.2 |
| 菲律宾 | –0.75 | 5.1 | 4,868 | 92 | 74 | 1.3 | 7 | 81.6 | 426 | 69.2 |
| 波兰 | –0.31 | 34.8 | 1,392 | .. | .. | –0.2 | 16 | 317.3 | 2,629 | 163.1 |
| 葡萄牙 | –0.11 | 14.7 | 3,634 | 100 | 100 | 0.4 | 13 | 52.4 | 2,187 | 51.9 |
| 波多黎各 | –1.76 | 4.6 | 1,964 | .. | 99 | –1.1 | .. | .. | .. | .. |
| 卡塔尔 | 0.00 | 2.4 | 26 | 100 | 100 | 5.7 | 69 | 70.5 | 17,419 | 30.7 |
| 罗马尼亚 | –0.32 | 19.2 | 2,117 | .. | .. | –0.1 | 17 | 78.7 | 1,778 | 62.0 |
| 俄罗斯 | 0.00 | 11.3 | 30,056 | 97 | 71 | 0.3 | 10 | 1,740.8 | 5,113 | 1,053.0 |
| 卢旺达 | –2.38 | 10.5 | 807 | 71 | 64 | 6.4 | 14 | 0.6 | .. | .. |
| 萨摩亚 | 0.00 | 2.3 | .. | 99 | 92 | –0.2 | 5 | 0.2 | .. | .. |
| 圣马力诺 | 0.00 | .. | .. | .. | .. | 0.7 | .. | .. | .. | .. |
| 圣多美和普林西比 | 0.00 | 0.0 | 11,296 | 97 | 34 | 3.6 | 5 | 0.1 | .. | .. |
| 沙特阿拉伯 | 0.00 | 29.9 | 83 | 97 | 100 | 2.1 | 62 | 464.5 | 6,738 | 250.1 |
| 塞内加尔 | 0.49 | 24.2 | 1,825 | 74 | 52 | 3.6 | 41 | 7.1 | 264 | 3.0 |
| 塞尔维亚 | –0.99 | 6.3 | 1,173 | 99 | 97 | –0.4 | 16 | 46.0 | 2,237 | 38.0 |
| 塞舌尔 | 0.00 | 1.3 | .. | 96 | 97 | 1.6 | 5 | 0.7 | .. | .. |
| 塞拉利昂 | 0.69 | 10.3 | 26,264 | 60 | 13 | 2.8 | 18 | 0.7 | .. | .. |
| 新加坡 | 0.00 | 3.4 | 111 | 100 | 100 | 1.6 | 20 | 13.5 | 6,452 | 46.0 |
| 圣马丁岛 | .. | .. | .. | .. | .. | 1.5 | .. | .. | .. | .. |
| 斯洛伐克 | –0.06 | 36.1 | 2,328 | 100 | 100 | –0.3 | 15 | 36.1 | 3,214 | 28.3 |
| 斯洛文尼亚 | –0.16 | 54.9 | 9,063 | 100 | 100 | 0.0 | 15 | 15.3 | 3,531 | 15.9 |
| 所罗门群岛 | 0.25 | 1.1 | 79,646 | 81 | 29 | 4.3 | 6 | 0.2 | .. | .. |
| 索马里 | 1.07 | 0.5 | 572 | 32 | 24 | 4.1 | 8 | 0.6 | .. | .. |
| 南非 | 0.00 | 6.6 | 843 | 95 | 74 | 2.4 | 8 | 460.1 | 2,742 | 259.6 |
| 南苏丹 | .. | .. | 2,302 | 57 | 9 | 5.2 | .. | .. | .. | .. |
| 西班牙 | –0.68 | 25.3 | 2,385 | 100 | 100 | 0.0 | 14 | 269.7 | 2,686 | 289.0 |
| 斯里兰卡 | 1.12 | 15.4 | 2,578 | 94 | 92 | 0.8 | 9 | 12.7 | 499 | 11.6 |
| 圣基茨和尼维斯 | 0.00 | 0.8 | 443 | 98 | .. | 1.3 | .. | 0.2 | .. | .. |
| 圣卢西亚 | –0.07 | 2.5 | .. | 94 | 65 | 0.8 | 18 | 0.4 | .. | .. |
| 圣马丁 | 0.00 | .. | .. | .. | .. | .. | .. | .. | .. | .. |
| 圣文森特和格林纳丁斯 | –0.27 | 1.2 | .. | 95 | .. | 0.7 | 17 | 0.2 | .. | .. |
| 苏丹 | 0.08[c] | 7.1[c] | 81 | 56 | 24 | 2.5 | 26[c] | 14.2[c] | 355 | 8.6 |
| 苏里南 | 0.01 | 15.2 | 183,579 | 95 | 80 | 0.8 | 5 | 2.4 | .. | .. |
| 斯威士兰 | –0.84 | 3.0 | 2,113 | 74 | 58 | 1.3 | 5 | 1.0 | .. | .. |
| 瑞典 | –0.30 | 13.9 | 17,812 | 100 | 100 | 1.0 | 6 | 52.5 | 5,190 | 150.3 |
| 瑞士 | –0.38 | 26.3 | 4,995 | 100 | 100 | 1.2 | 14 | 38.8 | 3,207 | 62.9 |
| 叙利亚 | –1.29 | 0.7 | 312 | 90 | 96 | 2.7 | 26 | 61.9 | 910 | 41.1 |
| 塔吉克斯坦 | 0.00 | 4.8 | 7,732 | 72 | 94 | 2.7 | 17 | 2.9 | 306 | 16.2 |

# 3 环　境

| | 森林面积减少[a] 年均百分比 2000–10 | 国家保护区 陆地和海洋保护区占领土面积的百分比 2012 | 可再生内陆淡水资源[b] 人均立方米 2013 | 获得改善的水资源 占总人口的百分比 2012 | 获得改善的卫生防疫设施 占总人口的百分比 2012 | 城市人口 年均增长百分比 2012–13 | 颗粒物浓度 每立方米中10微米以下的颗粒物的毫克数(以城市人口为权重) 2010 | 二氧化碳排放量 百万吨 2010 | 能源使用量 人均千克石油当量 2011 | 发电量 10亿千瓦时 2011 |
|---|---|---|---|---|---|---|---|---|---|---|
| 坦桑尼亚 | 1.13 | 31.7 | 1,705 | 53 | 12 | 5.4 | 5 | 6.8 | 448 | 5.3 |
| 泰国 | 0.02 | 16.4 | 3,350 | 96 | 93 | 3.0 | 21 | 295.3 | 1,790 | 156.0 |
| 东帝汶 | 1.40 | 6.2 | 6,961 | 71 | 39 | 4.8 | 5 | 0.2 | .. | .. |
| 多哥 | 5.13 | 24.2 | 1,687 | 60 | 11 | 3.8 | 21 | 1.5 | 427 | 0.1 |
| 汤加 | 0.00 | 9.5 | .. | 99 | 91 | 0.6 | 5 | 0.2 | .. | .. |
| 特立尼达和多巴哥 | 0.32 | 10.1 | 2,863 | 94 | 92 | –1.2 | 4 | 50.7 | 15,691 | 8.9 |
| 突尼斯 | –1.86 | 4.8 | 385 | 97 | 90 | 1.3 | 19 | 25.9 | 890 | 16.1 |
| 土耳其 | –1.11 | 2.1 | 3,029 | 100 | 91 | 2.0 | 17 | 298.0 | 1,539 | 229.4 |
| 土库曼斯坦 | 0.00 | 3.2 | 268 | 71 | 99 | 2.0 | 48 | 53.1 | 4,839 | 17.2 |
| 特克斯和凯科斯群岛 | 0.00 | 3.6 | .. | .. | .. | 2.5 | .. | 0.2 | .. | .. |
| 图瓦卢 | 0.00 | 0.3 | .. | 98 | 83 | 1.9 | .. | .. | .. | .. |
| 乌干达 | 2.56 | 11.5 | 1,038 | 75 | 34 | 5.4 | 10 | 3.8 | .. | .. |
| 乌克兰 | –0.21 | 4.5 | 1,167 | 98 | 94 | 0.1 | 13 | 304.8 | 2,766 | 194.9 |
| 阿拉伯联合酋长国 | –0.24 | 15.5 | 16 | 100 | 98 | 1.9 | 80 | 167.6 | 7,407 | 99.1 |
| 英国 | –0.31 | 23.4 | 2,262 | 100 | 100 | 1.0 | 14 | 493.5 | 2,973 | 364.9 |
| 美国 | –0.13 | 15.1 | 8,914 | 99 | 100 | 0.9 | 13 | 5,433.1 | 7,032 | 4,326.6 |
| 乌拉圭 | –2.14 | 2.6 | 27,061 | 100 | 96 | 0.5 | 6 | 6.6 | 1,309 | 10.3 |
| 乌兹别克斯坦 | –0.20 | 3.4 | 540 | 87 | 100 | 1.7 | 22 | 104.4 | 1,628 | 52.4 |
| 瓦努阿图 | 0.00 | 0.5 | .. | 91 | 58 | 3.4 | 5 | 0.1 | .. | .. |
| 委内瑞拉 | 0.60 | 49.5 | 26,476 | .. | .. | 1.5 | 8 | 201.7 | 2,380 | 122.1 |
| 越南 | –1.65 | 4.7 | 4,006 | 95 | 75 | 3.1 | 30 | 150.2 | 697 | 99.2 |
| 美属维尔京群岛 | 0.80 | 2.8 | .. | 100 | 96 | –0.4 | .. | .. | .. | .. |
| 西岸和加沙 | –0.10 | 0.6 | 195 | 82 | 94 | 3.3 | 25 | 2.4 | .. | .. |
| 也门 | 0.00 | 1.1 | 86 | 55 | 53 | 4.0 | 30 | 21.9 | 312 | 6.2 |
| 赞比亚 | 0.33 | 37.8 | 5,516 | 63 | 43 | 4.3 | 6 | 2.4 | 621 | 11.5 |
| 津巴布韦 | 1.88 | 27.2 | 866 | 80 | 40 | 2.5 | 5 | 9.4 | 697 | 8.9 |
| **世界整体** | **0.11 w** | **14.0 w** | **6,055 s** | **89 w** | **64 w** | **2.1 w** | **31 w** | **33,615.4[d] w** | **1,890 w** | **22,158.5 w** |
| 低收入国家 | 0.61 | 13.6 | 4,875 | 69 | 37 | 3.9 | 19 | 222.9 | 359 | 190.6 |
| 中等收入国家 | 0.13 | 14.3 | 4,920 | 90 | 60 | 2.4 | 37 | 16,554.9 | 1,280 | 9,794.1 |
| 中低收入国家 | 0.31 | 11.0 | 3,047 | 88 | 47 | 2.6 | 27 | 3,833.4 | 686 | 2,226.3 |
| 中高收入国家 | 0.04 | 15.8 | 6,910 | 93 | 74 | 2.3 | 47 | 12,721.1 | 1,893 | 7,566.7 |
| 低收入和中等收入国家 | 0.22 | 14.2 | 4,913 | 87 | 57 | 2.6 | 34 | 16,777.5 | 1,179 | 10,005.1 |
| 东亚及太平洋地区 | –0.44 | 13.7 | 4,376 | 91 | 67 | 2.8 | 55 | 9,570.5 | 1,671 | 5,410.8 |
| 欧洲及中亚 | –0.48 | 5.2 | 2,710 | 95 | 94 | 1.1 | 17 | 1,416.7 | 2,080 | 908.6 |
| 拉丁美洲及加勒比地区 | 0.46 | 21.2 | 22,124 | 94 | 81 | 1.5 | 8 | 1,553.7 | 1,292 | 1,348.0 |
| 中东及北非 | –0.15 | 5.9 | 656 | 90 | 88 | 2.3 | 28 | 1,277.9 | 1,376 | 654.4 |
| 南亚 | –0.29 | 5.9 | 1,186 | 91 | 40 | 2.6 | 32 | 2,252.6 | 555 | 1,215.8 |
| 撒哈拉以南非洲地区 | 0.48 | 16.3 | 4,120 | 64 | 30 | 4.1 | 17 | 703.8 | 681 | 445.2 |
| 高收入国家 | –0.03 | 13.8 | 11,269 | 99 | 96 | 0.8 | 17 | 14,901.7 | 4,877 | 12,198.4 |
| 欧元区 | –0.31 | 26.7 | 2,991 | 100 | 100 | 0.6 | 16 | 2,480.0 | 3,485 | 2,298.3 |

a. 负值表明森林面积的增加。b. 由于数据不可靠，不包括来自其他国家的河水流量。c. 包括南苏丹。d. 包括未分配给特定国家的排放量。

## 关于数据

促进经济增长和减少贫困需要环境资源，但经济增长会给环境带来新的压力。森林面积减少、生物多样性栖息地缩小、水资源枯竭、污染、城市化以及不断增加的能源生产需求是在制定发展战略时必须考虑的因素。

### 森林减少

森林为许多物种提供了栖息地，并且能够吸收二氧化碳。如果管理得当，森林还能够为管理和使用森林资源的人们提供生计来源。联合国粮食与农业组织（2010）提供了2010年森林覆盖率的相关信息，并对1990年和2000年森林覆盖率的估计值进行了调整。本章使用的数据不分天然林与种植林，是粮食与农业组织为发展中国家提供的分类。因此数据可能低估了一些国家天然林消失的速度。

### 栖息地保护和生物多样性

对森林的滥砍滥伐是导致生物多样性丧失的重要原因。栖息地保护对阻止这一趋势至关重要。保护工作主要集中于保护生物多样性高的区域。世界保护监测中心（WCMC）和联合国环境规划署（UNEP）编制了保护区的数据。定义、报告实践以及报告期间的差异限制了各国间的可比性。国家保护区按国际自然及自然资源保护联合会（IUCN）对1000公顷以上土地的六大分类分别为——限制大众进入的科学保护区及自然保护区，对国家或世界意义重大且实质上未受到人类活动影响的国家公园，独特的自然遗迹和自然景观，人工管理的自然保护区和野生动物保护区，受保护的景观（可能包括人文景观），以及为保证长期保护及保持生态多样性而进行管理，以便生态系统可持续使用性地区——以及未经IUCN分类的陆地保护区。指定一个区域作为保护区并不意味着保护生效。对于保护区面积小于1000公顷的小国，定义中的大小限制常常会导致对保护区的估计不足。由于数据采集一致性和采集方法的不同，各国家间的数据质量存在很大出入。有些国家较其他国家更频繁地对信息进行更新，有些国家有关覆盖范围的数据更精确，但许多国家却没有有关保护区数量或范围的充足数据。

### 淡水资源

淡水资源的数据来源于对流入河流的径流和地下水补给的估计。这些估计值来自不同来源，涉及不同年份，所以不同国家间的比较应该谨慎。间歇性收集的数据，可能隐藏每年相当规模的可再生水资源总量的变化。数据并不区分各国自身水资源可利用量的季节性和地理性变化。小国及处于干旱和半干旱区域国家的数据不如大国和降雨量充沛国家的数据可靠。

### 淡水资源

有关淡水资源的数据来自对流入河水的降雨量以及对地下水补充的估算量。这些估算来源不用，年份不同，因此需谨慎对各国间的数据进行比较。由于数据收集的不连贯性，因此可能无法反映可再生水资源总量每年的实际变化。这些数据也没有区分各国可用水的季节性及地理性变化。相比之下，较大国家及降雨量较大国家的数据更为可靠，而小国家和位于干旱、半干旱地区国家的数据可靠性较差。

### 水和卫生设施

安全饮用水的供给和排泄物的卫生处理，是改善人类健康和保护环境的两大最重要手段。改良卫生设施能防止人类、动物和昆虫接触排泄物。

有关使用改善水源的数据衡量了能使用到供家庭使用的水资源的人口比例。此数据来自于世界卫生组织（WHO）和联合国儿童基金会（UNICEF）联合监测项目根据调查和普查所进行的估算。覆盖率以家庭用户提供的信息而非服务供应商的信息为依据。原因在于服务供应商提供的内容可能包括非功能性系统的信息。由于调查时并没有检测相关内容，因此从改善水源获得的饮用水并不能确保安全性和充足性。虽然有关使用改善水源的信息被广泛使用，但都非常主观的。尽管世界卫生组织作出了正式定义（见定义），但“安全”、“改善”、“足够的”和“合理的”等词在不同国家可能含义有所不同。即使在高收入国家，处理过的水可能也并不能保证可供安全饮用。享受改善水源仅代表与供应系统的连接，但并未考虑质量和服务成本的变化。

### 城市化

没有一套一致和公认的标准来区分城市与农村地区，进而以计算它们的人口。大多数国家按定居地的大小或特征进行分类。有些国家基于特定基础设施的数量和服务来定义城市与农村。其他则基于行政安排指定城市与农村区域。因为数据与各国的定义有关，所以应谨慎对不同国家进行比较。

### 空气污染

室内和室外空气污染是影响世界健康的主要元凶。世界上40%以上的人口靠牛粪、木材、农作物废弃物或煤来满足基本的能源需求。用固体燃料进行烹饪，有害烟雾及颗粒会充斥室内及周边环境。使用固体燃料烹饪所造成的日常空气污染每年导致390万例早产儿死亡，约每8秒一例。在很多地方，包括城市及周边农村地区，空气污染已经成为环境对健康的主要威胁。长期暴露在高浓度烟尘和微粒物中，会对健康造成影响，导致呼吸系统疾病、肺癌和心脏疾病等，并造成每年320万例早产儿死亡。环境污染不仅威胁到世界人民的健康，同样会产生巨大的经济成本并阻碍经济的发展。受其影响最大的是中低收入国家以及人口中的弱势群体，如老人和儿童。

有关接触周边空气污染的数据来自于为全球疾病负担报告所作的年度微粒物浓度估算。年度微粒物浓度估算是根据综合大气化学传输模型及卫星观察到的大气中的悬浮颗粒物。模型浓度会根据全球460个观察点对地面微粒物监测得到的观察数据进行校准。城市和农村地区微粒物暴露浓度根据人口进行加权，并在全国进行加总。

污染物浓度对周边环境情况比较敏感，即使在同一城市的各监测站都可能记录到不同值。在全球很多地方，对周边PM2.5的直接监测仍很有限，而且各国使用的测量协议及标准也不统一。这些数据作为对空气质量的一般指征，仅用于比较各国相关颗粒物污染带来的相关风险。

### 二氧化碳排放量

二氧化碳排放是温室气体的主要来源，会导致全球变暖，威胁人类和自然栖息地。燃烧化石燃料和生产水泥是人为二氧化碳排放的主要来源。由美国能源部二氧化碳信息分析中心（CDIAC）利用来自联合国统计局的世界能源数据集和美国矿业水泥制造局的数据集进行计算。二氧化碳排放量通常是按碳元素进行计算和报告，而后将其乘以3.667（碳转化为二氧化碳的质量比）转换为实际二氧化碳的质量。虽然全球二氧化碳排放量的估计误差可能在10%以内（以全球燃料化学和使用均值计算），但国家估计值可能有较大的误差。使用持续的时间序列估计的趋势往往要比单个数值更准确。CDIAC每年会结合最近的调查结果及修正，对1949年以来的全部时间序列进行重新计算。由于在受益国之间分摊燃料存在难度，估算中不包括国际运输中船舶和飞机使用的燃料。

### 能源利用

发展中经济体能源用量的增长与现代行业——工业、机动交通以及城市地区——的发展密切相关，但也反映了该国的气候、地理和经济因素。中、低收入经济体的能源使用量正在快速增长，而高收入经济体的人均能源使用量仍高于前者四倍多。

能源利用总量是指转换为最终用途燃料（如电力和精炼石油产品）之前的初级能源的使用量。包括从可燃再生能源和废弃物——固体生物质和动物产品、生物质气体和液体以及工业和市政垃圾——中提取的能量。生物质是指一切可直接用作燃料或转化为燃料、热量或电力的植物物质。可燃再生能源和废弃物的数据往往基于小型调查或其他不完全信息，因此只能描述大致发展情况，在各国之间并不具有严格的可比性。国际能源署（IEA）的报告中包括对各国的注释，对其中的一些差异进行了解释（详见数据来源）。所有形式的能源——初级能源和初级电力——均被折算为石油当量。核电力转换为石油当量的名义热效率被认为是33%，水力发电的转换率为100%。

### 电力生产

能源的使用对于改善人民的生活水平非常重要。但发电也会破坏环境。这种破坏是否会发生在很大程度上取决于发电的方式。例如，燃烧煤炭发电比燃烧等量的天然气要释放两倍的二氧化碳——全球变暖的主要原因。核能不会产生二氧化碳排放，但会产生其他危险废物。

国际能源署（IEA）对数据及用于发电的能源投入数据进行了整理汇编。非经济合作与发展组织成员国的数据则基于对其能源数据的调整，以使之与经合组织成员国政府填写的年度调查表相一致。此外，有时需对关键数据丢失的部分进行估算以得到加总数据，同时也需按照定义作出调整以弥补差异。IEA在对国家统计局、石油公司、电力公司和国家能源专家进行咨询后对这些项目进行估算。IEA偶尔会对时间序列进行修改，以反映政治上的变化。例如，IEA已经建立了前苏联国家的历史能源统计。此外，由于可以使用更多的能源账目，其他国家的能源统计近年来已在覆盖范围或方法上作出了系列改变。因此，时间序列的中断不可避免。

### 定义

**森林面积减少**是指将自然林区永久转换为其他用途，包括农业、牧场、定居点和基础设施。毁林地区不包括已被砍伐但会进行再生，或由于薪材收集、酸性降水或森林火灾所造成损毁的区域。**国家保护区**是指总领土面积中受保护的陆地和海洋区域，包括所有已知位置和范围的国家级保护区。所有划定和类别上重叠的区域、缓冲区和多角形区域均被移除，所有未标明日期的保护区均算作已过期。**可再生内陆淡水资源**是指该国河流的年均流量和源自降水的地下水。发源于该国境外的自然流入流量以及地表径流和地下水回灌之间重叠的水资源需排除在外。**使用改善水源**是指能从适当的改善水源获取足够水资源的人口比例，改善水源指住宅内或院内自来水、公用水龙头或蓄水塔、管井或钻井、受保护的大口井或泉水以及收集的雨水。**使用改良的卫生设施**是指能够使用改良卫生设施的人口百分比。改良卫生设施可以确保人类与其粪进行卫生分离。改良设施包括抽水马桶（与污水系统、化粪池或蹲坑厕所相连），通风型蹲坑厕所、盖板式蹲坑厕所及堆肥式厕所。城市人口增长是指呈现指数变化的年城市人口变化率。城市人口指各国城市地区的年中人口比。由联合国收集并乘以世界银行对总人口的估算。**周边 PM2.5 污染人口加权暴露情况**是指暴露在 2.5 微米以下细微悬浮颗粒物中的情况。这些颗粒物会深入呼吸纤维束，对健康造成严重的伤害。数据为对全国情况进行加总，即包括城市地区，也包括农村地区。暴露水平是根据对年度 PM2.5 浓度平均值进行人口加权得到的。**二氧化碳排放量**是指由燃烧化石燃料和生产水泥产生的排放量，包括固体、液体、气体燃料和天然气燃烧时排放的二氧化碳。**能源使用量**是指转换为其他最终用途燃料前初级能源的使用量，相当于本国产量加上进口量及库存变化，减去出口量和提供给国际运输的船舶和飞机的燃料量。**发电量**是对同一发电站全部发电机组的终端进行的测量。除水电外，煤炭、石油、天然气和核能发电，其中还包含地热、太阳能、风能、潮汐和波浪发电以及可燃可再生能源及废弃物。其生产包括为发电而专门设计的电厂，以及热电联产电厂生产的电力。

### 数据来源

关于森林砍伐的数据来自于联合国粮农组织（2010）和联合国粮农组织的网站。关于保护区的数据，来自联合国环境规划署（UNEP）和世界保护监测中心（WCMC）的在线数据库。这些数据库均基于国家主管部门、国家立法部门及国际协定中的数据。淡水资源的数据来自联合国粮农组织 AQUASTAT 数据库。水资源和卫生设施的使用数据来自世界卫生组织和联合国儿童基金会（WHO/UNICEF）水资源和卫生设施供给联合监测项目（www.wssinfo.org）。城市人口数据来自于联合国人口司（2014）。颗粒物浓度的数据来自健康指标与评估研究所全球疾病负担研究（2010）（www.healthdata.org/gbd/data，见 LIM 等，2013）。有关周边 PM2.5 暴露水平的数据和所使用的估算方法见 Brauer 等文献（2012）。二氧化碳排放量数据来自二氧化碳信息分析中心（CDIAC）的在线数据库。能源利用和电力生产数据来自国际能源署（IEA）的在线数据库及年度出版刊物，包括《非经合组织国家能源统计》，《非经合组织国家能源平衡表》，《经济合作与发展组织成员国能源统计》和《经济合作与发展组织成员国能源平衡表》。

### 参考文献


Brauer, M., M. Amman, R.T. Burnett, A. Cohen, F. Dentener, et al. 2012. "Exposure Assessment for Estimation of the Global Burden of Disease Attributable to Outdoor Air Pollution." *Environmental Science & Technology* 46: 652–60.

CDIAC (Carbon Dioxide Information Analysis Center). n.d. Online database. [http://cdiac.ornl.gov/home.html]. Oak Ridge National Laboratory, Environmental Science Division, Oak Ridge, TN.

FAO (Food and Agriculture Organization of the United Nations). 2010. *Global Forest Resources Assessment 2010.* Rome.

———. n.d. AQUASTAT. Online database. [www.fao.org/nr/water/aquastat/data/query/index.html]. Rome.

IEA (International Energy Agency). Various years. *Energy Balances of Non-OECD Countries.* Paris.

———.Various years. *Energy Balances of OECD Countries.* Paris.

———. Various years. *Energy Statistics of Non-OECD Countries.* Paris.

———.Various years. *Energy Statistics of OECD Countries.* Paris.

Lim, S.S., T. Vos, A.D. Flaxman, G. Danaei, K. Shibuya, et al. 2012. "A Comparative Risk Assessment of Burden of Disease and Injury Attributable to 67 Risk Factors and Risk Factor Clusters in 21 Regions, 1990–2010: A Systematic Analysis for the Global Burden of Disease Study 2010." *Lancet 380*(9859): 2224–60.

UNEP (United Nations Environment Programme) and WCMC (World Conservation Monitoring Centre). 2013. Online databases. [www.unep-wcmc.org/datasets-tools-reports_15.html?&types=Data,Website,Tool&ctops=]. Cambridge, UK.

United Nations Population Division. 2014. *World Urbanization Prospects: The 2014 Revision.* [http://esa.un.org/unpd/wup/]. New York: United Nations, Department of Economic and Social Affairs.

WHO (World Health Organization). 2006. *WHO Air Quality Guidelines for Particulate Matter, Ozone, Nitrogen Dioxide, and Sulfur Dioxide: Global Update 2005, Summary of Risk Assessment.* [http://whqlibdoc.who.int/hq/2006/WHO_SDE_PHE_OEH_06.02_eng.pdf].

# 3 环 境

## 在线表格和指标

若要获取《世界发展指标》在线表格，请使用网址 http://wdi. worldbank. org/table/和数据表编号（例如，http://wdi. worldbank. org/table/3. 1）。若要查看特定的在线指标，请使用网址 http：//data. worldbank. org/indicator/和指标编码（例如，http：//data. worldbank. org/Indicator/SP. RUR. TOTL. ZS）。

### 3.1 农村环境和土地使用

| | |
|---|---|
| 农村人口 | SP. RUR. TOTL. ZS |
| 农村人口增长 | SP. RUR. TOTL. ZG |
| 土地面积 | AG. LND. TOTL. K2 |
| 森林面积 | AG. LND. FRST. ZS |
| 永久性作物用地 | AG. LND. CROP. ZS |
| 耕地，占土地面积的百分比 | AG. LND. ARBL. ZS |
| 人均耕地，公顷 | AG. LND. ARBL. HA. PC |

### 3.2 农业投入

| | |
|---|---|
| 农业用地，占土地面积的百分比 | AG. LND. AGRI. ZS |
| 农业用地，占灌溉用地的百分比 | AG. LND. IRIG. AG. ZS |
| 年均降雨量 | AG. LND. PRCP. MM |
| 谷物生产用地 | AG. LND. CREL. HA |
| 化肥消费量，占化肥产量的百分比 | AG. CON. FERT. PT. ZS |
| 化肥消费量，千克/公顷耕地 | AG. CON. FERT. ZS |
| 农业就业率 | SL. AGR. EMPL. ZS |
| 拖拉机数量 | AG. LND. TRAC. ZS |

### 3.3 农业产出和生产率

| | |
|---|---|
| 作物生产指数 | AG. PRD. CROP. XD |
| 粮食生产指数 | AG. PRD. FOOD. XD |
| 牲畜生产指数 | AG. PRD. LVSK. XD |
| 谷物产量 | AG. YLD. CREL. KG |
| 单位工人的农业增加值 | EA. PRD. AGRI. KD |

### 3.4 森林面积减少和生物多样性

| | |
|---|---|
| 森林面积 | AG. LND. FRST. K2 |
| 年均森林面积减少量 | . . a，b |
| 濒危物种，哺乳动物 | EN. MAM. THRD. NO |
| 濒危物种，鸟类 | EN. BIR. THRD. NO |
| 濒危物种，鱼类 | EN. FSH. THRD. NO |
| 濒危物种，高等植物 | EN. HPT. THRD. NO |
| 陆地保护区 | ER. LND. PTLD. ZS |
| 海洋保护区 | ER. MRN. PTMR. ZS |

### 3.5 淡水

| | |
|---|---|
| 可再生内陆淡水资源 | ER. H2O. INTR. K3 |
| 人均可再生内陆淡水资源 | ER. H2O. INTR. PC |
| 年度淡水使用量，立方米 | ER. H2O. FWTL. K3 |
| 年度淡水使用量，占内陆资源的百分比 | ER. H2O. FWTL. ZS |
| 年度淡水使用量，农业用水所占百分比 | ER. H2O. FWAG. ZS |
| 年度淡水使用量，工业用水所占百分比 | ER. H2O. FWIN. ZS |
| 年度淡水使用量，生活用水所占百分比 | ER. H2O. FWDM. ZS |
| 水生产率，GDP/水使用量 | ER. GDP. FWTL. M3. KD |
| 获得改善的水资源，占农村人口的百分比 | SH. H2O. SAFE. RU. ZS |
| 获得改善的水资源，占城市人口的百分比 | SH. H2O. SAFE. UR. ZS |

### 3.6 能源生产与使用

| | |
|---|---|
| 能源生产量 | EG. EGY. PROD. KT. OE |
| 能源使用量 | EG. USE. COMM. KT. OE |
| 能源使用量，年均增长 | . . a，b |
| 人均能源使用量 | EG. USE. PCAP. KG. OE |
| 化石燃料 | EG. USE. COMM. FO. ZS |
| 可燃再生能源和废弃物 | EG. USE. CRNW. ZS |
| 替代能源和核能生产量 | EG. USE. COMM. CL. ZS |

### 3.7 电力生产、资源与使用

| | |
|---|---|
| 发电量 | EG. ELC. PROD. KH |
| 煤炭资源 | EG. ELC. COAL. ZS |
| 天然气资源 | EG. ELC. NGAS. ZS |
| 石油资源 | EG. ELC. PETR. ZS |
| 水能资源 | EG. ELC. HYRO. ZS |
| 可再生资源 | EG. ELC. RNWX. ZS |
| 核能资源 | EG. ELC. NUCL. ZS |
| 电力供应 | EG. ELC. ACCS. ZS |

### 3.8 能源依存度、效率与二氧化碳的排放

| | |
|---|---|
| 净能源进口量 | EG. IMP. CONS. ZS |
| 单位能源使用量产生的 GDP | EG. GDP. PUSE. KO. PP. KD |
| 二氧化碳排放量，总数 | EN. ATM. CO2E. KT |
| 二氧化碳排放量，碳密度 | EN. ATM. CO2E. EG. ZS |
| 二氧化碳排放量，人均 | EN. ATM. CO2E. PC |

| | |
|---|---|
| 二氧化碳排放量，千克/GDP（2011 年美元购买力平价） | EN. ATM. CO2E. PP. GD. KD |

**3.9 温室气体排放的趋势**

| | |
|---|---|
| 二氧化碳排放量，年均增长 | EN. ATM. CO2E. KT |
| 二氧化碳排放量，变动百分比 | ..[a,b] |
| 沼气排放量，总量 | EN. ATM. METH. KT. CE |
| 沼气排放量，变动百分比 | ..[a,b] |
| 沼气排放量，来自能源生产 | EN. ATM. METH. EG. ZS |
| 沼气排放量，农业 | EN. ATM. METH. AG. ZS |
| 一氧化碳排放量，总量 | EN. ATM. NOXE. KT. CE |
| 一氧化碳排放量，变动百分比 | ..[a,b] |
| 一氧化碳排放量，能源和工业 | EN. ATM. NOXE. EI. ZS |
| 一氧化碳排放量，农业 | EN. ATM. NOXE. AG. ZS |
| 其他温室气体排放量，总数 | EN. ATM. GHGO. KT. CE |
| 其他温室气体排放量，变动百分比 | ..[a,b] |

**3.10 各部门排放的二氧化碳**

| | |
|---|---|
| 发电和供暖 | EN. CO2. ETOT. ZS |
| 制造业和建筑业 | EN. CO2. MANF. ZS |
| 住宅建筑、商业和公共服务 | EN. CO2. BLDG. ZS |
| 交通运输业 | EN. CO2. TRAN. ZS |
| 其他部门 | EN. CO2. OTHX. ZS |

**3.11 气候变化、外部影响和适应力**

| | |
|---|---|
| 平均日最低/最高气温 | ..[b] |
| 预计年度气温 | ..[b] |
| 预计年度凉爽日和寒冷夜变化 | ..[b] |
| 预计年度炎热日和温暖夜变化 | ..[b] |
| 预计年度降雨量 | ..[b] |
| 海拔 5 米及其以下的陆地面积 | AG. LND. EL5M. ZS |
| 海拔 5 米及其以下陆地居住人口 | EN. POP. EL5M. ZS |
| 受干旱、洪水和极端气温影响的人口 | EN. CLC. MDAT. ZS |
| 减灾进步分值 | EN. CLC. DRSK. XQ |

**3.12 城市化**

| | |
|---|---|
| 城市人口 | SP. URB. TOTL |
| 城市人口，占总人口的百分比 | SP. URB. TOTL. IN. ZS |
| 城市人口，年均增长 | SP. URB. GROW |
| 百万人口以上城市的居住人口 | EN. URB. MCTY. TL. ZS |
| 最大城市居住人口 | EN. URB. LCTY. UR. ZS |
| 获得改良卫生设施的人口，占城市人口的百分比 | SH. STA. ACSN. UR |
| 获得改良卫生设施的人口，占农村人口的百分比 | SH. STA. ACSN. RU |

**3.13 交通与拥挤**

| | |
|---|---|
| 机动车，每千人拥有量 | IS. VEH. NVEH. P3 |
| 机动车，每公里道路的数量 | IS. VEH. ROAD. K1 |
| 客车 | IS. VEH. PCAR. P3 |
| 道路密度 | IS. ROD. DNST. K2 |
| 道路部门的能源消耗量，占总消费的百分比 | IS. ROD. ENGY. ZS |
| 人均道路部门的能源消耗量 | IS. ROD. ENGY. PC |
| 柴油消耗量 | IS. ROD. DESL. PC |
| 汽油消耗量 | IS. ROD. SGAS. PC |
| 超级汽油的零售价格 | EP. PMP. SGAS. CD |
| 柴油的零售价格 | EP. PMP. DESL. CD |
| PM2. 5 污染 | EN. ATM. PM10. MC. M3 |

**3.14 空气污染**

| | |
|---|---|
| 本表提供了主要城市的空气污染数据。 | ..[b] |

**3.15 自然资源对国内生产总值的贡献**

| | |
|---|---|
| 自然资源总租金 | NY. GDP. TOTL. RT. ZS |
| 石油租金 | NY. GDP. PETR. RT. ZS |
| 天然气租金 | NY. GDP. NGAS. RT. ZS |
| 煤炭租金 | NY. GDP. COAL. RT. ZS |
| 矿产租金 | NY. GDP. MINR. RT. ZS |
| 森林租金 | NY. GDP. FRST. RT. ZS |

a. 取自《世界发展指标》数据库外的数据。

b. 可以在线获得数据表的一部分，但不能获得单个指标。

# 经济

在“经济”一章中，提供了有关全球经济以及200多个国家和地区经济活动的相关情况。既包括对宏观经济成绩及稳定性的衡量，也包括根据污染、货币贬值及资源消耗调整后对收入和储蓄的广义衡量。

2014年，世界经济增长了2.6%，达到了77万亿美元（现价），增长率预计2015年会上升至3%。其中，发展中经济体所占的比例从2013年的32.1%上升到2014年的32.9%（现价）。根据估计，发展中经济体的增速约为4.4%，预计2015年将可以增加到4.8%。高收入经济体增速也对早先预测作了调整，2014年和2015年分别为1.8%和2.2%。

经济结构随着时间发展有所变化。作为衡量经济总量和经济实力的指标，国内生产总值（GDP）得到了广泛承认并经常受到使用。为了衡量各种变化及增长情况，必须去除价格变动影响并注意产量变化。为此，必须按不变价格计算，根据前几年（基准年）价格对产量作出估价。进行周期性统计数据重估，即修订国民经济核算的国家会对不同行业对经济总量及价格的重要性作出评定。该方法值得推荐，因为这样可以保证官方GDP估算所使用经济结构情况的准确性。

2014年，很多非洲国家对其国民经济核算进行了修订，加入新的数据以确保覆盖所有的经济活动，包括新的经济活动、新的标准以及新的方法（如2008年国民经济核算体系），以及不变价格计算的新基准年等。一般来说，非洲经济体都有很多非正式行业和经济活动一直没有在已有数据中体现过。现在通过普查和调查得到了这些活动的数据，可以将以前缺失的经济活动数据补充到国民经济核算中，从而更好地反映经济体的真实总量和结构。对于很多国家来说，纳入新的经济活动都带来GDP的上升。

从1999年开始，《世界发展指标》就包含了调整后的净储蓄额。该指标用于衡量国家的真实财富包括制造、自然以及人力资本。调整后的净储蓄出现负值的年份，说明该国经济无法持续。今年调整了计算方法以改进对空气污染经济成本的核算。在以前的版本中，在调整后的净储蓄中污染造成的伤害范围只限于10万以上人口城市的户外空气污染，但是现在则包括城市及农村地区的户外和家庭空气污染。之前进行的健康成本估算是按照暴露在空气中直径为10微米及以下的细颗粒物（PM10）来计算的，现在则按照暴露在对人体健康影响更密切的更细颗粒物（PM2.5）来计算。另外，由于污染会导致早产儿死亡和疾病，因此也在劳动力生产力损耗中对污染损害进行计算。这些成本仅仅体现了污染造成的部分财富损失，但是对于标准国民经济核算体系却非常重要。

## 发展中国家经济增长放缓

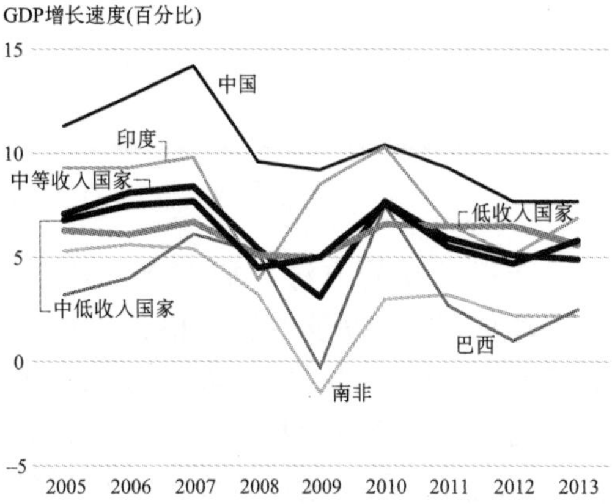


资料来源：在线表格 4.1。

近几年，几乎所有发展中国家的 GDP 增长速度都大幅下降。2010 年至 2013 年，发展中经济体平均 GDP 增长下滑了 1.8 个百分点。主要原因在于巴西、中国、印度和南非等大型中等收入国家的增速平均下降了 3 个百分点。与中等收入国家相比，低收入国家则表现较好，增长速度仅下降了约 1 个百分点。拉丁美洲及加勒比地区 GDP 增长速度下滑最大，为 3.4 个百分点。南亚下滑也较为显著，为 2.5 个百分点。

## 南亚大部分国家通货膨胀仍高居不下

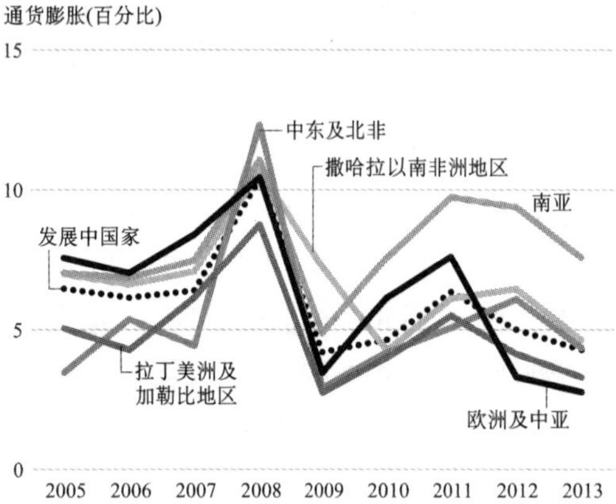


资料来源：在线表格 4.16。

2013 年，南亚通货膨胀率中值按消费价格指数计算为 7.6%，为全世界最高。比世界中值高 5 个百分点。即使有些国家的通胀在下降，但其通胀率仍高于其他国家。印度的平均通胀率为 10.9%，紧随其后的是尼泊尔，为 9%。在其他南亚国家，通胀率基本徘徊在 7%—8% 之间。唯一例外的是马尔代夫，只有 2.3%。

## 非洲很多经济体比之前以为的规模要大

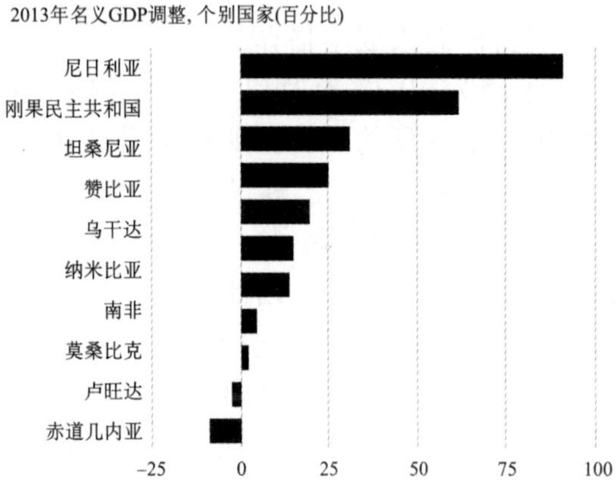


资料来源：在线表格 4.2。

尼日利亚是非洲人口最多的国家，同时其经济总量也最大。去年，该国对其国民经济核算进行了重新审定，将 2013 年 GDP 估算上调了 91%，从 2,730 亿美元调整到 5,210 亿美元。这是近 20 年以来尼日利亚首次对其 GDP 估值进行重大调整。同时也将基准年从 1990 年调整为 2010 年。此次重大改进包括纳入了小企业活动和快速增长行业（如移动电话，房地产和电影业）。位于撒哈拉以南非洲地区的很多其他国家也提高了其 GDP 估算质量，包括刚果民主共和国（提高了 62%），坦桑尼亚（提高了 31%），肯尼亚（提高了 25%，成为该地区第四大经济体），赞比亚（提高了 20%），乌干达（提高了 15%），以及纳米比亚（提高了 14%）。有两个国家下调了其 GDP 估值，分别为卢旺达（3%）和赤道几内亚（9%）。

## 南方共同市场与太平洋联盟的比较

太平洋联盟作为拉美地区贸易集团，由智利、哥伦比亚、墨西哥和秘鲁正式成立于2012年。太平洋联盟四国人口总和为2.186亿人，GDP总和为2.1万亿。南方共同市场（Mercosur）是该地区另一贸易集团，创建于1991年，成员国包括阿根廷、巴西、巴拉圭、乌拉圭和委内瑞拉。南方共同市场五个成员国总人口为2.824亿人，GDP总和为3.3万亿。太平洋联盟2011-2013年GDP增速为3.3%，超过了拉丁美洲地区2.7%总GDP增速，以及南方共同市场2.0%的增速。此外，与南方共同市场始终变化不大的出口相比，太平洋联盟的出口平均增长了3.5%。

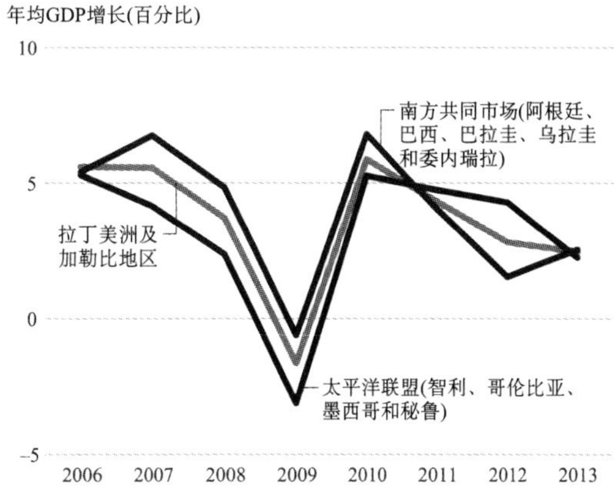


资料来源：在线表格4.1。

## 发展中国家占世界GDP的份额更高

根据2011年国际比较项目法进行的购买力平价（PPP）估算从2014年开始纳入《世界发展指标》，取代根据2005年国际比较项目法进行的推算PPP估算。将2011年结果与2005结果进行比较时会发现，高收入国家占世界经济份额约减少了4.5个百分点；中低收入国家约增加了3.4个百分点，中高收入国家约增加0.9个百分点。根据基于市场汇率的估算进行比较时，中低收入及低收入国家基于PPP的份额高了两倍多，中高收入国家的份额为30%多，而高收入国家占世界的份额则从三分之二下降到一半。

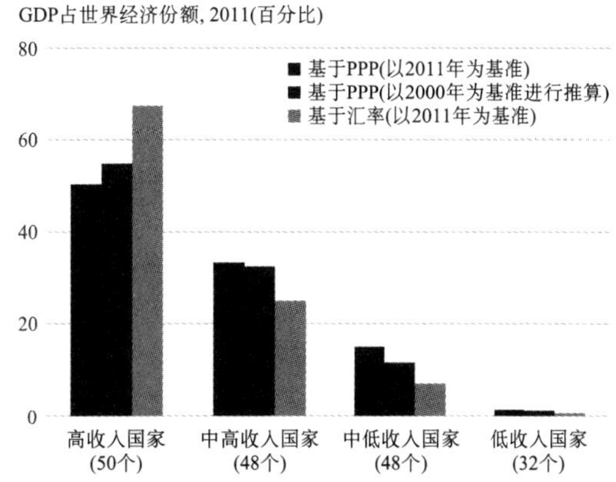


资料来源：国际比较项目法和世界发展指标数据库。

## 撒哈拉以南非洲地区：不同的起点，相同的低可持续水平

国民储蓄总额用于衡量可用于投资的自然资源。撒哈拉以南非洲地区中高收入国家的国民储蓄总额占国民总收入的平均率为16%。而该地区低收入国家及中低收入国家则为3%-6%。中高收入国家由于有更多的用于教育的公共支出，因此也具备更多可持续的人力资本投资。这些国家非常依赖天然生产业。而这些行业都是资本和资源密集型行业，所以在根据自然资源耗减及制造资本折旧进行调整后，这些国家的储蓄额近乎为零。2013年，该地区低收入国家过度砍伐木材成为储蓄额下调最大的因素。其主要原因是这些国家的绝大多数人民依赖固体燃料进行烹饪，因此不得不大量砍伐木材燃料。同时也导致了造成主要污染源的排放。

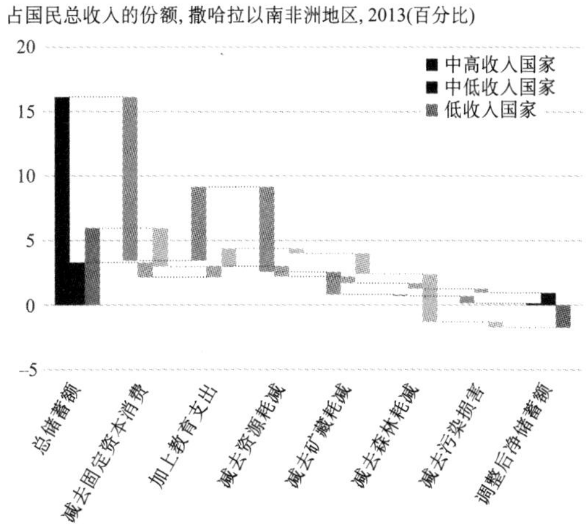


资料来源：在线表格4.11。

**经济增长减少贫困**。因此，高速发展的发展中国家正在缩小与高收入经济体的收入差距。但是经济发展必须是在很长一段时间内可持续进行的，而发展的收益也必须用于持续提高所有人的生活水平。

始于2007年并在2008年从高收入经济体蔓延至低收入经济体的金融危机，在2009年成为50年以来最严重的全球性经济萧条，并影响了全世界的持续发展。发展中国家的人均国内生产总值（GDP）年均增长虽然仍快于高收入国家，但从2000—2009年（危机爆发前）的5%减缓至2009—2013年（危机爆发后）的4.5%。高收入国家平均增速从危机爆发前的1.5%下跌到危机爆发后的1.3%。中东及北非下跌幅度最大：年均GDP增长比危机爆发前下降了2.6个百分点。

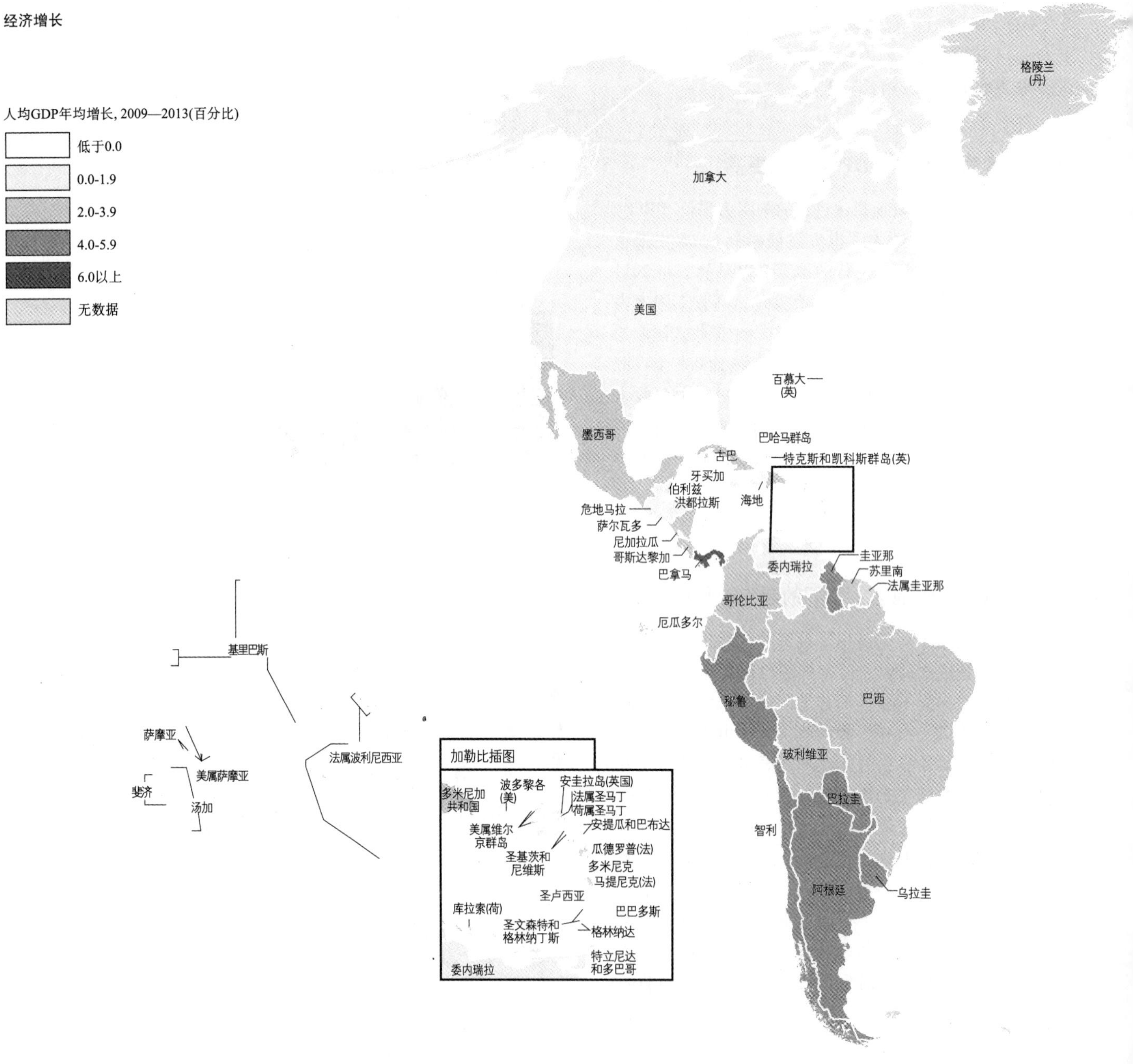

在所有发展中国中，蒙古 2009—2013 年平均人均 GDP 增长率最高，达到 10.8%。其原因在于奥尤陶勒盖铜金矿引领的矿业生产。

土库曼斯坦在 2009—2013 年平均人均 GDP 增长达到了 10.2%。主要原因来自蕴藏丰富的油气资源以及政府大规模的基础设施投资。

巴拿马是拉丁美洲及加勒比地区中发展最快的国家。主要是受到投资稳步增加的驱动，包括巴拿马运河的大规模扩张以及制定了利于商业发展的条例。

经过十年的经济下滑和极度通货膨胀后，津巴布韦经济从 2009 年开始复苏。主要原因是采取了更好的经济政策。帮助该国将从危机爆发前人均 GDP 年均下降 7.5%，提高到危机爆发后年均人均 GDP 增长达到 7.3%。

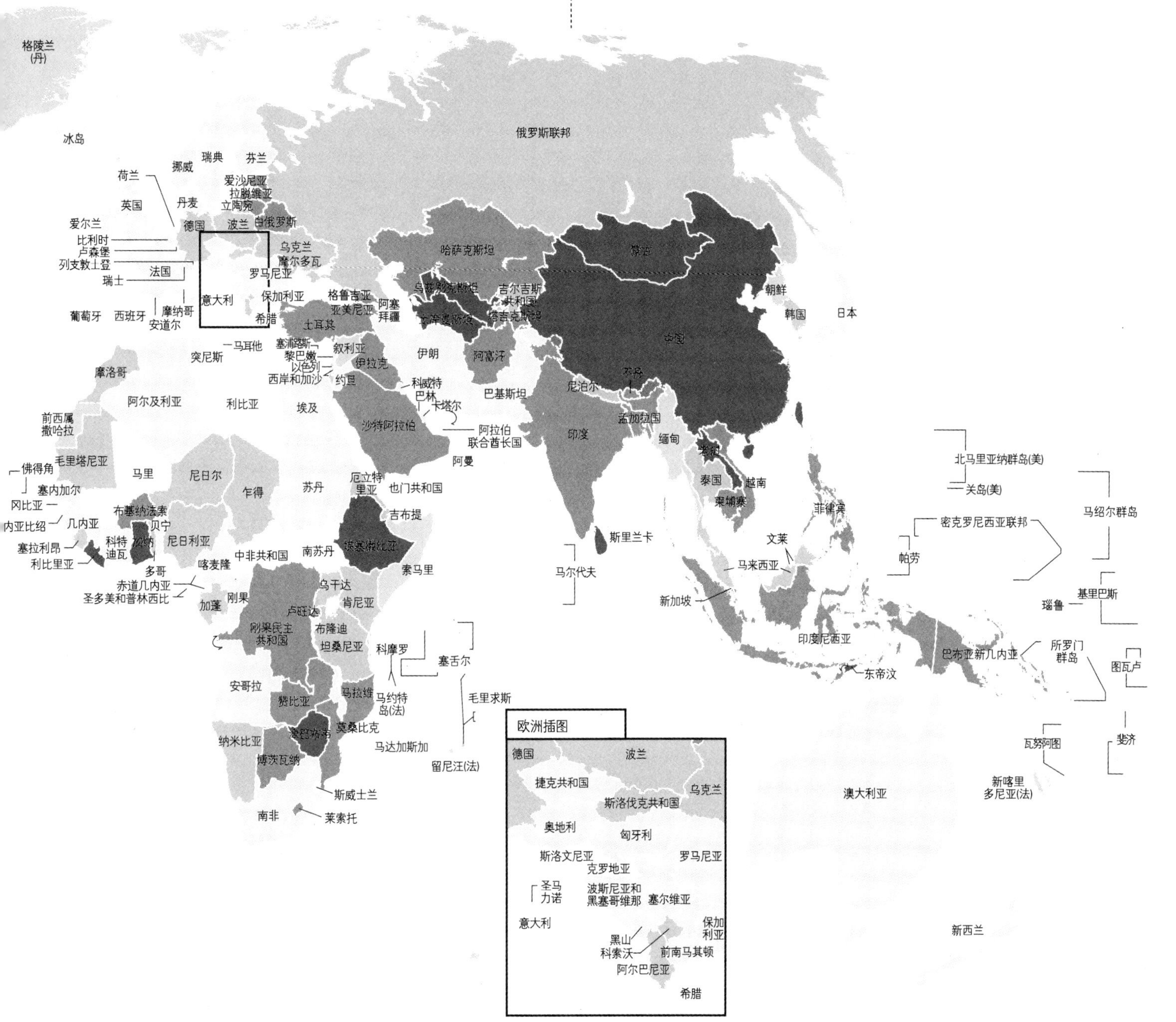

# 4 经 济

| | 国内生产总值 | | | 总储蓄 | 调整后的净储蓄 | 经常账户余额 | 中央政府现金盈余或赤字 | 中央政府债务 | 消费者价格指数 | 广义货币 |
|---|---|---|---|---|---|---|---|---|---|---|
| | 年均增长率(百分比) | | | 占GDP百分比 | 占GNI百分比 | 占GDP百分比 | 占GDP百分比 | 占GDP百分比 | 增长百分比 | 占GDP百分比 |
| | 1990–2000 | 2000–09 | 2009–13 | 2013 | 2013[a] | 2013 | 2012 | 2012 | 2013 | 2013 |
| 阿富汗 | .. | 8.5 | 8.1 | −21.2 | −34.8 | −33.0 | −0.6 | .. | 7.6 | 33.0 |
| 阿尔巴尼亚 | 3.8 | 5.5 | 2.3 | 18.2 | 4.4 | −10.7 | .. | .. | 1.9 | 84.1 |
| 阿尔及利亚 | 1.9 | 4.2 | 3.1 | 45.3 | 24.7 | 0.4 | −0.3 | .. | 3.3 | 62.7 |
| 美属萨摩亚群岛 | .. | .. | .. | .. | .. | .. | .. | .. | .. | .. |
| 安道尔 | 3.2 | 5.9 | .. | .. | .. | .. | .. | .. | .. | .. |
| 安哥拉 | 1.6 | 13.8 | 4.8 | 18.5 | −20.1 | 6.7 | 6.7 | .. | 8.8 | 36.7 |
| 安提瓜和巴布达 | 3.5 | 4.9 | −0.9 | 7.8 | .. | −17.0 | −1.3 | .. | 1.1 | 98.2 |
| 阿根廷 | 4.3 | 4.9[b] | 5.2[b] | 16.2 | 8.3 | −0.8 | .. | .. | ..[b] | 27.2 |
| 亚美尼亚 | −1.9 | 10.6 | 4.7 | 13.7 | 1.6 | −8.0 | −1.4 | .. | 5.8 | 36.2 |
| 阿鲁巴岛 | 3.9 | −0.1 | .. | .. | .. | −10.1 | .. | .. | −2.4 | 68.3 |
| 澳大利亚 | 3.6 | 3.3 | 2.7 | 24.6 | 9.3 | −3.2 | −3.0 | 40.5 | 2.4 | 106.4 |
| 奥地利[c] | 2.5 | 1.9 | 1.6 | 25.6 | 12.9 | 1.0 | −2.4 | 78.5 | 2.0 | .. |
| 阿塞拜疆 | −6.3 | 17.9 | 2.8 | 40.9 | 14.1 | 16.6 | 6.1 | 6.4 | 2.4 | 33.4 |
| 巴哈马 | 2.6 | 1.0 | 1.1 | 11.3 | 8.4 | −19.2 | −4.1 | 47.5 | 0.4 | 74.8 |
| 巴林 | 5.0 | 6.0 | 3.6 | 27.6 | 17.6 | 7.8 | −0.5 | 35.6 | 3.2 | 74.3 |
| 孟加拉国 | 4.8 | 5.9 | 6.2 | 38.8 | 26.8 | 1.6 | −0.8 | .. | 7.5 | 61.3 |
| 巴巴多斯 | 2.1 | 1.8 | 0.4 | .. | .. | .. | −8.0 | 96.8 | 1.8 | .. |
| 白俄罗斯 | −1.6 | 8.2 | 3.9 | 28.5 | 21.5 | −10.5 | 0.1 | 25.2 | 18.3 | 30.4 |
| 比利时[c] | 2.2 | 1.8 | 1.1 | 20.9 | 7.0 | −3.5 | −3.5 | 89.4 | 1.1 | .. |
| 伯利兹 | 4.5 | 4.2 | 2.7 | 9.9 | −6.5 | −4.4 | −0.2 | 74.5 | 0.7 | 76.2 |
| 贝宁 | 4.6 | 3.9 | 4.2 | 13.8 | −1.6 | −7.6 | 1.7 | .. | 1.0 | 41.8 |
| 百慕大 | 2.9 | 2.3 | −3.4 | .. | .. | 16.9 | .. | .. | .. | .. |
| 不丹 | 5.2 | 8.4 | 6.6 | 25.5 | 9.4 | −28.6 | .. | .. | 7.0 | 57.0 |
| 玻利维亚 | 4.0 | 4.0 | 5.3 | 23.9 | 7.3 | 3.8 | .. | .. | 5.7 | 76.7 |
| 波斯尼亚–黑塞哥维那 | .. | 5.0 | 0.6 | 12.3 | .. | −5.9 | −1.6 | .. | −0.1 | 61.2 |
| 博茨瓦纳 | 4.9 | 4.4 | 6.0 | 39.4 | 29.0 | 12.0 | 1.4 | 19.0 | 5.9 | 40.9 |
| 巴西 | 2.7 | 3.6 | 3.1 | 13.7 | 3.1 | −3.6 | −2.0 | .. | 6.2 | 79.9 |
| 文莱 | 2.1 | 1.4 | 1.5 | .. | .. | 33.5 | .. | .. | 0.4 | 70.3 |
| 保加利亚 | −0.3 | 5.3 | 1.1 | 23.4 | 10.6 | 1.8 | −0.8 | 17.5 | 0.9 | 83.8 |
| 布基纳法索 | 5.5 | 5.9 | 7.7 | .. | .. | .. | −3.0 | .. | 0.5 | 28.9 |
| 布隆迪 | −2.9 | 3.3 | 4.1 | 17.8 | −18.4 | −9.3 | .. | .. | 8.0 | 21.8 |
| 佛得角 | 12.1 | 7.3 | 2.0 | 29.7 | 21.5 | −3.9 | −10.1 | .. | 1.5 | 88.1 |
| 柬埔寨 | 7.0 | 9.2 | 7.0 | 8.5 | −3.8 | −10.5 | −4.4 | .. | 2.9 | 53.6 |
| 喀麦隆 | 1.8 | 3.3 | 4.4 | 10.2 | −6.0 | −3.8 | .. | .. | 1.9 | 20.9 |
| 加拿大 | 3.1 | 2.1 | 2.3 | 21.0 | 6.0 | −3.0 | −0.2 | 53.5 | 0.9 | .. |
| 开曼群岛 | .. | .. | .. | .. | .. | .. | .. | .. | .. | .. |
| 中非共和国 | 1.8 | 3.8 | −5.3 | .. | .. | .. | 0.7 | .. | 1.5 | 28.1 |
| 乍得 | 2.2 | 11.4 | 6.1 | .. | .. | .. | .. | .. | 0.1 | 12.8 |
| 海峡群岛 | .. | 0.5 | .. | .. | .. | .. | .. | .. | .. | .. |
| 智利 | 6.6 | 4.2 | 5.3 | 20.4 | 4.2 | −3.4 | 0.5 | .. | 1.8 | 82.2 |
| 中国 | 10.6 | 10.9 | 8.7 | 51.3 | 29.5 | 2.0 | .. | .. | 2.6 | 194.5 |
| 中国香港 | 3.6 | 4.8 | 3.8 | 25.6 | .. | 1.9 | .. | .. | 4.4 | 352.7 |
| 中国澳门 | 2.2 | 11.9 | 16.8 | 58.2 | .. | 43.2 | 24.1 | .. | 5.5 | 106.7 |
| 哥伦比亚 | 2.8 | 4.6 | 4.9 | 19.7 | 2.1 | −3.2 | 2.8 | 65.3 | 2.0 | 45.8 |
| 科摩罗 | 1.2 | 2.5 | 2.8 | 14.6 | −3.2 | −7.5 | .. | .. | 2.3 | 40.5 |
| 刚果民主共和国 | −4.9 | 5.1 | 7.3 | 9.5 | −28.1 | −8.8 | 2.3 | .. | 1.6 | 11.4 |
| 刚果共和国 | 1.0 | 4.0 | 4.6 | .. | .. | .. | .. | .. | 6.0 | 32.0 |

| | 国内生产总值 | | | 总储蓄 | 调整后的净储蓄 | 经常账户余额 | 中央政府现金盈余或赤字 | 中央政府债务 | 消费者价格指数 | 广义货币 |
|---|---|---|---|---|---|---|---|---|---|---|
| | 年均增长率(百分比) | | | 占GDP百分比 | 占GNI百分比 | 占GDP百分比 | 占GDP百分比 | 占GDP百分比 | 增长百分比 | 占GDP百分比 |
| | 1990-2000 | 2000-09 | 2009-13 | 2013 | 2013[a] | 2013 | 2012 | 2012 | 2013 | 2013 |
| 哥斯达黎加 | 5.3 | 5.1 | 4.6 | 16.1 | 15.9 | −5.1 | −4.0 | .. | 5.2 | 49.2 |
| 科特迪瓦 | 3.2 | 1.0 | 3.8 | .. | .. | .. | −2.8 | .. | 2.6 | 35.7 |
| 克罗地亚 | 3.1 | 3.7 | −1.3 | 19.3 | 4.8 | 1.2 | −3.4 | .. | 2.2 | 69.8 |
| 古巴 | −0.7 | 6.4 | 2.5 | .. | .. | .. | .. | .. | .. | .. |
| 库拉索岛 | .. | .. | .. | .. | .. | .. | .. | .. | .. | .. |
| 塞浦路斯[c] | 4.2 | 3.4[d] | −1.5 | .. | .. | −1.9 | −6.4 | 131.0 | −0.4 | .. |
| 捷克共和国 | 1.4 | 4.1 | 0.7 | 23.6 | 4.8 | −1.4 | −2.3 | 40.8 | 1.4 | 77.0 |
| 丹麦 | 2.8 | 1.2 | 0.4 | 25.9 | 14.2 | 7.1 | −3.8 | 47.2 | 0.8 | 72.1 |
| 吉布提 | −2.0 | 4.0 | 4.4 | .. | .. | −21.2 | .. | .. | 2.4 | 85.2 |
| 多米尼克 | 2.0 | 3.4 | −0.4 | −1.9 | .. | −14.0 | −11.1 | .. | 0.0 | 93.2 |
| 多米尼加共和国 | 6.3 | 5.1 | 4.2 | 18.8 | 15.5 | −4.0 | −2.5 | .. | 4.8 | 34.9 |
| 厄瓜多尔 | 2.2 | 4.5 | 5.5 | 27.2 | 9.4 | −1.4 | .. | .. | 2.7 | 32.0 |
| 埃及 | 4.4 | 4.9 | 2.6 | 13.0 | 2.2 | −2.7 | −10.6 | .. | 9.5 | 79.1 |
| 萨尔瓦多 | 4.8 | 2.4 | 1.8 | 9.1 | 4.7 | −6.5 | −0.8 | 47.8 | 0.8 | 44.8 |
| 赤道几内亚 | 36.7 | 15.7 | 1.2 | .. | .. | .. | .. | .. | 6.4 | 23.5 |
| 厄立特里亚 | 6.5 | 0.2 | 5.4 | .. | .. | .. | .. | .. | .. | 110.8 |
| 爱沙尼亚[c] | 6.5 | 5.2 | 4.7 | 25.1 | 13.0 | −1.2 | −0.1 | 10.4 | 2.8 | .. |
| 埃塞俄比亚 | 3.8 | 8.5 | 10.5 | 31.1 | 9.9 | −6.9 | −1.3 | .. | 8.1 | .. |
| 法罗群岛 | .. | .. | .. | .. | .. | .. | .. | .. | .. | .. |
| 斐济 | 2.7 | 1.6 | 2.6 | .. | .. | −14.5 | .. | .. | 2.9 | 80.6 |
| 芬兰[c] | 2.9 | 2.4 | 0.7 | 19.7 | 6.2 | −0.9 | −1.0 | 51.0 | 1.5 | .. |
| 法国[c] | 2.0 | 1.5 | 1.2 | 20.1 | 6.8 | −1.4 | −4.6 | 100.9 | 0.9 | .. |
| 法属玻利尼西亚 | .. | .. | .. | .. | .. | .. | .. | .. | .. | .. |
| 加蓬 | 2.3 | 1.9 | 6.3 | .. | .. | .. | .. | .. | 0.5 | 22.7 |
| 冈比亚 | 3.0 | 3.2 | 2.6 | 25.8 | 2.0 | 6.4 | .. | .. | 5.7 | 55.8 |
| 格鲁吉亚 | −7.1[e] | 7.4[e] | 5.9[e] | 19.0[e] | 8.7[e] | −5.7 | −0.5 | 32.5 | −0.5 | 36.6 |
| 德国[c] | 1.7 | 1.0 | 2.0 | 25.8 | 12.1 | 6.9 | 0.1 | 55.2 | 1.5 | .. |
| 加纳 | 4.3 | 5.8 | 10.2 | 20.7 | 10.1 | −11.8 | −3.9 | .. | 11.6 | 29.1 |
| 希腊[c] | 2.4 | 3.2 | −6.4 | 11.2 | −5.0 | 0.6 | −9.4 | 163.6 | −0.9 | .. |
| 格陵兰 | 1.9 | 1.7 | .. | .. | .. | .. | .. | .. | .. | .. |
| 格林纳达 | 3.2 | 3.1 | 0.3 | −5.9 | .. | −25.5 | −5.5 | .. | 0.0 | 90.8 |
| 关岛 | .. | .. | .. | .. | .. | .. | .. | .. | .. | .. |
| 危地马拉 | 4.2 | 3.7 | 3.5 | 11.8 | 4.2 | −2.7 | −2.3 | 24.3 | 4.3 | 47.1 |
| 几内亚 | 4.2 | 2.7 | 3.2 | −17.0 | −50.4 | −18.9 | .. | .. | 11.9 | 36.4 |
| 几内亚比绍 | 0.6 | 2.4 | 2.9 | .. | .. | −8.7 | .. | .. | 0.7 | 39.4 |
| 圭亚那 | 5.4 | 0.7 | 5.0 | .. | −0.3 | −14.2 | .. | .. | 1.8 | 67.1 |
| 海地 | .. | 0.7 | 2.2 | 23.1 | 17.8 | −6.4 | .. | .. | 5.9 | 44.4 |
| 洪都拉斯 | 3.2 | 4.9 | 3.6 | 13.4 | 8.7 | −8.9 | −3.2 | .. | 5.2 | 52.9 |
| 匈牙利 | 1.9 | 2.8 | 0.6 | 23.9 | 9.3 | 4.1 | −2.6 | 84.7 | 1.7 | 61.5 |
| 冰岛 | 2.8 | 4.3 | 1.1 | 20.4 | 12.4 | 8.9 | −3.3 | 112.6 | 3.9 | 84.8 |
| 印度 | 6.0 | 7.6 | 6.9 | 31.8 | 19.6 | −2.6 | −3.8 | 50.3 | 10.9 | 77.4 |
| 印度尼西亚 | 4.2 | 5.3 | 6.2 | 29.0 | 22.1 | −3.4 | .. | .. | 6.4 | 41.1 |
| 伊朗 | 3.1 | 5.4 | 1.7 | .. | .. | .. | .. | .. | 39.3 | .. |
| 伊拉克 | 10.3 | 3.8 | 8.1 | 30.4 | .. | 13.7 | .. | .. | 1.9 | 33.4 |
| 爱尔兰[c] | 7.5 | 3.5 | 0.7 | 20.7 | 18.2 | 6.2 | −7.6 | 120.5 | 0.5 | .. |
| 马恩岛 | 6.4 | 6.2 | .. | .. | .. | .. | .. | .. | .. | .. |
| 以色列 | 7.6 | 3.6 | 4.0 | 20.9 | 12.6 | 2.4 | −5.4 | .. | 1.5 | .. |

| | 国内生产总值 | | | 总储蓄 | 调整后的净储蓄 | 经常账户余额 | 中央政府现金盈余或赤字 | 中央政府债务 | 消费者价格指数 | 广义货币 |
|---|---|---|---|---|---|---|---|---|---|---|
| | 年均增长率(百分比) | | | 占GDP百分比 | 占GNI百分比 | 占GDP百分比 | 占GDP百分比 | 占GDP百分比 | 增长百分比 | 占GDP百分比 |
| | 1990–2000 | 2000–09 | 2009–13 | 2013 | 2013[a] | 2013 | 2012 | 2012 | 2013 | 2013 |
| 意大利[c] | 1.6 | 0.6 | –0.6 | 19.0 | 4.2 | 1.0 | –3.0 | 126.2 | 1.2 | .. |
| 牙买加 | .. | .. | .. | *8.7* | .. | –9.2 | –4.0 | .. | 9.3 | 50.3 |
| 日本 | 1.0 | 0.9 | 1.6 | 21.8 | 2.8 | 0.7 | –8.0 | 196.0 | 0.4 | 247.8 |
| 约旦 | 5.0 | 7.1 | 2.6 | 18.0 | 13.4 | –10.0 | –8.3 | 66.8 | 5.5 | 124.5 |
| 哈萨克斯坦 | –4.1 | 8.8 | 6.4 | 23.9 | –1.9 | –0.1 | .. | .. | 5.8 | 32.9 |
| 肯尼亚 | 2.2 | 4.3 | 6.0 | *11.3* | *6.0* | *–8.4* | –3.9 | .. | 5.7 | 41.3 |
| 基里巴斯 | 4.0 | 1.5 | 2.2 | .. | .. | *–8.7* | 14.8 | .. | .. | .. |
| 朝鲜 | .. | .. | .. | .. | .. | .. | .. | .. | .. | .. |
| 韩国 | 6.2 | 4.4 | 3.7 | 34.6 | 19.0 | 6.1 | *1.7* | .. | 1.3 | 134.5 |
| 科索沃 | .. | 5.3 | 3.3 | 21.3 | .. | –6.4 | .. | .. | 1.8 | 44.8 |
| 科威特 | *4.9* | 7.2 | *5.7* | *59.5* | .. | 39.7 | 27.9 | .. | 2.7 | *57.6* |
| 吉尔吉斯共和国 | –4.1 | 4.6 | 3.7 | 12.5 | –2.1 | –23.3 | –6.5 | .. | 6.6 | .. |
| 老挝 | 6.4 | 7.0 | 8.2 | 16.7 | –4.1 | –3.3 | –0.8 | .. | 6.4 | .. |
| 拉脱维亚 | –1.5 | 6.2 | 3.8 | *25.9* | *14.2* | –0.8 | 0.5 | 41.1 | 0.0 | 43.0 |
| 黎巴嫩 | 5.3 | 5.3 | 3.0 | 20.7 | 6.1 | –24.8 | –8.8 | .. | .. | 250.1 |
| 莱索托 | 3.8 | 3.6 | 5.3 | *36.5* | .. | –3.3 | .. | .. | 4.9 | 38.4 |
| 利比里亚 | 4.1 | 4.3 | 10.3 | *24.5* | *–14.7* | –27.5 | –2.6 | 32.7 | 7.6 | 38.2 |
| 利比亚 | .. | 5.4 | –8.6 | .. | .. | –0.1 | .. | .. | 2.6 | 70.9 |
| 列支敦士登 | 6.2 | 2.5 | .. | .. | .. | .. | .. | .. | .. | .. |
| 立陶宛 | –2.5 | 6.3 | 3.8 | *16.9* | *8.2* | 1.5 | –3.1 | 49.4 | 1.1 | 47.3 |
| 卢森堡[c] | 4.4 | 3.2 | 2.1 | 14.4 | 6.4 | 5.3 | –0.6 | 20.0 | 1.7 | .. |
| 前南斯拉夫马其顿共和国 | –0.8 | 3.4 | 1.9 | 30.7 | 15.8 | –1.9 | –4.0 | .. | 2.8 | 59.7 |
| 马达加斯加 | 2.0 | 3.6 | 1.9 | .. | .. | .. | *–1.7* | .. | 5.8 | 23.8 |
| 马拉维 | 3.7 | 4.5 | 4.2 | *7.9* | *–15.0* | *–18.9* | .. | .. | 27.3 | 38.7 |
| 马来西亚 | 7.0 | 5.1 | 5.7 | 30.4 | 15.4 | 3.7 | –4.5 | 53.3 | 2.1 | 143.8 |
| 马尔代夫 | .. | *8.1* | 4.5 | .. | .. | –7.7 | *–8.7* | *73.5* | 2.3 | 67.0 |
| 马里 | 4.1 | 5.7 | 2.3 | *18.1* | *0.4* | *–6.2* | 0.0 | .. | –0.6 | 33.6 |
| 马耳他[c] | 5.2 | 1.8 | 2.2 | *12.1* | .. | 0.9 | –3.2 | 85.9 | 1.4 | .. |
| 马绍尔群岛 | 0.4 | 1.4 | 3.2 | .. | .. | .. | .. | .. | .. | .. |
| 毛里塔尼亚 | –1.3 | 4.6 | 5.5 | 34.7 | –15.9 | –30.3 | .. | .. | 4.1 | *35.4* |
| 毛里求斯 | 5.2 | 3.8 | 3.6 | 12.7 | 1.7 | –9.9 | –0.6 | 37.2 | 3.5 | 99.8 |
| 墨西哥 | 3.3 | 2.2 | 3.6 | 20.6 | 6.5 | –2.1 | .. | .. | 3.8 | 33.3 |
| 密克罗尼西亚联邦 | 1.8 | –0.3 | 0.4 | .. | .. | .. | .. | .. | .. | 46.1 |
| 摩尔多瓦 | –9.6[f] | 5.6[f] | 5.0[f] | 19.3[f] | 15.2[f] | –5.0 | –2.0 | 24.3 | 4.6 | 62.4 |
| 摩纳哥 | 1.9 | *4.2* | .. | .. | .. | .. | .. | .. | .. | .. |
| 蒙古 | 1.0 | 7.5 | 12.5 | 34.1 | 13.9 | –27.7 | –8.4 | .. | 8.6 | 53.9 |
| 黑山 | .. | 4.7 | 1.3 | 4.5 | .. | –14.7 | .. | .. | 2.2 | 52.2 |
| 摩洛哥 | 2.9[g] | 4.9[g] | 3.9[g] | 26.6[g] | 13.8[g] | –7.6 | –6.0 | 59.7 | 1.9 | 112.3 |
| 莫桑比克 | 6.1 | 7.6 | 7.3 | 17.9 | 7.1 | –37.7 | –2.7 | .. | 4.3 | 46.0 |
| 缅甸 | .. | .. | .. | .. | .. | .. | .. | .. | 5.5 | .. |
| 纳米比亚 | 3.3 | 5.3 | 5.3 | 17.5 | 14.3 | –4.1 | *–11.9* | *35.5* | 5.6 | 54.5 |
| 尼泊尔 | 4.9 | 3.7 | 4.2 | 43.1 | 36.7 | 6.0 | –0.6 | *33.9* | 9.0 | 85.6 |
| 荷兰[c] | 3.2 | 1.8 | 0.1 | 26.7 | 14.4 | 10.2 | –3.3 | 67.9 | 2.5 | .. |
| 新喀里多尼亚 | .. | .. | .. | .. | .. | .. | .. | .. | .. | .. |
| 新西兰 | 3.5 | 2.9 | 2.1 | *16.3* | *8.3* | –3.2 | –0.5 | 69.0 | 1.3 | .. |
| 尼加拉瓜 | 3.7 | 3.4 | 4.8 | 18.2 | 13.1 | –11.4 | 0.5 | .. | 7.1 | 35.4 |
| 尼日尔 | 2.4 | 4.1 | 6.4 | *21.0* | *0.4* | *–16.6* | .. | .. | 2.3 | 24.1 |

| | 国内生产总值 | | | 总储蓄 | 调整后的净储蓄 | 经常账户余额 | 中央政府现金盈余或赤字 | 中央政府债务 | 消费者价格指数 | 广义货币 |
|---|---|---|---|---|---|---|---|---|---|---|
| | 年均增长率(百分比) | | | 占GDP百分比 | 占GNI百分比 | 占GDP百分比 | 占GDP百分比 | 占GDP百分比 | 增长百分比 | 占GDP百分比 |
| | 1990–2000 | 2000–09 | 2009–13 | 2013 | 2013[a] | 2013 | 2012 | 2012 | 2013 | 2013 |
| 尼日利亚 | 1.9 | 10.0 | 5.4 | 33.3 | 19.4 | 4.4 | –1.3 | 10.4 | 8.5 | 21.5 |
| 北马里亚纳群岛 | .. | .. | .. | .. | .. | .. | .. | .. | .. | .. |
| 挪威 | 3.9 | 1.9 | 1.5 | 37.5 | 19.9 | 11.2 | 14.6 | 20.9 | 2.1 | .. |
| 阿曼 | 4.5 | 2.8 | 3.5 | .. | .. | 6.4 | –0.4 | 5.0 | 1.2 | 38.2 |
| 巴基斯坦 | 3.8 | 5.1 | 3.1 | 21.0 | 10.7 | –1.9 | –8.0 | .. | 7.7 | 40.9 |
| 帕劳 | 2.4 | 0.7 | 3.9 | .. | .. | .. | .. | .. | .. | .. |
| 巴拿马 | 4.7 | 6.8 | 9.1 | 25.2 | 23.8 | –11.5 | .. | .. | 4.0 | 60.5 |
| 巴布亚新几内亚 | 3.8 | 3.8 | 8.3 | .. | .. | –14.9 | .. | .. | 5.0 | 52.3 |
| 巴拉圭 | 3.0 | 3.2 | 6.2 | 17.3 | 8.5 | 2.1 | –1.0 | .. | 2.7 | 48.6 |
| 秘鲁 | 4.5 | 5.9 | 6.6 | 23.8 | 11.3 | –4.5 | 2.0 | 19.2 | 2.8 | 43.0 |
| 菲律宾 | 3.3 | 4.9 | 6.1 | 43.2 | 26.9 | 3.8 | –1.9 | 51.5 | 3.0 | 69.7 |
| 波兰 | 4.7 | 4.3 | 3.0 | 18.3 | 10.3 | –1.4 | –3.6 | .. | 1.0 | 59.0 |
| 葡萄牙[c] | 2.8 | 0.8 | –1.5 | 16.5 | 3.5 | 0.5 | –6.8 | 122.8 | 0.3 | .. |
| 波多黎各 | 3.6 | 0.3 | –2.0 | .. | .. | .. | .. | .. | .. | .. |
| 卡塔尔 | 11.1 | 13.5 | 10.2 | 61.8 | 30.1 | 30.8 | 2.9 | .. | 3.1 | 61.8 |
| 罗马尼亚 | –0.6 | 5.8 | 1.3 | 21.8 | 20.9 | –0.9 | –2.5 | .. | 4.0 | 38.3 |
| 俄罗斯 | –4.7 | 6.0 | 3.5 | 24.2 | 10.6 | 1.6 | 2.7 | 9.4 | 6.8 | 55.8 |
| 卢旺达 | –0.2 | 7.7 | 7.4 | 19.6 | 5.3 | –7.5 | –4.0 | .. | 8.0 | .. |
| 萨摩亚 | 2.6 | 3.6 | 1.8 | .. | .. | –5.7 | 0.0 | .. | 0.6 | 40.8 |
| 圣马力诺 | 5.8 | 3.2 | .. | .. | .. | .. | .. | .. | 1.6 | .. |
| 圣多美和普林西比 | .. | 5.3 | 4.4 | 18.0 | .. | –25.8 | –12.2 | .. | 7.1 | 37.5 |
| 沙特阿拉伯 | 2.1 | 5.9 | 6.6 | 43.6 | 21.2 | 17.7 | .. | .. | 3.5 | 55.9 |
| 塞内加尔 | 3.0 | 4.3 | 3.1 | 21.8 | 12.9 | –7.9 | –5.3 | .. | 0.7 | 42.8 |
| 塞尔维亚 | 0.7 | 5.5 | 0.7 | 10.7 | .. | –6.1 | –6.1 | .. | 7.7 | 44.3 |
| 塞舌尔 | 4.4 | 2.4 | 5.4 | 19.7 | .. | –15.8 | 5.3 | 80.2 | 4.3 | 53.7 |
| 塞拉利昂 | –3.0 | 7.3 | 5.5 | 28.1 | 13.2 | –9.3 | –5.6 | .. | 10.3 | 20.8 |
| 新加坡 | 7.2 | 6.0 | 6.3 | 47.4 | .. | 18.3 | 8.7 | 110.9 | 2.4 | 133.0 |
| 圣马丁岛 | .. | .. | .. | .. | .. | .. | .. | .. | .. | .. |
| 斯洛伐克[c] | 4.5 | 5.8 | 2.5 | 21.8 | 3.6 | 2.1 | –4.5 | 53.5 | 1.4 | .. |
| 斯洛文尼亚[c] | 4.3 | 3.7 | –0.6 | 24.9 | 8.9 | 6.1 | –3.5 | .. | 1.8 | .. |
| 所罗门群岛 | 3.4 | 3.9 | 6.8 | .. | .. | –4.5 | .. | .. | 5.4 | 43.0 |
| 索马里 | .. | .. | .. | .. | .. | .. | .. | .. | .. | .. |
| 南非 | 2.1 | 4.0 | 2.7 | 14.4 | 1.2 | –5.6 | –4.5 | .. | 3.3 | 71.1 |
| 南苏丹 | .. | .. | .. | .. | .. | .. | .. | .. | 47.3 | .. |
| 西班牙[c] | 2.7 | 2.9 | –1.1 | 21.1 | 8.0 | 0.8 | –8.8 | 65.9 | 1.4 | .. |
| 斯里兰卡 | 5.3 | 5.5 | 7.4 | 25.7 | 21.1 | –3.9 | –6.1 | 79.2 | 6.9 | 39.4 |
| 圣基茨和尼维斯 | 4.6 | 3.4 | 0.3 | 20.5 | .. | –8.2 | 11.2 | .. | 0.7 | 156.5 |
| 圣卢西亚 | 3.5 | 2.8 | –0.4 | 16.8 | .. | –7.5 | –6.5 | .. | 1.5 | 91.5 |
| 圣马丁 | .. | .. | .. | .. | .. | .. | .. | .. | .. | .. |
| 圣文森特和格林纳丁斯 | 3.1 | 4.2 | –0.2 | –4.7 | .. | –29.6 | –2.1 | .. | 0.8 | 73.6 |
| 苏丹 | 5.5[h] | 7.0[h] | –4.6[i] | 13.6 | 8.6 | –6.7 | .. | .. | 30.0 | 21.0 |
| 苏里南 | 0.8 | 5.2 | 4.1 | .. | .. | –3.7 | –1.2 | .. | 1.9 | 51.5 |
| 斯威士兰 | 3.2 | 2.5 | 1.3 | 19.9 | 12.6 | 6.3 | .. | .. | 5.6 | 30.6 |
| 瑞典 | 2.3 | 2.4 | 2.2 | 28.8 | 17.9 | 6.0 | –0.3 | 35.3 | 0.0 | 85.7 |
| 瑞士 | 1.2 | 2.2 | 1.8 | 37.5 | 20.7 | 14.2 | 0.6 | 24.3 | –0.2 | 182.3 |
| 叙利亚 | 5.1 | 5.0 | .. | .. | .. | .. | .. | .. | 36.7 | .. |
| 塔吉克斯坦 | –10.4 | 8.5 | 7.2 | 16.6 | 13.0 | –3.2 | .. | .. | 5.0 | 21.0 |

| | 国内生产总值 | | | 总储蓄 | 调整后的净储蓄 | 经常账户余额 | 中央政府现金盈余或赤字 | 中央政府债务 | 消费者价格指数 | 广义货币 |
|---|---|---|---|---|---|---|---|---|---|---|
| | 年均增长率(百分比) | | | 占GDP百分比 | 占GNI百分比 | 占GDP百分比 | 占GDP百分比 | 占GDP百分比 | 增长百分比 | 占GDP百分比 |
| | 1990–2000 | 2000–09 | 2009–13 | 2013 | 2013[a] | 2013 | 2012 | 2012 | 2013 | 2013 |
| 坦桑尼亚[j] | 3.0 | 6.9 | 6.6 | 17.3 | 11.7 | –10.8 | –5.3 | .. | 7.9 | 23.1 |
| 泰国 | 4.2 | 4.6 | 4.2 | 28.5 | 11.8 | –0.7 | –2.2 | .. | 2.2 | 134.5 |
| 东帝汶 | .. | 3.4 | *11.0* | *249.0* | .. | *216.3* | .. | .. | 11.2 | *32.0* |
| 多哥 | 3.5 | 2.2 | 5.1 | .. | .. | .. | –6.1 | .. | 1.8 | 45.2 |
| 汤加 | 2.6 | 0.8 | 1.9 | *18.1* | .. | *–9.6* | .. | .. | 0.7 | 44.0 |
| 特立尼达和多巴哥 | 3.2 | 7.4 | 0.3 | .. | .. | *12.2* | *–1.6* | .. | 5.2 | 60.7 |
| 突尼斯 | 4.7 | 4.7 | 2.4 | 13.0 | –2.7 | –8.3 | –5.0 | 44.5 | 6.1 | 66.7 |
| 土耳其 | 3.9 | 4.9 | 5.9 | 13.1 | 9.4 | –7.9 | –0.6 | 45.1 | 7.5 | 60.7 |
| 土库曼斯坦 | –3.2 | 8.0 | 11.6 | .. | .. | .. | .. | .. | .. | .. |
| 特克斯和凯科斯群岛 | .. | .. | .. | .. | .. | .. | .. | .. | .. | .. |
| 图瓦卢 | 3.2 | 1.2 | 2.2 | .. | .. | .. | .. | .. | .. | .. |
| 乌干达 | 7.0 | 7.8 | 5.9 | 21.5 | 4.7 | –8.1 | –2.1 | 33.2 | 5.5 | 20.8 |
| 乌克兰 | –9.3 | 5.7 | 2.8 | 10.4 | –5.4 | –9.3 | –4.0 | 33.5 | –0.3 | 62.5 |
| 阿拉伯联合酋长国 | 4.8 | 5.3 | 4.2 | .. | .. | .. | –0.2 | .. | 1.1 | *61.2* |
| 英国 | 2.6 | 2.2 | 1.4 | 12.8 | 4.0 | –4.3 | –5.5 | 97.2 | 2.6 | 150.9 |
| 美国 | 3.6 | 2.1 | 2.1 | 17.4 | 5.0 | –2.4 | –7.6 | 94.3 | 1.5 | 88.4 |
| 乌拉圭 | 3.9 | 3.1 | 5.8 | 17.2 | 9.0 | –5.4 | –2.1 | 44.5 | 8.6 | 46.2 |
| 乌兹别克斯坦 | –0.2 | 6.9 | 8.2 | .. | .. | .. | .. | .. | .. | .. |
| 瓦努阿图 | 3.4 | 3.9 | 1.6 | 20.5 | .. | –3.7 | *–2.3* | .. | 1.4 | 70.9 |
| 委内瑞拉 | 1.6 | 5.1 | 2.9 | *25.6* | *13.4* | *2.9* | .. | .. | 40.6 | 44.8 |
| 越南 | 7.9 | 6.8 | 5.8 | 32.0 | 16.3 | 5.5 | .. | .. | 6.6 | 117.0 |
| 美属维尔京群岛 | .. | .. | .. | .. | .. | .. | .. | .. | .. | .. |
| 西岸和加沙 | *14.3* | 2.7 | 6.0 | *5.6* | .. | *–20.3* | .. | .. | .. | *15.6* |
| 也门 | 5.6 | 4.0 | –2.7 | .. | .. | –4.3 | .. | .. | 11.0 | 39.1 |
| 赞比亚 | 1.6 | 7.2 | 7.3 | .. | .. | 0.7 | *4.1* | .. | 7.0 | 21.4 |
| 津巴布韦 | 2.5 | –7.2 | 9.9 | .. | .. | .. | .. | .. | 1.6 | .. |
| **世界整体** | **2.9 w** | **2.9 w** | **2.8 w** | **22.5 w** | **10.9 w** | | | | | |
| 低收入国家 | 2.7 | 5.4 | 6.3 | *24.9* | *9.4* | | | | | |
| 中等收入国家 | 4.3 | 6.4 | 5.8 | 31.0 | 18.7 | | | | | |
| 中低收入国家 | 3.5 | 6.4 | 5.7 | 28.6 | 17.2 | | | | | |
| 中高收入国家 | 4.6 | 6.4 | 5.9 | 31.8 | 18.9 | | | | | |
| 低收入和中等收入国家 | 4.3 | 6.4 | 5.8 | 31.0 | 18.6 | | | | | |
| 东亚及太平洋地区 | 8.5 | 9.4 | 8.1 | 46.3 | 27.7 | | | | | |
| 欧洲及中亚 | 0.2 | 5.4 | 4.3 | 17.0 | 7.6 | | | | | |
| 拉丁美洲及加勒比地区 | 3.1 | 3.6 | 3.8 | 17.7 | 5.5 | | | | | |
| 中东及北非 | 3.9 | 4.9 | 2.3 | .. | *8.1* | | | | | |
| 南亚 | 5.6 | 7.2 | 6.6 | 30.7 | 18.9 | | | | | |
| 撒哈拉以南非洲地区 | 2.3 | 5.7 | 4.2 | *19.4* | *6.3* | | | | | |
| 高收入国家 | 2.6 | 2.1 | 1.8 | 20.8 | 7.7 | | | | | |
| 欧元区 | 2.1 | 1.5 | 0.6 | 22.0 | 8.7 | | | | | |

a. 包括具备可用数据最近一年的2010年污染危害数据。b. 阿根廷的数据来自阿根廷国家统计和普查局的官方报告。但国际货币基金组织已经发布了谴责声明要求阿根廷采取补救措施，解决官方GDP和消费者价格指数数据的质量问题。其他数据来源显示，2008年以来，实际GDP明显低于官方公布的数据，实际通胀则更高。为此，世界银行也采用了其他数据来源作为对阿根廷宏观经济情况的估计。c. 作为欧洲货币联盟成员，这些国家共同使用单一货币——欧元。d. 指塞浦路斯共和国政府控制的地区。e. 不包括阿布哈兹和南奥塞梯。f. 不包括德涅斯特河沿岸共和国。g. 包括前西属撒哈拉。h. 包括南苏丹。i. 2011年7月9日后不再包括南苏丹。j. 仅为坦桑尼亚大陆的数据。

## 关于数据

经济数据根据不同的会计惯例进行组织整理：国民经济核算体系、国际收支、政府财政统计以及国际金融统计。在统一国民经济核算体系、国际收支以及政府财政统计中的概念方面已经取得了一定进展，但不同国家之间的执行情况有所不同。比如，虽然联合国推荐使用2008年版国民经济核算体系（2008SNA）编制国民经济核算，但仍有许多国家使用的是早期的版本，更有甚者还在使用1968年的版本。国际货币基金组织（IMF）最近出版了最新的国际收支手册（BPM 6），但很多国家仍在使用之前的版本。同样，政府财政统计的规范和定义也于2001年进行了更新，但有些国家仍在报告中使用1986年的版本。有关不同国家采用的统计方法，参阅原始数据文档。

### 经济增长

经济体的经济增长是以其总产出的变化或居民实际收入的变化来衡量的。2008年版国民经济核算体系提供了三种计算经济增长的合理指标：国内生产总值（GDP）、国内实际总收入以及国民实际总收入。这里仅报告GDP的增长情况。

对GDP增长率及其组成成分进行计算时，使用的是最小二乘法和以该国当地货币计算的不变价格数据。对地区及不同收入组别则采用以美元计算的不变价格数据。以本币计算的数据换算成美元时采用共同基准年的汇率。GDP增长率为年度平均值并且为复合增长。增长率的计算方法将在统计方法中加以介绍。增长率的预测来自世界银行（2014）。

### 重新确定国民经济核算基准年

重新确定国民经济核算的基准年会改变已经测定的经济增长率并破坏数据序列，影响数据的一致性。当该国重新确定其国民经济核算的基准年时，通常会重新分配各组成部分的权重，从而更准确地反映当前的生产模式或产出的使用。新的基准年应能代表经济的正常运行情况——基准年中不应该有重大的冲击或畸变。一些发展中国家已有很多年没有重新确定其国民经济核算的基准年。沿用旧的基准年可能会得到错误的结论，因为其隐含价格及产量权重的相关性和适用性都在逐渐减弱。

为了得到更具可比性的不变价格数据序列用以计算总量，世界银行根据共同基准年重新调整了GDP和不同产业的附加值。今年的《世界发展指标》将使用2005年作为基准年。由于重新调整会改变地区及不同收入组别在加总时的隐含权重，因此今年本书中的总增长率与过去使用不同基准年时的数据不具有可比性。

重新调整可能会造成调整后的GDP与调整后各组成部分的总值不一致。为避免增长率出现畸变，这一差值将不做调整。因此，按不同组成部分加权得到的增长率通常与GDP增长率不相等。

### 调整后的净储蓄额

调整后的净储蓄额用来衡量该国全部资产折旧和耗减后的真实财富值。如果该国调整后的净储蓄额为正数，并且核算中涵盖了范围足够广泛的资产，则经济学理论认为该国的社会福利现值正在增加。相反，若调整后净储蓄额持续为负数，则表明社会福利的现值正在减小，也就是说经济处于不可持续的发展轨道。

调整后的净储蓄额是在标准国民经济核算的总储蓄额基础之上，经过四步调整得到的。第一，扣除生产资产的固定资本消耗估计值，得到净储蓄额。第二，在净储蓄额之上加上当期用于教育的公共支出（在标准国民经济核算中，这些支出被算入消费中）。第三，扣除对各种自然资源耗损的估计值，以反映自然资源提取和收获过程中资产值的减值情况。第四，为二氧化碳的排放与当地空气污染造成的损失作出扣减。当地空气污染造成的损失包括由于暴露在家庭空气污染或城市及农村地区周边细颗粒物浓度中所造成的损失。对自然资源的耗损及环境恶化作出计算后，调整后的净储蓄额超出了国民经济核算体系中对储蓄及净储蓄额的定义。

### 国际收支

国际收支记录了经济体与世界其他经济体的交易情况。国际收支账户分为两类：经常账户，用于记录产品、服务、营业收入和非营业收入的交易情况；资本和金融账户，用于记录资本转移、非生产性非金融资产的买卖以及金融资产和负债的交易情况。经常账户余额是最具分析价值的国际收支指标之一。

建立国际收支账户主要的目的之一是为了表明是否需要对国际收支作出调整。为了进行分析，需要明确标准，判断出最能表明需要进行调整的账户失衡情况。对此以及相关的分析有很多常用的定义。贸易差额是指商品进出口之间的差额。从分析角度来看，将商品和服务区分开来并没有意义。比如，一家货运公司挣得的一单位外币与商品出口企业挣得的一单位外币对国际收支的作用没有区别。尽管如此，贸易差额仍具有实用性，因为通常它是最能及时反映经常账户余额趋势的指标。通常情况下，海关对商品贸易数据的提供要远早于服务贸易数据。

自2012年8月起，国际货币基金组织将在其主要统计类出版物中正式开始使用国际收支手册第六版（BPM 6）体系。2013年4月起，世界银行也将在其在线数据库及出版物中使用BPM 6。2005年以前的国际收支数据将与BPM6保持一致。2008年以前的BPM5数据可在世界发展指标档案库中进行查阅。

完整的国际收支统计方法可通过国际货币基金组织官方网站进行查询（www.imf.org/external/np/sta/bop/bop.htm）。

**政府财政**

中央政府现金盈余或赤字是衡量政府运行可持续性的简单方法，与国民经济核算中的储蓄加净资本转移应收额，及2001年国际货币基金组织更新的《政府财政统计手册》中的净营业余额均具有可比性。

2001年版的手册与1993年版的SNA保持一致，推荐使用权责发生制原则，对所有对资产、负债、收入以及费用产生影响的经济活动进行关注，而不仅仅是那些出现现金收付的活动。权责发生制将股票的全部变化记入账户，因此会计期末的股票数据等于期初数据加上期间的变动。1986年版的手册仅将债务入账。

对于大多数国家来说，中央政府的财政数据均合并入一个账户，但也有些国家的中央政府只有预算账户。仅统计预算数据的国家参见原始数据文档。由于预算账户可能并不包含全部中央政府单位（比如社会保障基金），因而其反映的信息可能并不完整。联邦国家的中央政府账户所反映的财政信息就不完整。

政府财政统计数据以本国货币计量。各指标均以占GDP百分比的形式体现。许多国家的政府财政均以财政年度为单位出具报告；有关国家财政年度的信息，请参阅原始数据文件。

**金融账户**

记录货币供给情况的货币与金融账户处于国家金融系统的核心位置。普遍使用的货币供给的定义有以下几种。M1是最狭义的货币供给，包含了大众持有的货币及在银行的活期存款。M2包含了M1及银行的定期存款和储蓄存款额，这两种存款提款需要提前告知。M3包含了M2及各种货币市场工具，比如银行发行的大额存单，外币银行存款，以及在非银行金融机构的存款。不管如何定义，货币是银行体系的负债，由于具有交换媒介、价值尺度以及价值贮藏的特殊职能，而有别于其他任何类型的银行负债。

经济中价格水平的普遍持续性上涨称为通货膨胀。经济中商品和服务的平均价格的上涨与个别商品和服务价格的相对变化有所不同。一般来说，随着价格水平的整体上涨，相对价格的结构将发生变化，但只有价格的普遍性上涨而不仅是相对价格的变化，才会构成通货膨胀。消费者价格指数是一种常用的通货膨胀计量方法，它衡量了代表性家庭购买一篮子代表性商品和服务的价格。消费者价格指数通常以消费价格的定期调查结果为基准进行计算。其他价格指数均或多或少地源自当前及不变价格序列指数。

消费者价格指数的统计更频繁，因而更具时效性。其计算很明确，即使用既定的一篮子消费性商品和服务价格的调查结果。不过，应该注意对消费者价格指数的解释。不同国家之间的消费价格调查，对家庭、一篮子商品以及地理（城镇或乡村）和收入群体范围的定义千差万别。另外，权重是通过家庭消费调查结果确定的，而由于发展中国家经费不足，调查的频率较低，进而削弱了不同时期间数据的可比性。消费者价格指数对于衡量国内通货膨胀水平十分有效，但在国家间进行比较的价值较低。

**定义**

**国内生产总值（GDP）**以购买价格计算，是经济体内全体常驻生产者生产的总附加值与产出计价时未包含的产品税（抵减补贴）的总和。计算GDP时无须扣除资本资产成品的减值和自然资源的耗减。附加值是指加总产业中全部产出并扣减中期投入后的净产出额。**总储蓄**是国民总收入与公共及私人消费之间的差值，再加上经常项目转移净额的结果。**调整后的净储蓄**衡量了扣除资本收益后，某套特定资产的价值变化。调整后的净储蓄额是净储蓄额加上教育开支，减去能源耗损、矿产耗损、净森林耗损以及二氧化碳和颗粒物排放造成的污染后，得到的结果。**经常项目余额**是在商品及服务净出口额的总和中，扣减营业收入及非营业收入的结果。**中央政府现金盈余或赤字**是在收入（包含拨款）中减掉费用，再减掉非金融资产的净收购额后的结果。在2005年之前的版本中，非金融资产包含在收入和支出项下，以总额计价。这种现金盈余或赤字与之前的总预算余额类似（仍然遗漏了贷款减掉偿还额，作为金融项目，这部分包含在金融资产净收购额项下）。**中央政府债务**是指某一特定日期时，政府在固定期限内负担的全部直接合同义务存量。其中包括国内及国外债务，比如货币存款，证券和贷款。中央政府债务是在政府负债总额上扣减政府持有的股票及金融衍生品后的结果。由于负债是存量而非流量，中央政府债务代表了特定日期，通常是财政年度最后一天的债务额。**消费者价格指数**反映了代表性消费者购买一篮子固定或定期（比如每年）调整的商品及服务的价格变化。通常使用拉斯佩雷斯公式进行计算。**广义货币**（IFS line 35L.ZK）包含了银行外的货币；持有者非中央政府的活期存款；除中央政府外居民部门的定期存款、储蓄存款以及外币存款；银行支票和旅行支票；其他证券，如大额存单及商业票据。

**数据资料来源**

大多数国家的GDP数据来自于各国国家统计局、中央银行以及常驻世界银行的代表团；某些特定高收入经济体的数据来自于OECD统计结果。2012—2013年GDP增长率估计值与2013—2014年的预测值来自世界银行的全球经济前景数据库。总储蓄额数据来自于世界银行的国民账户数据文件。调整后的净储蓄额数据基于Hamilton和Clemens（1999）的理论，使用联合国统计司发布的《国民账户统计数据：主要加总及明细表》中，预测至2010年的固定资本消耗数据进行计算；教育支出数据来自于联合国教科文组织统计司的在线数据库，其中遗漏的数据由世界银行进行估算；森林、能源及矿产资源的耗减数据基于世界银行（2011）的资料和统计方法；二氧化碳所造成的破坏的估计方法来自Fankhauser（1994），排放数据则来自国际能源署（2013）；地区空气污染浓度的预测采用Pandey等人（2006）的方法，而空气质量的监测数据来自世界卫生组织的全球健康观察数据库、亚洲清洁空气中心的城市—行动数据库、欧洲环境署的数据库以及美国国家环境保护局的数据库。经常项目余额数据来自于国际货币基金组织出版的《国际收支统计年鉴》和《国际金融统计》。中央政府财政数据来自国际货币基金组织的政府财政统计数据库。消费者价格指数数据来自国际货币基金组织出版的《国际金融统计》。广义货币数据来自国际货币基金组织出版的《国际金融统计》及每年的《国际金融统计年鉴》。

**参考文献**

Asian Development Bank. 2012. *Asian Development Outlook 2012 Update: Services and Asia's Future Growth.* Manila.

De la Torre, Augusto, Eduardo Levy Yeyati, Samuel Pienknagura. 2013. *Latin America's Deceleration and the Exchange Rate Buffer.* Semiannual Report, Office of the Chief Economist. Washington, DC: World Bank.

Fankhauser, Samuel. 1994. "The Social Costs of Greenhouse Gas Emissions: An Expected Value Approach." *Energy Journal* 15 (2): 157–184.

Feenstra, Robert C., Robert Inklaar, and Marcel P. Timmer. 2013. "The Next Generation of the Penn World Table." [www.ggdc.net/pwt].

Hamilton, Kirk, and Michael Clemens. 1999. "Genuine Savings Rates in Developing Countries." *World Bank Economic Review* 13 (2): 333–356.

IMF (International Monetary Fund). 2001. *Government Finance Statistics Manual.* Washington, DC.

Institute for Health Metrics and Evaluation. 2010. Global Burden of Disease data. University of Washington, Seattle. [https://www.healthdata.org/gbd/data].

International Energy Agency. Various years. IEA CO2 Emissions from Fuel Combustion Statistics database. [http://dx.doi.org/10.1787/co2-data-en]. Paris.

Organisation for Economic Co-operation and Development. Various years. National Accounts Statistics database. [http://dx.doi.org/10.1787/na-data-en]. Paris.

United Nations Statistics Division. Various years. *National Accounts Statistics: Main Aggregates and Detailed Tables. Parts 1 and 2.* New York: United Nations.

United States Energy Information Administration. Various years. International Energy Statistics database. [http://www.eia.gov/cfapps/ipdbproject/IEDIndex3.cfm]. Washington, DC.

World Bank. 2011. *The Changing Wealth of Nations: Measuring Sustainable Development for the New Millennium.* Washington, DC.

———. 2015. *Global Economic Prospects: Having Fiscal Space and Using It.* Washington, DC.

———. Various years. *World Development Indicators.* Washington, DC.

# 4 经　济

## 在线表格和指标

若要获取《世界发展指标》在线表格，请使用网址 http://wdi.worldbank.org/table/和表格编号（例如，http://wdi.worldbank.org/table/4.1）。若要查看特定的在线指标，请使用网址 http://data.worldbank.org/indicator/和指标编码（例如，http://data.worldbank.org/Indicator/NY.GDP.MKTP.KD.ZG）。

**4.1　产出增长**

| | |
|---|---|
| 国内生产总值 | NY.GDP.MKTP.KD.ZG |
| 农业 | NV.AGR.TOTL.KD.ZG |
| 工业 | NV.IND.TOTL.KD.ZG |
| 制造业 | NV.IND.MANF.KD.ZG |
| 服务业 | NV.SRV.TETC.KD.ZG |

**4.2　产出结构**

| | |
|---|---|
| 国内生产总值 | NY.GDP.MKTP.CD |
| 农业 | NV.AGR.TOTL.ZS |
| 工业 | NV.IND.TOTL.ZS |
| 制造业 | NV.IND.MANF.ZS |
| 服务业 | NV.SRV.TETC.ZS |

**4.3　制造业结构**

| | |
|---|---|
| 制造业增加值 | NV.IND.MANF.CD |
| 食品、饮料和烟草 | NV.MNF.FBTO.ZS.UN |
| 纺织品和服装 | NV.MNF.TXTL.ZS.UN |
| 机械和交通设备 | NV.MNF.MTRN.ZS.UN |
| 化工 | NV.MNF.CHEM.ZS.UN |
| 其他制造业 | NV.MNF.OTHR.ZS.UN |

**4.4　商品出口结构**

| | |
|---|---|
| 商品出口 | TX.VAL.MRCH.CD.WT |
| 粮食 | TX.VAL.FOOD.ZS.UN |
| 农业原材料 | TX.VAL.AGRI.ZS.UN |
| 燃料 | TX.VAL.FUEL.ZS.UN |
| 矿砂与金属 | TX.VAL.MMTL.ZS.UN |
| 制成品 | TX.VAL.MANF.ZS.UN |

**4.5　商品进口结构**

| | |
|---|---|
| 商品进口 | TM.VAL.MRCH.CD.WT |
| 粮食 | TM.VAL.FOOD.ZS.UN |
| 农业原材料 | TM.VAL.AGRI.ZS.UN |
| 燃料 | TM.VAL.FUEL.ZS.UN |
| 矿砂与金属 | TM.VAL.MMTL.ZS.UN |
| 制成品 | TM.VAL.MANF.ZS.UN |

**4.6　服务业出口结构**

| | |
|---|---|
| 商业服务出口 | TX.VAL.SERV.CD.WT |
| 运输 | TX.VAL.TRAN.ZS.WT |
| 旅游 | TX.VAL.TRVL.ZS.WT |
| 保险和金融服务 | TX.VAL.INSF.ZS.WT |
| 计算机、信息、通讯和其他商业服务 | TX.VAL.OTHR.ZS.WT |

**4.7　服务业进口结构**

| | |
|---|---|
| 商业服务进口 | TM.VAL.SERV.CD.WT |
| 运输 | TM.VAL.TRAN.ZS.WT |
| 旅游 | TM.VAL.TRVL.ZS.WT |
| 保险和金融服务 | TM.VAL.INSF.ZS.WT |
| 计算机、信息、通讯和其他商业服务 | TM.VAL.OTHR.ZS.WT |

**4.8　需求结构**

| | |
|---|---|
| 家庭最终消费支出 | NE.CON.PETC.ZS |
| 一般政府最终消费支出 | NE.CON.GOVT.ZS |
| 资本形成总值 | NE.GDI.TOTL.ZS |
| 货物和服务出口 | NE.EXP.GNFS.ZS |
| 货物和服务进口 | NE.IMP.GNFS.ZS |
| 储蓄总额 | NY.GNS.ICTR.ZS |

**4.9　消费和投资的增长**

| | |
|---|---|
| 家庭最终消费支出 | NE.CON.PRVT.KD.ZG |
| 人均家庭最终消费支出 | NE.CON.PRVT.PC.KD.ZG |
| 一般政府最终消费支出 | NE.CON.GOVT.KD.ZG |
| 资本形成总额 | NE.GDI.TOTL.KD.ZG |
| 货物和服务出口 | NE.EXP.GNFS.KD.ZG |
| 货物和服务进口 | NE.IMP.GNFS.KD.ZG |

**4.10　对国民收入更全面的衡量**

| | |
|---|---|
| 国内生产总值，美元 | NY.GDP.MKTP.CD |
| 国民总收入，美元 | NY.GNP.MKTP.CD |
| 固定资产消耗 | NY.ADJ.DKAP.GN.ZS |
| 自然资源消耗 | NY.ADJ.DRES.GN.ZS |
| | |
| 调整后的净国民收入 | NY.ADJ.NNTY.CD |
| 国内生产总值，增长百分比 | NY.GDP.MKTP.KD.ZG |
| 国民总收入，增长百分比 | NY.GNP.MKTP.KD.ZG |
| 调整后的净国民收入，增长百分比 | NY.ADJ.NNTY.KD.ZG |

**4.11　对储蓄更全面的衡量**

| | |
|---|---|
| 总储蓄 | NY.ADJ.ICTR.GN.ZS |
| 固定资产消耗 | NY.ADJ.DKAP.GN.ZS |
| 教育支出 | NY.ADJ.AEDU.GN.ZS |
| 净森林消耗 | NY.ADJ.DFOR.GN.ZS |
| 能源消耗 | NY.ADJ.DNGY.GN.ZS |
| 矿产消耗 | NY.ADJ.DMIN.GN.ZS |
| 二氧化碳损害 | NY.ADJ.DCO2.GN.ZS |
| 当地污染损害 | NY.ADJ.DPEM.GN.ZS |
| 调整后的净储蓄 | NY.ADJ.SVNG.GN.ZS |

**4.12 中央政府的财政**

| | |
|---|---|
| 收入 | GC. REV. XGRT. GD. ZS |
| 支出 | GC. XPN. TOTL. GD. ZS |
| 现金盈余或赤字 | GC. BAL. CASH. GD. ZS |
| 净债务，国内债务 | GC. FIN. DOMS. GD. ZS |
| 净债务，外债 | GC. FIN. FRGN. GD. ZS |
| 债务和利息支付，总债务 | GC. DOD. TOTL. GD. ZS |
| 债务和利息支付，利息 | GC. XPN. INTP. RV. ZS |

**4.13 中央政府的支出**

| | |
|---|---|
| 货物和服务 | GC. XPN. GSRV. ZS |
| 员工报酬 | GC. XPN. COMP. ZS |
| 利息支付 | GC. XPN. INTP. ZS |
| 补贴和其他转移支付 | GC. XPN. TRFT. ZS |
| 其他支出 | GC. XPN. OTHR. ZS |

**4.14 中央政府的收入**

| | |
|---|---|
| 所得税、利得税和资本收益税 | GC. TAX. YPKG. RV. ZS |
| 货物和服务税 | GC. TAX. GSRV. RV. ZS |
| 国际贸易税 | GC. TAX. INTT. RV. ZS |
| 其他税款 | GC. TAX. OTHR. RV. ZS |
| 社会缴款 | GC. REV. SOCL. ZS |
| 赠款和其他收入 | GC. REV. GOTR. ZS |

**4.15 货币指标**

| | |
|---|---|
| 广义货币 | FM. LBL. BMNY. ZG |
| 对国内经济的债权 | FM. AST. DOMO. ZG. M3 |
| 对中央政府的债权 | FM. AST. CGOV. ZG. M3 |
| 存款利率 | FR. INR. DPST |
| 贷款利率 | FR. INR. LEND |
| 实际利率 | FR. INR. RINR |

**4.16 汇率和价格**

| | |
|---|---|
| 官方汇率 | PA. NUS. FCRF |
| 购买力平价转换因子 | PA. NUS. PPP |
| 购买力平价转换因子与市场汇率的比率 | PA. NUS. PPPC. RF |
| 实际有效汇率 | PX. REX. REER |
| GDP 隐含平减指数 | NY. GDP. DEFL. KD. ZG |
| 消费价格指数 | FP. CPI. TOTL. ZG |
| 批发价格指数 | FP. WPI. TOTL |

**4.17 经常账户收支**

| | |
|---|---|
| 货物和服务出口 | BX. GSR. GNFS. CD |
| 货物和服务进口 | BM. GSR. GNFS. CD |
| 初次收入余额 | BN. GSR. FCTY. CD |
| 二次收入余额 | BN. TRF. CURR. CD |
| 经常账户余额 | BN. CAB. XOKA. CD |
| 储蓄总额 | FI. RES. TOTL. CD |

# 政府与市场

5

本章“政府和市场”中的指标包括：私人投资和绩效，公共部门在促进投资和增长中发挥的作用，以及增长和发展所必需的基础设施质量和配备情况。这些指标衡量了商业环境、政府职能、金融系统发展、基础设施建设、信息和通讯技术、科技、政府表现及政策落实情况和制度欠缺的脆弱国家的情况。

《全球营商环境报告》对 189 个经济体中会影响 11 个领域国内中小企业的商业法规进行了衡量。该报告提供了对涉及创业、办理建设执照、获得电力、注册财产、获取贷款、保护少数投资者、缴纳税金、进行跨境经营、履行合同以及处理破产等方面的规定的定量性衡量。另外也衡量了有关劳动力市场的规定。

自 2004 年以来，《全球营商环境报告》已经囊括了 2400 多项有助于营商的法规制度改革。从 2013 年 6 月 1 日到 2014 年 6 月 1 日，在所包括的一共 230 个经济体中，有 123 个经济体进行了至少一项改革。其中 63% 的改革减少了规定程序的繁复性和成本。其他改革则加强了法律制度。报告中 80% 以上的经济体看到了他们的前沿距离分数并进行了改善——现在在世界上很多地区，营商已经变得更加便捷。新加坡仍是商业规定最有利于营商的国家。

《2015 年全球营商环境报告》介绍了三方面的改善情况：修改了营商便利度排名的计算方法，增加了大型经济体中的城市样本，并扩大了指标的范围。

第一，报告将排名依据从百分比排名调整为前沿分数距离，即将经济体与法规最佳实践的程度进行对比。这样可以显示出各经济体在每项指标上与最佳成绩的差距。与百分比排名相比，该做法不仅能显示各经济体在各指标上的排名，而且也能显示各经济体之间的差距。

第二，包括将其涵盖范围扩大到人口在 1 亿以上的经济体（孟加拉、巴西、中国、印度、印度尼西亚、日本、墨西哥、尼日利亚、巴基斯坦、俄罗斯联邦和美国）中的第二大商业城市。

第三，报告将数据扩大到所涵盖的 11 个主题中的 3 个，并计划明年增加到 5 个。这一改进提供了新的概念范围，即在强调法规效能的同时，更强调法规的质量。《2015 年全球营商环境报告》使用了新的方法，以衡量解决破产指标中的质量情况，并将质量衡量扩大到获得贷款以及保护少数投资者等指标中。《2016 全球营商环境报告》将在指标中加入对法规质量的衡量内容，如办理建筑许可、获得电力、注册资产、缴纳税金以及履行合同等。迄今为止的统计结果显示，法规的质量和效能几乎一致。

今年“政府与市场”一章中将包括新的表格，即有关统计能力的表格 5.14。主要的统计能力指标以及子分类评估了国家统计能力的变化，有助于国家统计机构和政府确定其在收集、制作和使用数据方面的能力差距。

## 亚洲在信息及通讯技术商品贸易领域占主导地位

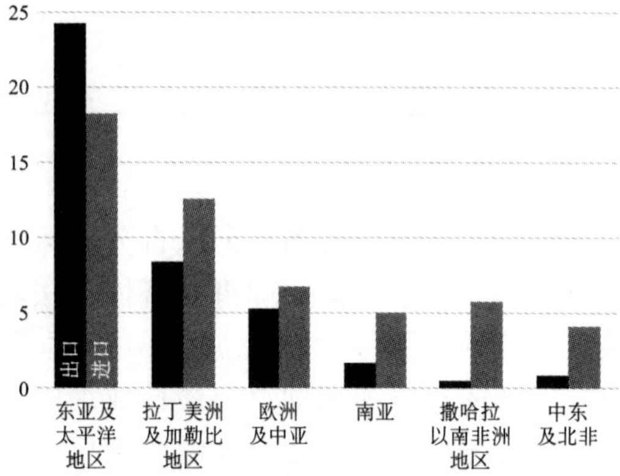


资料来源：在线表格 5.12。

信息及通信技术（ICT）商品——如移动电话、智能手机、便携式电脑、平板电脑、集成电路，以及其他部件和组件等产品——在全球商品贸易的份额超过了10%。2012 年，前十大出口经济体中的 7 个以及前十大进口经济体中的 6 个都位于东亚及太平洋地区。根据联合国贸易和发展会议的数据，亚洲在 ICT 商品制造和生产中不断增加的份额是由该地区内部生产网络中的跨国中间商品运输推动的。这造就了发展中国家之间大量的商品流动。根据本国货币计算，中国在 2012 年领跑 ICT 商品贸易，其出口额达到了 5,080 亿美元，进口额为 3,560 亿美元。紧随其后的是美国，出口额为 1,390 亿美元，进口额为 2,990 亿美元。

## 私人投资主要投向能源和电信领域

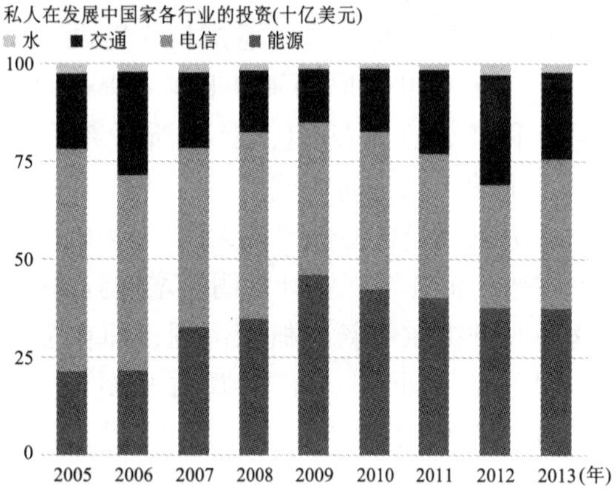


资料来源：在线表格 5.1。

基础设施是营造有利于经济增长环境的主要因素。全球经济持续衰退将导致缩减基础设施维护经费和新的投资，而政府也面临预算缩水及私人资金流量下滑的问题。2013 年，发展中国家中私人参与技术设施建设的比例比 2012 年下降了 23%，只有 1503 亿美元。能源部门的投资额从 2012 年的 736 亿美元减少到 2013 年的 564 亿美元。同期，电信部门的投资额减少了 6% 至 573 亿美元。2013 年，交通和水资源部门的私人投资减少了 40%。2005 年至 2013 年，交通部门平均占全部私人投资的 20%（2013 年为 340 亿美元）。水和卫生行业仍保持最低，平均只有 2%，即一年 32 亿美元。

## 研发经费在一些经济体稳步增加

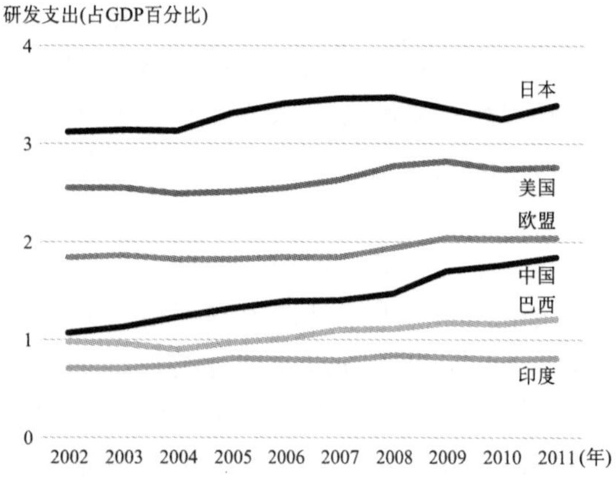


资料来源：在线表格 5.13。

研发强度是根据研发活动所用资源占 GDP 比例来衡量的。自 2002 年后，这方面的经费一直在上涨。到 2011 年，高收入国家用于研发活动的经费占 GDP 的 2.5%。而发展中国家这一比例只有 1.2%。在一些发展中国家中，不断增加的国内研发支出与其强劲的经济发展密不可分——比如，中国的研发支出占比从 2002 年到 2011 年提高了 70%，达到 1.84%。根据联合国教科文组织的报告，包括巴西、中国和印度在内的发展中国家实现了持续性国内增长，在价值链中的位置也不断上升（UNESCO，2010）。这些经济体曾经是外包制造活动的主要提供源，但是现在已经可以承担自主技术开发、产品开发、设计以及实用性研究。

## 法规给拉丁美洲及加勒比地区企业带来了沉重的压力

与其他地区相比，在拉丁美洲及加勒比地区，公司的高层管理人员通常需要花更多的时间来处理政府法规的要求。企业调查显示，在拉丁美洲及加勒比地区，高层管理人员 14% 的时间都用在处理法规问题上，是撒哈拉以南非洲地区 7% 和东亚及太平洋地区 6% 的两倍，几乎是中东及北非和南亚地区 5% 的三倍。不过该地区内这一数字变化很大。在加勒比地区的小国家中，需要公司高级管理人员花费 6% 的时间。相比之下，在其他地区则需要 16% 的时间。小经济体更依靠贸易，也更注重维护对营商有力的环境。

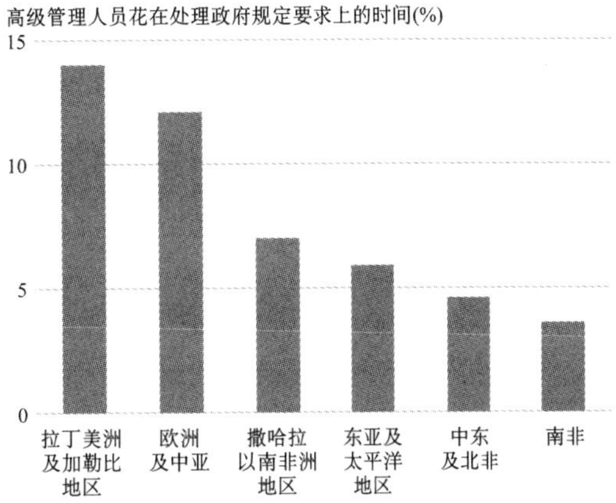


资料来源：在线表格 5.2。

## 有效管理公共部门及采取好的政策并非易事

在弱国，很容易发现不完善的制度、不良发展结果以及冲突风险之间的密切联系。一个有能力、有责任的政府会为贫困人口提供机会以及更好的服务，从而提高发展成果。有 39 个撒哈拉以南非洲地区国家加入了世界银行的国家政策和制度评估项目。该项目旨在决定世界银行国际发展协会的借贷资格。2013 年，有 7 个国家在公共部门和制度群中的得分比 2012 年有所提高；9 个国家有所下降；23 个国家没有变化。佛得角（在量表中的值为 4.1，从 1 到 6，1 分为低，6 分为高）和坦桑尼亚（3.4）表现最好；乍得和刚果民主共和国提高最快，都将分数提高了 0.2 个点，从 2.2 上升到 2.4。

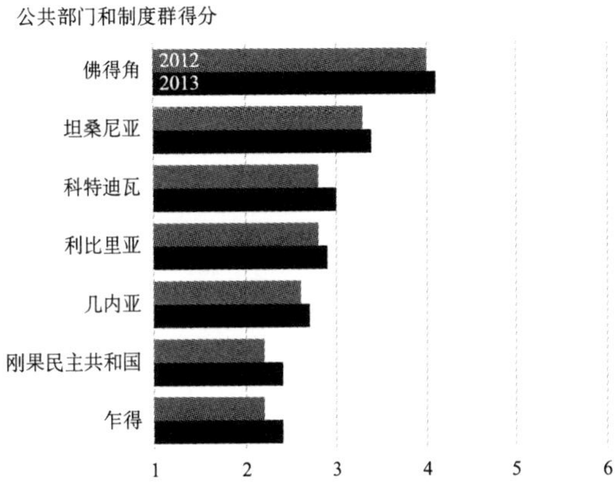


资料来源：在线表格 5.9。

## 在过去 10 年中，发展中国家统计能力稳步提高

统计能力指标是进行监测和追踪的有力工具，可以测评国家统计能力的变化，并帮助政府确定其在收集、制作以及使用数据方面与其他国家的差距。从 2004 年开始进行评估后，所有发展中国家的综合统计能力指标都有所改善，从 65 上升到 68（在 0－100 的量表中）。有资格获得国际发展协会资金的所有国家，平均分从 58 分提高到 62 分（见 http：//data. worldbank. org/about/country－and－lending－groups）。有资格获得国际银行重建和发展资金的国家，从 73 分提高到 75 分。但是，我们还需要继续努力以帮助这些国家坚守国际统计标准和方法，提高数据的可用性和周期性规律。

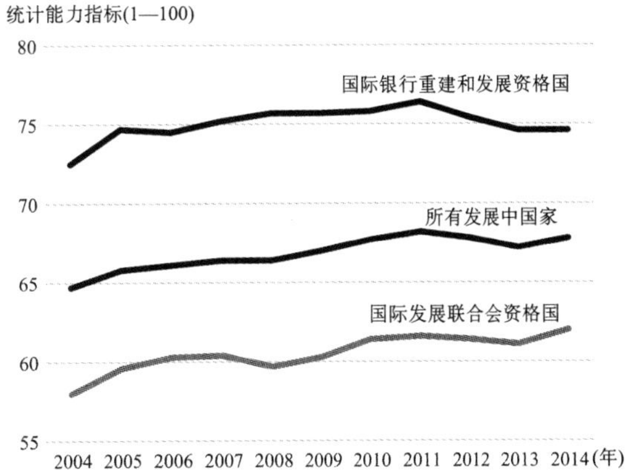


资料来源：在线表格 5.14。

# 重点关注

**数码和信息革命**改变了世界学习、交流、营商和治疗疾病的方式。信息和通信技术为所有国家所有领域的进步提供了广阔的机会——经济增长、提高健康、提供更好的服务、通过远程教育进行学习，以及社会和文化进步的机会。互联网将信息送到学校和医院，改善了公共和私人服务，而且提高了生产力和参与度。通过移动电话，互联网扩大了在发展中国家的接入量。移动性强、使用简单、部署方便、运行成本不断下降的无线技术让移动通信可以普及到乡村地区。根据国际电信联盟提供的数据，到 2014 年年底，全球互联网用户已经达到 30 亿。

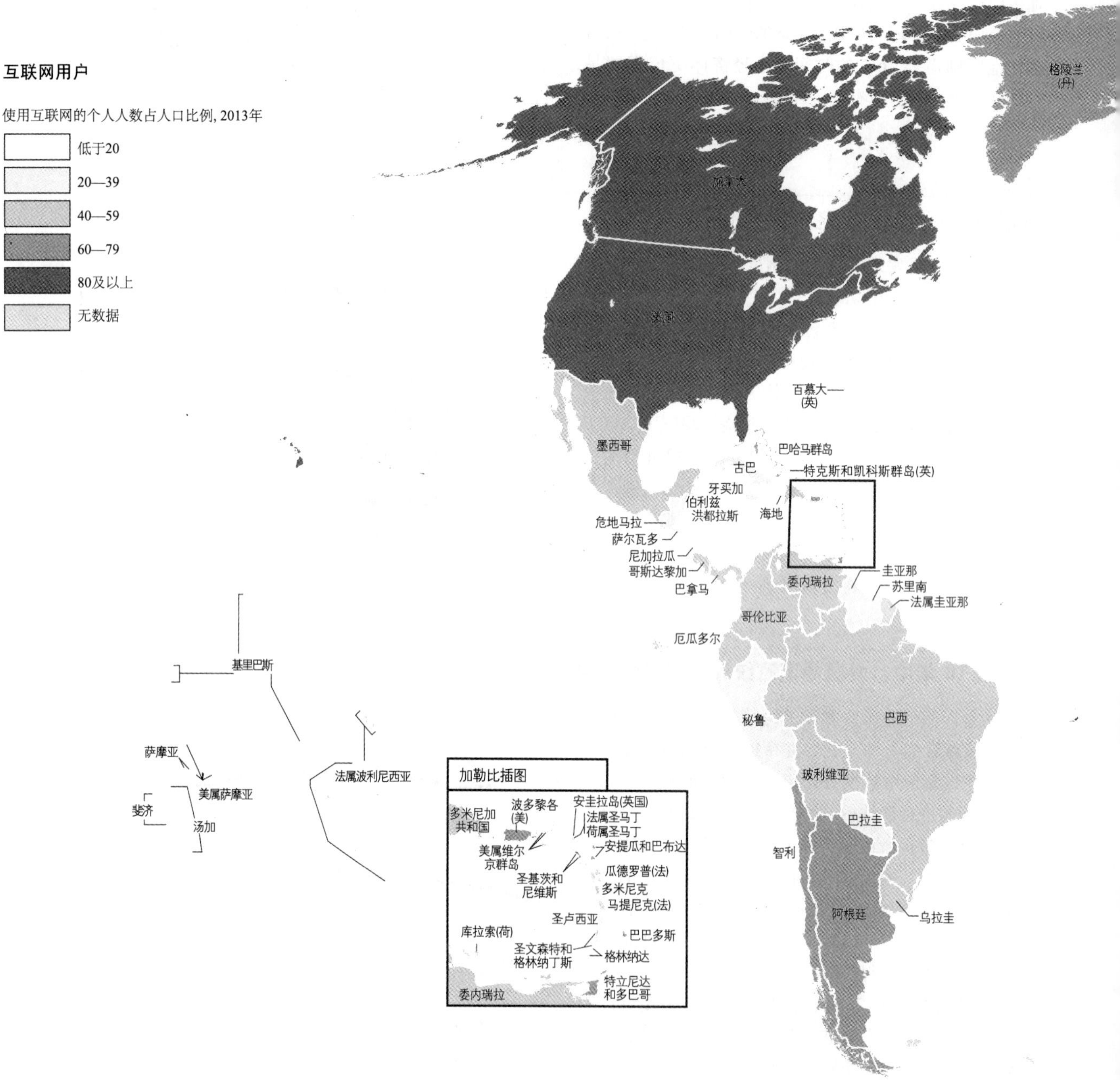

在所有发展中国家地区中，拉丁美洲及加勒比地区和欧洲及中亚互联网用户渗透率最高：2013 年为 46%。

全球使用互联网用户人数不断增加。2013 年约有 27 亿人在线——占人口的 38%。

撒哈拉以南非洲地区的上网人口比例从 2010 年的 10%上升到 2013 年的 17%。

2013 年发展中国家互联网用户数量为 17 亿，是 2006 年的 4.4 亿的三倍。

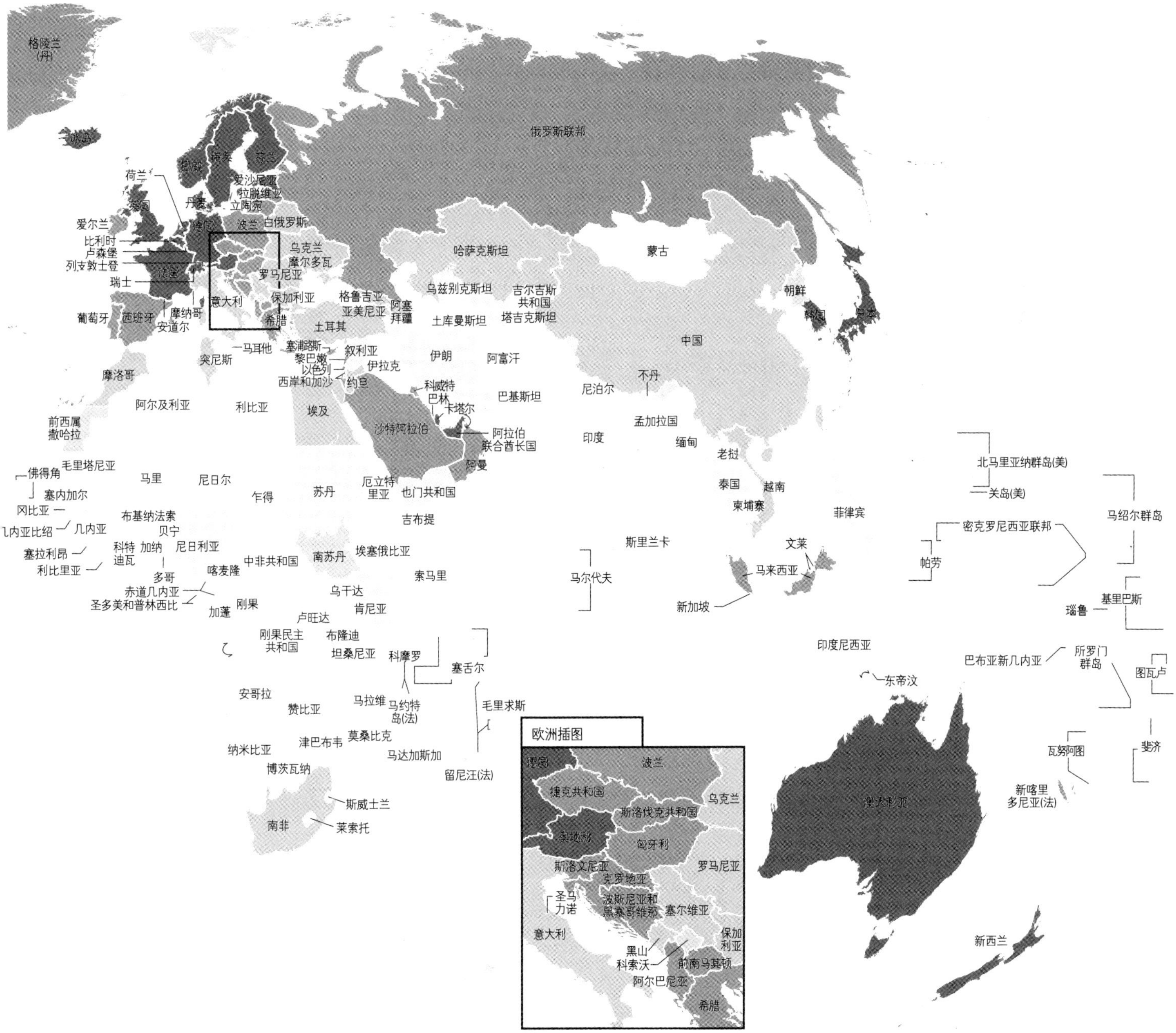

| | 企业进入密度 | 创办企业所需要的时间 | 金融部门提供的国内信贷 | 中央政府税收收入 | 军事支出 | 人均耗电量 | 移动电话用量 | 互联网用户 | 高科技出口 | 数据能力指标 |
|---|---|---|---|---|---|---|---|---|---|---|
| | 每千名15–64岁人员 | 天 | 占GDP的百分比 | 占GDP的百分比 | 占GDP的百分比 | 千瓦时 | 每百人 | 占人口的百分比 | 占制成品出口的百分比 | (0最低，100最高) |
| | 2012 | 2014年6月 | 2013 | 2012 | 2013 | 2011 | 2013 | 2013 | 2013 | 2014 |
| 阿富汗 | 0.15 | 7 | –3.9 | 7.5[b] | 6.4 | .. | 71 | 6 | .. | 54.4 |
| 阿尔巴尼亚 | 0.88 | 5 | 66.9 | .. | 1.3 | 2,195 | 116 | 60 | 0.5 | 75.6 |
| 阿尔及利亚 | 0.53 | 22 | 3.0 | *37.4* | 5.0 | 1,091 | 101 | 17 | 0.2 | 52.2 |
| 美属萨摩亚群岛 | .. | .. | .. | .. | .. | .. | .. | .. | .. | .. |
| 安道尔 | .. | .. | .. | .. | .. | .. | 81 | 94 | .. | .. |
| 安哥拉 | .. | 66 | 18.9 | 18.8[b] | 4.9 | 248 | 62 | 19 | .. | 48.9 |
| 安提瓜和巴布达 | .. | 21 | 90.0 | 18.6[b] | .. | .. | 127 | 63 | 0.0 | 58.9 |
| 阿根廷 | 0.47 | 25 | 33.3 | .. | 0.7 | 2,967 | 163 | 60 | 9.8 | 83.0 |
| 亚美尼亚 | 1.55 | 3 | 46.0 | 18.7[b] | 4.1 | 1,755 | 112 | 46 | 2.9 | 87.8 |
| 阿鲁巴岛 | .. | .. | *56.0* | .. | .. | .. | 135 | 79 | *10.2* | .. |
| 澳大利亚 | 12.16 | 3 | 159.1 | 21.4 | 1.6 | 10,712 | 107 | 83 | 12.9 | .. |
| 奥地利 | 0.50 | 22 | 127.9 | 18.3 | 0.8 | 8,388 | 156 | 81 | 13.7 | .. |
| 阿塞拜疆 | 0.70 | 5 | 25.5 | 13.0[b] | 4.7 | 1,705 | 108 | 59 | 13.4 | 70.0 |
| 巴哈马 | .. | 24 | 104.9 | 15.5[b] | .. | .. | 76 | 72 | 0.0 | .. |
| 巴林 | .. | 9 | 78.6 | *1.1* | 3.8 | 10,018 | 166 | 90 | *0.2* | .. |
| 孟加拉国 | 0.09 | 20 | 57.9 | *8.7*[b] | 1.2 | 259 | 74 | 7 | *0.2* | 80.0 |
| 巴巴多斯 | .. | 18 | .. | *25.2* | .. | .. | 108 | 75 | 15.3 | .. |
| 白俄罗斯 | 1.14 | 9 | 39.9 | 15.1[b] | 1.3 | 3,628 | 119 | 54 | 4.4 | 87.8 |
| 比利时 | 2.48 | 4 | 111.2 | 24.9 | 1.0 | 8,021 | 111 | 82 | *11.4* | .. |
| 伯利兹 | 4.31 | 43 | 58.3 | 22.6[b] | 1.0 | .. | 53 | 32 | 0.0 | 55.6 |
| 贝宁 | .. | 12 | 21.5 | 15.6 | 1.0 | .. | 93 | 5 | 1.2 | 65.6 |
| 百慕大 | .. | .. | .. | .. | .. | .. | 144 | 95 | 12.4 | .. |
| 不丹 | 0.20 | 17 | 50.2 | .. | .. | .. | 72 | 30 | *0.0* | 78.9 |
| 玻利维亚 | 0.56 | 49 | 50.4 | .. | 1.5 | 623 | 98 | 40 | 9.4 | 76.7 |
| 波斯尼亚—黑塞哥维那 | 0.70 | 37 | 67.7 | 20.9 | 1.1 | 3,189 | 91 | 68 | 2.3 | 72.2 |
| 博茨瓦纳 | 12.30 | 60 | 13.6 | 27.1[b] | 2.0 | 1,603 | 161 | 15 | 0.4 | 51.1 |
| 巴西 | 2.17 | 84 | 110.1 | 15.4[b] | 1.4 | 2,438 | 135 | 52 | 9.6 | 75.6 |
| 文莱 | .. | 101 | 20.8 | .. | 2.6 | 8,507 | 112 | 65 | 15.2 | .. |
| 保加利亚 | 9.03 | 18 | 71.1 | 19.0[b] | 1.5 | 4,864 | 145 | 53 | 8.0 | 84.4 |
| 布基纳法索 | 0.15 | 13 | 22.8 | 15.0 | 1.3[a] | .. | 66 | 4 | 13.7 | 71.1 |
| 布隆迪 | .. | 5 | 23.9 | .. | 2.2 | .. | 25 | 1 | *2.7* | 54.4 |
| 佛得角 | .. | 10 | 82.8 | 17.8[b] | 0.5 | .. | 100 | 38 | *0.6* | 68.9 |
| 柬埔寨 | .. | 101 | 40.3 | 11.6 | 1.6 | 164 | 134 | 6 | 0.2 | 76.7 |
| 喀麦隆 | .. | 15 | 15.5 | .. | 1.3 | 256 | 70 | 6 | *3.7* | 56.7 |
| 加拿大 | 1.07 | 5 | .. | 11.7 | 1.0 | 16,473 | 81 | 86 | 14.0 | .. |
| 开曼群岛 | .. | .. | .. | .. | .. | .. | 168 | 74 | .. | .. |
| 中非共和国 | .. | 22 | 36.7 | 9.5 | .. | .. | 29 | 4 | *0.0* | 58.9 |
| 乍得 | .. | 60 | 7.0 | .. | *2.0* | .. | 36 | 2 | .. | 63.3 |
| 海峡群岛 | .. | .. | .. | .. | .. | .. | .. | .. | .. | .. |
| 智利 | 5.69 | 6 | 115.5 | 19.0 | 2.0 | 3,568 | 134 | 67 | 4.8 | 95.6 |
| 中国 | .. | 31 | 163.0 | *10.6*[b] | 2.1[c] | 3,298 | 89 | 46 | 27.0 | 70.0 |
| 中国香港 | 28.12 | 3 | 224.0 | .. | .. | 5,949 | 237 | 74 | *16.2* | .. |
| 中国澳门 | .. | .. | –10.7 | 37.0[b] | .. | .. | 304 | 66 | *0.0* | .. |
| 哥伦比亚 | 2.00 | 11 | 70.1 | 13.2 | 3.4 | 1,123 | 104 | 52 | 7.4 | 81.1 |
| 科摩罗 | .. | 15 | 26.9 | .. | .. | .. | 47 | 7 | .. | 40.0 |
| 刚果民主共和国 | 0.02 | 16 | 7.3 | *8.4*[b] | 1.3 | 105 | 42 | 2 | .. | 57.0 |
| 刚果共和国 | .. | 53 | –7.2 | .. | .. | 172 | 105 | 7 | 1.6 | 47.8 |

| | 企业进入密度 | 创办企业所需要的时间 | 金融部门提供的国内信贷 | 中央政府税收收入 | 军事支出 | 人均耗电量 | 移动电话用量 | 互联网用户 | 高科技出口 | 数据能力指标 |
|---|---|---|---|---|---|---|---|---|---|---|
| | 每千名15—64岁人员 | 天 | 占GDP的百分比 | 占GDP的百分比 | 占GDP的百分比 | 千瓦时 | 每百人 | 占人口的百分比 | 占制成品出口的百分比 | (0最低，100最高) |
| | 2012 | 2014年6月 | 2013 | 2012 | 2013 | 2011 | 2013 | 2013 | 2013 | 2014 |
| 哥斯达黎加 | 3.55 | 24 | 56.5 | 13.6 | .. | 1,844 | 146 | 46 | 43.3 | 77.8 |
| 科特迪瓦 | .. | 7 | 26.9 | 14.2 | *1.5* | 212 | 95 | 3 | 1.3 | 46.7 |
| 克罗地亚 | 2.82 | 15 | 94.1 | 19.6[b] | 1.7 | 3,901 | 115 | 67 | 8.6 | 83.3 |
| 古巴 | .. | .. | .. | .. | *3.3* | 1,327 | 18 | 26 | .. | .. |
| 库拉索岛 | .. | .. | .. | .. | .. | .. | 128 | .. | .. | .. |
| 塞浦路斯 | 22.51 | 8 | 335.8 | 25.5 | 2.1 | 4,271 | 96 | 65 | 7.2 | .. |
| 捷克共和国 | 2.96 | 19 | 67.0 | 13.4[b] | 1.0 | 6,289 | 128 | 74 | 14.8 | .. |
| 丹麦 | 4.36 | 6 | 199.6 | 33.4 | 1.4 | 6,122 | 127 | 95 | 14.3 | .. |
| 吉布提 | .. | 14 | 33.9 | .. | .. | .. | 28 | 10 | .. | 45.6 |
| 多米尼克 | .. | 12 | 61.9 | 21.8[b] | .. | .. | 130 | 59 | *8.8* | 55.6 |
| 多米尼加共和国 | 1.05 | 20 | 47.7 | *12.2* | 0.6 | 893 | 88 | 46 | *2.7* | 78.9 |
| 厄瓜多尔 | .. | 56 | 29.6 | .. | 3.0 | 1,192 | 111 | 40 | 4.4 | 70.0 |
| 埃及 | .. | 8 | 86.2 | 13.2[b] | 1.7 | 1,743 | 122 | 50 | 0.5 | 90.0 |
| 萨尔瓦多 | 0.48 | 17 | 72.1 | 14.5 | 1.1 | 830 | 136 | 23 | 4.4 | 91.1 |
| 赤道几内亚 | .. | 135 | −3.5 | .. | .. | .. | 67 | 16 | .. | 34.0 |
| 厄立特里亚 | .. | 84 | *98.3* | .. | .. | 49 | 6 | 1 | .. | 31.1 |
| 爱沙尼亚 | .. | 5 | 71.6 | 16.3 | 1.9 | 6,314 | 160 | 80 | 10.6 | 86.7 |
| 埃塞俄比亚 | .. | 15 | .. | *9.2*[b] | 0.8 | 52 | 27 | 2 | 2.4 | 61.1 |
| 法罗群岛 | .. | .. | .. | .. | .. | .. | 121 | 90 | .. | .. |
| 斐济 | .. | 59 | 121.8 | .. | 1.4 | .. | 106 | 37 | 2.2 | 71.1 |
| 芬兰 | 2.32 | 14 | 104.9 | 20.0 | 1.2 | 15,738 | 172 | 92 | 7.2 | .. |
| 法国 | 2.88 | 5 | 130.8 | 21.4 | 2.2 | 7,292 | 98 | 82 | 25.9 | .. |
| 法属玻利尼西亚 | .. | .. | .. | .. | .. | .. | 86 | 57 | 7.8 | .. |
| 加蓬 | .. | 50 | 11.7 | .. | 1.3 | 907 | 215 | 9 | .. | 42.2 |
| 冈比亚 | .. | 26 | 50.1 | .. | .. | .. | 100 | 14 | 7.3 | 66.7 |
| 格鲁吉亚 | 4.86 | 2 | 42.9 | 24.1[b] | 2.7 | 1,918 | 115 | 43 | 2.5 | 82.2 |
| 德国 | 1.29 | 15 | 113.5 | 11.5 | 1.3 | 7,081 | 121 | 84 | 16.1 | .. |
| 加纳 | 0.90 | 14 | 34.8 | *14.9*[b] | 0.5 | 344 | 108 | 12 | 6.1 | 62.2 |
| 希腊 | *0.77* | 13 | 134.3 | 22.4 | 2.5 | 5,380 | 117 | 60 | 7.5 | .. |
| 格陵兰 | .. | .. | .. | .. | .. | .. | 106 | 66 | 8.0 | .. |
| 格林纳达 | .. | 15 | 80.0 | 18.7[b] | .. | .. | 126 | 35 | .. | 44.4 |
| 关岛 | .. | .. | .. | .. | .. | .. | .. | 65 | .. | .. |
| 危地马拉 | 0.52 | 19 | 40.6 | 10.8[b] | 0.5 | 539 | 140 | 20 | 4.7 | 68.9 |
| 几内亚 | 0.23 | 8 | *32.2* | .. | .. | .. | 63 | 2 | .. | 52.2 |
| 几内亚比绍 | .. | 9 | 18.6 | .. | *1.7* | .. | 74 | 3 | .. | 43.3 |
| 圭亚那 | .. | 19 | 55.3 | .. | 1.1 | .. | 69 | 33 | 0.0 | 58.9 |
| 海地 | 0.06 | 97 | 20.4 | .. | .. | 32 | 69 | 11 | .. | 47.8 |
| 洪都拉斯 | .. | 14 | 57.3 | 14.7 | 1.2 | 708 | 96 | 18 | *2.4* | 73.3 |
| 匈牙利 | 4.75 | 5 | 64.7 | 22.9 | 0.9 | 3,895 | 116 | 73 | 16.3 | 85.6 |
| 冰岛 | 8.17 | 4 | 130.9 | 22.3 | *0.1* | 52,374 | 108 | 97 | 15.5 | .. |
| 印度 | 0.12 | 28 | 77.2 | 10.8[b] | 2.4 | 684 | 71 | 15 | 8.1 | 81.1 |
| 印度尼西亚 | 0.29 | 53 | 45.6 | .. | 0.9 | 680 | 125 | 16 | 7.1 | 83.3 |
| 伊朗 | .. | 12 | .. | .. | *2.1* | 2,649 | 84 | 31 | *4.1* | 73.3 |
| 伊拉克 | 0.13 | 29 | −1.4 | .. | 3.4 | 1,343 | 96 | 9 | .. | 46.7 |
| 爱尔兰 | 4.50 | 6 | 186.1 | 22.0 | 0.5 | 5,701 | 103 | 78 | 22.4 | .. |
| 马恩岛 | 45.27 | .. | .. | .. | .. | .. | .. | .. | .. | .. |
| 以色列 | 2.96 | 13 | .. | 22.1 | 5.6 | 6,926 | 123 | 71 | 15.6 | .. |

# 5 政府与市场

| | 企业进入密度 | 创办企业所需要的时间 | 金融部门提供的国内信贷 | 中央政府税收收入 | 军事支出 | 人均耗电量 | 移动电话用量 | 互联网用户 | 高科技出口 | 数据能力指标 |
|---|---|---|---|---|---|---|---|---|---|---|
| | 每千名15—64岁人员 | 天 | 占GDP的百分比 | 占GDP的百分比 | 占GDP的百分比 | 千瓦时 | 每百人 | 占人口的百分比 | 占制成品出口的百分比 | (0最低,100最高) |
| | 2012 | 2014年6月 | 2013 | 2012 | 2013 | 2011 | 2013 | 2013 | 2013 | 2014 |
| 意大利 | 1.91 | 5 | 161.8 | 22.4 | 1.5 | 5,515 | 159 | 58 | 7.3 | .. |
| 牙买加 | 1.11 | 15 | 51.4 | 27.1 | 0.8 | 1,553 | 102 | 38 | 0.7 | 78.9 |
| 日本 | 1.15 | 11 | 366.5 | 10.1 | 1.0 | 7,848 | 118 | 86 | 16.8 | .. |
| 约旦 | 0.98 | 12 | 111.9 | 15.3 | 3.6 | 2,289 | 142 | 44 | 1.6 | 74.4 |
| 哈萨克斯坦 | 1.71 | 10 | 39.1 | .. | 1.2 | 4,893 | 185 | 54 | 36.9 | 88.9 |
| 肯尼亚 | .. | 30 | 42.8 | 15.9[b] | 1.6 | 155 | 72 | 39 | .. | 54.4 |
| 基里巴斯 | *0.11* | 31 | .. | 16.1[b] | .. | .. | 17 | 12 | *38.5* | 35.6 |
| 朝鲜 | .. | .. | .. | .. | .. | 739 | 10 | *0* | .. | .. |
| 韩国 | 2.03 | 4 | 155.9 | *14.4*[b] | 2.6 | 10,162 | 111 | 85 | 27.1 | .. |
| 科索沃 | 1.22 | 11 | 23.3 | .. | .. | 2,947 | .. | .. | .. | 33.3 |
| 科威特 | .. | 31 | *47.9* | 0.7[b] | *3.2* | 16,122 | 190 | 75 | 1.4 | .. |
| 吉尔吉斯共和国 | 0.92 | 8 | .. | 18.1[b] | 3.2 | 1,642 | 121 | 23 | 5.3 | 86.7 |
| 老挝 | *0.10* | 92 | .. | 14.8[b] | *0.2* | .. | 68 | 13 | .. | 73.3 |
| 拉脱维亚 | 11.63 | 13 | 58.6 | 13.8[b] | 1.0 | 3,264 | 228 | 75 | 13.0 | 86.7 |
| 黎巴嫩 | .. | 9 | 187.6 | 15.5 | 4.4 | 3,499 | 81 | 71 | 2.2 | 62.2 |
| 莱索托 | 1.49 | 29 | 1.7 | .. | 2.1 | .. | 86 | 5 | .. | 72.2 |
| 利比里亚 | .. | 5 | 38.7 | 20.9[b] | 0.7 | .. | 59 | 5 | .. | 46.7 |
| 利比亚 | .. | 35 | –51.1 | .. | *3.6* | 3,926 | 165 | 17 | .. | 28.9 |
| 列支敦士登 | .. | .. | .. | .. | .. | .. | 104 | 94 | .. | .. |
| 立陶宛 | 4.71 | 4 | 51.0 | 13.4 | 0.8 | 3,530 | 151 | 68 | 10.3 | 83.3 |
| 卢森堡 | 20.98 | 19 | 163.9 | 25.5 | 0.5 | 15,530 | 149 | 94 | *8.1* | .. |
| 前南斯拉夫马其顿共和国 | 3.60 | 2 | 52.4 | 16.7[b] | 1.2 | 3,881 | 106 | 61 | 3.7 | 84.4 |
| 马达加斯加 | 0.05 | 8 | 15.6 | *10.1* | 0.5 | .. | 37 | 2 | 0.6 | 62.2 |
| 马拉维 | .. | 38 | 31.2 | .. | 1.4 | .. | 32 | 5 | 6.0 | 75.6 |
| 马来西亚 | 2.28 | 6 | 142.6 | 16.1[b] | 1.5 | 4,246 | 145 | 67 | 43.5 | 74.4 |
| 马尔代夫 | .. | 9 | 86.9 | *15.5*[b] | .. | .. | 181 | 44 | .. | 66.7 |
| 马里 | .. | 11 | 20.9 | 15.6 | 1.4 | .. | 129 | 2 | *1.2* | 66.7 |
| 马耳他 | 13.61 | 35 | 146.7 | 27.0 | 0.6 | 4,689 | 130 | 69 | 38.6 | .. |
| 马绍尔群岛 | .. | 17 | .. | .. | .. | .. | .. | 12 | .. | 46.7 |
| 毛里塔尼亚 | .. | 9 | *39.1* | .. | 3.6 | .. | 103 | 6 | .. | 59.0 |
| 毛里求斯 | 7.40 | 6 | 122.4 | 19.0 | 0.2 | .. | 123 | 39 | 0.6 | 85.6 |
| 墨西哥 | 0.88 | 6 | 49.5 | .. | 0.6 | 2,092 | 86 | 43 | 15.9 | 85.6 |
| 密克罗尼西亚联邦 | .. | 16 | –27.2 | .. | .. | .. | 30 | 28 | .. | 36.7 |
| 摩尔多瓦 | .. | 6 | 44.0 | 18.6[b] | 0.3 | 1,470 | 106 | 49 | 2.4 | 94.4 |
| 摩纳哥 | .. | .. | .. | .. | .. | .. | 94 | 91 | .. | .. |
| 蒙古 | .. | 11 | 63.6 | 18.2[b] | *1.1* | 1,577 | 124 | 18 | 15.9 | 83.3 |
| 黑山 | *10.66* | 10 | 61.0 | .. | 1.6 | 5,747 | 160 | 57 | .. | 75.6 |
| 摩洛哥 | .. | 11 | 115.5 | 24.5 | 3.9 | 826 | 129 | 56 | *6.4* | 78.9 |
| 莫桑比克 | .. | 13 | 29.3 | 20.8[b] | .. | 447 | 48 | 5 | 13.4 | 74.4 |
| 缅甸 | .. | 72 | .. | .. | .. | 110 | 13 | 1 | .. | 46.7 |
| 纳米比亚 | 0.85 | 66 | 49.7 | *23.1* | 3.0 | 1,549 | 118 | 14 | 1.7 | 48.9 |
| 尼泊尔 | 0.66 | 17 | 69.1 | 13.9[b] | 1.4 | 106 | 77 | 13 | 0.3 | 65.6 |
| 荷兰 | 4.44 | 4 | 193.0 | 19.7 | 1.2 | 7,036 | 114 | 94 | 20.4 | .. |
| 新喀里多尼亚 | .. | .. | .. | .. | .. | .. | 94 | 66 | *10.6* | .. |
| 新西兰 | 15.07 | 1 | .. | 29.3 | 1.0 | 9,444 | 106 | 83 | 10.3 | .. |
| 尼加拉瓜 | .. | 13 | 44.8 | 14.8[b] | 0.8 | 522 | 112 | 16 | 0.4 | 65.6 |
| 尼日尔 | .. | 15 | 11.8 | .. | *1.1* | .. | 39 | 2 | 52.4 | 67.8 |

| | 企业进入密度<br>每千名15—64岁人员<br>2012 | 创办企业所需要的时间<br>天<br>2014年6月 | 金融部门提供的国内信贷<br>占GDP的百分比<br>2013 | 中央政府税收收入<br>占GDP的百分比<br>2012 | 军事支出<br>占GDP的百分比<br>2013 | 人均耗电量<br>千瓦时<br>2011 | 移动电话用量<br>每百人<br>2013 | 互联网用户<br>占人口的百分比<br>2013 | 高科技出口<br>占制成品出口的百分比<br>2013 | 数据能力指标<br>(0最低，100最高)<br>2014 |
|---|---|---|---|---|---|---|---|---|---|---|
| 尼日利亚 | 0.91 | 31 | 22.3 | 1.6 | 0.5 | 149 | 73 | 38 | 2.7 | 72.2 |
| 北马里亚纳群岛 | .. | .. | .. | .. | .. | .. | .. | .. | .. | .. |
| 挪威 | 7.83 | 5 | .. | 27.3 | 1.4 | 23,174 | 116 | 95 | 19.1 | .. |
| 阿曼 | .. | 7 | 35.7 | 2.5[b] | 11.5 | 6,292 | 155 | 66 | 3.4 | .. |
| 巴基斯坦 | 0.04 | 19 | 49.0 | 10.1[b] | 3.5 | 449 | 70 | 11 | 1.9 | 74.4 |
| 帕劳 | .. | 28 | .. | .. | .. | .. | 86 | .. | .. | 36.7 |
| 巴拿马 | 14.10 | 6 | 67.6 | .. | .. | 1,829 | 163 | 43 | 0.0 | 82.0 |
| 巴布亚新几内亚 | .. | 53 | 48.8 | .. | 0.6 | .. | 41 | 7 | 3.5 | 46.7 |
| 巴拉圭 | .. | 35 | 38.3 | 12.8[b] | 1.6 | 1,228 | 104 | 37 | 7.5 | 71.1 |
| 秘鲁 | 3.83 | 26 | 22.0 | 16.5[b] | 1.4 | 1,248 | 98 | 39 | 3.6 | 99.0 |
| 菲律宾 | 0.27 | 34 | 51.9 | 12.9[b] | 1.3 | 647 | 105 | 37 | 47.1 | 77.8 |
| 波兰 | .. | 30 | 65.8 | 16.0 | 1.8 | 3,832 | 149 | 63 | 7.9 | 78.9 |
| 葡萄牙 | 3.62 | 3 | 183.3 | 20.3 | 2.1 | 4,848 | 113 | 62 | 4.3 | .. |
| 波多黎各 | .. | 6 | .. | .. | .. | .. | 84 | 74 | .. | .. |
| 卡塔尔 | 1.74 | 9 | 73.9 | 14.7[b] | .. | 15,755 | 153 | 85 | 0.0 | .. |
| 罗马尼亚 | 4.12 | 8 | 52.0 | 18.8 | 1.3 | 2,639 | 106 | 50 | 5.7 | 87.8 |
| 俄罗斯 | 4.30 | 11 | 48.3 | 15.1 | 4.2 | 6,486 | 153 | 61 | 10.0 | 84.0 |
| 卢旺达 | 1.07 | 7 | .. | 13.7[b] | 1.1 | .. | 57 | 9 | 4.4 | 78.9 |
| 萨摩亚 | 1.04 | 9 | 40.8 | 0.0[b] | .. | .. | .. | 15 | 0.6 | 53.3 |
| 圣马力诺 | .. | 40 | .. | .. | .. | .. | 117 | 51 | .. | .. |
| 圣多美和普林西比 | 3.75 | 4 | 28.8 | 14.0 | .. | .. | 65 | 23 | 14.1 | 68.9 |
| 沙特阿拉伯 | .. | 21 | –7.9 | .. | 9.0 | 8,161 | 184 | 61 | 0.7 | .. |
| 塞内加尔 | 0.27 | 6 | 35.1 | 19.2 | 0.0 | 187 | 93 | 21 | 0.7 | 73.3 |
| 塞尔维亚 | 1.68 | 12 | 49.5 | 19.7[b] | 2.0 | 4,490 | 119 | 52 | .. | 92.3 |
| 塞舌尔 | .. | 38 | 35.2 | 31.2[b] | 0.9 | .. | 147 | 50 | .. | 62.2 |
| 塞拉利昂 | 0.32 | 12 | 14.5 | 11.7[b] | 0.0 | .. | 66 | 2 | .. | 58.9 |
| 新加坡 | 8.04 | 3 | 112.6 | 14.0[b] | 3.3 | 8,404 | 156 | 73 | 47.0 | .. |
| 圣马丁岛 | .. | .. | .. | .. | .. | .. | .. | .. | .. | .. |
| 斯洛伐克 | 5.11 | 12 | .. | 12.2 | 1.0 | 5,348 | 114 | 78 | 10.3 | 83.3 |
| 斯洛文尼亚 | 4.36 | 6 | 82.8 | 17.5[b] | 1.1 | 6,806 | 110 | 73 | 6.2 | .. |
| 所罗门群岛 | .. | 9 | 20.3 | .. | .. | .. | 58 | 8 | 12.6 | 53.3 |
| 索马里 | .. | .. | .. | .. | .. | .. | 49 | 2 | .. | 20.0 |
| 南非 | 6.54 | 19 | 182.2 | 25.5 | 1.1 | 4,606 | 146 | 49 | 5.5 | 74.4 |
| 南苏丹 | 0.73 | 14 | .. | .. | 9.3 | .. | 25 | .. | .. | 29.4 |
| 西班牙 | 2.71 | 13 | 205.1 | 7.1 | 0.9 | 5,530 | 107 | 72 | 7.7 | .. |
| 斯里兰卡 | 0.51 | 11 | 47.4 | 12.0[b] | 2.7 | 490 | 95 | 22 | 1.0 | 78.9 |
| 圣基茨和尼维斯 | 5.69 | 19 | 65.9 | 20.2[b] | .. | .. | 142 | 80 | 0.1 | 52.2 |
| 圣卢西亚 | 3.00 | 15 | 123.1 | 23.0[b] | .. | .. | 116 | 35 | .. | 66.7 |
| 圣马丁 | .. | .. | .. | .. | .. | .. | .. | .. | .. | .. |
| 圣文森特和格林纳丁斯 | 1.37 | 10 | 58.4 | 23.0[b] | .. | .. | 115 | 52 | 0.1 | 55.6 |
| 苏丹 | .. | 36 | 24.0 | .. | .. | 143 | 73 | 23 | 0.7 | 43.3 |
| 苏里南 | 1.63 | 84 | 31.5 | 19.4[b] | .. | .. | 161 | 37 | 6.5 | 63.3 |
| 斯威士兰 | .. | 30 | 18.4 | .. | 3.0 | .. | 71 | 25 | .. | 60.0 |
| 瑞典 | 6.41 | 16 | 138.1 | 20.7 | 1.1 | 14,030 | 124 | 95 | 14.0 | .. |
| 瑞士 | 2.53 | 10 | 173.4 | 9.8 | 0.7 | 7,928 | 137 | 87 | 26.5 | .. |
| 叙利亚 | 0.04 | 13 | .. | .. | .. | 1,715 | 56 | 26 | .. | 44.4 |
| 塔吉克斯坦 | 0.26 | 39 | 19.0 | .. | .. | 1,714 | 92 | 16 | .. | 75.6 |

| | 企业进入密度 | 创办企业所需要的时间 | 金融部门提供的国内信贷 | 中央政府税收收入 | 军事支出 | 人均耗电量 | 移动电话用量 | 互联网用户 | 高科技出口 | 数据能力指标 |
|---|---|---|---|---|---|---|---|---|---|---|
| | 每千名15--64岁人员 | 天 | 占GDP的百分比 | 占GDP的百分比 | 占GDP的百分比 | 千瓦时 | 每百人 | 占人口的百分比 | 占制成品出口的百分比 | (0最低，100最高) |
| | 2012 | 2014年6月 | 2013 | 2012 | 2013 | 2011 | 2013 | 2013 | 2013 | 2014 |
| 坦桑尼亚 | .. | 26 | 24.3 | 16.1[b] | 1.1 | 92 | 56 | 4 | 5.4 | 72.2 |
| 泰国 | 0.86 | 28 | 173.3 | 16.5 | 1.5 | 2,316 | 140 | 29 | 20.1 | 83.3 |
| 东帝汶 | 2.76 | 10 | -53.6 | .. | 2.3 | .. | 57 | 1 | 9.8 | 64.4 |
| 多哥 | 0.12 | 10 | 36.0 | 16.4 | 1.6 | .. | 63 | 5 | 0.2 | 64.4 |
| 汤加 | 1.91 | 16 | 27.1 | .. | .. | .. | 55 | 35 | 6.5 | 50.0 |
| 特立尼达和多巴哥 | .. | 12 | 33.7 | 28.3[b] | .. | 6,332 | 145 | 64 | .. | 62.2 |
| 突尼斯 | 1.52 | 11 | 83.4 | 21.0[b] | 2.0 | 1,297 | 116 | 44 | 4.9 | 72.0 |
| 土耳其 | 0.79 | 7 | 84.3 | 20.4 | 2.3 | 2,709 | 93 | 46 | 1.9 | 84.4 |
| 土库曼斯坦 | .. | .. | .. | .. | .. | 2,444 | 117 | 10 | .. | 43.3 |
| 特克斯和凯科斯群岛 | .. | .. | .. | .. | .. | .. | .. | .. | 1.9 | .. |
| 图瓦卢 | .. | .. | .. | .. | .. | .. | 34 | 37 | .. | 33.3 |
| 乌干达 | 1.17 | 32 | 14.2 | 11.0[b] | 1.9 | .. | 44 | 16 | 1.9 | 64.4 |
| 乌克兰 | 0.92 | 21 | 95.7 | 18.2[b] | 2.9 | 3,662 | 138 | 42 | 5.9 | 91.1 |
| 阿拉伯联合酋长国 | 1.38 | 8 | 76.5 | 0.4 | 5.0 | 9,389 | 172 | 88 | .. | .. |
| 英国 | 11.04 | 6 | 184.1 | 25.3 | 2.2 | 5,472 | 125 | 90 | 16.3 | .. |
| 美国 | .. | 6 | 240.5 | 10.2 | 3.8 | 13,246 | 96 | 84 | 17.8 | .. |
| 乌拉圭 | 2.98 | 7 | 36.3 | 19.3[b] | 1.9 | 2,810 | 155 | 58 | 8.7 | 90.0 |
| 乌兹别克斯坦 | 0.64 | 8 | .. | .. | .. | 1,626 | 74 | 38 | .. | 54.4 |
| 瓦努阿图 | .. | 35 | 68.7 | 16.0[b] | .. | .. | 50 | 11 | 54.0 | 43.3 |
| 委内瑞拉 | .. | 144 | 52.5 | .. | 1.2 | 3,313 | 102 | 55 | 2.3 | 81.1 |
| 越南 | .. | 34 | 108.2 | .. | 2.2 | 1,073 | 131 | 44 | 28.2 | 76.7 |
| 美属维尔京群岛 | .. | .. | .. | .. | .. | .. | .. | 45 | .. | .. |
| 西岸和加沙 | .. | 44 | .. | .. | .. | .. | 74 | 47 | .. | 82.0 |
| 也门 | .. | 40 | 33.9 | .. | 3.9 | 193 | 69 | 20 | 0.4 | 56.0 |
| 赞比亚 | 1.36 | 7 | 27.5 | 16.0[b] | 1.4 | 599 | 72 | 15 | 2.4 | 60.0 |
| 津巴布韦 | .. | 90 | .. | .. | 2.6 | 757 | 96 | 19 | 3.6 | 57.8 |
| **世界整体** | **3.83 u** | **22 u** | **166.5 w** | **14.3 w** | **2.3 w** | **3,045 w** | **93 w** | **38 w** | **17.8 w** | **.. u** |
| **低收入国家** | 0.33 | 29 | 35.8 | 11.8 | 1.5 | 219 | 55 | 7 | 4.1 | 60.5 |
| **中等收入国家** | 2.20 | 24 | 108.4 | 13.2 | 1.9 | 1,816 | 92 | 33 | 19.1 | 70.8 |
| 中低收入国家 | 1.10 | 22 | 61.9 | 10.9 | 1.9 | 736 | 85 | 21 | 11.1 | 68.8 |
| 中高收入国家 | 3.01 | 26 | 121.3 | 14.0 | 1.9 | 2,932 | 100 | 45 | 21.2 | 72.8 |
| **低收入和中等收入国家** | 1.86 | 25 | 106.9 | 13.1 | 1.9 | 1,646 | 87 | 29 | 18.9 | 67.8 |
| 东亚及太平洋地区 | 1.34 | 35[d] | 149.8 | 11.2 | 1.9 | 2,582 | 96 | 39 | 26.8 | 71.4 |
| 欧洲及中亚 | 2.19 | 11[d] | 68.3 | 19.6 | 2.1 | 2,954 | 112 | 46 | 10.4 | 78.1 |
| 拉丁美洲及加勒比地区 | 2.38 | 34[d] | 72.5 | .. | 1.3 | 1,985 | 114 | 46 | 12.0 | 77.1 |
| 中东及北非 | 0.55 | 20[d] | 46.8 | .. | 3.3 | 1,696 | 101 | 34 | 2.0 | 63.4 |
| 南亚 | 0.25 | 16[d] | 71.6 | 10.7 | 2.5 | 605 | 71 | 14 | 7.5 | 72.4 |
| 撒哈拉以南非洲地区 | 2.09 | 25[d] | 61.0 | 14.0 | 1.3 | 535 | 66 | 17 | 4.3 | 58.7 |
| **高收入国家** | 7.47 | 15 | 196.6 | 14.2 | 2.5 | 8,906 | 121 | 78 | 17.2 | .. |
| 欧元区 | 6.62 | 11 | 143.2 | 17.1 | 1.5 | 6,599 | 123 | 76 | 15.9 | .. |

a. 数据来自国际电信联盟（ITU）的世界电信/信息通信技术指标数据库。第三方引用这些数据时，请注明引自国际电信联盟。b. 所公布数据基于现金收付制，并根据国际货币基金组织《2001 年政府财政统计手册》中的权责发生制进行了调整。c. 与中国政府的官方数字不同（1.3%；见中国国家统计局，www. stats. gov. cn）。d. 不同于营商环境网站（www. doingbusiness. org）上公布的数据，营商环境网站上公布的地区加总包括发达经济体。

## 关于数据

### 创业活动

经济体中新企业增加的速度能够衡量其活力及创业情况。企业进入密度的数据来自于世界银行2013年发布的创业数据库，其中涵盖了超过150个国家在2004—2012年之间的各种指标。我们使用该调查数据对公司的成立、其与经济增长和消除贫困之间的关系以及管理与制度改革的影响等问题进行分析。注册公司总数的数据由各国注册登记机构提供。在对国家间数据进行比较时，仅考虑正式部门中有限责任公司的情况。更多有关数据来源、分析方法、创业率计算以及数据局限性的信息，可参阅 http://www.doingbusiness.org/data/exploretipics/entrepreneurship。

企业成立所需时间的数据来自营商环境数据库，数据库中囊括了对商业规定、监督效果、对财产进行法律保护的范围、就业规定的灵活性以及企业税负等方面的衡量指标。基本前提是经济活动需要切实可行且行之有效的规章制度。其中有些指标偏好完善的规章制度，如要求对关联方交易执行更严格的披露制度；而其他指标则更倾向于简明的规章制度，如为企业审批程序提供一站式服务。数据库中的11套指标涵盖了关于新建企业、财产登记、施工许可、通电给水、合同执行、信贷审批、投资者保护、税费缴纳、跨境交易、破产保护以及雇佣员工等各方面的问题。相关指标信息可参阅 www.doingbusiness.org。

营商环境的数据来自对简单商业案例的标准化调查，从而保证了不同经济体之间、不同时点数据的可比性。案例中对企业的法定形式、企业规模、地理位置以及经营性质作出了假设。我们对189个国家超过10,700名专家、律师、商业顾问、会计师、货运代理、政府官员，以及参与日常管理和提供法律法规意见的人员进行了调查。

在未来20年中，营商环境项目将对10套营商指标中的8套进行重要完善，在现有强调效率的概念框架基础上，提供更加注重规章制度质量的新框架。此外，营商环境项目也将调整营商便利排名依据，从百分数排名方式调整前沿分数距离方式。前沿分数距离方式根据最佳管理实践对经济体进行衡量——展示各经济体在各指标上与最佳表现之间的差距。该方法比之前使用的简单排名能捕捉到更多的信息，因为该方法不仅能显示各经济体在各指标中表现的排名，还能显示其与最佳表现的差距。

营商环境项目采用的方法具有一定的局限性，在对数据进行解释时应引起注意。第一，数据仅能代表各经济体最大的商业城市中的商业状况，而没有考虑其他地区的管理情况。为减小这种局限性，我们收集了所选经济体的地方性指标，涵盖面因此扩大到这些经济体中百万人口以上的第二大经济城市。地方数据显示，同一经济体中不同城市的改革速度和营商便利程度存在很大差异。第二，数据仅集中于某种特定的商业形式——一般来说是特定规模的有限责任公司——无法代表其他形式企业（如个体企业）的管理情况。第三，标准商业案例中描述的交易仅讨论了一系列特定的问题，无法代表企业所要面临的全部问题。第四，涉及的时间指标建立在专家答题者的主观判断之上。当来源表明估计有所不同时，营商环境中的时间指标则仅代表给定标准化案例假设下，不同答案的中间值。第五，这种方法假设企业完全了解全部规定事项，因而在完成程序时不会浪费时间。构建各项指标时，已假设企业家了解并将遵循全部规定。但在现实中，企业家并不了解全部程序，或者可能试图完全脱离法定程序。

### 金融体系

金融市场的发展与该经济体的全面发展密切相关。功能良好的金融体系可以提供更多更好的信息。交易费越低，越能改善资源分配、促进经济增长。有关资金使用、可用信贷额以及服务成本等的数据提高了政府对金融发展的了解。信贷是现金交易中的重要纽带。它可以为生产、消费以及资本形成提供资助，从而影响经济活动。对于家庭、私人企业以及公共实体的可用信贷额，显示了银行和金融部门在经济体中的发展程度。

金融部门为国内提供的信贷额度占GDP的比例反映了银行业的发展程度和金融部门的规模发展水平。数据取自国际货币基金组织（IMF）对银行业的调查，记录在《国际金融统计》中，有些数据也来自信托公司的调查。金融公司调查中包含各国货币当局（中央银行）、商业银行及其他银行类金融机构，如财务公司、发展银行及储蓄和贷款机构等。一些国家的政府将持有的国际储备存入银行系统，而不放在中央银行。中央政府的债务以净值计算（中央政府债务减去其存款），因而可能为负值，进而使得银行部门提供的国内信贷额度净值为负。

### 税收收入

税收是大多数政府收入的主要来源。税收收入占GDP的比例反映了各国的财政负担以及其对私人部门的激励情况。表格中仅包含中央政府的数据，可能会严重低估总税收负担，尤其是在省市级政府规模较大或者征税权力较大的国家。

税收收入在GDP中比重偏低可能反映出行政能力薄弱以及偷税漏税严重等问题。较低的比重也可能说明经济中存在大规模未登记及未披露的收入。税收收入比率一般会随收入增加而提高。较之低收入国家，高收入国家更能使用税收收入来提供更多的公共服务和社会保障。

### 军事支出

虽然国防是政府的重要职能之一，但过高的防御及内乱开支会加重经济负担，进而阻碍经济增长。军事支出占GDP的比重能够粗略地衡量一个国家投入军事活动的国家资源比例。作为一项“投入”，军费开支并不与军事活动、实力或安全性等“产出”直接相关。国家间的比较需要考虑很多因素，包括历史与文化传统、须保卫的国境线长度、与邻国关系以及国民对军队的看法。

数据由斯德哥尔摩国际和平研究所（SIPRI）提供的，其中军费开支数据的原始资料来自各国政府提供的官方数据。这些数据源自财政预算文件、国防白皮书及其他官方政府机构的公开文件，也包括政府对SIPRI、联合国裁军事务办公室或欧洲安全与合作组织等的调查问卷所做的回复。二手资料来源包括国际统计数据，如北大西洋公约组织（NATO）及国际货币基金组织《政府财政统计年鉴》。其他二手资料来源包括经济学人智库关于各国的报告、IMF专家关于各国的报告以及专业刊物等。

当SIPRI无法作出独立评估时，会使用由各国提供的数据。由于各国在定义上存在差异，且在核实数据准确性和完整性方面存在困难，因此各国数据间并不完全具有可比性。但SIPRI在最大程度上保证各国数据的时间序列的可比性。更多关于SIPRI对军费支出项目的信息请参阅www. sipri. org/research/armaments/milex。

## 基础设施

经济体的电力和通讯等基础设施的质量，是关乎投资决策和经济发展的重要因素。国际能源署（IEA）从各国能源机构处收集电力消耗数据，并对其进行调整使之符合国际定义。辅助发电站的消耗，其中主要零件——变压器上的损耗，以及泵送装置发电均包含在其中。有相关数据时，使用主要能源来源——煤、石油、天然气、核能、水力、地热、风能、潮汐以及其他可替代能源——发送的电力也被计入其中。消耗数据并不能反映供给的可靠性，如故障、负载系数以及断电频率等。

国际电信联盟（ITU）估计，到2013年，全球移动电话签约量为67亿。没有任何一种技术曾达到过如此之广的普及范围。移动通讯对农村地区有着极为重要的影响。移动通讯具有移动性、使用方便、架设灵活，以及无线技术部署成本相对较低且在不断下降等特点，这些使之能够为收入及文化水平均较低的农村人口所接受。农村地区的贫困人口将为移动通讯技术贡献十亿需求。

移动业务营业公司是电信数据的主要传统来源，因此多数国家移动电话签约量的信息较易获得。这是大体上的思路，但更精确的方法是使用普及率——使用电信技术的家庭所占的比重。过去几年中，住户及商业调查收集到了更多有关信息和通讯技术普及的信息。其他重要数据还包括电信服务实际使用的数据。由于数据提供及获得方面的法规不同，各国数据的质量也有所不同。

## 高科技出口

决定高科技出口的方法由经济合作与发展组织及欧盟统计局联合开发。使用建立在研发密度（支出除以总销售额）之上的“产品法”（而非“部门法”），对德国、意大利、日本、荷兰、瑞典以及美国的不同组别产品进行统计。由于生产某几种高科技产品的工业部门也能制造出科技含量低的产品，因而产品法更适合于统计国际贸易。该方法仅考虑研发密度，而高科技的其他特点也很重要，如专业技术、科研人员以及专利中包含的技术。基于这些特点的统计将得到另一种结果（参见Hatzichronoglou，1997）。

## 统计能力

统计能力指该国收集、分析和提供有关其人口及经济状况高质量数据的能力。当统计能力提高，决策者可以使用精确的统计数据进行决策，会得到更好的政策设计及结果。统计能力指标是监测和追踪发展中国家统计能力的主要工具，也可以帮助全球的国家统计部门认识到各自在收集、制作和使用数据方面存在的差距。

## 定义

**企业进入密度**为15—64岁的人口中，每千人新登记注册的有限责任公司的数量。**创办企业所需要的时间**是指在不考虑成本的前提下，以最快速度完成合法经营公司的全部程序所需的历日。**银行部门提供的国内信贷量**是指提供给各部门的总信贷量，其中不包括提供给中央政府的额度，该数额为净值。银行系统包括金融管理部门、商业银行以及其他可获得数据的银行类金融机构。**中央政府税收收入**是出于公共事业目的而强制交给中央政府的资金。某些强制缴纳，比如罚款以及大部分社会保障金不包含在内。由于征收不当而导致的偿还及处罚，记为负的税收收入。IMF的《政府金融统计手册2001》（GFSM 2001）中的分析框架是建立在权责发生制的资产负债表上的。对于仍然以现金流报告政府财政数据的国家，IMF将对报告进行调整，以适应GFSM 2001的框架。对这些国家将在表格脚注中特别说明。**军事支出**来自遵循北约旧时定义（有效期截至2002年）的SIPRI数据。包括全部用于武装部队（包括维和部队）、国防部和其他负责国防项目的政府机构、准军事部队（如果被认定是为军事行动进行训练并配备装备）以及军事航天活动的商品及资本支出。这类开支包括军事及民事人员费用（包括军事人员的养老金及社会福利）、活动及维护、采购、军事研发以及军事援助（包含在捐助国的军事支出中）。不包括在其中的项目有民防系统及目前花费在过去军事活动上的支出，比如退伍军人福利、军人复原以及武器改装及销毁等的费用。然而，由于难以获得更多有关军事预算及预算外军事支出的详细信息（如军事预算是否覆盖民防系统、储备及辅助部队、警察及准军事部队以及军人抚恤），因此该定义并不适用于所有国家。**人均耗电量**是发电站产量及热电厂产量减去输送、分配、转换的损失，再减去热电厂自身的耗用后，除以年中人口数得到的数据。**移动电话签约量**是指公共移动电话服务的签约量。该服务利用蜂窝技术提供接入公共电话交换网络。预付签约及活跃预付账户（指过去3个月曾使用过的账户）均包含在内。这一指标适用于所有支持语音通信的移动蜂窝签约量，但是不包括数据卡或USB调制解调器、公共移动数据服务、个人集群移动无线电、公用无绳电话系统、无线电寻呼以及遥感勘测技术服务的签约量。**互联网个人用户**是指过去12个月曾（在任何地点）使用过互联网的个人所占的百分比。可以通过电脑、手机、个人数字助理、游戏机、数字电视或类似设备使用互联网。**高科技出口产品**是指研发密度较高的产品，比如航天工业、计算机、医药品、科学仪器以及电力机械。**统计能力指标**指用于评估该国统计体系能力的综合分数。该指标根据诊断框架对方法、数据来源及周期和时效性进行评估。根据以上领域的25项标准，使用公开数据及该国提供的数据对各国进行评分。总统计能力分为以上三项分数在0—100的量表中的简单平均分。

**数据资料来源**

企业进入密度数据来自世界银行创业数据库（www.doingbusiness.org/data/exploretopics/entrepreneurship）。创立企业所需时间数据来自世界银行营商环境项目（www.doingbusiness.org）。国内信贷数据来自国际货币基金组织公布的《国际金融统计数字》。中央政府税收数据来自国际货币基金组织公布的《政府金融统计数字》。军事支出数据来自SIPRI公布的军事支出数据库（www.sipri.org/research/armaments/milex/milex_database/milex_database）。电力消耗数据来自国际能源署公布的《非经合组织国家能源数据统计》《非经合组织国家能源平衡》和《经合组织国家能源统计数据》，以及联合国统计司公布的《能源数据统计年鉴》。蜂窝移动电话签约量和互联网个人用户数据来自国际电信联盟的世界移动通讯/ICT指标数据库。高科技出口产品数据来自联合国统计司的商品贸易（Comtrade）数据库。统计能力指标数据来自世界银行统计能力公告牌（http://bbsc.worldbank.org）。

**参考文献**


Claessens, Stijn, Daniela Klingebiel, and Sergio L. Schmukler. 2002. "Explaining the Migration of Stocks from Exchanges in Emerging Economies to International Centers." Policy Research Working Paper 2816, World Bank, Washington, DC.

Hatzichronoglou, Thomas. 1997. "Revision of the High-Technology Sector and Product Classification." STI Working Paper 1997/2. Organisation for Economic Co-operation and Development, Directorate for Science, Technology, and Industry, Paris.

UNESCO (United Nations Educational, Scientific and Cultural Organization). 2010. *Science Report*. Paris.

# 5 政府与市场

## 在线数据表和指标

若要获取世界发展指标在线表格，请使用网址 http：//wdi. worldbank. org/table/和表格编号（例如，http：//wdi. worldbank. org/table/5. 1）。若要查看特定的在线指标，请使用网址 http：//data. worldbank. org/indicator/和指标编码（例如，http：//data. worldbank. org/Indicator/IE. PPI. TELE. CD）。

**5.1 经济体中的私人部门**

| | |
|---|---|
| 电信投资 | IE. PPI. TELE. CD |
| 能源投资 | IE. PPI. ENGY. CD |
| 运输投资 | IE. PPI. TRAN. CD |
| 供水和卫生设施投资 | IE. PPI. WATR. CD |
| 对私人部门的国内信贷 | FS. AST. PRVT. GD. ZS |
| 注册的企业，新企业 | IC. BUS. NREG |
| 注册的企业，进入密度 | IC. BUS. NDNS. ZS |

**5.2 工商业环境：企业调查**

| | |
|---|---|
| 处理政府规章制度的时间 | IC. GOV. DURS. ZS |
| 税收官员的平均见面次数 | IC. TAX. METG |
| 获得营业执照所需时间 | IC. FRM. DURS |
| 行贿几率 | IC. FRM. BRIB. ZS |
| 因偷盗、敲诈、破坏和纵火造成的损失 | IC. FRM. CRIM. ZS |
| 与未注册企业竞争的企业 | IC. FRM. CMPU. ZS |
| 拥有女性高管的企业 | IC. FRM. FEMM. ZS |
| 利用银行为营运资本融资的企业 | IC. FRM. BKWC. ZS |
| 停电造成的价值损失 | IC. FRM. OUTG. ZS |
| 拥有国际质量认证的企业 | IC. FRM. ISOC. ZS |
| 出口清关的平均时间 | IC. CUS. DURS. EX |
| 提供正规培训的企业 | IC. FRM. TRNG. ZS |

**5.3 工商业环境：营商环境指标**

| | |
|---|---|
| 创办企业的程序数量 | IC. REG. PROC |
| 创办企业所需时间 | IC. REG. DURS |
| 创办企业的成本 | IC. REG. COST. PC. ZS |
| 财产注册登记的程序数量 | IC. PRP. PROC |
| 财产注册登记所需时间 | IC. PRP. DURS |
| 修建仓库的程序数量 | IC. WRH. PROC |
| 修建仓库所需时间 | IC. WRH. DURS |
| 通电所需时间 | IC. ELC. TIME |
| 履行合同的程序数量 | IC. LGL. PROC |
| 履行合同所需时间 | IC. LGL. DURS |
| 商业披露指数 | IC. BUS. DISC. XQ |
| 破产清算所需时间 | IC. ISV. DURS |

**5.4 股票市场**

| | |
|---|---|
| 市场资本总额（美元） | CM. MKT. LCAP. CD |
| 市场资本总额（占 GDP 百分比） | CM. MKT. LCAP. GD. ZS |
| 股票交易额 | CM. MKT. TRAD. GD. ZS |
| 周转率 | CM. MKT. TRNR |
| 国内上市公司 | CM. MKT. LDOM. NO |
| 标准普尔全球股票指数 | CM. MKT. INDX. ZG |

**5.5 资金的获取、稳定和效率**

| | |
|---|---|
| 法定权利强度指数 | IC. LGL. CRED. XQ |
| 信贷信息深度指数 | IC. CRD. INFO. XQ |
| 商业银行存款人 | FB. CBK. DPTR. P3 |
| 商业银行借款人 | FB. CBK. BRWR. P3 |
| 商业银行分支机构 | FB. CBK. BRCH. P5 |
| 自动柜员机 | FB. ATM. TOTL. P5 |
| 银行资本与资产的比率 | FB. BNK. CAPA. ZS |
| 银行不良贷款与贷款总额比率 | FB. AST. NPER. ZS |
| 银行部门提供的国内信贷 | FD. AST. PRVT. GD. ZS |
| 利差 | FR. INR. LNDP |
| 贷款的风险溢价 | FR. INR. RISK |

**5.6 税收政策**

| | |
|---|---|
| 中央政府征收的税收收入 | GC. TAX. TOTL. GD. ZS |
| 企业纳税次数 | IC. TAX. PAYM |
| 企业准备、归档和纳税时间 | IC. TAX. DURS |
| 企业利润税 | IC. TAX. PRFT. CP. ZS |
| 企业劳务税和捐赠 | IC. TAX. LABR. CP. ZS |
| 其他营业税 | IC. TAX. OTHR. CP. ZS |
| 总营业税率 | IC. TAX. TOTL. CP. ZS |

**5.7 军事支出和武器交易**

| | |
|---|---|
| 军事支出（占 GDP 百分比） | MS. MIL. XPND. GD. ZS |
| 军事支出（占中央政府支出百分比） | MS. MIL. XPND. ZS |
| 武装部队人员 | MS. MIL. TOTL. P1 |
| 武装部队人员（占总劳动力百分比） | MS. MIL. TOTL. TF. ZS |
| 武器交易，出口 | MS. MIL. XPRT. KD |
| 武器交易，进口 | MS. MIL. MPRT. KD |

**5.8 脆弱的局势**

| | |
|---|---|
| 国际开发协会资源分配指数 | IQ. CPA. IRAI. XQ |
| 维和部队、警察和军事观察员 | VC. PKP. TOTL. UN |
| 与战争相关的死亡 | VC. BTL. DETH |
| 故意杀人 | VC. IHR. PSRC. P5 |
| 军事支出 | MS. MIL. XPND. GD. ZS |
| 偷盗、破坏和纵火造成的损失 | IC. FRM. CRIM. ZS |
| 开始经营时就正式注册的企业 | IC. FRM. FREG. ZS |
| 童工♀♂ | SL. TLF. 0714. ZS |
| 难民（按来源国计） | SM. POP. REFG. OR |
| 难民（按庇护国计） | SM. POP. REFG |

| | |
|---|---|
| 国内流民 | VC. IDP. TOTL. HE |
| 获得改善的水源 | SH. H2O. SAFE. ZS |
| 获得改良的卫生设施 | SH. STA. ACSN |
| 孕产妇死亡率（国家估算） | SH. STA. MMRT. NE |
| 孕产妇死亡率（模型估算） | SH. STA. MMRT |
| 5 岁以下儿童死亡率♀♂ | SH. DYN. MORT |
| 食物匮乏程度 | SN. ITK. DFCT |
| 小学总入学率♀♂ | SE. PRM. ENRR |

**5.9 公共政策和制度**

| | |
|---|---|
| 国际开发协会资源分配指数 | IQ. CPA. IRAI. XQ |
| 宏观经济管理 | IQ. CPA. MACR. XQ |
| 财政政策 | IQ. CPA. FISP. XQ |
| 债务政策 | IQ. CPA. DEBT. XQ |
| 经济管理（平均值） | IQ. CPA. ECON. XQ |
| 贸易 | IQ. CPA. TRAD. XQ |
| 金融部门 | IQ. CPA. FINS. XQ |
| 商业监管环境 | IQ. CPA. BREG. XQ |
| 结构性政策（平均值） | IQ. CPA. STRC. XQ |
| 性别平等 | IQ. CPA. GNDR. XQ |
| 公共资源使用均等化 | IQ. CPA. PRES. XQ |
| 人力资源积累 | IQ. CPA. HRES. XQ |
| 社会保护和劳动力 | IQ. CPA. PROT. XQ |
| 促使环境具有可持续性的政策和制度 | IQ. CPA. ENVR. XQ |
| 促使社会包容和平等的政策（平均值） | IQ. CPA. SOCI. XQ |
| 财产权和基于制度的治理 | IQ. CPA. PROP. XQ |
| 预算和金融管理的质量 | IQ. CPA. FINQ. XQ |
| 税收征收的效率 | IQ. CPA. REVN. XQ |
| 公共管理的质量 | IQ. CPA. PADM. XQ |
| 政府部门的透明度、责任感和腐败程度 | IQ. CPA. TRAN. XQ |
| 公共部门的管理和制度（平均值） | IQ. CPA. PUBS. XQ |

**5.10 交通运输服务**

| | |
|---|---|
| 公路网络总量 | IS. ROD. TOTL. KM |
| 铺面道路 | IS. ROD. PAVE. ZS |
| 公路客运量 | IS. ROD. PSGR. K6 |
| 公路货运量 | IS. ROD. GOOD. MT. K6 |
| 铁路线 | IS. RRS. TOTL. KM |
| 铁路客运量 | IS. RRS. PASG. KM |
| 铁路货运量 | IS. RRS. GOOD. MT. K6 |
| 港口集装箱运输 | IS. SHP. GOOD. TU |
| 世界范围内注册的离港飞机 | IS. AIR. DPRT |
| 航空客运量 | IS. AIR. PSGR |
| 航空货运量 | IS. AIR. GOOD. MT. K1 |

**5.11 电力和通讯**

| | |
|---|---|
| 人均耗电量 | EG. USE. ELEC. KH. PC |
| 输配电损耗的电力 | EG. ELC. LOSS. ZS |
| 固定电话签约两 | IT. MLT. MAIN. P2 |
| 移动电话签约量 | IT. CEL. SETS. P2 |
| 固定电话国际通话量 | ..[a] |
| 移动蜂窝网络国际通话量 | ..[a] |
| 移动蜂窝网络覆盖的人口 | ..[a] |
| 固定电话价格指数 | ..[a] |
| 移动电话价格指数 | ..[a] |
| 电信收入 | ..[a] |
| 每个雇员的移动电话和固定电话签约量 | ..[a] |

**5.12 信息时代**

| | |
|---|---|
| 拥有电视的家庭 | ..[a] |
| 拥有计算机的家庭 | ..[a] |
| 互联网个人用户 | ..[a] |
| 固定宽带网签约量 | IT. NET. BBND. P2 |
| 国际互联网带宽 | ..[a] |
| 固定宽带网价格指数 | ..[a] |
| 互联网安全服务器 | IT. NET. SECR. P6 |
| 信息通讯技术物品（出口） | TX. VAL. ICTG. ZS. UN |
| 信息通讯技术物品，进口 | TM. VAL. ICTG. ZS. UN |
| 信息通讯技术服务（出口） | BX. GSR. CCIS. ZS |

**5.13 科学和技术**

| | |
|---|---|
| 研究与开发（研究人员） | SP. POP. SCIE. RD. P6 |
| 研究与开发（技术人员） | SP. POP. TECH. RD. P6 |
| 发表于科技刊物上的论文 | IP. JRN. ARTC. SC |
| 研发支出 | GB. XPD. RSDV. GD. ZS |
| 高科技出口（美元） | TX. VAL. TECH. CD |
| 高科技出口（占制成品出口的百分比） | TX. VAL. TECH. MF. ZS |
| 专利使用费（收入） | BX. GSR. ROYL. CD |
| 专利使用费（支出） | BM. GSR. ROYL. CD |
| 专利申请（居民） | IP. PAT. RESD |
| 专利申请，非居民 | IP. PAT. NRES |
| 商标申请（总数） | IP. TMK. TOTL |

**5.14 统计能力**

| | |
|---|---|
| 统计能力总水平 | IQ. SCI. OVRL |
| 方法评估 | IQ. SCI. MTHD |
| 数据资源评估 | IQ. SCI. SRCE |
| 周期及时效性评估 | IQ. SCI. PRDC |

♀♂在《世界发展指标》数据库中，可以获取按性别分类的数据。

a. 可以在线获得数据表的一部分，但不能获得单个指标。

# 全球联系

6

世界经济因商品和服务贸易、资本流动和人口迁移而紧密相连。随着各国经济的发展，国家之间的联系变得更加密切和复杂。本章“全球联系”中的各项指标对这些流动的规模和方向进行了衡量，同时也对关税、贸易便利及援助资金等政策干预措施对世界经济发展的影响进行了梳理。

虽然有迹象表明国际金融市场从2013年开始重新拾得了信心，但对资本市场的担忧仍造成了国际投资的波动。这种情况主要体现在新兴市场经济体中。实际汇率下跌导致资本回撤，并让资本流动变得更加不稳定。第一和第二季度全球有价证券流动急剧下滑，造成到2013年底，全面下跌了11%。而中等收入经济体和高收入经济体分别下跌了33%和8%。低收入经济体股市值增长反而高于预期，使证券流动达到了2012年的两倍。

与有价证券投资相比，外国直接投资（FDI）流动波动较小。2013年，全球外国直接投资流动增加了10.5%，达到1.7万亿美元。流向高收入经济体的外国直接投资增加了11%。反观2012年，则为下降了22%。2012年，流向发展中国家的外国直接投资约为7,340亿美元，占全世界的42%。虽然很多经济体都得到了外国直接投资，但这些投资仍主要集中在10个国家。而其中巴西、中国和印度就占据了一半之多。

私人部门在发展中国家起着重要的经济作用。也促使近几年借款模式以及外债储蓄和流动组成发生重要改变。2013年，流向发展中国家的净债务额比2012年增加了28%，达到5,420亿美元。这些流动的组成也发生了演变。从2009年开始，私人部门实体发行的债券不断增加，已经占到私人无担保债务中期债务流动的45%。2013年，发展中国家公共和私人实体发行的债券达到历史最高的2,330亿美元。

自欧元区主权债务危机后出现大幅下滑的国际贸易增长出现了复苏的迹象。但是由于高收入经济体对商品的需求仍较低，因此货物进口仅略有增长，从2001年的0.6%增加到2013年1.5%。商品出口增长速度也有改善，从0.4%上升到2.3%。与2012年相比，向发展中国家的出口增长了3%，向高收入国家的商品出口增长了1.3%。

## 中东及北非向高收入国家的商品出口减少

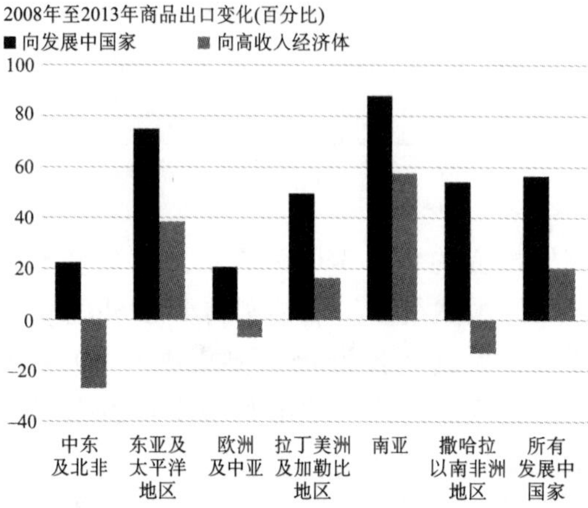


资料来源：在线表格6.4。

虽然商品贸易量一直在增加，但是2008年金融危机后，从2009年开始，贸易增长速度在过去20年中一直在下降。其主要原因在于过去20年中，虽然向发展中国家的出口增加了，但是对高收入经济体的商品出口一直低于危机前的水平（2008年为86,730亿美元）。这一趋势在中东及北非地区尤为明显。2013年，该地区向高收入经济体的出口下滑到2010亿美元，比2008最多的2,760亿美元减少了27%。虽然自2012年后，向发展中经济体的商品出口也有所减少，但仍比2008年高22%。

## 对撒哈拉以南非洲地区的援助与经济发展不相匹配

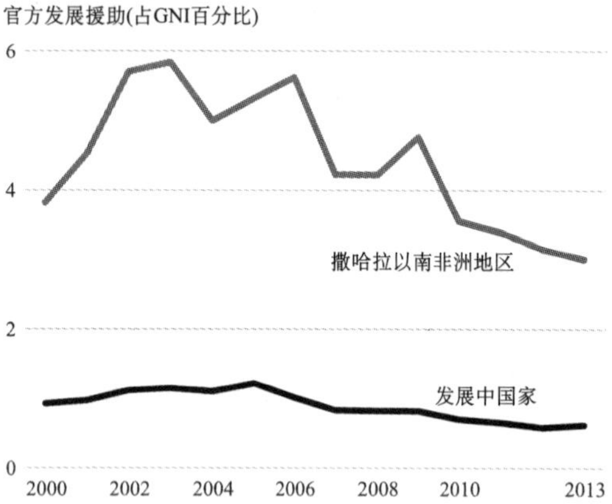


资料来源：在线表格6.12。

2013年，官方发展援助（ODA）增加到1500亿美元，是发展中国家综合国民总收入（GNI）的0.62%。捐助政府自2012年减少对外援助后，又重新增加了在对外援助方面的投入。虽然官方发展援助总额有所增加，但是其占撒哈拉以南非洲地区国家的国民总收入份额却在持续减少。减幅最大的是对科特迪瓦的援助——从2012年的10%减少到2013年的4%。不过2012年的比例超高是因为该国达到了重债穷国（HIPC）计划规定的“完成点”，因此在2012年6月增加了债务减免。利比里亚也下降了近6个百分点。而毛里塔尼亚、尼日尔、塞拉里昂和冈比亚都下降了3个百分点。发展援助委员会向该地区提供的双边资助总额也比前一年减少了5%。2013年仅为319亿美元。

## 外国直接投资和私人部门借款促使资本流向墨西哥

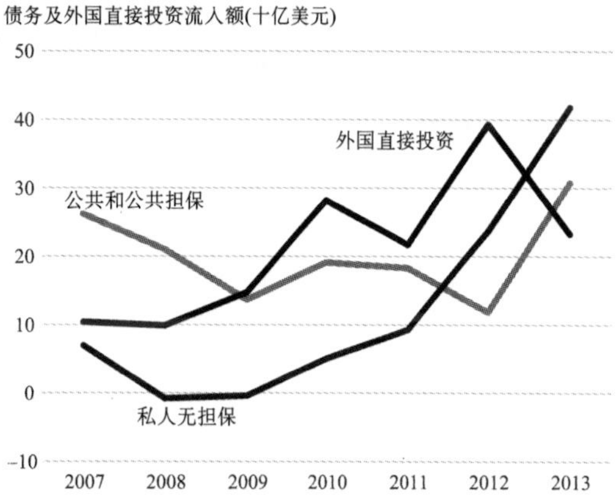


资料来源：在线表格6.9和世界银行债权人报告系统。

2013年，流入墨西哥的外国直接投资（FDI）达到了300亿美元，是2012年水平的两倍多。墨西哥因此成为中国和巴西之后的第三大发展中国家外国直接投资接受国。通过外国直接投资和长期私人无担保债务流向私人部门借款人的净资金超过了流向公共借款人净债务额。外国直接投资的大幅增加主要为收购投资。这也显示了投资者的信心，特别是对私人部门的信心。流向私人无担保借款人的净债务额增加也是很好的说明。2013年，增加了77%，达到了420亿美元，几乎占流入的总净债务额的一半。但是2013年流向公共借款人的净债务额减少了41%，为230亿美元。一直到2012年，公共借款人都是该国资金流动的主要组成。

### 撒哈拉以南非洲地区债券发行量明显增加

2013 年，发展中国家由公共及私人实体发行的债券量继续增加，达到历史最高的 2,330 亿美元。撒哈拉以南非洲地区增长最快，2013 年增加了 109%，达到 135 亿美元。其中莫桑比克、卢旺达和坦桑尼亚都是首次发行债券。虽然该地区的国际债券市场规模仍非常小，但是债券发行量却继续大幅增加：2013 年，公共部门借款人发行的债券量增加了 155%，达到 84 亿美元；私人部门发行的债券增加了 62%，达到 51 亿美元。该地区的高潜在回报和巨大的发展促进了市场准入。由于公司债券发行尚未完全对国际市场开放，因此债券发行将继续主要依赖公共和政府机构用于为基础设施发展和债务管理提供资金。

撒哈拉以南非洲地区债券发行量(10亿美元)

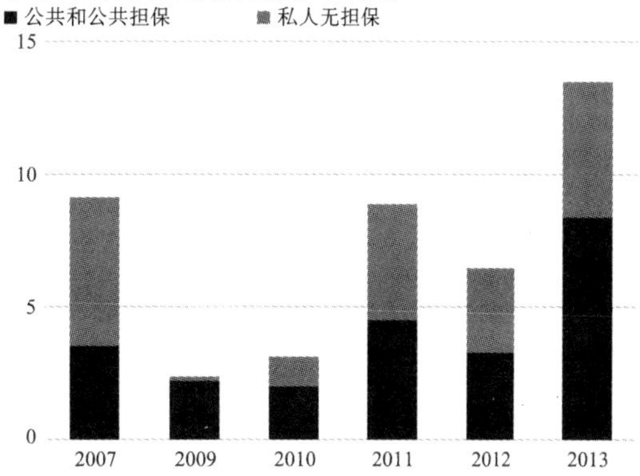


注：2008 年债券发行量为零。

资料来源：在线表格 6.9。

### 印度 2013 年资本流动减少

卢比贬值增加了流入印度经济的资本的脆弱性。在短期净资本流中，2013 年为资本流出 6.42 亿美元。而 2012 年为资金流入 153 亿美元。除了净有价证券流入减少了 13% 外，流入印度债券持有者手中的资金也从 2012 年的流入 45 亿美元减少到 2013 年流出 30 亿美元。其中部分被 365 亿美元的银行长期贷款所抵消。比 2012 年增加了 33%。几乎全部都直接用于私人部门。除了资本流动波动外，外国直接投资也变得更有弹性。2013 年增长了 17%，使总净流动额达到 280 亿美元。

流入印度的净资本额(10亿美元)

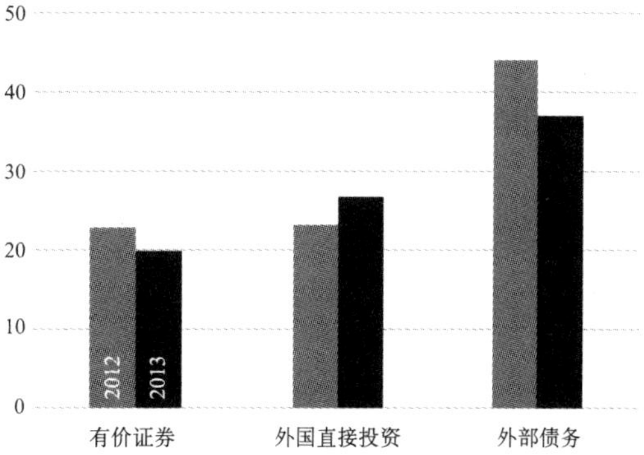


资料来源：在线表格 6.8 和 6.9。

### 欧洲及中亚地区私人部门借款增加

2009 年，从官方债权人流入欧洲及中亚地区的净资本翻了一番，达到 490 亿美元。而来自私人债权人的资本则从 2008 年的 1,300 亿美元减少到 77 亿美元。这主要是由 2008 年金融危机造成的。金融危机导致从私人部门跨境借贷成本上升，而官方债权人（主要是多边组织）将资金借给公共部门。现在情况已经开始扭转：从外国私人债权人得到的中长期净借款额快速增加，从 2010 年的 -115 亿美元增加到 2013 年的 807 亿美元，达到历史最高水平。在这些净资本流动中，有一半以上来自向商业银行和其他部门的借款，而官方债权人流出额为 190 亿美元。匈牙利、哈萨克斯坦和土耳其得到了以上净流出额的 81%。

流向欧洲及中亚地区的中长期净债务额(按债权人类型, 10亿美元)

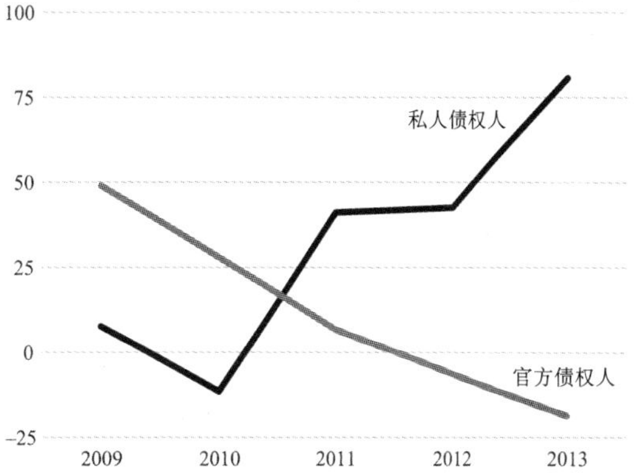


资料来源：世界银行债权人报告体系。

# 重点关注

**在过去十年中，流向发展中国家的外国直接投资**（FDI）大幅增加。长期以来，都已经认识到外国直接投资流动还会给国内企业带来知识和技术，以及劳动力、生产溢出、更激烈的竞争以及向海外出口的机会。另外，由于外国直接投资不会产生债务，因此也是为目前账户赤字提供资金支持的首选来源。虽然金融危机后流动放缓，但是投向发展中经济体的外国直接投资却大幅恢复，从2009年的4,180亿美元增加到2013年的7,390亿美元，增幅达到76%。

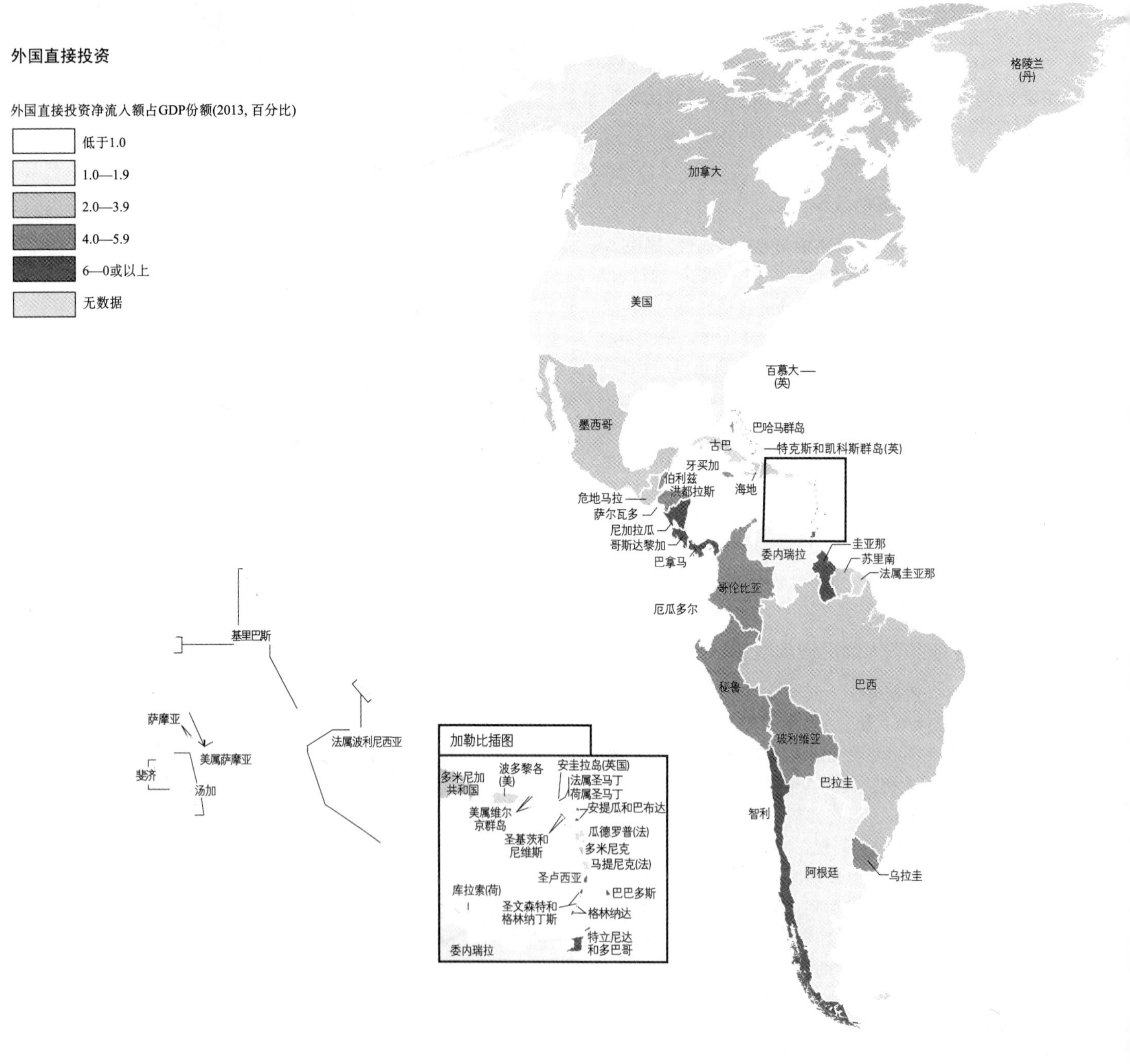

巴西（810 亿美元）、墨西哥（420 亿美元）和哥伦比亚（160 亿美元）是拉丁美洲及加勒比地区接受外国直接投资最多的三个国家。

中国是东亚及太平洋地区所有国家中，接受外国投资最多的国家（84%），占所有流入发展中国家外国直接投资额的几乎一半。

莫桑比克 GDP 中的大部分来自于外国直接投资：2013 年占 42%。

2013 年，吉布提外国直接投资翻了一番，从 2012 年占 GDP 的 8% 上升到 2013 年的 20%。

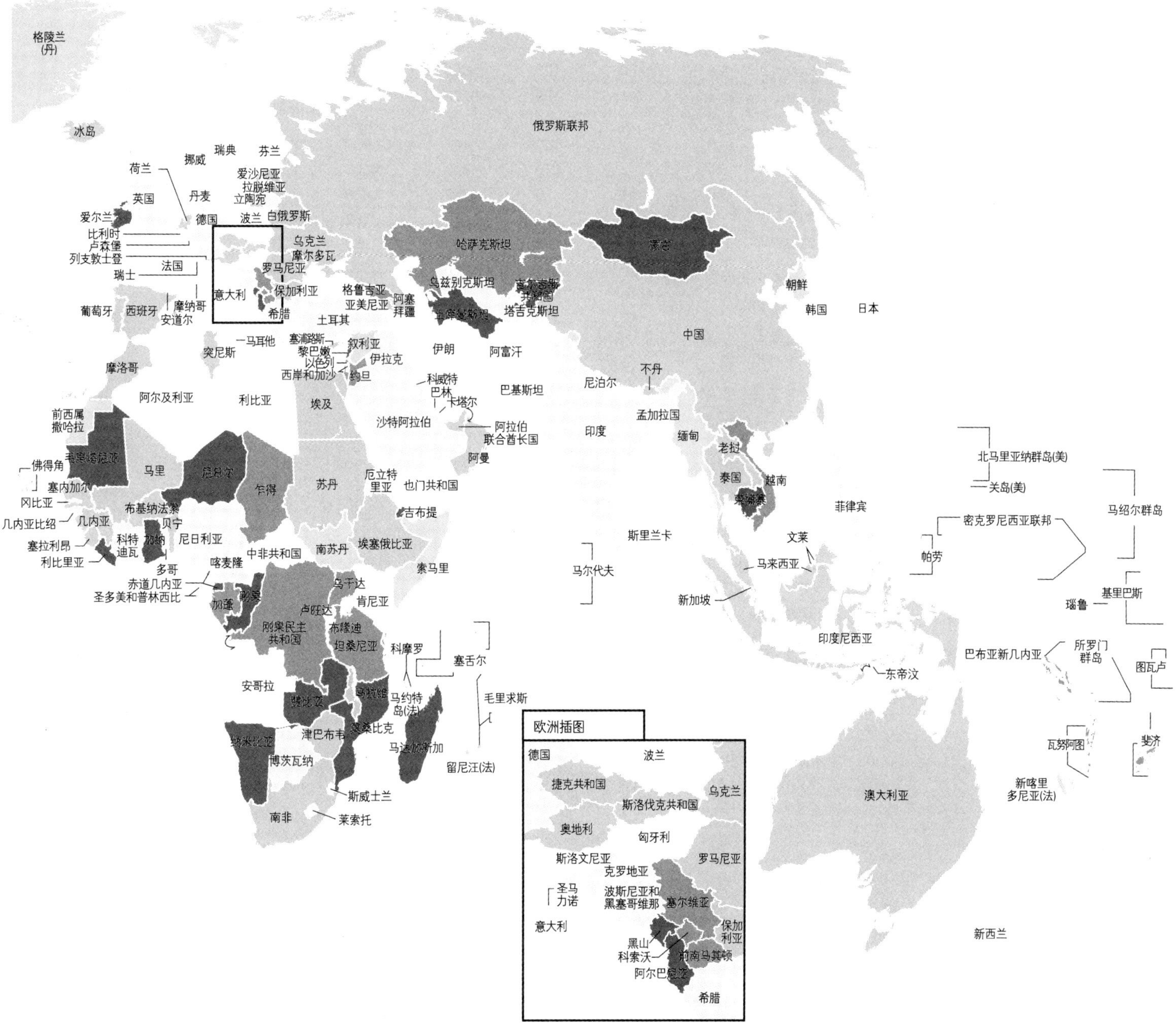

| | 商品贸易 | 净易货贸易条件指数 | 入境旅游支出 | 净官方发展援助 | 净移民 | 收到的个人汇款 | 外国直接投资 | 有价证券 | 外债总额 | 偿债总额 |
|---|---|---|---|---|---|---|---|---|---|---|
| | 占GDP的百分比 | 2000年=100 | 占出口的百分比 | 占GNI的百分比 | 千人 | 百万美元 | 净流入，百万美元 | 净流入，百万美元 | 百万美元 | 占货物、服务出口和营业收入的百分比 |
| | 2013 | 2013 | 2013 | 2013 | 2010–15 | 2013 | 2013 | 2013 | 2013 | 2013 |
| 阿富汗 | 45.5 | 136.1 | 2.5 | 25.7 | –400 | 538 | 60 | 0 | 2,577 | 0.6 |
| 阿尔巴尼亚 | 55.8 | 94.4 | 43.4 | 2.3 | –50 | 1,094 | 1,254 | 2 | 7,776 | 10.2 |
| 阿尔及利亚 | 57.1 | 215.7 | 0.5 | 0.1 | –50 | 210 | 1,689 | .. | 5,231 | 0.7 |
| 美属萨摩亚群岛 | .. | 138.5 | .. | .. | .. | .. | .. | .. | .. | .. |
| 安道尔 | .. | .. | .. | .. | .. | .. | .. | .. | .. | .. |
| 安哥拉 | 75.1 | 257.4 | 1.8 | 0.3 | 66 | .. | –7,120 | .. | 24,004 | 6.9 |
| 安提瓜和巴布达 | 47.7 | 62.1 | 56.5 | 0.1 | 0 | 21 | 134 | .. | .. | .. |
| 阿根廷 | 25.5 | 131.2 | 5.2 | 0.0 | –100 | 532 | 11,392 | 462 | 136,272 | 13.7 |
| 亚美尼亚 | 57.1 | 114.4 | 17.4 | 2.7 | –50 | 2,192 | 370 | –2 | 8,677 | 50.8 |
| 阿鲁巴岛 | .. | 113.2 | 69.8 | .. | 1 | 6 | 169 | .. | .. | .. |
| 澳大利亚 | 31.7 | 177.0 | 10.9 | .. | 750 | 2,465 | 51,967 | 15,433 | .. | .. |
| 奥地利 | 83.3 | 86.7 | 9.9 | .. | 150 | 2,810 | 15,608 | 2,348 | .. | .. |
| 阿塞拜疆 | 58.4 | 194.8 | 7.3 | –0.1 | 0 | 1,733 | 2,619 | 30 | 9,219 | 6.8 |
| 巴哈马 | 48.3 | 90.3 | 63.5 | .. | 10 | .. | 382 | .. | .. | .. |
| 巴林 | 107.3 | 122.0 | 7.7 | .. | 22 | .. | 989 | 1,386 | .. | .. |
| 孟加拉国 | 43.7 | 57.4 | 0.4 | 1.6 | –2,041 | 13,857 | 1,502 | 270 | 27,804 | 5.2 |
| 巴巴多斯 | .. | 113.5 | .. | .. | 2 | .. | 376 | .. | .. | .. |
| 白俄罗斯 | 111.9 | 104.4 | 2.6 | 0.2 | –10 | 1,214 | 2,246 | 2 | 39,108 | 10.3 |
| 比利时 | 175.3 | 94.4 | 3.4 | .. | 150 | 11,126 | –3,269 | 12,633 | .. | .. |
| 伯利兹 | 94.6 | 99.5 | 33.2 | 3.3 | 8 | 74 | 89 | .. | 1,249 | 12.7 |
| 贝宁 | 46.9 | 117.0 | .. | 7.9 | –10 | .. | 320 | .. | 2,367 | .. |
| 百慕大 | .. | 96.9 | 32.1 | .. | .. | 1,225 | 55 | –10 | .. | .. |
| 不丹 | 87.0 | 122.8 | 17.6 | 8.1 | 10 | 12 | 50 | .. | 1,480 | 11.0 |
| 玻利维亚 | 68.1 | 174.2 | 5.0 | 2.4 | –125 | 1,201 | 1,750 | .. | 7,895 | 4.3 |
| 波斯尼亚－黑塞哥维那 | 89.5 | 97.6 | 13.2 | 3.0 | –5 | 1,929 | 315 | .. | 11,078 | 17.8 |
| 博茨瓦纳 | 102.5 | 82.3 | 1.4 | 0.7 | 20 | 36 | 189 | 2 | 2,430 | 2.2 |
| 巴西 | 21.9 | 126.2 | 2.5 | 0.1 | –190 | 2,537 | 80,843 | 11,636 | 482,470 | 28.6 |
| 文莱 | 93.5 | 216.9 | .. | .. | 2 | .. | 895 | .. | .. | .. |
| 保加利亚 | 117.2 | 107.0 | 12.5 | .. | –50 | 1,667 | 1,888 | –19 | 52,995 | 13.0 |
| 布基纳法索 | 44.7 | 118.0 | .. | 8.1 | –125 | .. | 374 | .. | 2,564 | .. |
| 布隆迪 | 33.5 | 130.7 | 1.4 | 20.1 | –20 | 49 | 7 | .. | 683 | 14.1 |
| 佛得角 | .. | 100.2 | 59.9 | 13.4 | –17 | 176 | 41 | .. | 1,484 | 4.6 |
| 柬埔寨 | 146.3 | 69.6 | 28.9 | 5.6 | –175 | 176 | 1,345 | .. | 6,427 | 1.5 |
| 喀麦隆 | 37.9 | 154.8 | 7.6 | 2.5 | –50 | 244 | 325 | .. | 4,922 | 2.6 |
| 加拿大 | 51.1 | 124.7 | 3.2 | .. | 1,100 | 1,199 | 70,753 | 17,902 | .. | .. |
| 开曼群岛 | .. | 69.6 | .. | .. | .. | .. | 10,577 | .. | .. | .. |
| 中非共和国 | 26.0 | 68.1 | .. | 12.3 | 10 | .. | 1 | .. | 574 | .. |
| 乍得 | 51.8 | 213.7 | .. | 3.1 | –120 | .. | 538 | .. | 2,216 | .. |
| 海峡群岛 | .. | .. | .. | .. | 4 | .. | .. | .. | .. | .. |
| 智利 | 56.2 | 187.5 | 3.6 | 0.0 | 30 | 0 | 20,258 | 6,027 | .. | .. |
| 中国 | 45.0 | 74.8 | 2.4 | 0.0 | –1,500 | 38,819 | 347,849 | 32,595 | 874,463 | 1.5 |
| 中国香港 | 422.5 | 96.4 | 6.9 | .. | 150 | 360 | 76,639 | 11,916 | .. | .. |
| 中国澳门 | 22.0 | 85.0 | 94.7 | .. | 35 | 49 | 3,708 | .. | .. | .. |
| 哥伦比亚 | 31.2 | 144.1 | 7.1 | 0.2 | –120 | 4,119 | 16,198 | 1,926 | 91,978 | 14.1 |
| 科摩罗 | 50.8 | 83.2 | .. | 13.3 | –10 | .. | 14 | .. | 146 | .. |
| 刚果民主共和国 | 38.5 | 128.9 | 0.0 | 8.6 | –75 | 33 | 1,698 | .. | 6,082 | 3.0 |
| 刚果共和国 | 108.6 | 226.8 | .. | 1.4 | –45 | .. | 2,038 | .. | 3,452 | .. |

| | 商品贸易 | 净易货贸易条件指数 | 入境旅游支出 | 净官方发展援助 | 净移民 | 收到的个人汇款 | 外国直接投资 | 有价证券 | 外债总额 | 偿债总额 |
|---|---|---|---|---|---|---|---|---|---|---|
| | 占GDP的百分比 | 2000年=100 | 占出口的百分比 | 占GNI的百分比 | 千人 | 百万美元 | 净流入，百万美元 | 净流入，百万美元 | 百万美元 | 占货物、服务出口和营业收入的百分比 |
| | 2013 | 2013 | 2013 | 2013 | 2010–15 | 2013 | 2013 | 2013 | 2013 | 2013 |
| 哥斯达黎加 | 59.7 | 77.8 | 21.2 | 0.1 | 64 | 596 | 3,234 | .. | 17,443 | 22.3 |
| 科特迪瓦 | 83.6 | 141.9 | .. | 4.2 | 50 | .. | 371 | .. | 11,288 | .. |
| 克罗地亚 | 56.6 | 97.7 | 39.1 | .. | –20 | 1,497 | 588 | –98 | .. | .. |
| 古巴 | .. | 140.1 | .. | .. | –140 | .. | .. | .. | .. | .. |
| 库拉索岛 | .. | .. | .. | .. | 14 | 33 | 17 | .. | .. | .. |
| 塞浦路斯 | 38.0 | 92.2 | 31.2 | .. | 35 | 83 | 607 | –2 | .. | .. |
| 捷克共和国 | 146.1 | 101.6 | 5.1 | .. | 200 | 2,270 | 5,007 | 110 | .. | .. |
| 丹麦 | 61.6 | 100.0 | 3.6 | .. | 75 | 1,459 | 1,597 | 5,800 | .. | .. |
| 吉布提 | 57.6 | 85.7 | 4.6 | .. | –16 | 36 | 286 | .. | 833 | 8.2 |
| 多米尼克 | 46.6 | 100.6 | 48.3 | 4.0 | .. | 24 | 18 | .. | 293 | 10.7 |
| 多米尼加共和国 | 43.4 | 93.2 | 31.6 | 0.3 | –140 | 4,486 | 1,600 | .. | 23,831 | 16.8 |
| 厄瓜多尔 | 55.3 | 134.5 | 4.5 | 0.2 | –30 | 2,459 | 725 | 2 | 20,280 | 11.2 |
| 埃及 | 31.9 | 153.0 | .. | 2.1 | –216 | .. | 5,553 | .. | 44,430 | .. |
| 萨尔瓦多 | 67.0 | 87.6 | 16.5 | 0.7 | –225 | 3,971 | 197 | .. | 13,372 | 17.1 |
| 赤道几内亚 | 138.0 | 230.6 | .. | 0.1 | 20 | .. | 1,914 | .. | .. | .. |
| 厄立特里亚 | 39.5 | 84.8 | .. | 2.5 | 55 | .. | 44 | .. | 946 | .. |
| 爱沙尼亚 | 138.5 | 94.1 | 8.4 | .. | 0 | 429 | 965 | 53 | .. | .. |
| 埃塞俄比亚 | 31.4 | 124.4 | .. | 8.1 | –60 | .. | 953 | .. | 12,557 | .. |
| 法罗群岛 | .. | 95.6 | .. | .. | .. | .. | .. | .. | .. | .. |
| 斐济 | 102.7 | 108.2 | 42.8 | 2.4 | –29 | 204 | 158 | .. | 797 | 1.9 |
| 芬兰 | 56.8 | 87.9 | 5.5 | .. | 50 | 1,066 | –5,297 | 2,447 | .. | .. |
| 法国 | 44.9 | 88.3 | 7.9 | .. | 650 | 23,336 | 6,480 | 35,019 | .. | .. |
| 法属玻利尼西亚 | .. | 78.6 | .. | .. | –1 | .. | 119 | .. | .. | .. |
| 加蓬 | 69.3 | 226.3 | .. | 0.5 | 5 | .. | 856 | .. | 4,316 | .. |
| 冈比亚 | 48.7 | 96.5 | .. | 12.7 | –13 | .. | 25 | .. | 523 | .. |
| 格鲁吉亚 | 66.8 | 132.6 | 26.7 | 4.1 | –125 | 1,945 | 956 | 1 | 13,694 | 22.0 |
| 德国 | 70.8 | 96.3 | 3.2 | .. | 550 | 15,792 | 51,267 | 15,345 | .. | .. |
| 加纳 | 65.1 | 178.1 | 6.2 | 2.8 | –100 | 119 | 3,227 | .. | 15,832 | 5.6 |
| 希腊 | 40.8 | 88.3 | 24.2 | .. | 50 | 805 | 2,945 | 3,135 | .. | .. |
| 格陵兰 | .. | 76.2 | .. | .. | .. | .. | .. | .. | .. | .. |
| 格林纳达 | 48.6 | 85.3 | 57.2 | 1.2 | –4 | 30 | 75 | .. | 586 | 16.5 |
| 关岛 | .. | 76.8 | .. | .. | 0 | .. | .. | .. | .. | .. |
| 危地马拉 | 51.2 | 83.8 | 11.6 | 0.9 | –75 | 5,371 | 1,350 | .. | 16,823 | 9.5 |
| 几内亚 | 55.3 | 98.1 | .. | 8.8 | –10 | 93 | 135 | .. | 1,198 | 3.0 |
| 几内亚比绍 | 44.8 | 79.8 | .. | 10.8 | –10 | .. | 15 | .. | 277 | .. |
| 圭亚那 | 104.8 | 114.4 | 5.0 | 3.4 | –33 | 328 | 201 | .. | 2,303 | 4.9 |
| 海地 | 54.4 | 71.7 | 37.0 | 13.7 | –175 | 1,781 | 186 | .. | 1,271 | 0.6 |
| 洪都拉斯 | 101.7 | 72.4 | 11.1 | 3.6 | –50 | 3,136 | 1,069 | .. | 6,831 | 14.4 |
| 匈牙利 | 156.0 | 95.2 | 5.5 | .. | 75 | 4,325 | –4,302 | 25 | 196,739 | 95.5 |
| 冰岛 | 63.8 | 84.6 | 13.1 | .. | 5 | 176 | 469 | –19 | .. | .. |
| 印度 | 41.5 | 131.1 | 4.1 | 0.1 | –2,294 | 69,970 | 28,153 | 19,892 | 427,562 | 8.6 |
| 印度尼西亚 | 42.7 | 121.8 | 5.0 | 0.0 | –700 | 7,614 | 23,344 | –1,827 | 259,069 | 19.4 |
| 伊朗 | 35.5 | 190.3 | .. | 0.0 | –300 | .. | 3,050 | .. | 7,647 | 0.4 |
| 伊拉克 | 65.6 | 222.0 | .. | 0.7 | 450 | .. | 2,852 | .. | .. | .. |
| 爱尔兰 | 77.4 | 94.8 | 4.1 | .. | 50 | 718 | 49,960 | 109,126 | .. | .. |
| 马恩岛 | .. | .. | .. | .. | .. | .. | .. | .. | .. | .. |
| 以色列 | 48.8 | 100.6 | 6.7 | .. | –76 | 765 | 11,804 | 2,712 | .. | .. |

| | 商品贸易<br>占GDP的百分比<br>2013 | 净易货贸易条件指数<br>2000年=100<br>2013 | 入境旅游支出<br>占出口的百分比<br>2013 | 净官方发展援助<br>占GNI的百分比<br>2013 | 净移民<br>千人<br>2010–15 | 收到的个人汇款<br>百万美元<br>2013 | 外国直接投资<br>净流入，百万美元<br>2013 | 有价证券<br>净流入，百万美元<br>2013 | 外债总额<br>百万美元<br>2013 | 偿债总额<br>占货物、服务出口和营业收入的百分比<br>2013 |
|---|---|---|---|---|---|---|---|---|---|---|
| 意大利 | 46.3 | 97.7 | 7.5 | .. | 900 | 7,471 | 13,126 | 17,454 | .. | .. |
| 牙买加 | 54.4 | 81.8 | 48.2 | 0.5 | –80 | 2,161 | 666 | 103 | 13,790 | 25.9 |
| 日本 | 31.5 | 59.0 | 2.0 | .. | 350 | 2,364 | 3,715 | 169,753 | .. | .. |
| 约旦 | 88.4 | 75.9 | 36.1 | 4.2 | 400 | 3,643 | 1,798 | 158 | 23,970 | 6.7 |
| 哈萨克斯坦 | 56.7 | 229.6 | 1.9 | 0.0 | 0 | 207 | 9,739 | 65 | 148,456 | 34.0 |
| 肯尼亚 | 40.2 | 88.3 | .. | 5.9 | –50 | .. | 514 | .. | 13,471 | 5.7 |
| 基里巴斯 | 70.7 | 84.8 | .. | 25.5 | –1 | .. | 9 | .. | .. | .. |
| 朝鲜 | .. | 71.2 | .. | .. | 0 | .. | 227 | .. | .. | .. |
| 韩国 | 82.4 | 61.4 | 2.7 | .. | 300 | 6,425 | 12,221 | 4,243 | .. | .. |
| 科索沃 | .. | .. | .. | 7.4 | .. | 1,122 | 343 | –1 | 2,199 | 3.7 |
| 科威特 | 82.1 | 222.8 | 0.5 | .. | 300 | 4 | 1,843 | 509 | .. | .. |
| 吉尔吉斯共和国 | 108.8 | 108.8 | 18.9 | 7.7 | –175 | 2,278 | 758 | –2 | 6,804 | 12.4 |
| 老挝 | 47.0 | 107.4 | 20.1 | 4.0 | –75 | 60 | 427 | 7 | 8,615 | 9.7 |
| 拉脱维亚 | 104.4 | 104.2 | 6.6 | .. | –10 | 762 | 881 | 41 | .. | .. |
| 黎巴嫩 | .. | 98.1 | 33.6 | 1.4 | 500 | 7,864 | 3,029 | –134 | 30,947 | 16.7 |
| 莱索托 | 130.5 | 72.2 | 4.3 | 11.2 | –20 | 462 | 45 | .. | 885 | 2.8 |
| 利比里亚 | .. | 149.1 | .. | 30.5 | –20 | 383 | 700 | .. | 542 | 0.7 |
| 利比亚 | 95.0 | 199.5 | .. | .. | –239 | .. | 702 | .. | .. | .. |
| 列支敦士登 | .. | .. | .. | .. | .. | .. | .. | .. | .. | .. |
| 立陶宛 | 147.6 | 93.4 | 4.1 | .. | –28 | 2,060 | 712 | –18 | .. | .. |
| 卢森堡 | 75.0 | 77.7 | 5.0 | .. | 26 | 1,818 | 30,075 | 225,929 | .. | .. |
| 前南斯拉夫马其顿共和国 | 106.6 | 89.0 | 5.8 | 2.5 | –5 | 376 | 413 | –1 | 6,934 | 18.9 |
| 马达加斯加 | 48.1 | 81.0 | .. | 4.9 | –5 | .. | 838 | .. | 2,849 | .. |
| 马拉维 | 109.4 | 97.6 | .. | 31.5 | 0 | .. | 118 | .. | 1,558 | .. |
| 马来西亚 | 138.7 | 100.5 | 8.1 | 0.0 | 450 | 1,396 | 11,583 | .. | 213,129 | 3.5 |
| 马尔代夫 | 89.8 | 88.9 | 82.3 | 1.2 | 0 | 3 | 361 | .. | 821 | 2.5 |
| 马里 | 57.0 | 148.9 | .. | 13.5 | –302 | .. | 410 | .. | 3,423 | .. |
| 马耳他 | 96.8 | 124.8 | 18.1 | .. | 5 | 34 | –1,869 | 0 | .. | .. |
| 马绍尔群岛 | 104.8 | 98.4 | .. | 41.4 | .. | .. | 23 | .. | .. | .. |
| 毛里塔尼亚 | 142.5 | 156.1 | 1.8 | 7.5 | –20 | .. | 1,126 | .. | 3,570 | 5.6 |
| 毛里求斯 | 69.3 | 67.5 | 25.4 | 1.2 | 0 | 1 | 259 | 706 | 10,919 | 42.0 |
| 墨西哥 | 61.2 | 104.4 | 3.6 | 0.0 | –1,200 | 23,022 | 42,093 | –943 | 443,012 | 10.3 |
| 密克罗尼西亚联邦 | 72.7 | 85.4 | .. | 41.7 | –8 | 22 | 2 | .. | .. | .. |
| 摩尔多瓦 | 99.0 | 102.0 | 10.5 | 4.2 | –103 | 1,985 | 249 | 10 | 6,613 | 16.1 |
| 摩纳哥 | .. | .. | .. | .. | .. | .. | .. | .. | .. | .. |
| 蒙古 | 92.3 | 190.3 | 4.6 | 4.0 | –15 | 256 | 2,151 | 3 | 18,921 | 27.9 |
| 黑山 | 64.4 | .. | 50.3 | 2.8 | –3 | 423 | 446 | 14 | 2,956 | 17.2 |
| 摩洛哥 | 64.4 | 112.8 | 25.1 | 1.9 | –450 | 6,882 | 3,361 | 43 | 39,261 | 15.3 |
| 莫桑比克 | 83.8 | 94.8 | 5.2 | 14.9 | –25 | 217 | 6,697 | 0 | 6,890 | 2.6 |
| 缅甸 | .. | 112.5 | 8.3 | .. | –100 | 229 | 2,255 | .. | 7,367 | 8.2 |
| 纳米比亚 | 93.0 | 119.9 | 9.5 | 2.0 | –3 | 11 | 904 | 12 | .. | .. |
| 尼泊尔 | 38.8 | 74.8 | 21.0 | 4.5 | –401 | 5,552 | 74 | .. | 3,833 | 8.7 |
| 荷兰 | 147.8 | 92.7 | 3.4 | .. | 50 | 1,565 | 32,110 | 14,174 | .. | .. |
| 新喀里多尼亚 | .. | 174.7 | .. | .. | 6 | .. | 2,065 | .. | .. | .. |
| 新西兰 | 42.6 | 123.9 | 14.1 | .. | 75 | 459 | –510 | 3,506 | .. | .. |
| 尼加拉瓜 | 71.5 | 80.9 | 8.3 | 4.5 | –120 | 1,081 | 845 | .. | 9,601 | 12.6 |
| 尼日尔 | 49.3 | 172.7 | .. | 10.7 | –28 | .. | 631 | .. | 2,656 | .. |

| | 商品贸易 占GDP的百分比 2013 | 净易货贸易条件指数 2000年=100 2013 | 入境旅游支出 占出口的百分比 2013 | 净官方发展援助 占GNI的百分比 2013 | 净移民 千人 2010–15 | 收到的个人汇款 百万美元 2013 | 外国直接投资 净流入，百万美元 2013 | 有价证券 净流入，百万美元 2013 | 外债总额 百万美元 2013 | 偿债总额 占货物、服务出口和营业收入的百分比 2013 |
|---|---|---|---|---|---|---|---|---|---|---|
| 尼日利亚 | 30.5 | 222.1 | .. | 0.5 | –300 | .. | 5,609 | .. | 13,792 | 0.5 |
| 北马里亚纳群岛 | .. | 73.4 | .. | .. | .. | .. | 6 | .. | .. | .. |
| 挪威 | 47.6 | 159.7 | 3.2 | .. | 150 | 791 | 2,627 | 2,678 | .. | .. |
| 阿曼 | 114.7 | 240.4 | 3.2 | .. | 1,030 | 39 | 1,626 | 1,361 | .. | .. |
| 巴基斯坦 | 30.1 | 59.1 | 3.1 | 0.9 | –1,634 | 14,626 | 1,307 | 118 | 56,461 | 26.3 |
| 帕劳 | 63.6 | 92.0 | .. | 14.8 | .. | .. | 6 | .. | .. | .. |
| 巴拿马 | 86.6 | 88.9 | 19.0 | 0.0 | 29 | 452 | 5,053 | .. | 16,471 | 5.7 |
| 巴布亚新几内亚 | 74.2 | 191.1 | .. | 4.5 | 0 | .. | 18 | .. | 21,733 | .. |
| 巴拉圭 | 74.4 | 105.2 | 2.1 | 0.5 | –40 | 591 | 346 | .. | 13,430 | 12.9 |
| 秘鲁 | 42.4 | 153.8 | 8.3 | 0.2 | –300 | 2,707 | 9,298 | 585 | 56,661 | 14.0 |
| 菲律宾 | 44.8 | 62.4 | 8.3 | 0.1 | –700 | 26,700 | 3,664 | –34 | 60,609 | 7.7 |
| 波兰 | 77.4 | 97.9 | 5.0 | .. | –38 | 6,984 | –4,586 | 2,602 | .. | .. |
| 葡萄牙 | 60.8 | 92.6 | 17.9 | .. | 100 | 4,372 | 7,882 | 584 | .. | .. |
| 波多黎各 | .. | .. | .. | .. | –104 | .. | .. | .. | .. | .. |
| 卡塔尔 | 84.5 | 219.7 | 5.7 | .. | 500 | 574 | –840 | 616 | .. | .. |
| 罗马尼亚 | 73.4 | 109.7 | 2.5 | .. | –45 | 3,518 | 4,108 | 1,053 | 133,996 | 39.7 |
| 俄罗斯 | 41.3 | 244.8 | 3.4 | .. | 1,100 | 6,751 | 70,654 | –7,625 | .. | .. |
| 卢旺达 | 39.9 | 200.6 | 29.1 | 14.6 | –45 | 170 | 111 | 0 | 1,690 | 3.5 |
| 萨摩亚 | 53.5 | 79.9 | 60.9 | 15.3 | –13 | 158 | 24 | .. | 447 | 6.1 |
| 圣马力诺 | .. | .. | .. | .. | .. | .. | .. | .. | .. | .. |
| 圣多美和普林西比 | 54.1 | 111.9 | 62.7 | 16.8 | –2 | 27 | 11 | 0 | 214 | 11.0 |
| 沙特阿拉伯 | 72.7 | 214.7 | 2.2 | .. | 300 | 269 | 9,298 | .. | .. | .. |
| 塞内加尔 | 63.3 | 109.1 | .. | 6.7 | –100 | .. | 298 | .. | 5,223 | .. |
| 塞尔维亚 | 77.2 | 103.1 | 6.6 | 1.8 | –100 | 4,023 | 1,974 | –41 | 36,397 | 43.6 |
| 塞舌尔 | 115.1 | 88.1 | 37.1 | 1.8 | –2 | 13 | 178 | .. | 2,714 | 5.7 |
| 塞拉利昂 | 89.4 | 60.2 | 3.0 | 9.8 | –21 | 68 | 144 | 9 | 1,395 | 1.2 |
| 新加坡 | 262.9 | 80.6 | 3.4 | .. | 400 | .. | 63,772 | –90 | .. | .. |
| 圣马丁岛 | .. | .. | .. | .. | .. | 23 | 34 | .. | .. | .. |
| 斯洛伐克 | 171.8 | 91.6 | 2.8 | .. | 15 | 2,072 | 2,148 | 86 | .. | .. |
| 斯洛文尼亚 | 140.9 | 94.6 | 8.2 | .. | 22 | 686 | –419 | 154 | .. | .. |
| 所罗门群岛 | 87.5 | 90.1 | 12.1 | 30.0 | –12 | 17 | 45 | .. | 204 | 7.4 |
| 索马里 | .. | 115.7 | .. | .. | –150 | .. | 107 | .. | 3,054 | .. |
| 南非 | 60.7 | 96.5 | 9.6 | 0.4 | –100 | 971 | 8,118 | 1,011 | 139,845 | 8.3 |
| 南苏丹 | .. | .. | .. | 13.4 | 865 | .. | .. | .. | .. | .. |
| 西班牙 | 47.1 | 89.3 | 14.8 | .. | 600 | 9,584 | 44,917 | 9,649 | .. | .. |
| 斯里兰卡 | 41.6 | 68.8 | 16.6 | 0.6 | –317 | 6,422 | 916 | 263 | 25,168 | 11.9 |
| 圣基茨和尼维斯 | 38.0 | 68.2 | 34.3 | 3.9 | .. | 52 | 111 | .. | .. | .. |
| 圣卢西亚 | 55.2 | 91.4 | 57.6 | 1.9 | 0 | 30 | 84 | .. | 486 | 5.9 |
| 圣马丁 | .. | .. | .. | .. | .. | .. | .. | .. | .. | .. |
| 圣文森特和格林纳丁斯 | 60.1 | 94.5 | 47.4 | 1.1 | –5 | 32 | 127 | .. | 293 | 13.5 |
| 苏丹 | 25.5[a] | .. | 9.3[a] | 1.8 | –800 | 424[a] | 2,179[a] | 0[a] | 22,416[a] | 3.5[a] |
| 苏里南 | 86.2 | 127.1 | 3.6 | 0.6 | –5 | 7 | 137 | .. | .. | .. |
| 斯威士兰 | 97.9 | 108.9 | 0.6 | 3.4 | –6 | 30 | 24 | .. | 464 | 1.3 |
| 瑞典 | 56.5 | 92.9 | 5.6 | .. | 200 | 1,167 | –5,119 | 5,100 | .. | .. |
| 瑞士 | 62.7 | 78.8 | 4.4 | .. | 320 | 3,149 | –8,179 | 3,026 | .. | .. |
| 叙利亚 | .. | 148.4 | .. | .. | –1,500 | .. | .. | .. | 4,753 | .. |
| 塔吉克斯坦 | 62.3 | 92.4 | .. | 4.5 | –100 | .. | 108 | .. | 3,538 | .. |

| | 商品贸易<br>占GDP的百分比<br>2013 | 净易货贸易条件指数<br>2000年=100<br>2013 | 入境旅游支出<br>占出口的百分比<br>2013 | 净官方发展援助<br>占GNI的百分比<br>2013 | 净移民<br>千人<br>2010–15 | 收到的个人汇款<br>百万美元<br>2013 | 外国直接投资<br>净流入，百万美元<br>2013 | 有价证券<br>净流入，百万美元<br>2013 | 外债总额<br>百万美元<br>2013 | 偿债总额<br>占货物、服务出口和营业收入的百分比<br>2013 |
|---|---|---|---|---|---|---|---|---|---|---|
| 坦桑尼亚 | 51.7 | 135.9 | 22.9 | 10.4 | –150 | 59 | 1,872 | 4 | 13,024 | 1.9 |
| 泰国 | 123.8 | 91.6 | 16.2 | 0.0 | 100 | 5,690 | 12,650 | –6,487 | 135,379 | 4.4 |
| 东帝汶 | .. | .. | 33.0 | .. | –75 | 34 | 52 | 2 | .. | .. |
| 多哥 | 84.1 | 28.9 | .. | 6.0 | –10 | .. | 84 | .. | 903 | .. |
| 汤加 | 48.3 | 83.1 | .. | 16.8 | –8 | .. | 12 | .. | 199 | .. |
| 特立尼达和多巴哥 | 87.8 | 147.7 | .. | .. | –15 | .. | 1,713 | .. | .. | .. |
| 突尼斯 | 87.9 | 96.3 | 13.0 | 1.6 | –33 | 2,291 | 1,059 | 80 | 25,827 | 11.8 |
| 土耳其 | 49.1 | 90.4 | 16.6 | 0.3 | 350 | 1,135 | 12,823 | 841 | 388,243 | 28.9 |
| 土库曼斯坦 | 66.9 | 231.0 | .. | 0.1 | –25 | .. | 3,061 | .. | 502 | .. |
| 特克斯和凯科斯群岛 | .. | 71.1 | .. | .. | .. | .. | .. | .. | .. | .. |
| 图瓦卢 | 42.5 | .. | .. | 48.3 | .. | 4 | 0 | .. | .. | .. |
| 乌干达 | 33.3 | 106.1 | 23.4 | 7.0 | –150 | 932 | 1,194 | 95 | 4,361 | 1.6 |
| 乌克兰 | 79.1 | 116.8 | 7.3 | 0.4 | –40 | 9,667 | 4,509 | 1,180 | 147,712 | 42.3 |
| 阿拉伯联合酋长国 | 156.6 | 185.4 | .. | .. | 514 | .. | 10,488 | .. | .. | .. |
| 英国 | 44.7 | 102.2 | 6.4 | .. | 900 | 1,712 | 48,314 | 27,517 | .. | .. |
| 美国 | 23.3 | 95.3 | 9.4 | .. | 5,000 | 6,695 | 294,971 | –85,407 | .. | .. |
| 乌拉圭 | 37.2 | 107.8 | 14.8 | 0.1 | –30 | 123 | 2,789 | 0 | .. | .. |
| 乌兹别克斯坦 | 45.1 | 171.1 | .. | 0.5 | –200 | .. | 1,077 | .. | 10,605 | .. |
| 瓦努阿图 | 42.5 | 89.9 | 77.9 | 11.4 | 0 | 24 | 33 | .. | 132 | 1.9 |
| 委内瑞拉 | 32.5 | 254.6 | .. | 0.0 | 40 | .. | 7,040 | .. | 118,758 | .. |
| 越南 | 154.1 | 98.6 | 5.3 | 2.5 | –200 | .. | 8,900 | 1,389 | 65,461 | 3.5 |
| 美属维尔京群岛 | .. | .. | .. | .. | –4 | .. | .. | .. | .. | .. |
| 西岸和加沙 | .. | 74.2 | 17.3 | 19.1 | –44 | 1,748 | 177 | –14 | .. | .. |
| 也门 | 60.4 | 165.5 | 9.8 | 2.9 | –135 | 3,343 | –134 | .. | 7,671 | 2.8 |
| 赞比亚 | 77.4 | 177.1 | 2.0 | 4.4 | –40 | 54 | 1,811 | 5 | 5,596 | 2.8 |
| 津巴布韦 | 57.9 | 104.7 | .. | 6.5 | 400 | .. | 400 | .. | 8,193 | .. |
| 世界整体 | 49.4 w | .. | 6.1[b] w | 0.2[c] w | 0 s | 460,224 s | 1,756,575 s | 702,202 s | .. s | .. w |
| 低收入国家 | 48.6 | .. | 9.5 | 7.1 | –4,337 | 24,136 | 23,702 | 378 | 146,957 | 5.8 |
| 中等收入国家 | 48.6 | .. | 5.6 | 0.3 | –12,655 | 300,393 | 714,923 | 64,721 | 5,359,415 | 10.6 |
| 中低收入国家 | 47.7 | .. | 6.2 | 0.9 | –10,340 | 174,327 | 109,463 | 21,034 | 1,398,505 | 11.8 |
| 中高收入国家 | 48.9 | .. | 5.5 | 0.1 | –2,314 | 126,066 | 605,460 | 43,687 | 3,960,910 | 10.3 |
| 低收入和中等收入国家 | 48.6 | .. | 5.7 | 0.6 | –16,991 | 324,529 | 738,625 | 65,099 | 5,506,372 | 10.5 |
| 东亚及太平洋地区 | 52.0 | .. | 4.6 | 0.1 | –3,061 | 81,401 | 414,775 | 25,648 | 1,672,953 | 3.3 |
| 欧洲及中亚 | 68.9 | .. | 9.1 | 0.5 | –661 | 40,833 | 44,955 | 3,158 | 1,234,241 | 39.5 |
| 拉丁美洲及加勒比地区 | 36.6 | .. | 5.5 | 0.2 | –3,017 | 60,729 | 184,616 | 13,771 | 1,495,399 | 16.5 |
| 中东及北非 | 52.3 | .. | 14.4 | .. | –1,632 | 26,015 | 23,423 | 134 | 190,569 | 4.9 |
| 南亚 | 40.6 | .. | 4.6 | 0.6 | –7,076 | 110,980 | 32,421 | 20,543 | 545,704 | 9.4 |
| 撒哈拉以南非洲地区 | 50.1 | .. | 7.6 | 3.0 | –1,545 | 4,572 | 38,435 | 1,845 | 367,507 | 6.2 |
| 高收入国家 | 49.8 | .. | 6.2 | 0.0 | 16,941 | 135,695 | 1,017,950 | 637,104 | .. | .. |
| 欧元区 | 68.9 | .. | 6.3 | 0.0 | 3,364 | 86,590 | 248,832 | 448,156 | .. | .. |

a. 包括南苏丹。b. 使用世界银行的加权加总法计算（见统计方法）。因此有别于世界旅游组织公布的数据。c. 基于世界银行对各经济体的分类，因此有别于经济合作与发展组织公布的数据。

## 关于数据

从2013版《世界发展指标》开始，世界银行根据国际货币基金组织发布的《国际收支手册（第六版）》，更改了国际收支数据的发布方式。基于《国际收支手册（第五版）》的历史数据截止于2005年。2005年之后的国际收支数据已经采用《国际收支手册（第六版）》的计算方法进行发布，详见 www. imf. org/external/np/stabop/bop. htm.

### 商品贸易

商品贸易数据来自于各经济体进口或出口的海关报告，或与记录在国际收支平衡表中的商品贸易相关的金融交易报告。由于时间和定义的差异，从海关报告估算出的贸易流量和从国际收支平衡表中估算出的可能有所不同。许多国际组织会对贸易数据进行处理，修正未报告或者遗失的数据，这也会导致产生差异。关于国际商品贸易的最详尽的数据来源是联合国统计署的商品贸易统计（Comtrade）数据库。国际货币基金组织和世界贸易组织也收集基于海关报告的商品贸易数据。

“贸易条件”指数衡量的是一个国家出口与进口的相对价格。最常用的计算贸易条件的方法是净易货贸易条件指数，或者出口商品价格指数对进口商品价格指数的比率。如果一个国家的净易货贸易条件上升，则该国的出口产品变得更昂贵或者进口产品变得更便宜。

### 旅游业

旅游是指前往并且停留于经常生活的环境之外，从事休闲、商务和其他不以从其访问地获得劳动报酬为目的的活动，且停留的时间不超过一年。境内外的旅游者是指到达和离开的人次，而不是针对单个个人统计的。因此，如果一个人在一段时期内到某国做了多次旅行，其每一次都将作为新的到达进行计算。入境旅游的数据表明的是过境非居民旅客（过夜旅客）的到达量。如果无法得到国际游客的数据或数据不完整，那么图表表示的是国际游客的到达量，包括游客、当日访客、邮轮乘客和乘务人员。总量通过世界银行的加权加总方法进行计算（见统计方法）。与世界旅游组织计算的总量有所不同。

对于旅游支出，世界旅游组织使用国际货币基金组织的国际收支平衡表数据，并以各国的数据作为补充。这些显示在表格中的数据，包括旅行和客运项目以 BPM 6 中的定义为准。如果 IMF 没有报告旅客客运数据，将使用旅行支出数据。

### 官方发展援助

官方发展援助是指提供给符合条件的国家的援助，这些援助由经济合作与发展组织（OECD）发展援助委员会（DAC）、多边组织和非发展援助委员会的捐助者提供。该数据不反映受援国对其他发展中国家的援助，也不对援助进行分类（项目、工程或者食物援助；紧急援助；或者冲突后维和援助），虽然这些不同的援助可能产生不同的效果。

援助占国民总收入（GNI）、资本形成总额和进口及政府支出的比率，衡量了一个国家对援助的依赖程度。在进行政策总结时必须谨慎。由于外交政策的原因，一些国家有接受大量援助的历史。因此援助依赖程度可能同时反映捐赠者的利益，以及接受者的需求。援助依赖度的增加可能同时反映了某事件对该比率分子（援助）和分母（GNI）的影响。

在国际收支平衡表中，基于捐赠者的数据可能和基于受援者的数据不一致，其中通常排除了全部或者部分技术援助——尤其是直接给侨胞的捐赠。与此类似，大量商品援助可能经常未被记录在贸易数据或者国际收支平衡表中。发展援助委员会数据不包括军事援助和用于反恐目的援助。总计参考世界银行经济分类，因此可能不同于经合组织的相关报告。

### 移民和个人汇款

人口的迁移是全球融合的重要组成部分。迁移者对迁入国和迁出国的经济均作出了贡献。但是很难收集到有关迁移的可靠数据，而且通常非常不完善。这给国际比较造成了困难。

由于很难获得有关移民存量的数据，联合国人口署提供了净移民数据，该数据考虑了一个国家或者地区的移民史、移民政策和难民的流入量，从而得到最近一段时间里人口流动的估计值。计算该估计值的数据来自于各个方面，包括边境统计数据、行政记录、调查和普查。如果数据不足，通过计算该国一段时期里人口增长率与人口自然增长率（其为出生率和死亡率之差）之差来获得净迁移人口量。

移民经常向原籍国汇款，这在国际收支平衡表中被记录为个人转移支付。因此个人转移支付包括居民和非居民之间所有的现金转移支付，这与转移者的收入来源无关（不管转移者的收入来源于劳动收入、管理收入或者资产收入、社会福利或者任何其他类型的转移支付或者资产处置获利）也与家庭关系无关（无论是否有私人联系）。

受雇人员报酬是指边境、季节性和其他短期雇工在外国被雇佣所得的收入和在本国由外国实体机构雇佣所获得收入。受雇人员报酬包括三大部分：现金形式的工资，实物工资和雇主的社会贡献。个人汇款是个人转移支付和雇员报酬的总和。

### 股权流动

股权流动包括外国直接投资和有价证券。国际通行的对外国直接投资的定义（根据 BPM6）包括以下部分：证券投资，包括能够产生控制权或者决策影响力的证券投资；能够间接影响或者控制某公司的投资；对同集团公司的投资；债务（除特定债务外）；逆向投资。“直接投资关系框架”提供了一个根据控制和影响来判断国际直接投资是否产生跨境产权关系的标准。

国际直接投资可能采取绿地投资的方式，该方式是指投资者在东道国投资新的设施来运营新的项目；合资企业是指投资者与外国公司签订合作合同，建立的新公司；收购和兼并是指投资者收购或者兼并已经存在的外国公司。国际货币基金组织认为，获得至少百分之十的投票权的投资才能被认为是外国直接投资。在实践中，许多国家设立了更高的门槛。许多国家未能报告再投资的收益，并且不同国家对长期贷款的定义也不一样。

有价证券是指涉及股权证券的跨境交易和头寸，但不包含直接投资或者准备资产。股权证券是可流通、可交易的证券工具，它们通常在证券交易所或者“交易柜台”进行交易。证券的可流通性促进了交易，允许证券能够被不同实体所持有。可流通性允许投资多样化，并且可以随时收回投资。证券投资包括投资基金份额或者单位（由投资基金发行），它们由证券担保，也不作为储存资产或者直接投资。交易所买卖的金融衍生品虽然可以转让流通，但并不包括在证券投资中，而有专门的类别。

### 外部债务

外部债务水平会影响一个国家的信用水平和投资者的认知。外债数据是通过世界银行的债务报告系统（DRS）收集的。债务水平由持有长期公开借款和政府担保借款的国家提交的贷款报告，以及国际清算银行报告系统或世界银行的《外债统计季报》中获取的国家信息综合计算得到。并以主要多边银行和在债权国的官方借贷机构的信息作为补充。目前，有124个发展中国家向DRS提供报告。债务数据以偿还货币进行报告，并用美元汇总公布。期末汇率被用来汇总存量数据（债务余额）和预计偿债额；年度平均汇率则用于流量数据。汇率来自IMF的《国际金融统计》。以多种货币、商品或者劳务进行偿还的债务以账面价值计算。

公共债务数据和政府担保的债务数据以每笔贷款为基础向DRS进行汇报，而私人长期未担保债务，则由各国每年进行加总报告或者由世界银行进行估算。私人未担保债务由基于世界银行《外债统计季报》的国家数据进行估算。

偿债总额是商品出口、服务出口和原始收入的一部分，用来衡量一个国家使用出口收益偿还债务的能力。

### 定义

**商品贸易**包括所有货物贸易，并不包括服务贸易。**净易货贸易条件指数**是单位出口产品价值指数对单位进口产品价值指数的比率，该指数以2000年作为基准年进行衡量。**入境旅游支出**是指国际入境旅行者的支出，包括支付航空公司的旅费及其他为在目的国消费的商品或服务而预付的款项。其中可能包括当日往返游客，除非他们十分重要而被归类为其他单独的类别。数据包括旅行和客运项目，以BMP6定义为准。如果没有客运项目的相关报告，将采用旅行项目。出口涉及所有本国居民与其他国家的交易，包括居民与非居民间一般商品的产权的变更、进行加工或修理的货物、非货币黄金及服务。**净官方发展援助**是满足发展援助委员会援助定义，并流入发展援助委员会援助名单上的国家和地区的官方发展援助流量（扣除本金偿付后净额），除以世界银行估算的国民总收入。**净移民**是指一段时期内的净总移民数量（移入少于移出，包括公民和非公民）。该数据五年估算一次。**个人汇款，接收量**是个人转移支付（一国居民接受或者支付给非居民的现金形式或者实物形式的报酬）和受雇人员报酬（基于雇佣关系，在企业生产中，给投入到生产过程中劳动力的报酬）的总和。**外商直接投资**是指跨境投资，在这种投资中经济体中的居民对另外一个经济体中的企业管理具有控制权或巨大的影响力。**有价证券**是指外国直接投资和准备资产之外的股权证券净流量，包括股份、股票、存单凭证，和由外国投资者直接在当地股票市场购买的股份。**外债总额**是一个国家公共机构或者私人机构，借外国居民并且以外国货币、商品或者服务进行偿还的债务。是长期外债、短期外债和使用IMF贷款的总和。**偿债总额**是需要偿还的本金和利息总额，一般是以外币、商品或者服务进行支付的长期债务、短期债务的利息支付，以及对IMF的偿付（重购和付费）。商品和服务的出口及营业收入是商品和服务出口、非居民接受的劳动报酬及外国投资收益的总和。

### 数据资料来源

商品贸易数据来世界贸易组织。贸易指数的数据来自联合国贸易和发展会议（UNCTAD）年度《统计手册》。旅游支出的数据来自世界旅游组织的《旅游业统计年报》，世界旅游组织（2015）及其电子资料的更新。政府开发援助净值的数据由 OECD 收集（http：//stats. oecd. org）。人口迁移的数据来自联合国人口司（2013）。个人汇款的数据来自 IMF 的《国际收支统计年报》和世界银行的估算。外商直接投资的数据是世界银行基于 IMF 的国际收支统计数据和 UNCTAD 数据（http：//unctadstat. unctad. org/ReportFolders/reportFolders. aspx）所进行的估算。有价证券数据来自 IMF 的《国际收支统计年报》。外部债务的数据主要来自世界银行的报告，这些报告来自其成员国向 DRS 的报告，这些成员国已经接受了国际银行用来重建和发展的贷款或者国际发展援助信贷。其他相关信息还来自世界银行、国际货币基金组织、非洲开发银行和非洲发展基金、亚洲开发银行和亚洲发展基金以及泛美开发银行的资料。发展中国家外债一览表每年在世界银行《国际债务统计数据》和国际债务统计数据库中进行发布。

### 参考文献


IMF (International Monetary Fund). Various issues. *International Financial Statistics.* Washington, DC.

———. Various years. *Balance of Payments Statistics Yearbook. Parts 1 and 2.* Washington, DC.

UNCTAD (United Nations Conference on Trade and Development). Various years. *Handbook of Statistics.* New York and Geneva.

United Nations Population Division. 2013. *World Population Prospects: The 2012 Revision.* New York: United Nations, Department of Economic and Social Affairs.

World Bank. Various years. *International Debt Statistics.* Washington, DC.

World Tourism Organization. 2015. *Compendium of Tourism Statistics 2015.* Madrid.

———. Various years. *Yearbook of Tourism Statistics. Vols. 1 and 2.* Madrid.

# 6 全球联系

## 在线表格和指标

若要获取《世界发展指标》在线表格，请使用网址 http://wdi.worldbank.org/table/和表格编号（例如，http://wdi.worldbank.org/table/6.1）。若要查看特定的在线指标，请使用网址 http://data.worldbank.org/indicator/和指标编码（例如，http://data.worldbank.org/Indicator/TX.QTY.MRCH.XD.WD）。

**6.1 商品贸易增长**

| | |
|---|---|
| 出口量 | TX.QTY.MRCH.XD.WD |
| 进口量 | TM.QTY.MRCH.XD.WD |
| 出口额 | TX.VAL.MRCH.XD.WD |
| 进口额 | TM.VAL.MRCH.XD.WD |
| 净易货贸易条件指数 | TT.PRI.MRCH.XD.WD |

**6.2 商品贸易流向和增长**

| | |
|---|---|
| 本表提供了各类经济体之间商品贸易流量的估计值。 | ..[a] |

**6.3 高收入经济体与中、低收入经济体的贸易**

| | |
|---|---|
| 本表说明了发展中经济体在全球贸易体系中的重要性。 | ..[a] |

**6.4 发展中经济体的贸易流向**

| | |
|---|---|
| 向发展中经济体区域内的出口 | TX.VAL.MRCH.WR.ZS |
| 向发展中经济体区域外的出口 | TX.VAL.MRCH.OR.ZS |
| 向高收入经济的出口 | TX.VAL.MRCH.HI.ZS |
| 来自发展中经济体区域内的进口 | TM.VAL.MRCH.WR.ZS |
| 来自发展中经济体区域外的进口 | TM.VAL.MRCH.OR.ZS |
| 来自高收入经济体的进口 | TM.VAL.MRCH.HI.ZS |

**6.5 初级商品价格**

| | |
|---|---|
| 本表提供了商品价格的历史数据。 | ..[a] |

**6.6 关税壁垒**

| | |
|---|---|
| 所有产品，约束范围 | TM.TAX.MRCH.BC.ZS |
| 简单平均约束税率 | TM.TAX.MRCH.BR.ZS |
| 简单平均关税 | TM.TAX.MRCH.SM.AR.ZS |
| 加权平均关税 | TM.TAX.MRCH.WM.AR.ZS |
| 适用国际最高关税的份额 | TM.TAX.MRCH.IP.ZS |
| 适用特定关税税率的份额 | TM.TAX.MRCH.SR.ZS |
| 初级产品，简单平均关税 | TM.TAX.TCOM.SM.AR.ZS |
| 初级产品，加权平均关税 | TM.TAX.TCOM.WM.AR.ZS |
| 制成品，简单平均关税 | TM.TAX.MANF.SM.AR.ZS |
| 制成品，加权平均关税 | TM.TAX.MANF.WM.AR.ZS |

**6.7 贸易便利**

| | |
|---|---|
| 后勤绩效指数 | LP.LPI.OVRL.XQ |
| 海关手续负担 | IQ.WEF.CUST.XQ |
| 出口交货周期 | LP.EXP.DURS.MD |
| 进口交货周期 | LP.IMP.DURS.MD |
| 出口单据 | IC.EXP.DOCS |
| 进口单据 | IC.IMP.DOCS |
| 班轮运输相关性指数 | IS.SHP.GCNW.XQ |
| 港口设施质量 | IQ.WEF.PORT.XQ |

**6.8 外部债务**

| | |
|---|---|
| 外债总额，美元 | DT.DOD.DECT.CD |
| 外债总额，占 GNI 的百分比 | DT.DOD.DECT.GN.ZS |
| 长期债务，政府债务和政府担保债务 | DT.DOD.DPPG.CD |
| 长期债务，私人无担保债务 | DT.DOD.DPNG.CD |
| 短期债务，美元 | DT.DOD.DSTC.CD |
| 短期债务，占债务总额的百分比 | DT.DOD.DSTC.ZS |
| 短期债务，占储备总额的百分比 | DT.DOD.DSTC.IR.ZS |
| 债务还本付息总额 | DT.TDS.DECT.EX.ZS |
| 债务现值，占 GNI 的百分比 | DT.DOD.PVLX.GN.ZS |
| 债务现值，占货物、服务出口和初次收入的百分比 | DT.DOD.PVLX.EX.ZS |

**6.9 全球私人资金流量**

| | |
|---|---|
| 外国直接投资净流入，美元 | BX.KLT.DINV.CD.WD |
| 外国直接投资净流入，占 GDP 的百分比 | BX.KLT.DINV.WD.GD.ZS |
| 证券投资 | BX.PEF.TOTL.CD.WD |
| 债券 | DT.NFL.BOND.CD |
| 商业银行贷款和其他贷款 | DT.NFL.PCBO.CD |

**6.10 净官方资金流量**

| | |
|---|---|
| 来自双边机构的净资金流量 | DT.NFL.BLAT.CD |
| 来自多边机构的净资金流量 | DT.NFL.MLAT.CD |
| 世界银行，国际开发协会 | DT.NFL.MIDA.CD |
| 世界银行，国际复兴开发银行 | DT.NFL.MIBR.CD |
| 国际货币基金组织，优惠性 | DT.NFL.IMFC.CD |
| 国际货币基金组织，非优惠性 | DT.NFL.IMFN.CD |
| 地区性开发银行，优惠性 | DT.NFL.RDBC.CD |
| 地区性开发银行，非优惠性 | DT.NFL.RDBN.CD |
| 地区性开发银行，其他制度 | DT.NFL.MOTH.CD |

**6.11 援助依存度**

| | |
|---|---|
| 净官方发展援助 | DT.ODA.ODAT.CD |
| 人均净官方发展援助 | DT.ODA.ODAT.PC.ZS |
| 赠款，不包括技术合作 | BX.GRT.EXTA.CD.WD |
| 技术合作赠款 | BX.GRT.TECH.CD.WD |
| 净官方发展援助，占 GNI 的百分比 | DT.ODA.ODAT.GN.ZS |
| 净官方发展援助，占资本形成总额的百分比 | DT.ODA.ODAT.GI.ZS |

| | |
|---|---|
| 净官方发展援助，占货物、服务进口和收入的百分比 | DT. ODA. ODAT. MP. ZS |
| 净官方发展援助，占中央政府支出的百分比 | DT. ODA. ODAT. XP. ZS |

**6.12 发展援助委员会成员国提供的净援助分布**

| | |
|---|---|
| 来自发展援助委员会援助国的净双边援助 | DC. DAC. TOTL. CD |
| 美国 | DC. DAC. USAL. CD |
| 欧盟 | DC. DAC. CECL. CD |
| 德国 | DC. DAC. DEUL. CD |
| 法国 | DC. DAC. FRAL. CD |
| 英国 | DC. DAC. GBRL. CD |
| 日本 | DC. DAC. JPNL. CD |
| 荷兰 | DC. DAC. NLDL. CD |
| 澳大利亚 | DC. DAC. AUSL. CD |
| 加拿大 | DC. DAC. CANL. CD |
| 挪威 | DC. DAC. NORL. CD |
| 其他发展援助委员会援助国 | ..[a,b] |

**6.13 人口流动**

| | |
|---|---|
| 净移民 | SM. POP. NETM |
| 国际移民存量 | SM. POP. TOTL |
| 受过高等教育的人口向 OECD 国家的移民率 | SM. EMI. TERT. ZS |
| 按来源国划分的移民 | SM. POP. REFG. OR |
| 按庇护国划分的移民 | SM. POP. REFG |
| 收到的个人汇款 | BX. TRF. PWKR. CD. DT |
| 支付的个人汇款 | BM. TRF. PWKR. CD. DT |

**6.14 旅游和旅游业**

| | |
|---|---|
| 国际入境旅游 | ST. INT. ARVL |
| 国际出境旅游 | ST. INT. DPRT |
| 入境旅游支出，美元 | ST. INT. RCPT. CD |
| 入境旅游支出，占出口的百分比 | ST. INT. RCPT. XP. ZS |
| 出境旅游支出，美元 | ST. INT. XPND. CD |
| 出境旅游支出，占进口的百分比 | ST. INT. XPND. MP. ZS |

a. 可以在线获得表格的一部分，但不能获得单个指标。

b. 取自世界发展指标数据库外的数据。

# 2015

# 基本数据文献

作为发展数据的主要使用者，世界银行认识到在数据文档中将原始数据收集者（通常是各国统计机构、中央银行和海关部门）和国际组织（对世界发展指标数据库中的统计数据进行编制）所使用的不同方法和惯例告知给使用者的重要性。

本章提供了《世界发展指标》中主要人口统计、经济与环境指标的资料来源、数据收集计算方法以及报告标准的相关信息。其他文档可参阅世界发展指标数据库以及 http：//data. worldbank. org 上的世界银行统计能力公告牌。

对高质量统计数据的需求与日俱增。统计数据为完善政策决策、记录结果以及加强公共责任提供了依据。然而，数据收集者之间的差别可能随着时间推移导致产生巨大的差异。国内和不同国家间都是如此。国家层面上的相关数据由于缺乏清晰的文档和对其所用方法的担心，可能不适用于标准化的国际应用。推迟公布数据和使用旧的调查方法作为当前预测的基础也可能进一步降低所公布数据的质量。

为了应对这些挑战，提高所发布的数据质量，世界银行与其他国际机构、地区性发展银行、捐助人和其他合作伙伴紧密合作：

- 为统计工作制定适当的框架、指南和良好实践标准
- 建立共识，确定国际广泛认可的指标，如为千年发展目标和2015 年后发展议程制定的指标
- 建立数据交换机制和方法
- 帮助各国提高统计能力

有关以上活动的更多信息及其他数据项目参见 http：//dataworldbank. org。

# 基本数据文献

| | 货币 | 国民经济核算 | | | | | | 国际收支和贸易 | | | 政府财政 | IMF数据公布标准 |
|---|---|---|---|---|---|---|---|---|---|---|---|---|
| | | 基年 | 参考年份 | 国民经济核算体系 | SNA价格评估 | 替代转换指数 | PPP调查年份 | 正在使用的《国际收支手册》 | 外债 | 贸易制度 | 会计概念 | |
| 阿富汗 | 阿富汗尼 | 2002/03 | | 1993 | B | | | | A | G | C | G |
| 阿尔巴尼亚 | 阿尔巴尼亚列克 | [a] | 1996 | 1993 | B | | Rolling | 6 | A | G | B | G |
| 阿尔及利亚 | 阿尔及利亚第纳尔 | 1980 | | 1968 | B | | 2011 | 6 | A | S | B | G |
| 美属萨摩亚 | 美元 | | | 1968 | | | 2011[b] | | | S | | |
| 安道尔 | 欧元 | 1990 | | 1968 | | | | | | S | | |
| 安哥拉 | 安哥拉宽扎 | 2002 | | 1993 | P | 1991–96 | 2011 | 6 | A | S | B | G |
| 安提瓜和巴布达 | 东加勒比元 | 2006 | | 1968 | B | | 2011 | 6 | | G | B | G |
| 阿根廷 | 阿根廷比索 | 2004 | | 2008 | B | 1971–84 | | 6 | A | S | C | S |
| 亚美尼亚 | 亚美尼亚德拉姆 | [a] | 1996 | 1993 | B | 1990–95 | 2011 | 6 | A | S | C | S |
| 阿鲁巴 | 阿鲁巴弗罗林 | 2000 | | 1993 | B | | 2011 | 6 | | S | | |
| 澳大利亚 | 澳大利亚元 | [a] | 2012/13 | 2008 | B | | 2011 | 6 | | G | C | S |
| 奥地利 | 欧元 | 2005 | | 2008 | B | | Rolling | 6 | | S | C | S |
| 阿塞拜疆 | 阿塞拜疆新马纳特 | 2000 | | 1993 | B | 1992–95 | 2011 | 6 | A | G | C | G |
| 巴哈马 | 巴哈马元 | 2006 | | 1993 | B | | 2011 | 6 | | G | B | G |
| 巴林 | 巴林第纳尔 | 2010 | | 1968 | P | | 2011 | 6 | | G | B | G |
| 孟加拉 | 孟加拉塔卡 | 2005/06 | | 1993 | B | | 2011 | 6 | E | G | C | G |
| 巴巴多斯 | 巴巴多斯元 | 1974 | | 1968 | B | | 2011 | 6 | | G | B | G |
| 白俄罗斯 | 白俄罗斯卢布 | [a] | 2000 | 1993 | B | 1990–95 | 2011 | 6 | A | G | C | S |
| 比利时 | 欧元 | 2005 | | 2008 | B | | Rolling | 6 | | S | C | S |
| 伯利兹 | 伯利兹元 | 2000 | | 1993 | B | | 2011 | 6 | A | G | B | G |
| 贝宁 | 非洲法郎 | 1985 | | 1968 | P | 1992 | 2011 | 6 | A | S | B | G |
| 百慕大 | 百慕大元 | 2006 | | 1993 | B | | 2011 | 6 | | G | | |
| 不丹 | 不丹努扎姆 | 2000 | | 1993 | B | | 2011 | 6 | A | G | C | G |
| 玻利维亚 | 玻利维亚诺 | 1990 | | 1968 | B | 1960–85 | 2011 | 6 | A | G | C | G |
| 波斯尼亚和黑塞哥维那 | 波斯尼亚和黑塞哥维那可兑换马克 | [a] | 2010 | 1993 | B | | Rolling | 6 | A | S | C | G |
| 博茨瓦纳 | 博茨瓦纳普拉 | 2006 | | 1993 | B | | 2011 | 6 | A | G | B | G |
| 巴西 | 巴西雷亚尔 | 2000 | | 1993 | B | | 2011 | 6 | A | G | C | S |
| 文莱 | 文莱元 | 2000 | | 1993 | P | | 2011 | | | S | | G |
| 保加利亚 | 保加利亚列瓦 | [a] | 2010 | 1993 | B | 1978–89, 1991–92 | Rolling | 6 | A | S | C | S |
| 布基纳法索 | 非洲法郎 | 1999 | | 1993 | B | 1992–93 | 2011 | 6 | A | G | B | G |
| 布隆迪 | 布隆迪法郎 | 2005 | | 1993 | B | | 2011 | 6 | A | S | C | G |
| 佛得角 | 佛得角埃斯库多 | 2007 | | 1993 | P | | 2011 | 6 | A | G | B | G |
| 柬埔寨 | 柬埔寨瑞尔 | 2000 | | 1993 | B | | 2011 | 6 | A | S | B | G |
| 喀麦隆 | 非洲法郎 | 2000 | | 1993 | B | | 2011 | 6 | A | S | B | G |
| 加拿大 | 加拿大元 | 2005 | | 2008 | B | | 2011 | 6 | | G | C | S |
| 开曼群岛 | 开曼群岛元 | 2007 | | 1993 | | | 2011 | | | G | | |
| 中非共和国 | 非洲法郎 | 2000 | | 1968 | B | | 2011 | 6 | A | S | B | G |
| 乍得 | 非洲法郎 | 2005 | | 1993 | B | | 2011 | 6 | P | S | | G |
| 海峡群岛 | 泽西镑和根西镑 | 2003 | 2007 | 1968 | B | | | | | | | |
| 智利 | 智利比索 | 2008 | | 1993 | B | | 2011 | 6 | | S | C | S |
| 中国 | 人民币 | 2000 | | 1993 | P | 1978–93 | 2011 | 6 | P | S | C | G |
| 中国香港 | 港元 | [a] | 2012 | 2008 | B | | 2011 | 6 | | G | C | S |
| 中国澳门 | 澳门元 | 2012 | | 1993 | B | | 2011 | 6 | | G | C | G |
| 哥伦比亚 | 哥伦比亚比索 | 2005 | | 1993 | B | 1992–94 | 2011 | 6 | A | G | C | S |
| 科摩罗 | 葛摩法郎 | 1990 | | 1968 | P | | 2011 | | A | S | | G |
| 刚果民主共和国 | 刚果法郎 | 2005 | | 1968 | B | 1999–2001 | 2011 | 6 | P | S | C | G |
| 刚果共和国 | 刚果法郎 | 1990 | | 1968 | P | 1993 | 2011 | 6 | A | S | C | G |
| 哥斯达黎加 | 哥斯达黎加科朗 | 1991 | | 1993 | B | | 2011 | 6 | A | S | C | S |
| 科特迪瓦 | 非洲法郎 | 2009 | | 1968 | P | | 2011 | 6 | A | S | B | G |
| 克罗地亚 | 克罗地亚库那 | [a] | 2010 | 1993 | B | | Rolling | 6 | | G | C | S |
| 古巴 | 古巴比索 | 2005 | | 1993 | B | | 2011 | | | S | | |
| 库拉索 | 荷属安的列斯盾 | | | 1993 | | | 2011 | | | | | |
| 塞浦路斯 | 欧元 | [a] | 2000 | 1993 | B | | Rolling | 6 | | G | C | S |

| | 最新人口普查 | 最新人口、教育或健康家庭调查 | 最新收入和支出数据来源 | 动态人口登记完成性 | 最新农业人口普查 | 最新工业数据 | 最新贸易数据 | 最新取水量数据 |
|---|---|---|---|---|---|---|---|---|
| 阿富汗 | 1979 | MICS, 2010/11 | IHS, 2008 | | 2013/14 | | 2013 | 2000 |
| 阿尔巴尼亚 | 2011 | DHS, 2008/09 | LSMS, 2011/12 | Yes | 2012 | 2011 | 2013 | 2006 |
| 阿尔及利亚 | 2008 | MICS, 2012 | IHS, 1995 | | | 2010 | 2013 | 2001 |
| 美属萨摩亚 | 2010 | | | Yes | 2007 | | | |
| 安道尔 | 2011[c] | | | Yes | | | 2006 | |
| 安哥拉 | 2014 | MIS, 2011 | IHS, 2008/09 | | 2015 | | | 2005 |
| 安提瓜和巴布达 | 2011 | | | Yes | 2007 | | 2013 | 2005 |
| 阿根廷 | 2010 | MICS, 2011/12 | IHS, 2012 | Yes | 2013 | 2002 | 2013 | 2011 |
| 亚美尼亚 | 2011 | DHS, 2010 | IHS, 2012 | Yes | 2013/14 | 2008 | 2013 | 2012 |
| 阿鲁巴 | 2010 | | | Yes | | | 2012 | |
| 澳大利亚 | 2011 | | ES/BS, 2003 | Yes | 2011 | 2011 | 2013 | 2000 |
| 奥地利 | 2011[c] | | IHS, 2004 | Yes | 2010 | 2010 | 2013 | 2002 |
| 阿塞拜疆 | 2009 | DHS, 2006 | LSMS, 2011/12 | Yes | 2015 | 2011 | 2013 | 2012 |
| 巴哈马 | 2010 | | | | | | 2013 | |
| 巴林 | 2010 | | | Yes | | 2010 | 2011 | 2003 |
| 孟加拉 | 2011 | DHS, 2014; HIV/MCH SPA, 2014 | IHS, 2010 | | 2008 | | 2007 | 2008 |
| 巴巴多斯 | 2010 | MICS, 2012 | | Yes | 2010[d] | | 2013 | 2005 |
| 白俄罗斯 | 2009 | MICS, 2012 | IHS, 2013 | Yes | | 2011 | 2013 | 2000 |
| 比利时 | 2011 | | IHS, 2000 | Yes | 2010 | 2010 | 2013 | 2007 |
| 伯利兹 | 2010 | MICS, 2011 | LFS, 1999 | | | | 2013 | 2000 |
| 贝宁 | 2013 | MICS, 2014 | CWIQ, 2011/12 | | 2011/12 | | 2013 | 2001 |
| 百慕大 | 2010 | | | Yes | | | 2013 | |
| 不丹 | 2005 | MICS, 2010 | IHS, 2012 | | 2009 | | 2011 | 2008 |
| 玻利维亚 | 2012 | DHS, 2008 | IHS, 2012 | | 2013 | | 2013 | 2000 |
| 波斯尼亚和黑塞哥维那 | 2013 | MICS, 2011/12 | LSMS, 2007 | Yes | | | 2013 | 2012 |
| 博茨瓦纳 | 2011 | MICS, 2000 | ES/BS, 2009/10 | | 2011[d] | 2011 | 2013 | 2000 |
| 巴西 | 2010 | WHS, 2003 | IHS, 2012 | | 2006 | 2011 | 2013 | 2010 |
| 文莱 | 2011 | | | Yes | | | 2013 | 1994 |
| 保加利亚 | 2011 | LSMS, 2007 | ES/BS, 2012 | Yes | 2010 | 2011 | 2013 | 2009 |
| 布基纳法索 | 2006 | MIS, 2014 | CWIQ, 2009 | | 2010 | | 2013 | 2005 |
| 布隆迪 | 2008 | MIS, 2012 | CWIQ, 2006 | | | 2010 | 2012 | 2000 |
| 佛得角 | 2010 | DHS, 2005 | CWIQ, 2007 | Yes | 2014 | | 2013 | 2001 |
| 柬埔寨 | 2008 | DHS, 2014 | IHS, 2011 | | 2013 | | 2013 | 2006 |
| 喀麦隆 | 2005 | MICS, 2014 | PS, 2007 | | | | 2012 | 2000 |
| 加拿大 | 2011 | | LFS, 2010 | Yes | 2011 | 2011 | 2013 | 1986 |
| 开曼群岛 | 2010 | | | Yes | | | | |
| 中非共和国 | 2003 | MICS, 2010 | PS, 2008 | | | | 2011 | 2005 |
| 乍得 | 2009 | DHS, 2014 | PS, 2011 | | 2010/11 | | 1995 | 2005 |
| 海峡群岛 | 2009/11[e] | | | Yes[f] | | | | |
| 智利 | 2012 | | IHS, 2011 | Yes | 2007 | | 2013 | 2006 |
| 中国 | 2010 | NSS, 2013 | IHS, 2013 | | 2007 | 2007 | 2013 | 2005 |
| 中国香港 | 2011 | | | Yes | | 2011 | 2012 | |
| 中国澳门 | 2011 | | | Yes | | 2011 | 2012 | |
| 哥伦比亚 | 2006 | DHS, 2010 | IHS, 2012 | | 2013 | 2011 | 2013 | 2008 |
| 科摩罗 | 2003 | DHS, 2012 | IHS, 2004 | | | | 2009 | 1999 |
| 刚果民主共和国 | 1984 | DHS, 2013/14 | 1-2-3, 2005/06 | | | | | 2005 |
| 刚果共和国 | 2007 | DHS, 2011/12 | CWIQ/PS, 2011 | | 2013 | 2009 | 2013 | 2002 |
| 哥斯达黎加 | 2011 | MICS, 2011 | IHS, 2012 | Yes | 2014 | 2011 | 2013 | 2013 |
| 科特迪瓦 | 2014 | DHS, 2011/12 | IHS, 2008 | | 2014 | | 2013 | 2005 |
| 克罗地亚 | 2011 | WHS, 2003 | IHS, 2012 | Yes | 2010 | | 2013 | 2010 |
| 古巴 | 2012 | MICS, 2014 | | Yes | | | 2006 | 2007 |
| 库拉索 | 2011 | | | Yes | | 2010 | | |
| 塞浦路斯 | 2011 | | | Yes | 2010 | 2011 | 2013 | 2009 |

# 基本数据文献

| | 货币 | 国民经济核算 | | | | | | 国际收支和贸易 | | | 政府财政 | IMF数据公布标准 |
|---|---|---|---|---|---|---|---|---|---|---|---|---|
| | | 基年 | 参考年份 | 国民经济核算体系 | SNA价格评估 | 替代转换指数 | PPP调查年份 | 正在使用的《国际收支手册》 | 外债 | 贸易制度 | 会计概念 | |
| 捷克 | 捷克克郎 | 2005 | | 2008 | B | | Rolling | 6 | | S | C | S |
| 丹麦 | 丹麦克朗 | 2005 | | 2008 | B | | Rolling | 6 | | S | C | S |
| 吉布提 | 吉布提法郎 | 1990 | | 1968 | B | | 2011 | 6 | A | G | | G |
| 多米尼克 | 东加勒比元 | 2006 | | 1993 | B | | 2011 | 6 | A | S | B | G |
| 多米尼加共和国 | 多米尼加比索 | 1991 | | 1993 | B | | 2011 | 6 | A | G | C | G |
| 厄瓜多尔 | 美元 | 2007 | | 2008 | B | | 2011 | 6 | A | G | B | S |
| 埃及 | 埃及镑 | 2001/02 | | 1993 | B | | 2011 | 6 | A | G | C | S |
| 萨尔瓦多 | 美元 | 1990 | | 1968 | B | | 2011 | 6 | A | S | C | S |
| 赤道几内亚 | 非洲法郎 | 2006 | | 1968 | B | 1965–84 | 2011 | | | G | B | |
| 厄立特里亚 | 厄立特里亚纳克法 | 2000 | | 1968 | B | | | 6 | E | | | |
| 爱沙尼亚 | 欧元 | 2005 | | 2008 | B | 1987–95 | Rolling | 6 | | S | C | S |
| 埃塞俄比亚 | 埃塞俄比亚比尔 | 2010/11 | | 1993 | B | | 2011 | 6 | A | G | B | G |
| 法罗群岛 | 丹麦克朗 | | | 1993 | B | | | 6 | | G | | |
| 斐济 | 斐济元 | 2005 | | 1993 | B | | 2011 | 6 | A | G | B | G |
| 芬兰 | 欧元 | 2005 | | 2008 | B | | Rolling | 6 | | G | C | S |
| 法国 | 欧元 | [a] | 2005 | 2008 | B | | Rolling | 6 | | S | C | S |
| 法属波利尼西亚 | 非洲法郎 | 1990 | | 1993 | | | 2011[b] | | | S | | |
| 加蓬 | 非洲法郎 | 2001 | | 1993 | P | 1993 | 2011 | 6 | A | S | | G |
| 冈比亚 | 冈比亚达拉西 | 2004 | | 1993 | P | | 2011 | 6 | A | G | B | G |
| 格鲁吉亚 | 格鲁吉亚瓦瑞 | [a] | 1996 | 1993 | B | 1990–95 | 2011 | 6 | A | G | C | S |
| 德国 | 欧元 | 2005 | | 2008 | B | | Rolling | 6 | | S | C | S |
| 加纳 | 新加纳塞迪 | 2006 | | 1993 | B | 1973–87 | 2011 | 6 | A | G | B | G |
| 希腊 | 欧元 | [a] | 2005 | 2008 | B | | Rolling | 6 | | S | C | S |
| 格陵兰 | 丹麦克朗 | 1990 | | 1993 | | | | | | G | | |
| 格林纳达 | 东加勒比元 | 2006 | | 1968 | B | | 2011 | 6 | A | S | B | G |
| 关岛 | 美元 | | | 1993 | | | 2011[b] | | | G | | |
| 危地马拉 | 危地马拉格查尔 | 2001 | | 1993 | B | | 2011 | 6 | A | S | B | G |
| 几内亚 | 几内亚法郎 | 2003 | | 1993 | B | | 2011 | 6 | E | S | B | G |
| 几内亚比绍 | 非洲法郎 | 2005 | | 1993 | B | | 2011 | 6 | E | G | | G |
| 圭亚那 | 圭亚那元 | 2006 | | 1993 | B | | | 6 | A | S | | G |
| 海地 | 海地古德 | 1986/87 | | 1968 | B | 1991 | 2011 | 6 | A | G | | G |
| 洪都拉斯 | 洪都拉斯伦皮拉 | 2000 | | 1993 | B | 1988–89 | 2011 | 6 | A | S | C | G |
| 匈牙利 | 匈牙利福林 | [a] | 2005 | 2008 | B | | Rolling | 6 | A | S | C | S |
| 冰岛 | 冰岛克朗 | 2005 | | 2008 | B | | Rolling | 6 | | G | C | S |
| 印度 | 印度卢比 | 2011/12 | | 2008 | B | | 2011 | 6 | A | G | C | S |
| 印度尼西亚 | 印度尼西亚卢比 | 2000 | | 1993 | P | | 2011 | 6 | A | S | B | S |
| 伊朗 | 伊朗里亚尔 | 1997/98 | | 1993 | B | 1980–2002 | 2011 | 6 | A | S | C | G |
| 伊拉克 | 伊拉克第纳尔 | 1988 | | 1968 | P | 1997, 2004 | 2011 | 6 | | | | G |
| 爱尔兰 | 欧元 | 2005 | | 2008 | B | | Rolling | 6 | | G | C | S |
| 马恩岛 | 马恩镑 | 2003 | | 1968 | | | | | | | | |
| 以色列 | 以色列新谢克尔 | [a] | 2010 | 1993 | P | | 2011 | 6 | | S | C | S |
| 意大利 | 欧元 | 2005 | | 2008 | B | | Rolling | 6 | | S | C | S |
| 牙买加 | 牙买加元 | 2007 | | 1993 | B | | 2011 | 6 | A | G | C | G |
| 日本 | 日元 | 2005 | | 1993 | B | | 2011 | 6 | | G | C | S |
| 约旦 | 约旦第纳尔 | 1994 | | 1968 | B | | 2011 | 6 | A | G | | S |
| 哈萨克斯坦 | 哈萨克斯坦腾戈 | [a] | 2005 | 1993 | B | 1987–95 | 2011 | 6 | A | G | C | S |
| 肯尼亚 | 肯尼亚先令 | 2009 | | 1993 | B | | 2011 | 6 | A | G | B | G |
| 基里巴斯 | 澳元 | 2006 | | 1993 | B | | 2011[b] | 6 | | G | B | G |
| 朝鲜 | 朝鲜圆 | | | 1968 | | | | 6 | | | | |
| 韩国 | 韩元 | 2010 | | 2008 | B | | 2011 | 6 | | G | C | S |
| 科索沃 | 欧元 | 2008 | | 1993 | B | | | | A | | | G |
| 科威特 | 科威特第纳尔 | 2010 | | 1968 | P | | 2011 | 6 | | S | B | G |
| 吉尔吉斯共和国 | 吉尔吉斯索姆 | [a] | 1995 | 1993 | B | 1990–95 | 2011 | 6 | A | S | B | S |
| 老挝 | 老挝基普 | 2002 | | 1993 | B | | 2011 | 6 | A | S | B | |
| 拉脱维亚 | 拉脱维亚拉特 | 2000 | | 1993 | B | 1987–95 | Rolling | 6 | | S | C | S |
| 黎巴嫩 | 黎巴嫩镑 | 1997 | | 1993 | B | | 2011 | 6 | A | G | B | G |

| | 最新人口普查 | 最新人口、教育或健康家庭调查 | 最新收入和支出数据来源 | 动态人口登记完成性 | 最新农业人口普查 | 最新工业数据 | 最新贸易数据 | 最新水资源使用数据 |
|---|---|---|---|---|---|---|---|---|
| 捷克 | 2011 | WHS, 2003 | IHS, 2012 | Yes | 2010 | 2010 | 2013 | 2007 |
| 丹麦 | 2011 | | ITR, 2010 | Yes | 2010 | | 2013 | 2009 |
| 吉布提 | 2009 | MICS, 2006 | PS, 2002 | | | | 2009 | 2000 |
| 多米尼克 | 2011 | | | Yes | | | 2012 | 2004 |
| 多米尼加共和国 | 2010 | MICS, 2014 | IHS, 2012 | | 2012/13 | 2008 | 2012 | 2005 |
| 厄瓜多尔 | 2010 | RHS, 2004 | IHS, 2013 | | 2013/15 | | 2013 | 2005 |
| 埃及 | 2006 | DHS, 2014 | ES/BS, 2011 | Yes | 2009/10 | 2010 | 2013 | 2000 |
| 萨尔瓦多 | 2007 | MICS, 2014 | IHS, 2012 | Yes | 2007/08 | | 2013 | 2005 |
| 赤道几内亚 | 2002 | DHS, 2011 | PS, 2006 | | | | | 2000 |
| 厄立特里亚 | 1984 | DHS, 2002 | PS, 1993 | | | 2011 | 2003 | 2004 |
| 爱沙尼亚 | 2012 | WHS, 2003 | IHS, 2011 | Yes | 2010 | 2011 | 2013 | 2007 |
| 埃塞俄比亚 | 2007 | HIV/MCH SPA, 2014 | ES/BS, 2010/11 | | | 2009 | 2013 | 2002 |
| 法罗群岛 | 2011 | | | Yes | | | 2009 | |
| 斐济 | 2007 | | ES/BS, 2008/09 | Yes | 2009 | 2010 | 2013 | 2000 |
| 芬兰 | 2010 | | IHS, 2010 | Yes | 2010 | 2010 | 2013 | 2005 |
| 法国 | 2006[g] | | ES/BS, 2005 | Yes | 2010 | 2010 | 2013 | 2007 |
| 法属波利尼西亚 | 2007 | | | Yes | | | 2013 | |
| 加蓬 | 2013 | DHS, 2012 | CWIQ/IHS, 2005 | | | | 2009 | 2005 |
| 冈比亚 | 2013 | DHS, 2013 | IHS, 2010 | | | 2004 | 2013 | 2000 |
| 格鲁吉亚 | 2002 | MICS, 2005; RHS, 2005 | IHS, 2012 | Yes | | 2011 | 2013 | 2008 |
| 德国 | 2011 | | IHS, 2010 | Yes | 2010 | 2010 | 2013 | 2007 |
| 加纳 | 2010 | DHS, 2014 | LSMS, 2012 | | 2013/14 | 2003 | 2013 | 2000 |
| 希腊 | 2011 | | IHS, 2010 | Yes | 2009 | 2007 | 2013 | 2007 |
| 格陵兰 | 2010 | | | Yes | | | 2013 | |
| 格林纳达 | 2011 | RHS, 1985 | | Yes | 2012 | | 2009 | 2005 |
| 关岛 | 2010 | | | Yes | 2007 | | | |
| 危地马拉 | 2002 | RHS, 2008/09 | LSMS, 2011 | Yes | 2013 | | 2013 | 2006 |
| 几内亚 | 2014 | DHS, 2012 | CWIQ, 2012 | | | | 2008 | 2001 |
| 几内亚比绍 | 2009 | MICS, 2014 | CWIQ, 2010 | | | | 2005 | 2000 |
| 圭亚那 | 2012 | MICS, 2014 | IHS, 1998 | | | | 2013 | 2010 |
| 海地 | 2003 | HIV/MCH SPA, 2013 | IHS, 2012 | | 2008/09 | | 1997 | 2000 |
| 洪都拉斯 | 2013 | DHS, 2011/12 | IHS, 2013 | | 2013 | | 2012 | 2003 |
| 匈牙利 | 2011 | WHS, 2003 | IHS, 2012 | Yes | 2010 | 2010 | 2013 | 2007 |
| 冰岛 | 2011 | | IHS, 2010 | Yes | 2010 | 2005 | 2013 | 2005 |
| 印度 | 2011 | DHS, 2005/06 | IHS, 2011/12 | | 2011 | 2010 | 2013 | 2010 |
| 印度尼西亚 | 2010 | DHS, 2012 | IHS, 2013 | | 2013 | 2011 | 2013 | 2000 |
| 伊朗 | 2011 | IrMIDHS, 2010 | ES/BS, 2005 | Yes | 2013 | 2010 | 2011 | 2004 |
| 伊拉克 | 1997 | MICS, 2011 | IHS, 2012 | | 2011/12 | 2011 | | 2000 |
| 爱尔兰 | 2011 | | IHS, 2010 | Yes | 2010 | 2010 | 2013 | 1979 |
| 马恩岛 | 2011 | | | Yes | | | | |
| 以色列 | 2009 | | ES/BS, 2010 | Yes | | 2010 | 2013 | 2004 |
| 意大利 | 2012 | | IS, 2010 | Yes | 2010 | 2010 | 2013 | 2000 |
| 牙买加 | 2011 | MICS, 2011 | LSMS, 2010 | | 2007 | | 2013 | 1993 |
| 日本 | 2010 | | IHS, 2008 | Yes | 2010 | 2010 | 2013 | 2001 |
| 约旦 | 2004 | DHS, 2012 | ES/BS, 2010 | | 2007 | 2011 | 2013 | 2005 |
| 哈萨克斯坦 | 2009 | MICS, 2010/11 | ES/BS, 2013 | Yes | | | 2013 | 2010 |
| 肯尼亚 | 2009 | DHS, 2014 | IHS, 2005/06 | | 2009[d] | 2011 | 2010 | 2003 |
| 基里巴斯 | 2010 | KDHS, 2009 | | | | | 2012 | |
| 朝鲜 | 2008 | MICS, 2009 | | | | | | 2005 |
| 韩国 | 2010 | | ES/BS, 1998 | Yes | 2010 | 2009 | 2013 | 2002 |
| 科索沃 | 2011 | MICS, 2013/14 | IHS, 2011 | | | | | |
| 科威特 | 2011 | FHS, 1996 | | Yes | | 2011 | 2013 | 2002 |
| 吉尔吉斯共和国 | 2009 | MICS, 2014 | ES/BS, 2013 | Yes | 2014 | 2010 | 2013 | 2006 |
| 老挝 | 2005 | MICS, 2011/12 | ES/BS, 2012 | | 2010/11 | | | 2005 |
| 拉脱维亚 | 2011 | WHS, 2003 | IHS, 2012 | Yes | 2010 | 2011 | 2013 | 2002 |
| 黎巴嫩 | 1970 | FHS, 2004 | | Yes | 2011 | 2007 | 2013 | 2005 |

# 基本数据文献

| | 货币 | 国民经济核算 | | | | | | 国际收支和贸易 | | | 政府财政 | IMF数据公布标准 |
|---|---|---|---|---|---|---|---|---|---|---|---|---|
| | | 基年 | 参考年份 | 国民经济核算体系 | SNA价格评估 | 替代转换指数 | PPP调查年份 | 正在使用的《国际收支手册》 | 外债 | 贸易制度 | 会计概念 | |
| 莱索托 | 莱索托洛蒂 | 2004 | | 1993 | B | | 2011 | 6 | A | G | C | G |
| 利比里亚 | 利比里亚元 | 2000 | | 1968 | P | | 2011 | 6 | A | S | B | G |
| 利比亚 | 利比亚第纳尔 | 1999 | | 1993 | B | 1986 | | 6 | | G | | G |
| 列支敦士登 | 瑞士法郎 | 1990 | | 1993 | B | | | | | S | | |
| 立陶宛 | 立陶宛立特 | 2000 | | 1993 | B | 1990–95 | Rolling | 6 | | G | C | S |
| 卢森堡 | 欧元 | [a] | 2005 | 2008 | B | | Rolling | 6 | | S | C | S |
| 前南斯拉夫马其顿共和国 | 马其顿第纳尔 | 1995 | | 1993 | B | | Rolling | 6 | A | S | C | S |
| 马达加斯加 | 马尔加什法郎 | 1984 | | 1968 | B | | 2011 | 6 | A | S | C | G |
| 马拉维 | 马拉维克瓦查 | 2009 | | 1993 | B | | 2011 | 6 | A | G | | G |
| 马来西亚 | 马来西亚林吉特 | 2005 | | 1993 | P | | 2011 | 6 | E | G | B | S |
| 马尔代夫 | 马尔代夫卢比 | 2003 | | 1993 | B | | 2011 | 6 | A | G | C | G |
| 马里 | 非洲法郎 | 1987 | | 1968 | B | | 2011 | 6 | A | S | B | G |
| 马耳他 | 欧元 | 2005 | | 1993 | B | | Rolling | 6 | | G | C | S |
| 马绍尔群岛 | 美元 | 2003/04 | | 1968 | B | | 2011[b] | | | G | | G |
| 毛里塔尼亚 | 毛里塔尼亚乌吉亚 | 1998 | | 1993 | B | | 2011 | 6 | A | S | | G |
| 毛里求斯 | 毛里求斯卢比 | 2006 | | 1993 | B | | 2011 | 6 | A | G | | S |
| 墨西哥 | 墨西哥比索 | 2008 | | 2008 | B | | 2011 | 6 | A | G | C | S |
| 密克罗尼西亚联邦 | 美元 | 2003/04 | | 1993 | B | | 2011[b] | | | | | G |
| 摩尔多瓦 | 摩尔多瓦列伊 | [a] | 1996 | 1993 | B | 1990–95 | 2011 | 6 | A | G | C | S |
| 摩纳哥 | 欧元 | 1990 | | 1993 | | | | | | S | | |
| 蒙古 | 蒙古图格里克 | 2005 | | 1993 | B | | 2011 | 6 | A | G | C | G |
| 黑山共和国 | 欧元 | 2000 | | 1993 | B | | Rolling | 6 | A | S | | G |
| 摩洛哥 | 摩洛哥迪拉姆 | 1998 | | 1993 | B | | 2011 | 6 | A | S | C | S |
| 莫桑比克 | 新莫桑比克梅蒂卡尔 | 2009 | | 1993 | B | 1992–95 | 2011 | 6 | A | S | B | G |
| 缅甸 | 缅元 | 2005/06 | | 1968 | P | | 2011 | 6 | E | G | C | G |
| 纳米比亚 | 纳米比亚元 | 2010 | | 1993 | B | | 2011 | 6 | | G | B | G |
| 尼泊尔 | 尼泊尔卢比 | 2000/01 | | 1993 | B | | 2011 | 6 | A | G | B | G |
| 荷兰 | 欧元 | [a] | 2005 | 2008 | B | | Rolling | 6 | | S | C | S |
| 新喀里多尼亚 | 非洲法郎 | 1990 | | 1993 | | | 2011[b] | | | S | | |
| 新西兰 | 新西兰元 | 2005/06 | | 1993 | B | | 2011 | 6 | | G | C | |
| 尼加拉瓜 | 尼加拉瓜金科多巴 | 2006 | | 1993 | B | 1965–95 | 2011 | 6 | A | G | B | G |
| 尼日尔 | 非洲法郎 | 2006 | | 1993 | P | 1993 | 2011 | 6 | A | S | B | G |
| 尼日利亚 | 尼日利亚奈拉 | 2010 | | 2008 | B | 1971–98 | 2011 | 6 | A | G | B | G |
| 北马里亚纳群岛 | 美元 | | | 1968 | | | 2011[b] | | | | | |
| 挪威 | 挪威克朗 | [a] | 2005 | 1993 | B | | Rolling | 6 | | G | C | S |
| 阿曼 | 阿曼里亚尔 | 2010 | | 1993 | P | | 2011 | 6 | | G | B | G |
| 巴基斯坦 | 巴基斯坦卢比 | 2005/06 | | 1993 | B | | 2011 | 6 | A | G | B | G |
| 帕劳 | 美元 | 2004/05 | | 1993 | B | | 2011[b] | | | S | | G |
| 巴拿马 | 巴拿马巴波亚 | 2007 | | 1993 | B | | 2011 | 6 | A | S | C | G |
| 巴布亚新几内亚 | 巴布亚新几内亚基纳 | 1998 | | 1993 | B | 1989 | 2011[b] | 6 | A | G | B | G |
| 巴拉圭 | 巴拉圭瓜拉尼 | 1994 | | 1993 | B | | 2011 | 6 | A | S | C | G |
| 秘鲁 | 秘鲁新索尔 | 2007 | | 1993 | B | 1985–90 | 2011 | 6 | A | S | C | S |
| 菲律宾 | 菲律宾比索 | 2000 | | 1993 | P | | 2011 | 6 | A | G | B | S |
| 波兰 | 波兰兹罗提 | [a] | 2005 | 2008 | B | | Rolling | 6 | | S | C | S |
| 葡萄牙 | 欧元 | 2005 | | 2008 | B | | Rolling | 6 | | S | C | S |
| 波多黎各 | 美元 | 1953/54 | | 1968 | P | | | | | G | | |
| 卡塔尔 | 卡塔尔里亚尔 | 2001 | | 1993 | P | | 2011 | | | S | B | G |
| 罗马尼亚 | 罗马尼亚新列伊 | 2000 | | 1993 | B | 1987–89, 1992 | Rolling | 6 | A | S | C | S |
| 俄罗斯联邦 | 俄罗斯卢布 | 2000 | | 1993 | B | 1987–95 | 2011 | 6 | | G | C | S |
| 卢旺达 | 卢旺达法郎 | 2011 | | 2008 | P | 1994 | 2011 | 6 | A | G | B | G |
| 萨摩亚 | 萨摩亚塔拉 | 2008/09 | | 1993 | B | | 2011[b] | 6 | A | S | B | G |
| 圣马力诺 | 欧元 | 1995 | 2000 | 1993 | B | | | | | | C | G |
| 圣多美和普林西比 | 圣多美和普林西比多布拉 | 2000 | | 1993 | P | | 2011 | 6 | A | S | B | G |
| 沙特阿拉伯 | 沙特阿拉伯里亚尔 | 1999 | | 1993 | P | | 2011 | 6 | | S | | G |
| 塞内加尔 | 非洲法郎 | 1999 | | 1993 | B | | 2011 | 6 | A | G | B | G |

| | 最新人口普查 | 最新人口、教育或健康家庭调查 | 最新收入和支出数据来源 | 动态人口登记完成性 | 最新农业人口普查 | 最新工业数据 | 最新贸易数据 | 最新水资源使用数据 |
|---|---|---|---|---|---|---|---|---|
| 莱索托 | 2006 | DHS, 2014 | ES/BS, 2010 | | 2010 | | 2009 | 2000 |
| 利比里亚 | 2008 | DHS, 2013 | CWIQ, 2007 | | 2008[d] | | | 2000 |
| 利比亚 | 2006 | FHS, 2007 | | | 2013/14 | | 2010 | 2000 |
| 列支敦士登 | 2010 | | | Yes | | | | |
| 立陶宛 | 2011 | | ES/BS, 2012 | Yes | 2010 | 2011 | 2013 | 2007 |
| 卢森堡 | 2011 | | | Yes | 2010 | 2010 | 2013 | 1999 |
| 前南斯拉夫马其顿共和国 | 2002 | MICS, 2011 | ES/BS, 2010 | Yes | 2007 | 2010 | 2013 | 2007 |
| 马达加斯加 | 1993 | MIS, 2013 | PS, 2010 | | | 2006 | 2013 | 2000 |
| 马拉维 | 2008 | MIS, 2014 | IHS, 2010/11 | | 2006/07 | 2010 | 2013 | 2005 |
| 马来西亚 | 2010 | WHS, 2003 | IS, 2012 | Yes | 2015 | 2010 | 2013 | 2005 |
| 马尔代夫 | 2014 | DHS, 2009 | IHS, 2010 | Yes | | | 2013 | 2008 |
| 马里 | 2009 | DHS, 2012/13 | IHS, 2009/10 | | | | 2012 | 2006 |
| 马耳他 | 2011 | | | Yes | 2010 | 2009 | 2013 | 2002 |
| 马绍尔群岛 | 2011 | RMIDHS, 2007 | IHS, 1999 | | 2011[d] | | | |
| 毛里塔尼亚 | 2013 | MICS, 2011 | IHS, 2008 | | | | 2013 | 2005 |
| 毛里求斯 | 2011 | WHS, 2003 | IHS, 2012 | Yes | 2013/14 | 2011 | 2013 | 2003 |
| 墨西哥 | 2010 | ENADID, 2009 | IHS, 2012 | | 2007 | 2010 | 2013 | 2011 |
| 密克罗尼西亚联邦 | 2010 | | IHS, 2000 | | | | | |
| 摩尔多瓦 | 2014 | MICS, 2012 | ES/BS, 2012 | Yes | 2011 | 2011 | 2013 | 2007 |
| 摩纳哥 | 2008 | | | Yes | | | | 2009 |
| 蒙古 | 2010 | MICS, 2013 | LSMS, 2012 | Yes | 2012 | 2011 | 2013 | 2009 |
| 黑山共和国 | 2011 | MICS, 2013 | ES/BS, 2013 | Yes | 2010 | | 2013 | 2010 |
| 摩洛哥 | 2014 | MICS/PAPFAM, 2006 | ES/BS, 2007 | | 2012 | 2010 | 2012 | 2000 |
| 莫桑比克 | 2007 | DHS, 2011 | ES/BS, 2008/09 | | 2009/10 | | 2013 | 2001 |
| 缅甸 | 2014 | MICS, 2009/10 | | | 2010 | | 2010 | 2000 |
| 纳米比亚 | 2011 | DHS, 2013 | ES/BS, 2009/10 | | 2014 | | 2013 | 2002 |
| 尼泊尔 | 2011 | MICS, 2014 | LSMS, 2010/11 | | 2011/12 | 2008 | 2013 | 2006 |
| 荷兰 | 2011 | | IHS, 2010 | Yes | 2010 | 2010 | 2013 | 2008 |
| 新喀里多尼亚 | 2009 | | | Yes | | | 2012 | |
| 新西兰 | 2013 | | | Yes | 2012 | 2010 | 2013 | 2002 |
| 尼加拉瓜 | 2005 | RHS, 2006/07 | LSMS, 2009 | | 2011 | | 2013 | 2011 |
| 尼日尔 | 2012 | DHS, 2012 | CWIQ/PS, 2011 | | 2004-08 | 2002 | 2013 | 2005 |
| 尼日利亚 | 2006 | DHS, 2013 | IHS, 2009/10 | | 2013 | | 2013 | 2005 |
| 北马里亚纳群岛 | 2010 | | | | 2007 | | | |
| 挪威 | 2011 | | IS, 2010 | Yes | 2010 | 2010 | 2013 | 2006 |
| 阿曼 | 2010 | MICS, 2014 | | | 2012/13 | 2010 | 2013 | 2003 |
| 巴基斯坦 | 1998 | DHS, 2012/13 | IHS, 2010/11 | | 2010 | 2006 | 2013 | 2008 |
| 帕劳 | 2010 | | | Yes | | | 2012 | |
| 巴拿马 | 2010 | MICS, 2013 | IHS, 2012 | | 2011 | 2001 | 2013 | 2010 |
| 巴布亚新几内亚 | 2011 | LSMS, 1996 | IHS, 2009/10 | | | 2001 | 2012 | 2005 |
| 巴拉圭 | 2012 | RHS, 2008 | IHS, 2013 | | 2008 | 2002 | 2013 | 2012 |
| 秘鲁 | 2007 | Continuous DHS, 2013 | IHS, 2013 | | 2012 | 2011 | 2013 | 2008 |
| 菲律宾 | 2010 | DHS, 2013 | ES/BS, 2012 | Yes | 2012 | 2008 | 2013 | 2009 |
| 波兰 | 2011 | | ES/BS, 2012 | Yes | 2010 | 2011 | 2013 | 2009 |
| 葡萄牙 | 2011 | | | Yes | 2009 | 2010 | 2013 | 2002 |
| 波多黎各 | 2010 | RHS, 1995/96 | | Yes | 2007 | 2006 | | 2005 |
| 卡塔尔 | 2010 | MICS, 2012 | | Yes | | 2010 | 2013 | 2005 |
| 罗马尼亚 | 2011 | RHS, 2004 | ES/BS, 2012 | Yes | 2010 | 2011 | 2013 | 2009 |
| 俄罗斯联邦 | 2010 | WHS, 2003 | IHS, 2013 | Yes | 2014 | 2011 | 2013 | 2001 |
| 卢旺达 | 2012 | MIS, 2013 | IHS, 2010/11 | | 2008 | | 2013 | 2000 |
| 萨摩亚 | 2011 | DHS, 2009 | | | 2009 | | 2013 | |
| 圣马力诺 | 2010 | | | Yes | | | | |
| 圣多美和普林西比 | 2012 | MICS, 2014 | PS, 2010 | | 2011/12 | | 2013 | 1993 |
| 沙特阿拉伯 | 2010 | Demographic survey, 2007 | | | 2010 | 2006 | 2013 | 2006 |
| 塞内加尔 | 2013 | HIV/MCH SPA, 2014 | PS, 2011 | | 2013 | 2010 | 2012 | 2002 |

# 基本数据文献

| | 货币 | 国民经济核算 | | | | | | 国际收支和贸易 | | | 政府财政 | IMF数据公布标准 |
|---|---|---|---|---|---|---|---|---|---|---|---|---|
| | | 基年 | 参考年份 | 国民经济核算体系 | SNA价格评估 | 替代转换指数 | PPP调查年份 | 正在使用的《国际收支手册》 | 外债 | 贸易制度 | 会计概念 | |
| 塞尔维亚 | 塞尔维亚新第纳尔 | [a] | 2010 | 1993 | B | | Rolling | 6 | A | S | C | G |
| 塞舌尔 | 塞舌尔卢比 | 2006 | | 1993 | P | | 2011 | 6 | A | G | C | G |
| 塞拉利昂 | 塞拉利昂里昂 | 2006 | | 1993 | B | | 2011 | 6 | A | S | B | G |
| 新加坡 | 新加坡元 | 2010 | | 2008 | B | | 2011 | 6 | | G | C | S |
| 荷属圣马丁 | 荷属安的列斯盾 | | | 1993 | | | 2011 | | | | | |
| 斯洛伐克共和国 | 欧元 | 2005 | | 2008 | B | | Rolling | 6 | | S | C | S |
| 斯洛文尼亚 | 欧元 | [a] | 2005 | 2008 | B | | Rolling | 6 | | S | C | S |
| 所罗门群岛 | 所罗门群岛元 | 2004 | | 1993 | B | | 2011[b] | 6 | A | S | | G |
| 索马里 | 索马里先令 | 1985 | | 1968 | B | 1977–90 | | | E | | | |
| 南非 | 南非兰特 | 2010 | | 2008 | B | | 2011 | 6 | P | G | C | S |
| 南苏丹 | 南苏丹镑 | 2009 | | 1993 | | | | | | | | |
| 西班牙 | 欧元 | 2005 | | 2008 | B | | Rolling | 6 | | S | C | S |
| 斯里兰卡 | 斯里兰卡卢比 | 2002 | | 1993 | P | | 2011 | 6 | A | G | B | G |
| 圣基茨和尼维斯 | 东加勒比元 | 2006 | | 1993 | B | | 2011 | 6 | | S | B | G |
| 圣卢西亚 | 东加勒比元 | 2006 | | 1968 | B | | 2011 | 6 | A | S | B | G |
| 法属圣马丁 | 欧元 | | | 1993 | | | | | | | | |
| 圣文森特和格林纳丁斯 | 东加勒比元 | 2006 | | 1993 | B | | 2011 | 6 | A | S | B | G |
| 苏丹 | 苏丹镑 | 1981/82[h] | 1996 | 1968 | B | | 2011 | 6 | P | G | B | G |
| 苏里南 | 苏里南元 | 2007 | | 1993 | B | | 2011 | 6 | | G | B | G |
| 斯威士兰 | 斯威士兰里兰吉尼 | 2000 | | 1993 | B | | 2011 | 6 | A | G | C | G |
| 瑞典 | 瑞典克朗 | [a] | 2005 | 2008 | B | | Rolling | 6 | | G | C | S |
| 瑞士 | 瑞士法郎 | 2005 | | 2008 | B | | Rolling | 6 | | S | C | S |
| 叙利亚 | 叙利亚镑 | 2000 | | 1968 | B | 1970–2010 | 2011 | 6 | E | S | B | G |
| 塔吉克斯坦 | 塔吉克索莫尼 | [a] | 2000 | 1993 | B | 1990–95 | 2011 | 6 | A | G | C | G |
| 坦桑尼亚 | 坦桑尼亚先令 | 2007 | | 2008 | B | | 2011 | 6 | A | G | B | G |
| 泰国 | 泰铢 | 1988 | | 1993 | P | | 2011 | 6 | A | S | C | S |
| 东帝汶 | 美元 | 2010 | | 2008 | B | | | | | S | | G |
| 多哥 | 非洲法郎 | 2000 | | 1968 | P | | 2011 | 6 | A | S | B | G |
| 汤加 | 汤加潘加 | 2010/11 | | 1993 | B | | 2011[b] | 6 | A | G | | G |
| 特立尼达和多巴哥 | 特立尼达和多巴哥元 | 2000 | | 1993 | B | | 2011 | 6 | | S | C | G |
| 突尼斯 | 突尼斯第纳尔 | 2005 | | 1993 | B | | 2011 | 6 | A | G | C | S |
| 土耳其 | 新土耳其里拉 | 1998 | | 1993 | B | | Rolling | 6 | A | S | C | S |
| 土库曼斯坦 | 新土库曼马纳特 | 2005 | | 1993 | B | 1987–95, 1997–2007 | | 6 | E | G | | |
| 特克斯和凯科斯群岛 | 美元 | | | 1993 | | | 2011 | | | G | | |
| 图瓦卢 | 澳大利亚元 | 2005 | | 1968 | B | | 2011[b] | | | G | | G |
| 乌干达 | 乌干达先令 | 2009/10 | | 2008 | P | | 2011 | 6 | A | G | B | G |
| 乌克兰 | 乌克兰格里夫尼亚 | [a] | 2003 | 1993 | B | 1987–95 | 2011 | 6 | A | G | C | S |
| 阿拉伯联合酋长国 | 阿联酋迪拉姆 | 2007 | | 1993 | P | | 2011 | 6 | | G | C | G |
| 英国 | 英镑 | 2005 | | 1993 | B | | Rolling | 6 | | G | C | S |
| 美国 | 美元 | [a] | 2005 | 2008 | B | | 2011 | 6 | | G | C | S |
| 乌拉圭 | 乌拉圭比索 | 2005 | | 1993 | B | | 2011 | 6 | | G | C | S |
| 乌兹别克斯坦 | 乌兹别克苏姆 | [a] | 1997 | 1993 | B | 1990–95 | | 6 | A | G | | |
| 瓦努阿图 | 瓦图 | 2006 | | 1993 | B | | 2011[b] | 6 | E | G | B | G |
| 委内瑞拉 | 委内瑞拉强势玻利瓦尔 | 1997 | | 1993 | B | | 2011 | 6 | A | G | C | G |
| 越南 | 越南盾 | 2010 | | 1993 | P | 1991 | 2011 | 6 | A | G | | G |
| 美属维尔京群岛 | 美元 | 1982 | | 1968 | | | | | | G | | |
| 西岸和加沙 | 以色列新谢克尔 | 2004 | | 1968 | B | | 2011 | 6 | | S | B | S |
| 也门 | 也门里亚尔 | 2007 | | 1993 | P | 1990–96 | 2011 | 6 | A | S | B | G |
| 赞比亚 | 新赞比亚克瓦查 | 2010 | | 2008 | B | 1990–92 | 2011 | 6 | A | S | B | G |
| 津巴布韦 | 美元 | 2009 | | 1993 | B | 1991, 1998 | 2011 | 6 | A | G | C | G |

| | 最新人口普查 | 最新人口、教育或健康家庭调查 | 最新收入和支出数据来源 | 动态人口登记完成性 | 最新农业人口普查 | 最新工业数据 | 最新贸易数据 | 最新水资源使用数据 |
|---|---|---|---|---|---|---|---|---|
| 塞尔维亚 | 2011 | MICS, 2014 | IHS, 2011 | Yes | 2012 | 2011 | | 2009 |
| 塞舌尔 | 2010 | | BS, 2006/07 | Yes | 2011 | | 2008 | 2005 |
| 塞拉利昂 | 2004 | DHS, 2013; MIS, 2013 | IHS, 2011 | | | 2008 | 2002 | 2005 |
| 新加坡 | 2010 | NHS, 2010 | | Yes | | 2011 | 2013 | 1975 |
| 荷属圣马丁 | 2011 | | | Yes | | | | |
| 斯洛伐克共和国 | 2011 | WHS, 2003 | IS, 2012 | Yes | 2010 | 2010 | 2013 | 2007 |
| 斯洛文尼亚 | 2011 c | WHS, 2003 | ES/BS, 2012 | Yes | 2010 | 2011 | 2013 | 2009 |
| 所罗门群岛 | 2009 | | IHS, 2005/06 | | 2012/13 | | 2013 | |
| 索马里 | 1987 | MICS, 2006 | | | | | | 2003 |
| 南非 | 2011 | DHS, 2003; WHS, 2003 | ES/BS, 2010/11 | | 2007 | 2010 | 2013 | 2000 |
| 南苏丹 | 2008 | MICS, 2010 | ES/BS, 2009 | | | | 2012 | 2011 |
| 西班牙 | 2011 | | IHS, 2010 | Yes | 2010 | 2010 | 2013 | 2008 |
| 斯里兰卡 | 2012 | DHS, 2006/07 | ES/BS, 2013 | Yes | 2013/14 | 2010 | 2013 | 2005 |
| 圣基茨和尼维斯 | 2011 | | | Yes | | | 2011 | |
| 圣卢西亚 | 2010 | MICS, 2012 | IHS, 1995 | Yes | 2007 | | 2008 | 2005 |
| 法属圣马丁 | | | | | | | | |
| 圣文森特和格林纳丁斯 | 2011 | | | Yes | | | 2012 | 1995 |
| 苏丹 | 2008 | MICS, 2014 | ES/BS, 2009 | | 2013/14 | 2001 | 2011 | 2011 |
| 苏里南 | 2012 | MICS, 2010 | ES/BS, 1999 | Yes | 2008 | 2004 | 2011 | 2006 |
| 斯威士兰 | 2007 | MICS, 2014 | ES/BS, 2009/10 | | 2007[d] | | 2007 | 2000 |
| 瑞典 | 2011 | | IS, 2005 | Yes | 2010 | 2010 | 2013 | 2007 |
| 瑞士 | 2010 | | ES/BS, 2004 | Yes | 2008 | 2010 | 2013 | 2000 |
| 叙利亚 | 2004 | MICS, 2006 | ES/BS, 2004 | | 2014 | 2005 | 2010 | 2005 |
| 塔吉克斯坦 | 2010 | DHS, 2012 | LSMS, 2009 | | 2013 | | 2000 | 2006 |
| 坦桑尼亚 | 2012 | HIV/MCH SPA, 2014/15 | ES/BS, 2011/12 | | 2007/08 | 2010 | 2013 | 2002 |
| 泰国 | 2010 | MICS, 2012 | IHS, 2011 | | 2013 | 2006 | 2013 | 2007 |
| 东帝汶 | 2010 | DHS, 2009/10 | LSMS, 2007 | | 2010[d] | | 2013 | 2004 |
| 多哥 | 2010 | DHS, 2013/14 | CWIQ, 2011 | | 2011/12 | | 2013 | 2002 |
| 汤加 | 2006 | | | | | | 2012 | |
| 特立尼达和多巴哥 | 2011 | MICS, 2011 | IHS, 1992 | Yes | | 2006 | 2010 | 2000 |
| 突尼斯 | 2014 | MICS, 2011/12 | IHS, 2010 | | 2014/15 | 2010 | 2013 | 2001 |
| 土耳其 | 2011 | TDHS, 2008 | ES/BS, 2011 | Yes | | 2009 | 2013 | 2003 |
| 土库曼斯坦 | 2012 | MICS, 2006 | LSMS, 1998 | | | | 2000 | 2004 |
| 特克斯和凯科斯群岛 | 2012 | | | Yes | | | 2012 | |
| 图瓦卢 | 2012 | | | | | | 2008 | |
| 乌干达 | 2014 | MIS, 2014 | IHS, 2012/13 | | 2008/09 | | 2013 | 2002 |
| 乌克兰 | 2001 | MICS, 2012 | ES/BS, 2013 | Yes | 201213 | 2004 | 2013 | 2005 |
| 阿拉伯联合酋长国 | 2010 | WHS, 2003 | | | 2012 | 2010 | 2011 | 2005 |
| 英国 | 2011 | | IS, 2010 | Yes | 2010 | 2010 | 2013 | 2007 |
| 美国 | 2010 | | LFS, 2010 | Yes | 2012 | 2008 | 2013 | 2005 |
| 乌拉圭 | 2011 | MICS, 2012/13 | IHS, 2013 | Yes | 2011 | 2009 | 2013 | 2000 |
| 乌兹别克斯坦 | 1989 | MICS, 2006 | ES/BS, 2011 | Yes | | | | 2005 |
| 瓦努阿图 | 2009 | MICS, 2007 | | | 2007 | | 2011 | |
| 委内瑞拉 | 2011 | MICS, 2000 | IHS, 2012 | Yes | 2007 | | 2011 | 2000 |
| 越南 | 2009 | MICS, 2013/14 | IHS, 2012 | Yes | 2011/12 | 2011 | 2013 | 2005 |
| 美属维尔京群岛 | 2010 | | | Yes | 2007 | | | |
| 西岸和加沙 | 2007 | MICS, 2014 | IHS, 2011 | | | 2010 | | 2005 |
| 也门 | 2004 | DHS, 2013 | ES/BS, 2005 | | | 2009 | 2013 | 2005 |
| 赞比亚 | 2010 | DHS, 2013/14 | IHS, 2010 | | 2010[d] | | 2013 | 2002 |
| 津巴布韦 | 2012 | MICS, 2014 | IHS, 2011/12 | | | | 2013 | 2002 |

注：表中使用的缩略语解释见表后说明。

a. 重新调整了原不变价格数据。b. 仅指家庭消费。c. 人口数据汇编自管理登记机构。d. 人口和家庭普查。e. 最新的人口普查：Guernsey，2009；Jersey，2011。f. 根西岛和泽西岛的人口动态登记。g. 滚动抽样式普查基于连续的样本调查。h. 从1996年起，报告期由财政年度改为日历年度。1996年之前的数据已转换为日历年度数据。

# 基本数据文献

## 基本数据文献的说明

• **基年**是各国国民经济核算中用作不变价格计算的基础年份或计价期。来自国民经济核算中的加总数值的价格指数，如国内生产总值（GDP）隐含平减指数，以相对于基准年价格的当年价格表示。• **参考年份**是指确定一个国家本币不变价格序列的年度。通常情况下，参考年份是与基年相同，用于报告不变价格序列。但是，当不变价格数据连锁相连时，基年每年都会变化，所以针对特定的参考年份，需要重新调整数据，以便提供一致的时间序列。如果一个国家没有对基年的数据作出以上调整，世界银行工作人员会重新调整数据，以便维持较长的历史时间序列。为了进行跨国间的比较或者对数据进行加总，《世界发展指标》提供的不变价格数据都会重新调整为共同的参考年份（2000 年）和共同的货币（美元）。• **国民经济核算体系**用于确定一个国家是使用的 1968 年的国民经济核算体系、1993 年的，还是 2008 年的国民经济核算体系。• **SNA 价格评估**表明国民经济核算中的增加值是以基本价格（B）来报告，还是以生产者价格（P）来报告。生产者价格中包括了生产者缴纳的税值，因而一般会夸大生产中的实际增加值。不过，对于农业补贴较高的国家来说，其基本价格可能高于生产者价格。• **替代转换系数**是以世界银行估算的转换系数替代官方汇率（IMF《国际金融统计》中的 rf 线）的国家和年份。更多有关转换系数的讨论，见统计方法。• **购买力平价（PPP）调查年份**指的是可使用的国际比较项目购买力平价估算值的最近调查年份。所使用的《国际收支手册》是指为编制和报告国际收支数据项目而采用的分类体系。BPM6 指 IMF 的《国际收支手册》第 6 版（2009）。• **外债**说明的是 2013 年公布的债务情况。A 表示数据如报告所示；P 表明为基于报告或者所收集信息的数据，但包括世界银行工作人员的估算成分；E 是指世界银行工作人员估算的数据。• **贸易制度**指一般贸易制度（G）或特殊贸易制度（S）。在一般贸易制度下，直接用于国内消费或存入海关仓库中的货物在到达时被记录为进口货物。在特殊贸易制度下，当货物入境或从海关仓库取走时如申报用于国内消费，则记录为进口货物。一般贸易制度下的出口货物包括以下向外运出的货物：（a）全部或部分由该国生产的货物；（b）既未申报为，也不会转化为用户国内消费的从海关仓库运出的外国货物；（c）申报用于国内消费，在未转化的情况下运出的本国化货物。在特别贸易制度下，出口包括（a）类和（c）类。在特定编制类别中，（b）类和（c）类被列为再出口。由仅出于运输目的而进入和离开的货物构成的直接过境贸易不包括在进出口贸易统计中。• **政府财政会计概念**描述了中央政府财政数据报告的会计基础。大多数国家的政府财政数据已将（C）并入一套会计账户中，以囊括所有中央政府的财政活动。中央政府预算账户（B）不包括中央政府单位。• **IMF 数据公布标准**显示了同意 IMF 的特别数据公布标准（SDDS）或者一般数据公布标准（GDDS）的国家。"S"指同意 SDDS 并且已在公布标准公告板上公布数据的国家（http://dsbb.imf.org）；而"G"指使用 GDDS 的国家。对那些已得到或正在寻求进入国际资本市场途径的成员国，IMF 建立 SDDS 以引导这些国家向公众提供经济和金融数据。GDDS 有助于指导成员国向公众及时公布易于理解的、可靠的经济、金融和社会人口综合统计资料。IMF 的成员国可以自愿选择参与 SDDS 或 GDDS。这两个标准将提高及时综合数据的利用率，从而帮助建立健康的宏观经济政策。SDDS 也将改善金融市场的功能。• **最新的人口普查**显示了进行人口普查并至少公布了初步结果的最近年份。如果可以得到基本数据（例如，按年龄和性别划分的人口，以及计算、覆盖面和完整性的详细定义），就可以通过及时修订反映最新人口普查的初步结果。基于登记制度进行普查的国家每隔 5 年或者 10 年会生成类似人口普查的表格。法国的情况较为罕见。该国自 2004 年以来每年都开展滚动抽样普查，其最近一次同时覆盖全部人口的普查是 1999 年的全民人口普查。• **最新人口统计、教育或健康家庭调查**提供了在第二章编制人口、教育和健康数据时使用的有关调查的信息。DHS 是人口和健康调查，ENADAD 是国家人口动态调查，FHS 是家庭健康调查，HIV/MCH 是 HIV/母亲和儿童健康，IrMIDHS 是伊朗多指标人口和健康调查，KDHS 是基里巴斯人口和健康调查，LSMS 是生活水平衡量调查，MICS 是多指标集群调查，MIS 是疟疾指标调查，NHS 是国家健康调查，NSS 是全国人口变化抽样调查，PAPFAM 是泛阿拉伯家庭卫生项目，RHS 是生殖卫生调查，RMIDHS 是马绍尔群岛共和国人口和健康调查，SPA 是服务供应评估，TDHS 是土耳其人口和健康调查，WHS 是世界健康调查。有关 DHS、HIV/MCH、MIS 和 SPA 的详细信息，见 www.dhs.com；有关 MICS 的详细信息，见 www.childinfo.org；有关 RHS 的详细信息，见 www.cdc.gov/reproductivehealth；有关 WHS 的详细信息见 www.who.int/healthinfo/survey/en。• **最新收入和支出数据来源**是为采集收入和支出数据而进行的家庭调查。家庭调查的名称详细信息，见国际家庭调查网站（www.surveynetwork.org）。核心福利指标问卷调查（CWIQ）由世界银行开发，用以衡量不同人口组别的关键社会指标，尤其是有关获得、使用核心社会和经济服务及满意度的指标。支出调查/预算调查（ES/BS）收集家庭消费和人口、社会和经济总体特点的详细信息。家庭综合调查（IHS）收集各种项目的详细信息，包括卫生、教育、经济活动、住房和公共事业。收入调查（IS）收集关于家庭收入和财富，以及各种社会和经济特点的信息。所得税登记（ITR）提供人口的收入和补贴信息，如总收入、应纳税所得额和不同经济群体纳税情况。劳动力核心调查（LFS）收集的信息包括就业、失业、劳动时间、收入和工资等。生活水平衡量调查（LSMS）由世界银行开发，提供了家庭财富及其影响因素的全面图景，通常合并了个人、家庭和社区层面的数据。优先调查（PS）是由世界银行设计的简单监测调查，经济快捷地收集了大量的家庭数据。1-2-3 调查的实施分三个阶段，收集的是社会人口和就业数据、非正式部门的数据，以及生活条件和家庭消费的信息。• **人口动态登记完整性**是指向联合国统计署报告至少其 90% 人口动态登记（出生与死亡）统计情况国家，并公布在《人口与人口动态统计报告》中。相对于其他国家，拥有完整人口动态统计登记的国家能提供更准确、更及时的人口统计指标。• **最新农业人口普查**显示了最近一次进行或计划进行农业人口普查并报告给联合国粮食与农业组织的年份。• **最新产业数据**指在联合国工业发展组织数据库中可查到的，制造业增加值数据达到国际标准产业分类（第 2 次或第 3 次修订版）三位数水平的最近年份。• **最新贸易数据**指从联合国商品贸易统计数据库获得的最近年份的商品贸易数据。• **最新水资源使用数据**指根据不同来源的淡水水资源使用数据进行汇编的最近年份。

## 特殊报告时期

大多数经济体的**财政年度**是与日历年一致的，本表列出了例外情况。财政年度的截止期是中央政府财政年度结束的日期。其下属各级政府的财年和统计调查的报告年份可能不同。

• **国民经济核算数据的报告期**应根据日历年度（CY）或者财政年度（FY）确定。大多数经济体采用日历年度来报告其国民经济核算和国际收支数据，也有一些国家使用财政年度。在《世界发展指标》中，财年数据是指占该财政年度中较大部分时间的日历年的数据。如果某个国家的财年截止期在 6 月 30 日前，其数据将列在该财年期间日历年的第一年中；如果财年截止期在 6 月 30 日或以后，该数据将列在第二年。在《世界发展指标》中国际收支数据按日历年显示。

### 特殊报告期的经济体

| 经济体 | 财政年度结束期 | 国民账户数据报告期 |
|---|---|---|
| 阿富汗 | 3 月 20 日 | FY |
| 澳大利亚 | 6 月 30 日 | FY |
| 孟加拉国 | 6 月 30 日 | FY |
| 博茨瓦纳 | 3 月 31 日 | FY |
| 加拿大 | 3 月 31 日 | CY |
| 埃及 | 6 月 30 日 | FY |
| 埃塞俄比亚 | 7 月 7 日 | FY |
| 冈比亚 | 6 月 30 日 | CY |
| 海地 | 9 月 30 日 | FY |
| 印度 | 3 月 31 日 | FY |
| 印度尼西亚 | 3 月 31 日 | CY |
| 伊朗 | 3 月 20 日 | FY |
| 日本 | 3 月 31 日 | CY |
| 肯尼亚 | 6 月 30 日 | CY |
| 科威特 | 6 月 30 日 | CY |
| 莱索托 | 3 月 31 日 | CY |
| 马拉维 | 3 月 31 日 | CY |
| 马绍尔群岛 | 9 月 30 日 | FY |
| 密克罗尼西亚联邦 | 9 月 30 日 | FY |
| 缅甸 | 3 月 31 日 | FY |
| 纳米比亚 | 3 月 31 日 | CY |
| 尼泊尔 | 7 月 14 日 | FY |
| 新西兰 | 3 月 31 日 | FY |
| 巴基斯坦 | 6 月 30 日 | FY |
| 帕劳 | 9 月 30 日 | |
| 波多黎各 | 6 月 30 日 | FY |
| 塞拉利昂 | 6 月 30 日 | CY |
| 新加坡 | 3 月 31 日 | CY |
| 南非 | 3 月 31 日 | CY |
| 斯威士兰 | 3 月 31 日 | CY |
| 瑞典 | 6 月 30 日 | CY |
| 泰国 | 9 月 30 日 | CY |
| 乌干达 | 6 月 30 日 | FY |
| 美国 | 9 月 30 日 | CY |
| 津巴布韦 | 6 月 30 日 | CY |

### 对国民经济核算数据的修订

当改变方法或者完善数据资料来源时，各国统计机构会对其国民经济核算数据进行修订。当数据资料来源发生改变时，《世界发展指标》中的国民经济核算数据也会进行修订。以下的注释尽管不全面，但提供了对以前数据修订的信息。• **阿根廷**，基准年改为 2004 年。• **巴林**，根据官方政府统计数据，基准年为 2010 年。• **孟加拉**，新的基准年为 2005/06。• **波斯尼亚和黑塞哥维那**，根据官方政府连锁统计，新的参考年份为 2010 年。• **保加利亚**，新的连锁序列参考年份为 2010 年。• **刚果民主共和国**，根据官方政府统计，新的基准年为 2005 年。• **佛得角**，新的基准年为 2009 年。• **克罗地亚**，新的连锁序列参考年份为 2010 年。• **埃及**，新的基准年为 2001/02 年。• **赤道几内亚**，根据 IMF 数据和官方政府统计，新的基准年为 2006 年。• **加蓬**，根据 IMF 数据和官方政府统计，新的基准年为 2001 年。• **印度**，根据官方政府统计，新的基准年为 2011/12 年。印度报告采用 SNA2008。• **以色列**，根据官方政府连锁序列统计，新的参考年份为 2010 年。• **哈萨克斯坦**，新的连锁序列参考年份为 2005 年。• **肯尼亚**，根据根方政府统计，基准年为 2009 年。• **韩国**，新的基准年为 2010 年。• **科威特**，根据官方统计数据，新的基准年为 2010 年。• **毛里塔利亚**，根据经济事务和发展部的官方统计，基准年从 2004 年改为 1998 年。• **莫桑比克**，根据官方政府统计，新的基准年为 2009 年。• **纳米比亚**，根据官方政府统计，新的基准年为 2010 年。• **尼日利亚**，根据官方政府统计，新的基准年为 2010 年。尼日利亚报告使用 SNA2008。• **巴拿马**，新的基准年为 2007 年。• **秘鲁**，新的基准年为 2007 年。• **卢旺达**，根据官方政府统计，新的基准年为 2011 年。• **萨摩亚**，新的基准年为 2008/09 年。其他方法改变包括更依赖该国增值商品和服务税体系的总计数据，使用了更新的基准，以及改善后的数据来源。• **圣多美和普林西比**，基准年从 2001 年改为 2000 年。• **塞尔维亚**，新的连锁序列参考年份为 2010 年。• **南非**，新的基准年为 2010 年。南非报告使用 SNA2008。• **坦桑尼亚**，新的基准年为 2007 年。该国包括结合了 SNA1993 和 SNA2008。• **乌干达**，根据官方政府统计，新的基准年为 2009/10 年。该国报告使用 SNA2008。价格估值在生产价格中。• **西岸和加沙**，新的基准年为 2004 年。• **也门**，新的基准年为 2007 年。• **赞比亚**，新的基准年为 2010 年。赞比亚报告使用 SNA2008。

# 统计方法

本章将介绍编写《世界发展指标》时使用的一些具体统计方法和过程。包括数据的一致性、可靠性和可比性，以及计算地区和收入组别的总数所使用的方法和计算增长率使用的方法；还介绍了为了得到用于估算以美元计算的国民总收入（GNI）和人均GNI的转换系数而使用的世界银行图表集法。每张表格后的“关于数据的说明”还介绍了其他统计方法和计算方法。

## 数据的一致性、可靠性及可比性

我们在数据标准化方面做了大量的工作，但仍不能保证完全的可比性。因此在解读各项指标时应采取审慎的态度。很多因素会影响数据的有效性、可比性及可靠性：很多发展中国家的统计体系还很薄弱；统计方法、统计范围、具体方法和定义差异很大；涉及复杂的技术和概念问题，无法完全解决。由于特殊情况会（如冲突导致的问题等）影响数据的收集和报告，因此数据涵盖范围可能不全面。

因此，虽然数据来源是最权威的，但是这些数据仅能说明未来的发展趋势、描述经济体之间的主要差别，而不能精确量化地衡量这些区别。各版《世界发展指标》中数据的差异反映了各国所进行的更新以及对历史序列的修订和所用方法的改变。因此，建议读者不要对各版《世界发展指标》中的数据进行比较，或与其他世界银行发行的出版物进行比较。1960年至2013年的连续时间序列数据可查阅 http：//data. worldbank. org。

## 加总原则

每个表格的末尾都有按世界银行对各经济体的地区和收入分类而计算的总数。包括大部分可在线查询的数据。在本书的封二和封底可找到按世界银行地区和收入分类的214个经济体。总数也包括中国台湾的数据。大多数表格中也包含了欧元区的总数。包括欧盟的经济及货币联盟（EMU）成员国，这些成员国都采用欧元作为其货币：奥地利、比利时、塞浦路斯、爱沙尼亚、芬兰、法国、德国、希腊、爱尔兰、意大利、卢森堡、马耳他、荷兰、葡萄牙、斯洛伐克共和国、斯洛文尼亚和西班牙。其他分类，如欧盟，则在它们所出现的在线表格后面的关于数据部分中作了说明。

由于数据缺失，有些经济体组别的总数只能看作是未知总额或平均值的近似值。使用加总原则是为了得到固定不变的一组经济体从一个时期到另一个时期的估算值以及所有指标的估算值。由于使用了近似值，子组别加总值与综合总值及平均值之间可能会出现微小的差异。此外，汇编错误和数据报告的实际做法也可能使理论上应该完全一致的加总值（例如，世界出口额和进口额）有所差异。

《世界发展指标》中使用的主要加总方法有5种：

- 对于在表格中标以字母“a”和“t”的各组别以及世界总数，缺失的数据是根据可获得数据的总值和上一年度估算数总值的关系计算出来的。从2005年往前和往后进行计算外推。2005年的缺失数据是根据当年最完整的数据的替代变量之一计算而得。计算得出的数据值（或其替代变量）与可获得数据的总值具有相同的关系。如果缺失数据占基准年度数据总量的1/3以上，则不予计算。用作替代的变量有：以美元计算的GNI、总人口、以美元计算的货物和劳务进出口值，以及以美元计算的农业、工业、制造业和服务业的增加值。

- 标有字母“s”的加总值是全部可获数据之和。缺失的数据不予计算。如果某一给定年份的系列观测数据或系列数据的替代值缺失1/3以上，则该年的总值不予计算。
- 加总比率用字母“w”标出，通常是这些比率的加权平均值（用名义价值，或在一些情况下用其他指标作为权重）。当计算为未加权平均值时，标以字母“u”。加总比率按可获得数据进行计算。缺失数据被假定为与可获得数据相同的平均值。如果缺失数据在基准年度中占权数值的1/3以上，则加总比率不予计算。在极少数情况下，加总比率可以按如下方法计算：根据前述计算总额的原则算出缺失数据值之后，再算出该组别总值的比率。
- 加总增长率用字母“w”标出，通常是增长率的加权平均数值。在极少数情况下，增长率可以根据该组别总值的时间序列来计算。如果某个时期内缺失一半以上的观察数据，则不计算增长率。有关增长率计算方法进一步的讨论，参见后文。
- 标有字母“m”的加总数是表格中所列数值的中位数。如果人口超过100万的国家缺失的观察数据在一半以上，则数值不予列出。

以上原则可能有例外情况。根据世界银行分析人员的判断，加总数可以基于少于50%的可获得数据来计算。在其他情况下，如果缺失或被剔除的数值被认为微不足道或无关紧要，则可以仅根据表格中列出的数据进行加总计算。

### 增长率

增长率是年度平均数值，以百分数表示。除非特别注明，否则价值增长率依据不变价格序列进行计算。计算增长率的方法主要有3种：最小二乘法、指数端点法和几何端点法。从一个时期到下一个时期的变化率是按与前一时期变化的比例计算的。

**最小二乘增长率。**只要有足够长的时间序列能够进行可靠计算，就使用最小二乘增长率。如果某个时期内的观测数据缺失一半以上，则不计算增长率。最小二乘增长率 $r$ 按如下方法计算：把变量在相关时期内每年数据的对数拟合成一条线性回归曲线。回归方程的形式如下：

$$\ln X_t = a + bt$$

这相当于下面这个复合增长方程的对数变形：

$$X_t = X_o\ (1 + r)^t$$

在这个方程中，$X$ 是变量，$t$ 是时间，$a = \ln X_o$ 和 $b = \ln\ (1+r)$ 均为待估参数。如果 $b^*$ 是 $b$ 的最小二乘估计值，则年均增长率 $r$ 等于 $[\exp(b^*) - 1]$，再乘以100%即可取得百分数。算出的增长率为平均增长率，它代表的是整个时期内所获得的观测数据。它不一定和任何两个时期之间的实际增长率相等。

**指数增长率。**某些人口指标，特别是劳动力和人口数量，在两个时间点之间的增长率是按如下方程计算的：

$$r = \ln\ (p_n/p_0)\ /n$$

其中，$p_n$ 和 $p_0$ 分别是这段时期内最后一个和第一个观测数据，$n$ 是这一时期内的年数，ln 是自然对数算子。这个增长率是按两个时间点之间的连续指数增长模型计算。它不考虑这个序列的中间值。指数增长率与根据一年间隔期测算的年度变化比率并不相同，后者给定为 $(p_n - p_{n-1})\ /p_{n-1}$。

**几何增长率。**几何增长率可用于衡量不连续阶段内的复合增长，例如，利息或红利的支付与再投资。尽管以指数增长率代表的持续增长可能更符合实际情况，但大多数经济现象只是每隔一段时间后估计一次，因此，宜使用复合增长模型。在 $n$ 个时期内的平均增长率按如下方程计算：

$$r = \exp\ [\ln\ (p_n/p_0)\ /n]\ - 1$$

### 世界银行图表集法

在出于某些操作和分析目的计算用美元计价的

# 统计方法

GNI和人均GNI时，世界银行使用图表集转换系数代替简单的汇率。使用这一转换系数的目的是为了在对国民收入进行跨国比较时减少汇率波动的影响。

每年的图表集转换系数都是一个国家当年的汇率（或替代转换系数）和前两年的汇率的平均值，同时按照该国与国及通货膨胀率之间的差别进行调整。

调整的目的在于降低任何由于通胀引起的汇率变化。

一个国家在 $t$ 年和 $t-n$ 年间的通胀率（$r_{t-n}$）用GDP平减指数（$p_t$）来衡量：

$$r_{t-n} = \frac{p_t}{p_{t-n}}$$

在 $t$ 年和 $t-n$ 年间的国际通胀率（$r_{t-n}^{SDR\$}$）用GDP平减指数基于国际货币基金组织记账单位特别提款权（SDRs）的变形来衡量，即“SDR平减指数”。SDR平减指数是日本、英国、美国和欧元区的GDP平减指数（用SDR表示）的加权平均数，转换为美元价格。权数由一个SDR单位中所含的各国货币量来决定。

$$r_{t-n}^{SDR\$} = \frac{p_t^{SDR\$}}{p_{t-n}^{SDR\$}}$$

$t$ 年的图表集转换系数（本国货币对美元）（$e_t^{atlas}$）为：

$$e_t^{atlas} = \frac{1}{3}\left[ e_t + e_{t-1}\left(\frac{r_{t-1}}{r_{t-1}^{SDR\$}}\right) + e_{t-2}\left(\frac{r_{t-2}}{r_t^{SDR\$}-2}\right)\right]$$

其中 $e_t$ 是 $t$ 年的平均年度汇率（本国货币对美元）。

$t$ 年以美元计价的GNI（图表集法）（$Y$）的计算方法是将图表集转换系数应用到一个国家的当前价格（本币价格）GNI($Y_t$) 中，如下：

$$Y_t^{atlas\$} = Y_t / e_t^{atlas}$$

得出的图表集法按美元计价的GNI可以用一个国家的年中人口去除，得到人均GNI（图表集法）。

### 替代转换系数

世界银行会对官方汇率是否适宜用做转换系数进行系统性评估。当官方汇率被认为严重偏离国内的外币交易和贸易产品交易中使用的实际汇率时，需使用另一种替代转换系数。这一点只适用于在原始数据文档中列出的少数几个国家。在图表集法以及《世界发展指标》其他地方使用的替代转换系数仅用做单一年份转换系数。

# 做出贡献的其他人员

## 1. 世界概览

第一章由 Neil Fantom 领导的团队负责编写。导言部分由 Juan Feng 和 Umar Serajuddin 撰写，千年发展目标表格由 Mahyar Eshragh - Tabary、Juan Feng、Masako Hiraga、Wendy Huang、Haruna Kashiwase，Buyant Erdene Khaltarkhuu、Tariq Khokhar，Hiroko Maeda、Malvina Pollock、Umar Serajuddin、Emi Suzuki 和 Dereje Wolde 制作。参与表格制作的有 Mahyar Eshragh - Tabary、Juan Feng、Masako Hiraga、Wendy Huang、Bala Bhaskar Naidu Kalimil、Haruna Kashiwase、Buyant Erdene Khaltarkhuu、Hiroko Maeda、Umar Serajuddin、Emi Suzuk 和 Dereje Wolde。世界银行经济政策与债务处的 Signe Zeikate 提供了重债穷国债务减免计划和多边债务减免计划下的债务减免估计值。地图由 Liu Cui、Juan Feng、William Prince 和 Umar Serajuddin 绘制。

## 2. 人口

第二章由 Juan Feng、Masako Hiraga、Haruna Kashiwase、Hiroko Maeda、Umar Serajuddin、Emi Suzuki 和 Dereje Wolde 与世界银行全球实践和跨部门解决方案领域——教育、性别、健康、工作、贫困及社会保障和劳动部门合作起草。Emi Suzuki 编写了人口估计值和预测值。有关共同富裕的新指标由来自全球贫困实践部、发展研究部和发展数据部的贫困专家组成的全球贫困工作组编写。Andrew Dabalen、Umar Serajuddin 和 Nobuo Yoshida 负责协调。根据各国贫困线确定的贫困估算值由全球贫困工作组负责。根据国际贫困线确定的贫困估算值由来自世界银行发展研究部的 Shaohua Chen 和 Prem Sangraula 与全球贫困工作组负责。来自理解儿童工作情况项目的 Lorenzo Guarcello 和 Furio Rosati 编写了有关童工的数据。其他作出贡献的人员包括 Isis Gaddis（性别）；Samuel Mills（健康）；来自国际劳工组织的 Salwa Haidar、Maddalena Honorati、Theodoor Sparreboom 和 Alan Wittrup（劳动力）；Colleen Murray（健康）；Julia Krasevec（营养不良和超重）；联合国儿童基金会的 Rolf Luyendiji 和 Andrew Trevett（水和卫生设施）；联合国教科文组织统计研究所的 Amelie Gagnon、Friedrich Huebler 和 Weixin Lu（教育和识字率）；联合国人口司的 Patrick Gerland 和 Francois Pelletier；Callum Brindley 和 Chandika Indikadahena（医疗卫生支出）、Monika Bloessner、Elaine Borghi、Mercedes de Onis 和 Leanne Riley（营养不良和超重）；Jessica Ho（医院病床）；Rifat Hossain（水和卫生设施）；Luz Maria de Regil 和 Gretchen Stevens（贫血）、Hazim Timimi（肺结核）、Colin Mathers 和 Wahyu Mahanani（死亡原因）和 Lori Marie Newman（梅毒）；世界卫生组织全体人员；联合国艾滋病规划署的 Mary Mahy（艾滋病）和国际糖尿病联盟的 Leonor Guariguata（糖尿病）。地图由 Liu Cui、Willian Prince 和 Emi Suzuki 绘制。

## 3. 环境

第三章由 Mahyar Eshragh - Tabary 与世界银行环境与自然资源全球实践部及能源和提取全球实践部合作编写。Mahyar Eshragh - Tabary 撰写了引言和重点关注。Neil Fantom 和 Tariq Khokhar 提供了宝贵的意见和排版上的帮助。Christopher Sall 帮助编写了引言、重点关注以及有关空气污染的数据。Esther G. Naikal 和 Urvashi Narain 提供了宝贵的意见。Esther G. Naikal、Urvashi Narain 和 Christopher Sall 准备了有关 PM2.5 污染人口加权暴露和自然资源租金方面的数据及元数据。Sudeshna Ghosh Banerijee 和 Elisa Portalie 准备了电力使用的数据和元数据 Neil Fantom、Masako Hiraga 和 William Prince 为本书所有阶段的工作提供了建设性意见、建议和支持。世界银行其他作出宝贵贡献的人员包括：Gabrela Elizondo Azuela、Marianne Fay、Vivien Foster、Glenn – Marie Lange 和 Ulf Gerrit Narloch。来自其他机构的人员包括：来自健康指标与评估研究所的 Michael Brauer、Aaron Gohen、Mohammad Ho. Forouzanfar 和 Peter Speyer；来自马里兰大学的 Pierre Boileau 和 Maureen Cropper；国际能源署的 Sharon Burghgraeve 和 Jean = Yves Garnier；德国国际合作公司的 Armin Wagner；国际自然保护联盟的 Craig Hilton – Taylor 和 Caroline Pollock；以及国际道路联合会的 Cristian Gonzalez。本编写组为联合国粮食和农业组织、健康指标和评估研究所全球疾病负担研究、国际能源机构、国际自然保护联盟、联合国环境规划署和世界保护监测中心、美国对外灾难援助机构国际开发办公室和美国能源部二氧化碳信息分析中心提供它们的在线数据库表示感谢，世界银行环境与自然资源全球实践部也为本章的撰写提供了大量的人力资源。

**4. 经济**

在世界银行环境与自然资源全球实践部及发展数据经济数据小组的密切配合下，第四章由 Bala Bhaskar Naidu Kalimili 负责编写。引言由 Bala Bhaskar Naidu Kalimili 撰写。Christopher Sall 和 Tamirat Yacob 提出了宝贵意见。Bala Bhaskar Naidu Kalimili、Marko Olavi Rissanen、Christopher Sall、Saulo Teodoro Ferreira 和 Tamirat Yacob 撰写了重点关注部分。Neil Fantom 和 Tariq Khokhar 提供了宝贵意见和排版方面的帮助。中、低收入经济体国民经济核算数据由世界银行各地区工作人员通过年度统一调查收集。Maja Bresslauer，Liu Cui，Federico Escaler，Mahyar Eshragh – Tabary，Bala Bhaskar Naidu Kalimili，Buyant Erdene Khaltarkhuu，Saulo Teodoro Ferreira 和 Tamirat Yacob 对国民经济核算数据库进行了更新、估算和确认。Esther G. Naikal 和 Christopher Sall 准备了调整后的储蓄和调整后的收入数据。Azita Amjadi 提供了来自世界贸易整合解决方案的贸易数据。本编写组感谢欧洲统计局、国际货币基金组织、经济合作与发展组织、联合国工业发展组织和世界贸易组织提供的数据库资源。

**5. 政府与市场**

在世界银行金融与市场部、宏观经济与财政管理部、交通与信息部、通讯技术全球实践部和公共—私人合作与脆弱、冲突和暴力跨部门解决领域部、国际金融合作组织以及外部合作伙伴的协助下，第五章由 Federico Escaler 和 Buyant Erdene Khaltarkhuu 起草。Buyant Erdene Khaltarkhuu 在 Frederuc Neybuer（营商环境）和 Annette Kinitz（统计能力）的协助下共同撰写了引言和重点关注部分。Neil Fantom、Tariq Khokhar 和 William Prince 提供了宝贵的意见。其他作出贡献的人员包括 Alexander Nicholas Jett（私有化和基础设施项目）；Leora Klapper 和 Frederic Meunier（营业登记）；Jorge Luis Rodriguez Meza，Valeria Perotti 和 Joshua Wimpey（企业调查）；Frederic Meunier 和 Rita Ramalho（营商环境）；Michael Orzano（标准普尔全球股票市场指数）；国际战略研究所的 James Hackett（军事人员）；斯德哥尔摩国际和平研究所的 Sam Perlo – Freeman（军费开支和武器交易）；Therese Petterson（战争相关死亡）；

Clare Spurrell（国内安置人员）；国际道路联合会的 Christian Gonzalez、国际民用航空组织的 Cyrille Martin 和 Andreas Dietrich Kopp（交通）；联合国贸易与发展会议的 Vincent Valentine（港口）；Azita Amjadi（高科技出口）；国际货币基金组织的 Naman Khandelwal 和 Renato Perez（金融稳定指标）；国际电信联盟的 Vanessa Grey、Esperanza Magpantay、Susan Teltscher 和 Ivan Vallejo Vall；联合国贸易与发展会议的 Torbjörn Fredriksson、Scarlett Fondeur Gil 和 Diana Korka（信息通讯技术商品贸易）；联合国教科文组织统计研究所的 Martin Schaaper 和 Rohan Pathirage（研究与发展、研究人员和技术人员）；以及世界知识产权组织的 Ryan Lamb（专利和商标）。

#### 6. 全球联系

在与世界银行发展数据组的金融数据小组、发展研究组（贸易）、发展展望组（商品价格和侨汇）、国际贸易组（贸易便利）和外部合作伙伴的协作下，Wendy Huang 与 Evis Rucaj 和 Rubena Sukaj 共同编写了第六章。Evis Rucaj 撰写了引言。Azita Amjadi 和 Molly Fachey Watts（贸易和关税）及 Rubena Sukaj（外债和金融数据）在数据和表格方面提供了大量帮助。其他作出贡献的人员包括 Frédéric Docquier（移民率）；联合国贸易与发展会议的 Flavine Creppy 和 Yumiko Mochizuki 以及国际贸易中心的 Mondher Mimouni（贸易）；Cristina Savescu（商品价格）；DHL 的 Jeff Reynolds 和 Joseph Siegel（运输成本）；经济合作与发展组织的 Yasmin Ahmad 和 Elena Bernaldo（援助）；联合国难民事务高级专员办事处的 Tarek Abou Chabake（难民）；世界旅游组织的 Teresa Ciller（旅游）。Ramgopal Erabelly、Shelley Fu 和 William Prince 提供了技术支持。

### 其他部分

内封以及书中各章中的地图由世界银行地图设计部的 Jeff Lecksell 和 Bruno Bonansea 协调完成。William Prince 撰写了使用指南和每章在线图表和数据的目录，并在 Neil Fantom 的协助下撰写了统计方法。Federico Escaler 撰写了原始数据文档。Leila Rafei 起草了合作伙伴。

### 数据库管理

世界发展指标数据库由 William Prince 在数据管理和质量小组的 Liu Cui、Shelley Fu 的帮助下协调管理。Ramgopal Erabelly 与 Soong Sup Lee 领导的数据和信息系统小组负责数据库管理系统的运作。

### 设计、制作与编辑

Azita Amjadi 和 Leila Rafei 与通信发展公司协调了制作的各个方面。在 Bruce Ross－Larson 和 Christopher Trott 的领导下，通信发展公司提供了全面的设计指导、编辑和排版服务。Elaine Wilson 制作了封面和地图，并对本书进行了排版。Peter Grundy Art & Design 公司的 Peter Grundy、Broadley Design 公司的 Diane Broadley 对本报告进行了设计。

### 行政助理、办公技术和系统支持

Elysee Kiti 提供了行政方面的支持。Jean－Pierre Djomalieu、Gytis Kanchas 和 Nacer Megherbi 提供了信息技术支持。Ugendran Makhachkala、Atsushi Shimo 和 Malarvizhi Veerappan 为《世界发展指标》的数据平台的应用提供了软件支持。

## 出版与发行

由 Carlos Rossel 领导的世界银行出版和知识部门在整个制作过程中提供了帮助。Denise Bergeron、Stephen McGroarty、Nora Ridolfi、Paola Scalabrin 和 Janice Tuten 负责协调印刷、营销和发行工作。

## 世界发展指标的移动移用

软件的制作和测试由 Shelley Fu 管理，提供帮助的人员还有 Prashant Chaudhari，Neil Fantom，Mohammed Omar Hadi，Soong Sup Lee，Parastoo Oloumi，William Prince，Jomo Tariku，and Malarvizhi Veerappan。Soong Sup Lee 领导的数据和信息系统小组承担了系统创建工作。Liu Cui 和 William Prince 提供数据质量保证。

## 在线获取

通过开放数据网站、世界银行数据软件、表浏览器软件和应用程序接口提供《世界发展指标》在线数据的协调工作由 Neil Fantom 和 Soong Sup Lee 负责。Azita Amjadi 领导的小组负责网站的创建和维护工作。小组成员包括 George Gongadze，Timothy Herzog，Jeffrey McCoy，Paige Morency – Notario，Leila Rafei 和 Jomo Tariku。Soong Sup Lee 领导的小组负责系统开发，项目管理由 Malarvizhi Veerappan 负责。设计、编程和测试工作由 Ying Chi、Rajesh Danda、Shelley Fu、Siddhesh Kaushik、Siddhesh Kaushik、Ugendran Machakkalai、Nacer Megherbi、Parastoo Oloumi、Atsushi Shimo 和 Jomo Tariku 完成。Liu Cui 和 William Prince 协调了制作工作并提供质量保证。世界银行对外事务部的小组提供了在线申请的多语种翻译工作。

## 客户反馈

编写组还要感谢不辞辛苦为本书提供帮助的许多其他人士，他们的反馈意见和建议有助于我们改进今年的版本。请联系我们 data@worldbank. org。